중국식 현대화와 시진핑 리더십

중국식 현대화와 시진핑 리더십

중국공산당 제20차 전국대표대회 분석

이희옥·조영남 엮음

책과함께

공산당은 국가를 어떻게 통치하는가, 국가는 어떻게 행동하는가는 중국
의 국내정치와 대외정책을 설명하는 근간이다. 우리는 오랫동안 경험한
중국을 잘 알고 있다는 '이웃 증후군'이 있고, 냉전과 분단을 겪으면서
북한이라는 창을 통해 중국을 보는 데 익숙하다. 그러나 오랜 역사 속에
서 배태된 정치 체제가 있고, 14억 명의 인구를 지닌 대국이며, 56개의
민족과 다양한 문화가 섞인 역사복합체인 중국을 단번에 이해하는 것은
간단치 않다. "하나의 중국에 네 개의 세계"가 있다는 말도 이를 웅변하
고 있다.

특히 중국공산당이 중화인민공화국을 건설한 주체가 되어 당-국가
party-state 체제를 유지하고 있다면, 이에 대한 섬세한 분석 없이는 오늘날
의 중국을 설명하기 어렵다. 또한 일부에서 생각하는 것처럼 경제발전
이 정치발전을 가져온다는 근대화론modernization theory에 따라 중국의 미
래를 전망하는 것도 실패할 가능성이 크다. 중국정치에 대한 규범과 내
구력, 위기와 붕괴를 구분하지 못한다면 중국에 대한 해석은 과도한 일

반화에 빠질 위험이 크다.

중국공산당은 치열한 당내 권력투쟁과 노선투쟁을 겪으면서 관례와 관행, 규범norm을 통해 정치의 기술을 발휘해왔다. 특히 덩샤오핑이 이끌었던 개혁개방 시기 이후에는 대체로 이러한 비공식적 정치과정이 작동해왔다고 볼 수 있다. 그러나 시진핑 시기를 거치면서 기존의 정치 문법과는 다른 현상이 나타나기 시작했다. 집단지도 체제가 무너진 자리에 '개인 지배'가 강화되었고 방어적 현실주의 외교도 점차 사회주의 정체성을 강화하기 시작했고 '중국의 길'을 본격화했다. 이러한 추세가 경향적으로 확대된다면, 중국정치도 불확실성, 불명확성, 불가예측성, 불투명성이 더욱 높아질 가능성이 있다. 문제는 이러한 현상이 중국의 내부지향성을 강화하는 데 그치는 것이 아니라, 미중 전략경쟁 시대의 세계질서와 한반도에 미치는 영향도 지대하다는 것이다.

이런 점에서 중국공산당 제20차 전국대표대회(공산당 20차 당대회) 이후 새롭게 출범한 시진핑 3기 정부의 지속과 변화를 파악하는 것은 중국의 문제이자 곧 세계와 우리의 문제이다. 단기적으로는 시진핑 체제의 성격에 관한 것이지만, 좀 더 멀리 보면 중국의 미래 존재 방식과 관련되어 있다. 특히 중국은 '중국다움Chineseness'을 강조하고 서구와 담론과 제도경쟁을 선언한 마당에 진영에 기초한 국제질서가 재편된다면 그 파장은 쉽게 짐작하기 어렵다. '문제問題'의 본디 의미는 '있는 상태와 있어야 할 상태의 간극'이다. 따라서 문제를 제기하는 것은 사물의 본질을 파악하는 열쇠라고 할 수도 있다. 이런 점에서 이 책은 공산당 20차 당대회라는 프리즘을 통해 중국의 현재와 미래에 대해 한국학계가 문제를 제기하고 그 해답을 찾아가는 과정이자 다양한 학문 분야와 이슈 영역을 대표하는 한국의 중국 전문가들이 함께 기획하고 집단적 지혜를 나눈 결과이다.

성균관대학교 성균중국연구소는 5년 전《중국공산당 제19차 전국대표대회 보고》(지식공작소, 2017)를 통해 〈정치 보고〉 전문을 번역·출판하는 한편, 공산당 19차 당대회를 심층 분석한《시진핑 사상과 중국의 미래》(조영남 책임편집)를 출판하면서 학문적 공론장을 만든 적이 있다. 5년 만에 다시《중국공산당 제20차 전국대표대회 보고》(지식공작소, 2022)를 통해 〈정치 보고〉 전문을 번역·출판했다. 이를 이어 이번에 공산당 20차 당대회를 심층 분석한《중국식 현대화와 시진핑 리더십》을 독자들에게 선보이게 되었다. 이러한 일련의 작업은 세계의 중국학계에서도 찾기 힘든 사례라고 할 수 있다.

한국의 중국연구 환경은 여전히 척박하지만, 한국의 중국 전문가들은 1차 자료를 자유롭게 읽을 수 있도록 훈련되어 있다. 또한 지정학적으로 인접한 중국의 본심을 제대로 파악할 수 있는 경험적 연구가 축적되어 있으며, 일부 이슈 영역에서는 국제적 주목을 받기도 했다. 이 책의 기획과 필자로 참여한 전문가들은 여러 차례 치열한 토론과 논의과정을 거쳤고 다양한 주제영역을 다루면서도 최대한 협동성과 통일성을 기하고자 했다. 또한 전문성을 살리면서도 '지금 여기서' 독자들과 함께 중국을 새롭게 질문하기 위해 가독성을 최대한 살렸다.

이 책을 만드는 과정에서 아모레퍼시픽재단은 '지원은 하되 개입하지는 않는다'라는 전범을 보이면서 연구 자율성을 보장해주었다. 이 책이 출판되는 과정에서 연세대학교 명예교수이신 백영서 선생님은 연구 결과를 보고하는 학술회의에서 전체 토론 방향을 이끌어주셨다. 그리고 이 책이 독자들의 손으로 가기까지 도서출판 책과함께의 노고도 기억하지 않을 수 없다. 모든 일에는 궂은일을 도맡아 하는 실무자가 있다. 성균중국연구소 최소령 연구원은 이번에도 제몫을 했다. 이 책이 중국의 변화를 심층적으로 읽고 우리에게 중국이 무엇이고, 무엇이어야 하는가를 살필 수 있는 계기가 되기를 바란다. 독자 여러분의 아낌없는 가르침을 바란다.

2023년, 봄을 기다리며
이희옥·조영남 씀

차례

★ 총론 ★

시진핑 3기 정부를 어떻게 볼 것인가?

이희옥

(성균관대학교 정치외교학과 교수, 성균중국연구소 소장)

중국 현대정치는 1919년 이후의 현대사現代史, 1949년 건국 이후의 당대사當代史, 개혁개방 이후의 신시기新時期를 거쳐왔다. 그런데 2012년 중국공산당 제18차 전국대표대회에서 시진핑 정부가 등장한 이후 '신시대新時代'를 선언했고(이희옥, 2021: 13-34), 2021년 '3차 역사결의'를 통해서는 이를 공식화했다(百年奮鬥重大成就和歷史經驗的決議, 2021). 돌이켜보면 당시에 이미 마오쩌둥 시기 및 덩샤오핑 시기와 결별을 꿈꾸고 있었다고 볼 수 있다. 이번 공산당 20차 당대회에서는 이를 더욱 명확하게 천명했다(성균중국연구소, 2022a; 2022b). 이렇게 보면 시진핑 이후의 후계자를 포함한 넓은 의미든 시진핑 임기 내의 좁은 의미든 '신시대'가 좀 더 지속될 수 있을 것이라는 전망을 가능하게 한다.

이번 공산당 20차 당대회 주제는 "중국 특색 사회주의의 위대한 기치를 높이 들고 신시대 중국 특색 사회주의 사상을 전면적으로 관철하고 위대한 창당 정신을 고양하며, 자신과 자강으로 정도를 지키고 혁신하며, 힘차게 분발해 의연히 나아가며 사회주의 현대화 국가의 전면적 건

설과 중화민족의 위대한 부흥을 위해 단결·분투하자"라는 긴 제목이
다. 실제로 시진핑 주석은 2018년 공산당 18차 당대회 이후 자신의 집
권 10년을 총괄하면서 경제성장과 과학기술의 자립자강, 일대일로 성
과, 총체적 국가안보 강화, 전면적인 중국 특색 대국외교 추진, 인류 운
명공동체 건설, 신형 국제관계 추동 등과 같은 성과를 제시하면서 국제
적 위상도 높아졌다고 자평했다. 그러나 공산당 20차 당대회에 대한 전
체적인 인상은 축제라기보다는 코로나19 상황, 철저하고 엄격한 보안관
리, 개인 의사결정자로서의 시진핑 존재감에 대한 사회의 가라앉은 분
위기 속에 치러졌다.

　공산당 20차 당대회가 개최되고 처음 열린 공산당 20기 중앙위원회
1차 전체회의(20기 1중전회)를 통해 그동안의 무성한 추측이 난무했던 새
로운 공산당 지도부 인사가 발표되었다. 그 결과는 덩샤오핑 시기 이후
어렵게 유지해온 관례와 관행을 깨고 시진핑을 총서기에 다시 선출하면
서 집단지도 체제는 현저히 약화되었다. 대신 그 자리에는 시진핑 '일인
지배 체제'가 시작되었다. 그동안 리커창 국무원 총리를 비롯해 비교적
개혁적이라고 평가받던 공산주의청년단 출신 그룹은 대거 정치 일선에
서 물러나게 되었고, 그 대신 총리로 내정된 리창李強 상하이시 당서기를
비롯해 시진핑에 대한 충성도가 높은 친위그룹인 이른바 '시자쥔習家軍'
이 권력의 중핵인 정치국 상무위원회를 차지했다. 또한 과거 중국의 정
책 결정 과정은 비록 암상자와 같았지만, 적어도 후계구도에 대한 윤곽은
예측할 수 있었으나, 이번 당대회를 통해 이마저도 짙은 안개 속으로 들
어갔다. 2027년 시점에서 1960년대 초반에 출생한 사람은 딩쉐샹丁薛祥
정치국 상무위원 이외에 7명의 정치국원이 있다. 이후 신지도부는 이들

을 포함해 시진핑에 대한 충성경쟁과 업적경쟁을 둘러싼 후계구도를 두고 소문이 무성할 것이다.

요컨대 중국정치는 덩샤오핑 시기 공산당과 정부의 분리, 당내 견제와 균형을 통한 중국식 정치개혁을 시도했던 흐름은 '공산당이 모든 것을 결정한다'라는 '공산당 전면 영도'의 원칙 앞에 추진 동력을 잃었고 다양성과 유연성 대신에 확실성과 단일대오를 선택했다. 돌이켜보면 이러한 시진핑 정부의 변화는 '백 년 만에 찾아온 미증유의 대변국'을 과도하게 강조할 때부터 예견되었다. 실제로 공산당 20차 당대회 〈정치보고〉에도 과거 '전략적 기회기'에서 '기회와 위기가 공존하는 시기'라고 정세를 재규정했고, '안보安全'를 91번이나 강조하는 등 위기의식을 강조했다. 즉 미중 전략경쟁의 심화, 공급망 탈동조화decoupling, 지정학적 리스크, 코로나 팬데믹 등 전지구적 위기의식을 고양하면서 강한 리더십, 강한 중국, 권력 집중을 강조해 이를 자신의 정당성 기반으로 삼고자 했다. "단결만이 힘이고 단결만이 승리할 수 있다"라는 공산당 20차 당대회 기치도 역설적으로 위기를 동원해 정치적 정당성을 강화하고자 하는 또 다른 기제였던 셈이다.

다만 공산당 20차 당대회를 앞두고 다투어 강조해왔던 '두 개의 확립', 즉 '시진핑 동지의 당 중앙 핵심 및 전당 핵심 지위의 확립'과 '시진핑 신시대 중국 특색 사회주의 사상의 지도 지위 확립', 그리고 '인민 영수'라는 칭호는 〈당장黨章〉에 삽입되지 못했다. 이것은 제도 권위에 개인 권위를 확보하는 과정에서 다소간 당내 이견이 노출되었다고 볼 수도 있다. 그러나 시진핑과 정치국 상무위원의 관계가 과거 비교적 대등한 관계에서 상하관계, 주종관계로 변했다는 점은 분명하다(조영남, 2022).

새로운 지도부는 중국의 길, 중국모델에 중점을 둔 국가 대전략을 추진할 것이다. 공산당은 2021년 2월에 '절대 빈곤'을 해소함으로써 '전면적 소강사회를 완성建成'했다고 선언했다. 이를 이어 2017년 공산당 19차 당대회에서는 중국 건국 100주년이 되는 2049년 무렵에는 '사회주의 현대화 강국'을 달성한다는 목표를 제시했고, 그 중간 단계인 2035년 무렵에는 '사회주의 현대화를 기본적으로 실현'한다는 방침을 제시했다. 시진핑 주석은 공산당 20차 당대회 폐막 기자회견에서 향후 5년(2022-27년)을 관건적 시기라고 못 박았다. 전반적 정책 기조는 기존방침을 계승 및 발전시킨 것이고, 새로운 위기의식의 고양되면서 개혁 의지는 상대적으로 후퇴했다. 그러나 대만 문제에 대해서는 전보다 강경한 태도를 보였다. 이를 구체적으로 정리하면 다음과 같다.

첫째, '정체성의 정치politics of identity'를 강화한다(이희옥·최선경, 2022). 공산당 20차 당대회에서 마르크스주의의 '중국화'와 '시대화'를 강조하는 등 공산당의 집권 방향은 사회주의 체제에 대한 자신감을 바탕으로 마르크스주의의 기본제도에 기댈 것이며, 서구와 서사敍事 및 담론경쟁을 본격화할 것임을 예고하고 있다. 중국적 세계관을 반영하는 '전인류 공동가치'를 〈당장〉에 삽입하면서 미국이 주장하는 규칙에 기반한 질서나 미국식 보편가치의 대립항으로 설계했다. 공산당 20차 당대회 이후 개최된 첫 미중 정상회담에서 시진핑 주석은 "중국은 사회주의를 지향하고 미국은 자본주의를 추구할 뿐, 민주가 권위를 대체하는 것은 아니다"라고 밝혔다. 중국정치에서 이데올로기의 '차르'로 불리는 왕후닝王滬寧을 정치국 상무위원으로 재선임하고, 리수레이李書磊와 세춘타오謝春濤 등 새로운 당내 이데올로그를 파격 발탁한 배경도 여기에 있다.

둘째, '중국식 현대화'를 통해 중화민족의 위대한 부흥을 실현한다. 중국은 중화인민공화국 수립 이후 방법의 차이에도 불구하고 부국강병의 길을 추구해왔다. 과거 반근대적 근대Anti-modernist modernism(汪暉, 2000: 49-50)를 연상시키는 사회주의 현대화를 본격적으로 추진하겠다는 것이다. 모든 국가는 자국의 실정國情에 부합하는 고유한 현대화의 길이 있고, 중국도 더는 서구 현대화의 길을 추수하지 않겠다고 밝혔다. 인구대국, 공동부유 실현, 물질문명과 정신문명의 조화, 인간과 자연의 공생, 평화발전의 길을 나아가기 위해 사회주의 현대화보다 높은 수준의 '중국식 현대화'를 강조했다. 즉 공산당이 지도하는 사회주의 현대화, 중국의 국정에 기초해 발전할 수 있는 독자적 방법과 역사적 경로, 부와 기회의 균등, 격차의 시정을 시현하겠다는 것이다.

셋째, 산업과 핵심기술의 자주화를 통한 경제안보이다. 미국은 2022년 11월에 발표한 〈국가안보 전략National Security Strategy: NSS〉에서 "중국이 현재 국제질서의 현상을 타파할 의지와 능력을 갖춘 유일한 경쟁자"로 간주하면서 중국 공세를 본격화했다(White House, 2022). 특히 바이든 정부는 2024년 대통령선거를 앞두고 중국과의 '기 싸움'에서 밀리지 않기 위해 동맹국과 우호국가like minded countries를 동원한 공급망 탈동조화도 더욱 강하게 밀어붙일 태세다. 이런 상황에서 종합국력의 한계를 지닌 중국은 대안부재의 상황에서 참호를 깊이 파고 최대한 버티면서 시장의 힘, 4차 산업의 성숙기술 경쟁력을 통해 미래 게임 체인저에 대비하기 위해 참호전과 지구전으로 대응하고자 한다. 내수경제 중심의 쌍순환dual circulation 전략을 재강조한 것도 이러한 저간의 상황을 반영한다.

넷째, 중국의 주요모순을 수정하고 여기에 기반을 둔 사회전략을 제시했다. 중국의 주요모순은 마오쩌둥 시기 계급모순, 덩샤오핑 시기 생산력 모순을 거쳐 2021년 '3차 역사결의'를 통해 이른바 '불평등 모순'과 '불충분 모순'을 제시했다(百年奮鬥重大成就和歷史經驗的決議, 2022).[1] 다시 말해 지금과 같은 도농 간, 지역 간, 소득 간 불평등으로는 지속가능한 발전이 불가능하다고 보고 기존의 '선부론' 대신에 '공동부유'를 제시했다. 이를 위해 시장을 통한 1차 분배, 재정을 통한 2차 분배에 이어 '습관과 도덕'을 통한 3차 분배를 시도하고 있다. 이것은 부유한 계층과 기형적 고소득자에 대한 통제를 강화하는 것이지만, 이를 통해 시진핑 정부에 대한 지지를 동원하는 장치이기도 하다.

다섯째, 중국식 제도를 구축하고자 한다. 중국은 선제적으로 기존의 현상을 타파하고자 하지 않겠지만, 미국의 약한 고리를 찾아 미국의 중국전략을 무디게 하는 한편, 글로벌 거버넌스 개혁과 다자주의 등 중국에 유리한 제도를 구축하는 전략을 추구하고자 할 것이다(도시, 2022).[2] 이미 중국은 쿼드QUAD, 인도태평양 경제프레임워크IPEF, 인도태평양 전략, 반도체 동맹Chip-4 등을 배제적 다자주의로 간주하고 자신이 '진정한 다자주의' 수호자라고 강조하고 있다. 미중관계가 단기적으로 호전되기 어렵다는 점에서 협력 대신 '양성순환'이라는 개념을 제시하는 한편 개발도상국과의 협력을 통해 세계로 나가기 위한 교두보를 확보하고자 했다. 이번 당대회에서 처음으로 '글로벌 발전 이니셔티브'와 '글로벌 안보이니셔티브'를 제시한 것도 중국이 제도를 통해 글로벌 공공재를 제공하겠다는 것으로 볼 수 있다.

여섯째, 중국의 '핵심이익의 핵심이익'인 대만 문제에 대해 비타협적 입장을 견지했다. 시진핑 주석은 "국가 통일, 민족부흥이라는 역사의 수

레바퀴는 앞으로 나아가고 조국의 완전한 통일은 반드시 실현되어야 하며, 실현할 수 있다"라고 강조했다. 대만이 독립을 선언하거나 외부 세력의 대만독립 개입이 분명해진다면 2005년에 제정된 〈반국가분열법〉에서 명시한 대로 '비평화적 수단'을 사용할 것도 분명히 했다(反分裂國家法, 2005). 특히 이번에 수정된 〈당장〉에는 "대만 독립을 견결하게 반대하고 억제한다"라는 문장을 삽입했는데, 이는 미국 등 외부 세력의 대만 개입에 대해 강경하게 대응할 것이라는 점을 예고한 것이다. 이러한 핵심 이익의 수호 의지는 세계 일류군대 건설의 강조와 '중앙군사위원회 주석 책임제' 강화라는 안보 역량 확충과 맞물려 있다.

이 책은 총론을 포함해 모두 9개의 장으로 구성되었다. 주로 엘리트 정치, 거시경제와 산업 정책, 대외전략과 국방전략 및 한반도 정책, 사회 정책, 대만 문제 등을 포괄하고 있다.

제1장 "시진핑, '일인지배'의 첫발을 내딛다"는 조영남 교수(서울대)가 집필했다. 이 장에서는 공산당 20차 당대회에서 나타난 두 가지 새로운 현상을 주목했다. 첫째, 10년 주기의 권력 교체가 일어나지 않고 시진핑이 권력을 연임했다. 이는 시진핑이 2021년의 '3차 역사결의'와 이번 당대회의 〈정치 보고〉를 통해 제도 권위에 더해 개인 권위를 획득함으로써 가능했던 일이다. 둘째, 공산당 지도부 구성에서 정치세력 간의 '세력 균형' 혹은 '권력분점' 규범이 지켜지지 않았다. 이는 첫째 현상의 결과로 나타난 것이다. 즉 개인 권위를 획득한 시진핑은 다른 정치세력의 눈치를 보지 않고 자기 세력만으로 지도부를 구성할 수 있게 된 것이다. 이런 두 가지 현상으로 인해 향후 중국정치에서는 정책 탄력성의 저하와

새로운 권력 승계 규범의 형성이라는 과제에 직면했다. 이런 점에서 중국정치에 거대한 먹구름이 몰려오고 있다고 말할 수 있으나, 그 변화의 수준과 폭은 좀 더 시간이 지난 후 파악할 수 있을 것으로 보았다.

제2장 "시진핑 집권 3기, 중국경제는 어디로 가는가?"는 이현태 교수(인천대)가 집필했다. 시진핑 3기 출범을 앞둔 중국경제의 과제는 거시경제 측면에서 불균형을 줄여서 지속적 성장을 도모하고, 소득구조 측면에서 불평등을 완화해 분배 상태를 개선하며, 자립형 기술혁신의 성과를 바탕으로 미중 전략경쟁에서 뒤처지지 않는 것이다. 이 과정이 순조롭게 진행된다면 2049년 '사회주의 현대화 강국'을 향한 중국의 꿈이 현실에 가까워질 수 있다. 그러나 현재의 중국경제 상황과 경제 전략들을 평가할 때, 예상하는 미래가 펼쳐질지는 회의적이다. 성장동력의 상실, 극심한 소득불균형, 미중 전략경쟁 등 경제 환경은 어려워지는데, 이에 대응하는 쌍순환 전략, 공동부유 노선은 모순적이며 심지어 부적절한 내용이 있어 그 효과를 장담하기 어렵기 때문이다. 따라서 앞으로 중국경제는 중·저속 성장의 고착, 소득불균형 해소의 부진이라는 흐름 속에서, 문제 해결을 위한 정부의 개입이 증가하면서 국가자본주의state capitalism가 강화하는 양상으로 전개될 것으로 보았다.

제3장 "중국의 경제안보형 산업 정책의 양상"은 최필수 교수(세종대)가 집필했다. 시진핑 3기에 나타날 중국 산업 정책의 양상에 대한 분석으로, 공산당 20차 당대회가 과거 10년 체제의 연속성을 확인하는 계기였고 급격한 정책 방향 전환보다는 미세한 조정을 주목했다. 특히 실물경제實體經濟의 중요성을 강조하면서 제조업의 비중을 유지하고 산업망·공급망을 강조하는 용어가 안정穩定에서 안보安全로 변한 것 등을 주목하

고 이를 '경제안보형 산업 정책'으로 평가했다. 즉 중국이 서비스업보다 제조업을 더욱 중시하고, 일종의 '검약형 혁신frugal innovation'을 추구한다는 것이다. 다만 이를 공개적으로 추진할 경우 중국이 갈라파고스화 현상을 초래할지 모르는 한계 때문에 다양한 계획 문건에 적시하고 육성 산업 리스트를 제시하지는 않으리라고 보았다. 특히 중국의 경제안보형 산업 정책은 '돌파형break-through 혁신'과 검약형 혁신 그리고 이러한 혁신이 세계시장에서 수용되는 여부에 따라 네 가지 유형의 경로가 있을 수 있다고 밝혔다.

제4장 "시진핑 집권 10년 이후, 중국 사회의 안정은 지속될까?"는 윤종석 교수(서울시립대)가 집필했다. 공산당 20차 당대회를 전후로 공산당의 '사회 안정'에 대한 강조와 제로 코로나 정책을 둘러싼 사회적 논란에 주목해 지난 시기 장기적 사회 안정을 유지해왔던 중국 사회의 향방에 대해 검토했다. 우선, 지난 시진핑 집권 10년 기간 중국 사회는 미중 경쟁 심화와 코로나 팬데믹이란 높은 불확실성에도 전면적 소강사회 건설이라는 주요 목표를 달성하는 성과를 거두었다. 특히, '대大공산당-소小정부-대大사회'로의 사회 거버넌스 체계 건설, 도시와 농촌을 아우르는 사회보장체계 확립, '인민전쟁'이라 불릴 만큼 사회와의 협력은 높은 불확실성 속에서도 사회 안정을 끌어내는 주요한 역할을 수행했다. 그러나 코로나의 장기화와 제로 코로나 정책의 지속되며 중국사회의 '민낯'이 드러나고 사회적 불만이 누적되며 인민들의 마음은 복잡해지기 시작했다. 또한 높은 청년 실업률, 출생률 저하 및 인구 고령화 등 사회구조적 문제와 맞물리며 시진핑 3기의 사회 안정에 주요한 도전을 드리우고 있다고 보았다.

제5장 "미국의 견제 속 '중국 특색 강대국 외교'의 시련과 응전"은 서정경 교수(서울대 아시아연구소)가 집필했다. 시진핑 정부가 '경제발전'을 '중화민족의 위대한 부흥'으로 대체하면서 외교의 중점이 '지속가능한 경제발전에 필요한 안정된 대외환경 조성'에서 '2050년까지 초강대국 등장에 유리한 대외환경 조성 및 강대국 위상 구축'으로 이동했다. 그런데 미국을 포함한 서방세계의 강한 견제에 부딪히면서 시진핑 주석이 주창한 '중국 특색 강대국 외교'가 과거에 경험하지 못한 '견제의 시기'에 처했다. 이에 대응하기 위해 시진핑 3기 정부는 강대국 관계의 총체적 안정을 기하는 한편, '인류 운명공동체' 담론을 기반으로 '경제공동체', '보건공동체', '안전공동체' 등 다양한 새로운 공동체를 발굴하며 전세계의 우군 확보에 치중할 것이다. 이는 주로 첨단기술을 가진 해외기업들을 유인하고, 개도국 및 신흥경제국들과 다층적 유대관계를 강화하는 방식이 될 것이다. 향후 글로벌 거버넌스를 둘러싼 미중 경쟁 및 국제사회의 긴장과 갈등은 더욱 심화될 것으로 평가했다.

제6장 "중국의 꿈 실현을 위해 중국군 현대화를 조속히 추진하다"는 이영학 박사(한국국방연구원)가 집필했다. 이 글에서는 주로 중국의 안보·군사 동향을 분석하고, 시진핑 집권 10년 안보·군사 분야에 대해 평가했다. 중국은 '평화와 발전의 시대'가 도전에 직면하는 등 전략적 기회와 동시에 여러 위험 및 도전에 직면해 있다고 보았다. 따라서 '총체적 국가안보관'에 따라 국가안보 영도체계를 정비하고 능력을 높일 것이다. 또한 군사 분야에서는 단기적으로 '건군 백 년 분투 목표' 실현을 통해 대만에 대한 군사적 통일 능력을 갖추고, 중장기적으로 '사회주의 현대화 강국' 건설에 필요한 군 현대화를 조속히 추진할 것이다. 그러나 시진핑

집권 10년간 안보·군사 분야는 '총체적 국가안보관'을 제시하고 중앙국가안전위원회 신설과 같은 국가안보 영도체계 확립을 위해 노력했으나, 미중 전략경쟁 심화와 러시아-우크라이나 전쟁 등으로 인한 진영 대결 양상 등 안보환경의 불확실성에 직면해 있다. 그리고 국방 및 군 현대화의 조속한 추진을 강조해왔으나 기계화, 정보화 수준을 높이는 것은 한계가 있기 때문에 향후 스마트화에 주력할 것으로 보았다. 또한, 중국군은 적극방어 군사 전략 방침을 유지하면서 정보화 국부局部전쟁에서 승리하는 것을 추구하고, 이를 위해 국방개혁을 추진하면서 역내 및 글로벌 차원에서 중국군의 존재감을 한층 강화할 것으로 보았다.

　제7장 "제2의 사드사태는 재연될까?"는 김애경 교수(명지전문대)가 집필한 것으로, 주로 공산당 20차 당대회 이후 시진핑 3기 정부의 한반도 정책을 전망했다. 대체로 체제적 차원의 미중 전략경쟁의 본격화, 한반도 안보정세의 악화 및 중국의 강대국 외교정책이 대한반도 정책에 영향을 미칠 것이다. 거시적으로 볼 때, 시진핑 정부는 미중 전략경쟁 속에서 한국에 대한 영향력을 확대하기 위해 강온의 제재와 유화정책, '한국 끌어당기기'와 '한국 압박하기'를 지속할 것이다. 이런 점에서 한국이 명시적으로 중국 견제에 참여하면 중국은 경제보복 조치 등 제2의 사드사태가 발생할 가능성도 크다. 북한과 북핵 이슈에 대해 중국은 한반도 비핵화 기조를 유지하고, 한반도의 안정유지에 방점을 둘 것이지만, 한중 간 협력의 방식과 한반도 안정에 대한 인식의 차이가 존재할 것이다. 북한 비핵화 실현을 위한 윤석열 정부의 '담대한 구상'도 북한의 입장, 북중관계의 결속도 등 상황변화가 없는 한 중국의 지지를 받기 쉽지 않을 것이다. 중국은 이미 강대국으로서 역할을 수행하고 있고, 기존 질서의

재구성과 새로운 질서 수립을 시도하며 미국과의 경쟁에 적극적이라는 점에서 한반도 상황은 불안정하다. 특히 한중 양국의 갈등적 상호의존의 역사를 통해 미중 전략경쟁의 양상이 이익 극대화를 위한 카르텔일 수 있을 가능성도 주목해야 한다고 보았다.

제8장 "양안관계는 전쟁의 길로 갈 것인가?"는 장영희 박사(성균관대 성균중국연구소)가 집필했다. 미중 전략경쟁이 격화되고 구조화되는 상황에서 양안관계의 구조적 요인들을 분석하고 시진핑 3기의 양안관계가 어떠한 방향으로 가고 있는지를 전망했다. 미중 전략경쟁의 심화 속에서 미국이 대만 카드를 활용하여 중국을 압박하기 시작한 것을 현상 변경의 시작점이다. 미국이 중국의 도전을 억제할 게임체인저로 반도체 산업을 지목하면서 TSMC 등 반도체 제조의 선두주자인 대만의 전략적 가치가 높아졌고, 미국이 양안관계에 깊이 개입하는 모습을 보이고 있다는 것이다. 한편 민진당이 집권하고 있는 대만은 중국의 침묵과 군사적 압박에 대응하여 대미 편승을 통해 자신의 안보를 지키는 길을 선택해왔다. 특히 2019-20년 홍콩의 민주화 운동에 대한 중국의 강경 진압으로 인해 대만에서 일국양제에 대한 부정적 인식이 강화되고 중국에 대한 신뢰가 악화되면서 대만 정체성이 강화되었다. 중국은 공산당 20차 당대회를 통해 미국 등 외부 세력의 대만 문제 개입을 차단하면서 대만의 독립 추구 가능성을 원천 봉쇄하려는 의지를 밝혔다. 향후 미국, 중국, 대만에서 양안 문제가 국내정치의 영향을 크게 받는 상황에서 긴장이 유지될 것이며, 결국 2024년 대만과 미국의 대선 결과가 분기점이 될 것으로 전망했다.

공산당 20차 당대회는 중화민족의 위대한 부흥, '복수의 근대'가 존재할 수 있다는 중국의 길, 중국의 꿈을 제시했지만, 대내외적 도전이 녹록치 않다. 거칠어지는 미국의 공급망 압박, 국가자본주의 방식의 경제운영에 따른 경제위기, 밑으로부터의 정책과 신뢰 위기를 동시에 극복해야 한다. 우선 최대 리스크로 볼 수 있는 미중관계도 게임체인저를 둘러싼 전략경쟁이라는 점에서 '협력 속 갈등'보다는 '갈등 속 제한적 협력'이 나타나면서 긴장 상황이 뉴노멀이 될 가능성이 크다(이희옥, 2022a: 362-365). 그리고 중국경제는 회복탄력성을 잃고 있고 위기를 느낀 외자기업들은 '차이나 엑소더스'와 '차이나 런' 현상도 나타나고 있다. 그리고 전제專制와 자유방임이 종이 한 장일 정도의 동태적 제로 코로나 정책 급변침도 사회 거버넌스의 취약성을 부각시켰다. 이 과정에서 시진핑 리더십도 손상을 입었다. 이를 의식해 2023년 신년사에서 시진핑 주석이 "사람마다 요구가 다를 수밖에 없고, 같은 일에 대해서도 서로 의견이 다를 수 있다"라고 밝혔지만, 다양성과 투명성에 기초한 민주개혁의 길이나 지방정부와 기업에 자율권을 부여하는 덩샤오핑 시기의 권력분산과 이양放權讓利을 걸어갈 가능성은 크지 않다.

이러한 상황에서 민주주의 국가들과의 '가치의 거리'는 더욱 벌어졌고 협력공간도 크게 줄어들었다. 시진핑 3기 정부를 보는 한국의 고민도 함께 깊어지고 있다. 한국정부가 자유와 인권을 강조하고 글로벌 중추국가를 내걸면서 '시진핑의 푸틴화'로 평가받는 중국 사회주의 체제와의 부조화가 심화되고 있다.

구체적으로 우선 한미동맹과 한국의 지역전략에 대한 인식 차이, 북한 존재방식 및 한반도 비핵화에 대한 방법론의 차이로 인해 한중 전략대화의 범위와 폭도 한계가 있다(이희옥, 2022b: 553-586). 한국정부가 제의한 '담대한 구상'에 대해 중국은 '북한이 수용한다면 지지하겠다'라고 이미 발을 뺀 상황이며, 한국판 인도-태평양 전략에 대해서도 불편한 입장을 숨기지 않고 있다. 더구나 대만해협의 위기는 한반도 위기와 맞물리면서 미국의 행동 범위에 따라 한반도의 긴장으로 연결될 수도 있다.

둘째, 한중 경제관계도 중간재 수출 중심의 한중 무역구조도 중국의 제품경쟁력 강화와 산업 자주화 정책에 따라 힘겨운 상황으로 내몰리고 있다. 한국의 대중국 수출이 지속적으로 줄어들면서 무역수지 흑자폭도 감소하고 있고 경상수지 적자 현상이 나타날 수 있다. 반도체를 제외하면 한국의 교역수지는 이미 적자상태라는 평가도 있다. 마지막으로 사회문화적으로도 청년세대들이 장년세대보다 비호감도가 높아지는 등 '경험의 단절'에서 오는 인문교류의 한계도 나타나고 있다. 이것은 한중의 공공외교 방법론 문제가 아니라 중국의 존재방식 그 자체에서 기인한다는 점에서 훨씬 복잡하고 미묘한 문제이다.

공산당 20차 당대회 이후 한국은 중국을 '있는 그대로' 볼 수 있어야 하고 여기에 기반해 맞춤형 대중국전략을 수립할 필요가 있다. 다양한 인적 네트워크를 가동하는 한편 초기술을 통한 값비싼 신호cost signaling를 확보하면서 필수국가가 되어야 하며, 인적교류의 비대칭성을 극복할 수 있어야 한다. 그러나 양국 국내정치의 필요 때문에 악화가 양화를 구축하는 현상도 동시에 바로잡을 필요가 있다.

주

1 "중국 특색의 사회주의가 신시대에 진입함으로써, 우리 사회의 주요모순은 이미 인민의 날로
성장하는 아름다운 생활(美好生活)에 대한 요구와 (이를 충족하지 못하는) 불균형과 불충분
한 발전 간의 모순"

2 여기에서 중국외교를 상대의 힘을 약화시키는 것(Blunt)과 구축하려는 것(Build)을 통해 대
체를 시도하는 것으로 보았다.

참고문헌

도시, 러쉬. 2022. 《롱게임: 미국을 대체하려는 중국의 대전략》. 박민희·황준범 옮김. 서울: 생각의힘.

성균중국연구소 옮김. 2022a. 《중국공산당 제20차 전국대표대회 보고》. 서울: 지식공작소.

성균중국연구소. 2022b. 〈중국공산당 제20차 전국대표대회 보고: 중국식 현대화 추진을 위한 시진핑 친정체제의 구축〉. 《SICS연구보고서》 22-03(2022년 10월 24일).

조영남. 2022. 《중국의 엘리트정치: 마오쩌둥에서 시진핑까지》. 서울: 민음사.

이희옥. 2021. 〈중국공산당 100년, 이해의 확장을 위해〉. 이희옥·백승욱 엮음. 《중국공산당 100년의 변천》. 서울: 책과함께.

이희옥·최선경. 2022. 《국제질서의 대분화와 한중관계의 재구성》. 서울: 선인.

이희옥 엮음. 2022a. 《굴위의 시대: 미국과 중국이 사는 법》. 서울: 선인.

이희옥. 2022b. 〈한중 전략적 협력동반자 관계의 딜레마〉. 《중국학연구》 100호.

〈反分裂國家法〉. www.fmprc.gov.cn/ziliao_674904/zt_674979/dnzt_674981/qtzt/twwt/stflgf/202206/t20220606_10699015.html (검색일: 2022. 12. 30.).

王暉. 2000. 《死滅重溫》. 北京: 人民文學出版社.

〈中共中央關於黨的百年奮鬥重大成就和曆史經驗的決議〉. www.gov.cn/zhengce/2021-11/16/content_5651269.htm (검색일: 2022. 10. 30.).

"National Security Strategy(Oct. 2022)". www.whitehouse.gov/wp-content/uploads/2022/10/Biden-Harris-Administrations-National-Security-Strategy-10.2022.pdf (검색일: 2022. 11. 30.).

★ 제1장 ★

시진핑, '일인지배'의 첫발을 내딛다

조영남

(서울대학교 국제대학원 교수)

I. 공산당 20차 당대회: 두 가지 새로운 현상이 나타나다

2022년 10월에 열린 중국공산당 제20차 전국대표대회(공산당 20차 당대회)에서는 이전에 볼 수 없었던 두 가지 새로운 현상이 나타났다. 첫째, 덩샤오핑 이후 중국에서 10년 주기로 이루어졌던 공산당 최고 지도부의 권력 교체가 이번에는 일어나지 않았다. 즉 '5세대' 지도자(1950년대 출생자)인 시진핑이 '6세대' 지도자(1960년대 출생자) 그 누구에게도 권력을 넘겨주지 않고 세 번째로 공산당 총서기와 중앙군사위원회(중앙군위) 주석에 취임한 것이다. 이는 전례 없던 현상이다. 다만 시진핑의 권력 연임은 오래전부터 예측되어왔던 것이라 그렇게 신선하거나 놀라운 일로 받아들여지지는 않았다.

그러나 두 번째 현상은 많은 전문가를 깜짝 놀라게 했다. 공산당 최고 지도부의 인선人選에서 지금까지 지켜졌던 주요 규범norm이 파괴되는 현상이 나타났기 때문이다. 대표적으로 정치세력(파벌) 간의 '세력균형' 혹은 '권력분점' 규범이 이번에는 지켜지지 않았다. 단적으로 7인으로 구성된 정치국 상무위원회는 모두 '시진핑 세력習家軍'으로 채워졌다. 반면 후진타오 이후 중요한 정치세력으로 등장했던 공청단파(공산주의청년단 출신 지도자)는 정치국 상무위원회와 정치국에 단 한 명도 진입하지 못했다. 특히 '6세대' 지도자의 선두주자였던 후춘화胡春華 국무원 부총리는 정치국 상무위원으로의 승진은 고사하고 원래 보유했던 정치국원에서도 탈락하는 '이변'이 일어났다.

이와 같은 두 가지 현상, 즉 시진핑의 권력 연임과 시진핑 세력의 '권력 독점'을 두고 해외학자들은 "한 시대의 종결an era ended"(Ang, 2022), "시진핑의 깨끗한 싹쓸이a clear sweep for Xi"(Johnson, 2022), "(시진핑의) 압도적인 승리a overwhelming victory"(Lam, 2022), "다섯 가지의 놀라움five surprises"(Bush, 2022) 등으로 표현했다. 표현의 차이는 있지만, 국내 학자들의 평가도 이와 크게 다르지 않다. "시진핑 친정체제"의 구축(성균중국연구소, 2022), "(시진핑이) 특별한 역할을 담당하는 집단지도 체제"의 구축(이재영·황태연, 2022), "시진핑 1인 우위 통치 체제"의 구축(이정남, 2022) 등이 대표적이다.

그렇다면 공산당 20차 당대회에서 새롭게 나타난 두 가지 현상을 어떻게 평가할 것인가? 먼저, 시진핑의 권력 연임은 이전과 다른 세 번째 권력승계 모델이 출현했다는 점에서 중요하다. 기존의 권력승계 모델은 두 가지였다. 첫째는 단계적 승계 모델로, 후계자가 공산당 총서기를 먼저 승계한 후에 일정한 시간이 흐른 뒤 중앙군위 주석도 승계하는 방식이다. 장쩌민에서 후진타오로의 권력승계가 이 방식으로 이루어졌다. 둘째는 전면적 승계 모델로, 후계자가 공산당 총서기와 중앙군위 주석을 동시에 승계하는 방식이다. 후진타오에서 시진핑으로의 권력승계가 이 방식으로 이루어졌다. 이번 당대회에서는 이와는 완전히 다른 세 번째 방식, 즉 권력 연장 모델이 등장한 것이다.

다른 각도에서 보면, 시진핑의 권력 연임은 2000년대 이후 전 세계에서 나타나기 시작한 '민주주의 후퇴democratic recession'와 '강권 통치자strongman의 출현' 현상이 중국에서도 본격적으로 나타난 것으로 평가할 수 있다. 사실 사회주의 이웃이면서 '당내 민주주의' 면에서는 중국보다 한발 앞선 국가로 평가된 베트남에서도 응우옌 푸 쫑Nguyễn Phú Trọng(1944년생) 서기장이 2021년 2월에 끝난 베트남공산당 13차 당대회에서 세 번째로 서기장에 취임하면서 권력 연임에 성공했다. 다만 시진핑의 권력 연임이 장기적으로 중국정치에 어떤 영향을 미칠 것인지에 대해서는 깊이 있는 검토가 필요하다.

한편 시진핑 세력의 '권력 독점' 현상은 공산당 지도부 인선뿐만 아니라 공산당 권력기관의 운영 방식 등 여러 가지 요소를 종합적으로 분석해야만 제대로 평가할 수 있는 복잡한 문제다. 또한 이 현상은 중국의 엘리트 정치 체제가 이전의 집단지도collective leadership에서 시진핑 일인지배one-man rule로 변화하는 일과 밀접히 관련되어 있다. 중국을 연구하는 전문가 사이에서 평가가 크게 갈리는 지점도 바로 이 현상에 대한 평가다. 따라서 이 글에서는 이를 집중적으로 살펴보려고 한다. 반면 시진핑의 권력 연임 현상은 결론에서 간략하게 살펴볼 것이다.

II. 엘리트 정치 체제의 변화: 시진핑, '일인지배'의 첫발을 내딛다

사회주의 국가의 엘리트 정치는 크게 집단지도 체제(과두제)와 일인지배 체제(일인 독재)로 나눌 수 있다. 여기서 집단지도는 여러 정치세력(파벌)이 권력을 분점하고, 이들이 협의와 타협을 통해 주요 문제(정책)를 결정하는 엘리트 정치 체제를 가리킨다. 반면 일인지배는 최고 지도자 한 사람이 권력을 독점하고, 주요 문제(정책)를 독자적으로, 또한 종종 법률과 제도를 무시하고 자의적으로 결정하는 엘리트 정치 체제를 가리킨다. 그런데 이는 지나치게 단순한 구분법으로, 현재 변화하고 있는 중국의 엘리트 정치를 정확히 평가하기 위해서는 좀 더 세밀한 분류 기준이 필요하다.

〈표 1-1〉 중국 엘리트 정치 체제의 유형과 분류 기준

유형 / 기준	일인지배 (마오쩌둥 시대)	원로지배 (덩샤오핑 시대)	집단지도 (덩샤오핑 이후 시대)
권력원과 권력 집중도	• 개인 권위 • 권력 집중	• 개인 권위 • 권력 집중	• 제도 권위 • 권력 분산
지도자 간의 권력관계	주종관계	주종관계와 평등한 관계	평등한 관계
권력 행사 방식	자의적 행사	자의적 행사	법과 제도에 따른 행사

자료: 조영남, 2019: 36.

〈표 1-1〉은 필자가 중국 엘리트 정치 체제의 유형과 분류 기준을 다시 정리한 것이다. 이 중에서 원로지배는 한시적으로 나타난 과도기적 유형으로, 미래에 다시 등장할 가능성이 없다는 점에서 무시해도 좋다.

여기서 우리가 주목해야 할 점은, 세 가지 기준에서 보았을 때, 공산당 20차 당대회를 전후로 시진핑 시기의 엘리트 정치 체제가 변화하기 시작했다는 점이다. 한마디로 말해, '집권형' 집단지도 체제에서 시진핑 일인지배 체제로의 이행이 시작되었다는 것이다.[1] 다만 지금은 아직 초기 단계로 시진핑 일인지배 체제가 수립되었다고까지는 말할 수 없다.

1. 권력원의 변화: 시진핑, '제도 권위'에 더해 '개인 권위'를 획득하다

시진핑은 장쩌민이나 후진타오와 마찬가지로 공산당 총서기에 취임함으로써 권력을 행사할 수 있었다. 즉 시진핑의 권력원權力源은 제도 권위였다. 이는 마오쩌둥이 혁명 원로이자 건국의 아버지라는 개인 권위, 덩샤오핑이 혁명 원로이자 개혁개방의 '총설계사'라는 개인 권위에 기반하여 권력을 행사한 것과는 매우 다르다. 따라서 시진핑은 공산당 총서기, 중앙군위 주석, 국가주석이라는 직위가 주는 권한만을 행사할 수 있었고, 이후 시간이 가면서 이런 직위를 이용하여 점차로 권력을 강화할 수 있었다. 그러나 이는 법과 제도에 근거한 것이지 개인 권위에 근거한 권력 행사는 아니었다.

그런데 2021년 11월에 개최된 공산당 19기 중앙위원회 6차 전체회의(19기 6중전회) 이후에 상황이 바뀌기 시작했다. 즉 이때 '3차 역사결의'가 통과되어 시진핑 집권기(2012-22년)가 '신시대新時代'로 공식 인정되면서 시진핑은 총서기라는 제도 권위에 더해 위대한 지도자라는 개인 권위를 획득하게 되었다.[2] '3차 역사결의'에 따르면, 시진핑 집권기는 '신시대'로서 혁명기(1921-48년), 마오쩌둥 시기(1949-76년), 개혁기(1978-2011년)와 병렬로 놓을 수 있는 독자적인 시대다. 시진핑은 '시진핑 신시대 중국 특색의 사회주의 사상'(이하 '시진핑 사상')을 제기하면서 이런 '신시대'를 개막한 위대한 지도자다. 특히 '신시대'에 공산당은 모두 13개 분야에서 엄청난 업적을 달성했다. '신시대'에 "공산당은 오랫동안 해결하려고 했지만 해결하지 못한 수많은 난제를 해결했고, 과거에 이루려고 했지만 이루지 못한 수많은 대업을 이루었다"라는 것이다. 이런 '신시대'의 업적에 근거하여 공산당은 '두 개의 확립兩個確立' 방침을 결정했다. 즉 시진핑의 당 중앙 및 전당의 핵심核心 지위를 확립하고, '시진핑 사상'의 지도 지위를 확립한다. 이로써 시진핑의 권력 연장은 정당화되었다(조영남, 2022a).

'신시대'의 규정과 시진핑의 권력 연임 정당화는 공산당 20차 당대회의 〈정치 보고〉로 이어졌다. 〈정치 보고〉는 '3차 역사결의'를 뛰어넘어 개인숭배를 조장하는, 시진핑을 찬양하고 높이 평가하는 내용을 담고 있다. 구체적으로 '신시대'에는 3대 사건이 있는데, 첫째가 공산당 창립 100주년이고, 둘째가 중국 특색 사회주의의 신시대 진입이며, 셋째가 소강사회小康社會의 전면 건설 달성이다. 이 중에서 뒤의 두 가지는 시진핑이 직접 달성한 일이다. 또한 '신시대' 이전에는 공산당·국가·사회 등에 매우 심각한 문제가 있었는데, 시진핑이 '신시대'를 개막하면서 이를 모두 해결했다. 그 결과, "신시대 10년의 위대한 변혁은 당사黨史, 신중국사新中國史, 개혁개방사改革開放史, 사회주의 발전사, 중화민족 발전사에서 기념비里程碑적 의의가 있다"(習近平, 2022).

사실 필자를 포함하는 많은 학자는 시진핑 집권 10년(2012-22년)을 '신시대'로 구분하여 특별 대접하는 것에 대해 쉽게 동의할 수 없다. 시대를 구분하려면 합당한 기준이나 근거가 있어야 하는데 그렇지 못하기 때문이다. 혁명기, 마오 시기, 개혁기는 다른 시기와 구분되는 특징이 있기에 인정할 수 있다. 그러나 시진핑 집권 10년의 '신시대'는 이전 시기와 구분할 수 있는 명확한 근거를 찾을 수 없다. 공산당이 '전면 영도' 방침에 따라 국내적으로는 권위주의 통치를 강화하고, 대외적으로는 '강경한 중국assertive China' 정책을 추진했다는 점이 두드러지기는 하다. 그러나 그것은 모두 후진타오 집권 2기(2007-12년)부터 시작된 것이지 시진핑 시기에 들어 새롭게 등장한 것은 아니다.

시진핑의 권력 강화와 관련하여 중요한 점은, 학자의 이런 평가와는 상관없이 공산당이 당내 결의를 통해 시진핑을 '신시대'를 개막한 위대한 지도자로 공식 인정했다는 점이다. 반면 장쩌민과 후진타오는 그런 대접을 받은 적이 없다. 즉 공산당이 시진핑에게 했던 방식으로 그들을 공식적으로 위대한 지도자로 인정한 적이 없다는 것이다. 이렇게 되면서 시진핑의 '신시대' 업적은 덩샤오핑의 '개혁개방' 업적과 병렬로 놓을 수 있게 되고, 시진핑은 장쩌민이나 후진타오가 가지지 못한 개인 권위를 획득하게 되었다. 이처럼 시진핑이 권력을 행사할 수 있는 근거, 즉 권력원이 바뀌었다.

2. 지도자 간의 권력관계 변화: '시진핑 세력'이 권력을 독점하다

시진핑이 제도 권위에 더해 개인 권위를 획득함에 따라 권력이 시진핑에게로 집중되는 현상이 전보다 더욱 강화되었다. 일반적으로 중국의 최고 통치자는 세 가지 권한, 즉 인사권, 정책권, 군 통수권을 행사한다. 이 중에서 정책권은 비교적 복잡한 과정을 통해 행사되고, 군 통수권은 유사시 ― 예를 들어, 외국과의 전쟁을 위해 군대를 동원할 때 ― 에 사용된다. 따라서 최고 지도자가 정책권과 군 통수권을 실제로 행사하는 모습을 파악하기 위해서는 시간이 필요하다. 반면 인사권은 수시로 행사된다. 따라서 시진핑의 인사권 행사를 통해 우리는 시진핑으로 권력이 집중되는 현상, 이에 따라 시진핑과 다른 정치국 상무위원 간의 권력관계가 어떻게 변화되는지를 비교적 쉽게 파악할 수 있다.

1) 정치국 상무위원회와 정치국의 인선: '시진핑 세력'이 싹쓸이하다

⟨표 1-2⟩에서 ⟨표 1-5⟩까지는 공산당 20기 중앙위원회 1차 전체회의 (20기 1중전회)에서 선출된 중앙 지도자의 명단을 정리한 것이다. 이 중에서 중앙군위 지도부 인선은 시진핑이 직접 결정한 것으로, 이들 모두를 '광의의 시진핑 세력'으로 분류할 수 있다.[3] 중앙서기처 서기는 대개 정치국원을 겸직하는 사람들로, 또한 중앙서기처는 엄격한 의미에서는 중앙 영도기관으로 볼 수 없기에 우리가 자세히 살펴보지 않아도 문제 될 것이 없다. 따라서 공산당 지도부 인선은 정치국 상무위원회와 정치국

⟨표 1-2⟩ 공산당 정치국 상무위원회 위원(7인) 명단(2022년 10월 기준)

이름	나이	전직	현직(예정)	비고	계파
시진핑(習近平)	69	총서기/국가주석/중앙군위 주석	좌동	연임	본인
리창(李强)	63	상하이시 당서기	국무원 총리	신임	직속
자오러지(趙樂際)	65	중앙기위 서기	전국인대 위원장	연임	발탁
왕후닝(王滬寧)	67	서기처 제1서기	전국정협 주석	연임	발탁
차이치(蔡奇)	66	베이징시 당서기	서기처 제1서기	신임	직속
딩쉐샹(丁薛祥)	60	중앙판공청 주임	국무원 부총리	신임	직속
리시(李希)	66	광둥성 당서기	중앙기위 서기	신임	발탁

자료: ⟨中國共產黨第二十屆中央委員會第一次全體會議公報⟩(2022년 10월 23일)

〈표 1-3〉 공산당 정치국 위원(24인) 명단(정치국 상무위원 7인 포함, 2022년 10월 기준)

이름	나이	전직	현직(예상)	비고
리훙중(李鴻忠)	66	톈진시 당서기		연임
장유샤(張又俠)	72	중앙군위 부주석	좌동	연임
천민얼(陳敏兒)	62	충칭시 당서기	톈진시 당서기	연임
황쿤밍(黃坤明)	65	중앙 선전부 부장	광둥성 당서기	연임
마싱루이(馬興瑞)	63	신장 자치구 당서기	좌동	신임
왕이(王毅)	69	외교부 부장/국무위원	중앙 외사판공실 주임	신임
인리(尹力)	60	푸젠성 당서기	베이징시 당서기	신임
스타이펑(石泰峰)	66	사회과학원 원장	중앙 통일전선부 부장	신임
류궈중(劉國忠)	60	산시성(陝西省) 당서기		신임
리간제(李幹傑)	58	산둥성 당서기	중앙 조직부 부장	신임
리수레이(李書磊)	58	중앙 선전부 부부장	중앙 선전부 부장	신임
허웨이둥(何衛東)	65	중앙군위 지휘 중심	중앙군위 부주석	신임
허리펑(何立峰)	67	발전개혁위 주임	국무원 부총리	신임
장궈칭(張國淸)	58	랴오닝성 당서기		신임
천원칭(陳文淸)	62	국가안전부 부장	중앙 정법위원회 서기	신임
천지닝(陳吉寧)	58	베이징시 시장	상하이시 당서기	신임
위안자쥔(袁家軍)	60	저장성 당서기	충칭시 당서기	신임

자료: 〈中國共産黨第二十屆中央委員會第一次全體會議公報〉(2022년 10월 23일)

〈표 1-4〉 공산당 중앙서기처 서기(7인) 명단 (2022년 10월 기준)

이름	나이	전직	현직(예상)	비고
차이치(蔡奇)	66	베이징시 당서기	정치국 상무위원	신임
스타이펑(石泰峰)	66	사회과학원 원장	중앙 통일전선부 부장	신임
리간제(李幹傑)	58	산둥성 당서기	중앙 조직부 부장	신임
리수레이(李書磊)	58	중앙 선전부 부부장	중앙 선전부 부장	신임
천원칭(陳文淸)	62	국가안전부 부장	중앙 정법위원회 서기	신임
류진궈(劉金國)	67	중앙기위 부서기	좌동	신임
왕샤오훙(王小洪)	65	공안부 부부장	공안부 부장	신임

자료: 〈中國共産黨第二十屆中央委員會第一次全體會議公報〉(2022년 10월 23일)

〈표 1-5〉 공산당 중앙군사위원회 주석·부주석·위원(7인) 명단(2022년 10월 기준)

직급	이름	나이	전직	현직(예상)	비고
주석	시진핑	69	중앙군위 주석	좌동	연임
부주석	장유사(張又俠)	72	중앙군위 부주석	좌동	연임
	허웨이둥(何衛東)	65	중앙군위 지휘 중심	중앙군위 부주석	신임
위원	리상푸(李尚福)	64	중앙군위 장비발전부 주장	국무원 국방부 부장	신임
	류전리(劉振立)	58	중앙군위 연합참모부 참모장	좌동	신임
	먀오화(苗華)	66	중앙군위 정치공작부 주임	좌동	연임
	장성민(張升民)	64	중앙군위 기위 서기	좌동	연임

자료: 〈中國共産黨第二十屆中央委員會第一次全體會議公報〉(2022년 10월 23일)

을 중심으로 분석하는 것이 타당하다.

먼저 7인의 정치국 상무위원은 모두 '시진핑 세력'으로 충원되었다. 이 중에서 3인은 지방에서 시진핑과 함께 일한 적이 있는 시진핑의 '직속 부하'였다. 구체적으로 리창은 2005년 저장성 공산당 위원회 판공청 비서장秘書長에 임명되어 2002년부터 2007년까지 저장성 당서기를 역임한 시진핑을 보좌했다. 딩쉐샹은 2007년 상하이시 공산당 위원회 판공청 비서장에 임명되어 2007년에 상하이시 당서기를 맡았던 시진핑을 보좌했다. 차이치도 1993년부터 1996년까지 푸젠성 공산당 위원회 판공청 부비서장을 맡았는데, 1993년부터 1999년까지 푸젠성 공산당 부서기를 맡았던 시진핑은 바로 차이치의 직속상관이었다. 나머지 3인, 즉 자오러지, 왕후닝, 리시도 시진핑에 의해 발탁 및 승진한 인사들로서 '광의의 시진핑 세력'으로 볼 수 있다.

24인의 정치국원(7인의 정치국 상무위원 포함)은 모두 시진핑 세력으로 충원되었다고 말할 수는 없다. 그러나 그들 중 최소한 12인, 많게는 15인은 시진핑 세력으로 분류할 수 있다(林頸傑, 2022). 반면 시진핑 세력과 함께 중요한 정치세력(파벌)으로 간주되었던 공청단파 인사는 단 한 명도 정치국원에 선임되지 못했다. 오히려 리커창李克强과 왕양汪洋은 퇴임하고, 후춘화는 정치국원에서 탈락함으로써 기존에 있었던 3인마저 모두 사라졌다. 이처럼 특정 정치세력이 정치국 상무위원회와 정치국을 독점적으로 구성한 사례는 지금까지 없었다. 이는 시진핑으로 권력이 그만큼 집중되었다는 사실을 증명한다.

이러면서 시진핑과 다른 정치국 상무위원 간의 권력관계가 평등한 관계에서 사실상의 주종관계로 바뀌게 되었다. 즉 엘리트 정치를 구분하는 두 번째 기준에서도 변화가 발생한 것이다. 〈당장黨章〉과 〈당내 정치생활 준칙準則〉 등 공산당 법규黨規에 따르면, 총서기를 포함한 정치국 상무위원은 평등한 관계에서 각자의 권한을 행사할 수 있다. 그러나 공산당 20차 당대회 이후에는 이런 법적 규정이 효력을 발휘하기가 어렵게 되었다. 앞에서 보았듯이, 시진핑을 제외한 6인의 정치국 상무위원 중에서 3인은 시진핑의 '직속 부하'로서 시진핑과 오래전부터 주종관계를 맺었던 인물이다. 나머지 3인도 시진핑에 의해 발탁 및 승진된 인물로, 실제 정치과정에서 이들이 시진핑과 평등한 관계를 유지하기는 쉽지 않을 것이다.

이처럼 공산당 20차 당대회 이후 시진핑은 제도 권위에 더해 개인 권위를 획득했을 뿐만 아니라, 다른 정치국 상무위원 간의 관계도 기존의 평등한 관계에서 사실상의 주종관계로 바꿀 수 있었다. 이런 두 가지 측면에서 보았을 때, 우리는 시진핑이 일인지배를 위한 첫발을 내딛기 시작했다고 평가할 수 있다. 다만 뒤에서 살펴볼 몇 가지 분명한 한계로 인해 시진핑의 일인지배가 하나의 체제로서 확립되었다고는 말할 수 없다. 다시 말해, 현재 중국의 엘리트 정치는 시진핑으로 권력이 집중된 '집권형' 집단지도에서 시진핑 일인지배 체제로 이동하고 있는 과도기라고 평가할 수 있다. 앞으로의 상황 변화에 따라 시진핑 일인지배 체제가 확립될 수도 있고, 아니면 어정쩡한 현재의 과도기 상태가 계속 유지될 수도 있다.

2) 시진핑의 '일인지배'는 분명한 한계가 존재한다

당대회에서는 '일어난 일'도 중요하지만, 일어날 것으로 예측되었지만 실제로는 '일어나지 않은 일'이 더 중요한 경우가 많다. 그것을 통해 엘리트 정치의 변화 여부를 평가할 수 있기 때문이다. 공산당 20차 당대회도 예외는 아니다. 다만 '일어나지 않은 일'은 공산당이 공식적으로 언급하지 않기 때문에, 주의 깊게 관찰해야 그 실제 의미를 파악할 수 있다.

먼저, 공산당 20차 당대회에서는 공산당 중앙 주석 제도가 다시 설치되지 않았다. 공산당 주석과 총서기는 지위와 권한 면에서 큰 차이가 있다. 엄격히 말하면, 현재 공산당에는 '당 대표'는 없고 '사무총장'이 '당 대표'의 직무를 대신하고 있다고 말할 수 있다. 1982년 공산당 12차 당대회에서 〈당장〉 개정을 통해 공산당 주석('당 대표')을 폐지하고, 대신 총서기('사무총장')가 공산당을 대표하도록 만들었기 때문이다(조영남, 2022b: 206-208). 시진핑 세력은 2017년 공산당 19차 당대회부터 공산당 주석 제도를 부활시키기 위해 열심히 노력한 것으로 알려졌다. 그래야만 자신과 다른 지도자 간의 관계를 '공식적으로' 주종관계로 바꿀 수 있기 때문이다. 이번 당대회가 개최되기 이전부터 여러 언론과 전문가들은 이번에는 〈당장〉 개정을 통해 공산당 주석 제도가 부활할 수도 있다고 전망했다. 그러나 결과는 그렇게 되지 않았다.

이는 공산당 내에서 당 주석 제도의 부활을 반대하는 기류가 여전히 강력하게 존재하고, 시진핑은 그런 반대 기류를 극복하지 못했다는 사실을 의미한다. 첫째, 당정 간부들은 공산당 18차 당대회(2012년) 이후에 당내에 만연한 부정부패와 기율 이완 문제를 바로잡기 위해 공산당 중앙과 총서기에게 더 많은 권한을 부여하는 데에는 동의했다(Guo, 2019: 34-48). 그러나 그런 권한 강화가 '일정한 선'을 넘으면 '제2의 마오쩌둥'이 나올 수도 있다는 우려에서 총서기의 권력 강화를 경계하는 분위기도 형성되었다. 특히 공산당 주석 제도의 부활은 '제2의 마오쩌둥'이 등장하는 신호로 여겨질 수 있기에 부활에 쉽게 동의할 수 없다. 둘째, 공산당 주석 제도는 덩샤오핑이 직접 폐지했다. 따라서 시진핑이 이를 번복하기는 쉽지 않다. 시진핑이 개인 권위를 획득했다고는 하지만, 덩샤오핑의 개인 권위와는 비교할 수 있는 수준이 아니기 때문이다. 이런 두 가지 이유에서 시진핑은 공산당 주석 제도의 부활을 포기할 수밖에 없었다.

또한 이번 당대회와 공산당 20기 1중전회를 통해 시진핑에게 '최종 결정권veto power'이 부여되었는지도 아직 명확하지 않다. 마오쩌둥에게는 1943년 공산당 확대회의의 결의를 통해, 덩샤오핑에게는 1987년 공산당 중앙위원회의 결의를 통해 '최종 결정권'이 부여되었다. 마오와 덩은 이를 이용하여 '합법적으로' 공산당 및 국가와 관련된 중요한 문제를 독자적으로 결정할 수 있었다. 만약 시진핑에게도 '최종 결정권'이 부여되었다면, 우리는 시진핑 일인지배 체제가 수립되었다고 말할 수 있다.

다만 그것이 '비밀 결의' 형식으로 통과되었다면 외부로 알려지기까지 시간이 걸리기 때문에 시간을 두고 지켜보아야 할 것이다.

마지막으로, 이번의 〈당장〉 개정 내용을 보아도 시진핑의 일인지배는 한계가 많다는 사실을 알 수 있다. 〈당장〉 개정에 대한 공식 설명에 따르면, 공산당은 '신시대'에 달성한 성과를 충실히 반영하기 위해 이번 당대회에서 〈당장〉을 대폭 개정하기로 결정했다. 실제로 개정된 결과를 보면, 겉으로는 아주 많은 곳이 바뀐 것처럼 보인다. 그런데 〈당장〉 개정에서 핵심은 시진핑의 정치적 권위를 대폭 강화하는 두 가지 방침, 즉 '두 개의 수호兩個維護'와 '두 개의 확립兩個確立'을 〈당장〉에 삽입하는 것이었다. 만약 이 두 가지 방침이 〈당장〉의 총강總綱(우리식으로 헌법의 전문에 해당)에 온전히 포함된다면, 시진핑의 권위는 이전보다 더욱 강화될 수 있기 때문이다.

여기서 '두 개의 수호'는 시진핑이 2016년 12월에 열린 정치국 회의에서 제기한 방침이다. 첫째 수호는 '시진핑 총서기의 당 중앙 핵심 및 전당 핵심 지위의 수호'다. 둘째 수호는 '공산당 중앙 권위와 집중통일 영도의 수호'다.[4] 이처럼 '두 개의 수호'에서는 시진핑 지위 수호와 함께 공산당 중앙의 권위 및 집중통일 영도 수호를 동시에 강조한다. 반면 '두 개의 확립'은 이를 발전시킨 방침으로, 2021년 11월 공산당 19기 6중전회에서 '3차 역사결의'의 통과와 함께 공식 결정되었다. 첫째 확립은 '시진핑 동지의 당 중앙 핵심 및 전당 핵심 지위의 확립'이다. 둘째 확립은 '시진핑 사상의 지도 지위 확립'이다. 여기서 알 수 있듯이, '두 개의 확립'은 공산당 중앙이 아니라 시진핑의 지위 확립과 '시진핑 사상'의 권위 확립만을 강조한다. 이처럼 '두 개의 확립'은 '두 개의 수호'와 달리 시진핑의 개인숭배를 조장하는 방침이다. 따라서 시진핑은 '두 개의 수호'보다는 '두 개의 확립'을 〈당장〉에 넣기 위해 더 열심히 노력했다고 볼 수 있다.

그렇다면 두 가지 방침은 〈당장〉에 어떤 내용과 형식으로 들어갔을까? 우선, '두 개의 수호'는 불완전한 형태로 〈당장〉에 들어갔다. 공산당 강령을 집대성한 〈당장〉의 총강에는 "시진핑 동지를 핵심으로 하는 당 중앙 권위 및 집중통일 영도를 굳건히 수호한다"라는 '한 개의 수호'(즉 당 중앙 권위의 수호)만이 들어갔다. 반면 '두 개의 수호'라는 문구는 당원의 권리와 의무를 규정한 제1장 제3조에서 당원이 준수해야 하는 하나의 의무로만 언급되었을 뿐이다. 이 때문에 '두 개의 수호'가 〈당장〉에는 들어갔지만, 실제 의미는 그렇게 크다고 평가할 수 없다.

이에 비해 '두 개의 확립'은 아예 〈당장〉에 들어가지 못했다. 공산당이 발표한 〈당장(수정안) 결의〉와 〈당장(수정안) 결의 문답〉만 읽으면 '두 개의 확립'이 이번 개정을 통해 〈당장〉에 들어간 것처럼 보인다. 이 두 문건은, "'두 개의 확립'을 전당이 심각히 깨닫는 일"이 이번 당대회에서 "결정적 의의決定性意義가 있다"라고 강조하기 때문이다(章程[修正案]的決議, 2022; 章程[修正案]答記者問, 2022). 그런데 막상 개정된 〈당장〉을 자세히 읽어보면, '두 개의 확립'은 그 어디에서도 찾을 수 없다. 즉 '두 개의 확립'은 이번에 〈당장〉에 들어가지 못했다. 이처럼 〈당장〉 개정 과정에서도 일인지배 체제를 수립하려는 시진핑의 시도는 좌절을 맛보아야만 했다.

3. 권력 운영 방식의 변화: 아무 일도 일어나지 않았다

그런데 시진핑 일인지배 체제의 수립과 관련하여 더욱 중요한 문제는, 권력 운영 방식에 대한 공산당의 주요 규정이 이번 당대회에서 전혀 바

꿔지 않았다는 사실이다. 즉 〈당장〉과 〈당내 정치 생활 준칙〉 등 각종 당규는 여전히 집단지도 체제의 원칙과 방침을 규정하고 있고, 공산당 20차 당대회에서는 이에 대해 하나도 바꾸지 않았다는 것이다.

〈표 1-6〉은 공산당 권력기관의 권한과 운영 방식을 정리한 것이다. 이 중에서 일부는 외부에 공개되었지만, 일부는 그렇지 않다. 이에 따르면, 중요한 정책과 인사 문제는 집단지도 원칙에 따라 정치국 상무위원회와 정치국이 정기적으로 회의를 개최하여 결정한다. 반면 총서기는 '비공식 규범'에 따라 일부 인사권을 행사하지만, 정책권은 행사하지 못한다. 즉 총서기의 권한은 회의 의제의 결정, 회의 주재, 회의 결과의 공포에 한정될 뿐이다. 따라서 이런 규정이 그대로 남아 있는 한, 시진핑 일인지배 체제가 수립되었다고 말할 수는 없다. 다시 말해, 일인지배 체제가 확립되려면 집단지도 체제를 강조하는 〈당장〉과 〈당내 정치 생활 준칙〉 등 주요 당규가 바뀌어야 한다.

공산당 20차 당대회에서 집단지도를 강조한 당규가 개정되지 않았다

〈표 1-6〉 공산당 중앙 권력기관의 권한과 운영에 대한 당내 규정

분류	인사권	정책 결정권	회의와 의결 방식
총서기	• (비공식) 인사 결정에 영향력 행사 • (비공식) 일부 차관급 간부 임면	중앙 문건 배포	• 의제 확정과 회의 주재 • 회의 공보 배포
정치국 상무위원회	• 차관급 간부 임면 비준(決定) • 장관급 간부 제청(提名)	• 일상 정책과 긴급업무 처리 • 정치국의 결정 집행	• 주 1회 회의 개최 • 표결 시 다수결
정치국	장관급 간부 임면 비준(決定)	중대 정책 결정	• 월 1회 회의 개최 • 표결 시 다수결
서기처	없음	• 회의 준비와 일상업무 처리 • 중앙 문건 기초	• 총서기 책임제 • 판공회의 개최

자료: 조영남, 2022b: 222.

는 사실은, 앞으로 엘리트 정치가 순조롭게만 전개되지는 않을 것임을 시사한다. 한마디로 말해, 집단지도를 강조한 공산당의 '공식 규정'과, 시진핑이 일인지배 방식으로 권력을 행사하려는 '실제 운영' 간에 심각한 괴리가 존재할 수 있다. 정치과정에서 이런 괴리는 갈등을 일으킬 수 있고, 공산당이 이런 갈등을 제대로 처리하지 못하면 정치적 혼란으로 이어질 수 있다. 개인 권위까지 획득한 시진핑은 앞으로 일인지배 방식으로 권력을 행사하려고 시도할 가능성이 크다. 그런데 〈당장〉 등 당규는 집단지도 방식을 강조한다. 이 때문에 시진핑의 권력 행사는 자주 한계에 부딪힐 것이다.

이런 상황에 직면하면 시진핑은 어떻게 할 것인가? 만약 경제를 계속 발전시키는 등 많은 업적을 쌓아 시진핑의 개인 권위가 더욱 높아지고, 그 결과 당원뿐만 아니라 일반 국민도 그를 지지하는 분위기가 지속된다면, 동시에 엘리트 정치에서 시진핑 세력의 우위가 전보다 더욱 강화된다면, 시진핑은 집단지도를 명시한 '공식 규정'을 당내 절차에 따라 일인지배의 '실제 운영'에 맞게 개정하려고 할 것이다. 예를 들어, 공산당 중앙 주석 제도를 부활하고, 주석에게 권한을 집중하는 방식으로 〈당장〉을 개정한다는 것이다. 그렇게 되면 시진핑 일인지배 체제는 수립될 수 있다. 그러나 반대로 객관적 상황과 조건이 형성되지 않았는데도 시진핑이 일인지배 방식으로 무리하게 권력을 운영하려고 한다면, 다시 말해 그가 '제2의 마오쩌둥'이 되려고 시도한다면, 이는 커다란 정치적 갈등과 혼란을 불러올 수 있다. 중국정치가 실제로 어떤 방향으로 전개될지 앞으로 면밀한 관찰이 요구된다.

III. 공산당 지도부의 인선: 주요 규범이 파괴되다

공산당 지도부의 인선은 크게 세 가지 권력기관의 충원을 말한다. 첫째는 사실상의 최고 권력기관인 정치국 상무위원회(현재 7인)다. 둘째는 당 대회 폐회 기간에 '당 중앙'으로서 중요 문제를 결정할 권한을 행사하는 정치국(현재 24인)이다. 셋째는 총서기, 정치국 상무위원, 정치국원을 선출하는 중앙위원회(현재 205인)다. 이 중에서 정치국 상무위원은 국가급正國級 지도자, 정치국원은 부국가급副國級 지도자, 중앙위원은 장관급省部級 지도자로 부른다. 일반적으로 공산당 지도부라고 말할 때는 정치국 상무위원(총서기 포함)과 정치국원을 지칭한다.

공산당 지도부의 인선은 지금까지 몇 가지 규범norm에 따라 이루어졌다(조영남, 2019: 446-464). 그런데 지도부 인선과 관련된 규칙을 '법규law'라고 부르지 않고 '규범'이라고 부르는 이유는, 그것이 공산당이 법적 절차에 따라 공식적으로 제정한 당규가 아니기 때문이다. 인선 규범은 최고 지도자 간의 합의를 통해 점진적으로 만들어졌고, 이후에도 계속 준수되면서 일종의 '관습법'이 된 것이다. 따라서 최고 지도자들이 합의하면 인선 규범은 언제든지 바뀔 수 있다. 이 때문에 새로운 지도부가 특정한 인선 규범을 지키지 않았다고 해서 그것이 '불법'이거나 정치적으로 잘못된 일이라고 말할 수는 없다. 공산당 20차 당대회가 특별한 이유는, 이런 인선 규범 중 다수가 지켜지지 않았기 때문이다(李春, 2022a).

공산당 지도부의 인선 규범에는 몇 가지가 있다. 첫째는 '68세 나이' 규범으로, 2002년 공산당 16차 당대회의 준비 과정에서 도입되었다(이전에는 '70세 규범'이었다). 이에 따르면, 68세 이상자는 정치국원과 정치국 상무위원 등에 선임될 수 없다. 이 규범은 현재 국가직에는 적용되지 않는다. 2018년 3월에 열린 13기 전국인민대표대회(전국인대) 1차 회의에서 당시 70세였던 왕치산王岐山이 국가 부주석에 선임되었기 때문이다. 또한 2016년 10월 공산당 18기 6중전회 직후에 공산당 중앙 판공청 조사연구국 부국장인 덩마오성鄧茂生은 '68세 나이' 규범에 대해 "민간의 이야기일 뿐"이라고 평가절하한 적이 있다(조영남, 2019: 495). 이는 연령제 규범이 파괴되거나 탄력적으로 운영될 수 있음을 암시한 말이다.

둘째는 '세력균형' 혹은 '권력분점' 규범이다. 이는 특정 정치세력(파벌)이 당정기관의 주요 직위를 독점할 수 없다는 규범이다. 이 규범에 따라 지금까지 정치국 상무위원회와 정치국은 다양한 정치세력이 함께 구성했다. 다만 정치세력 간의 세력균형이 항상 비슷한 형태로 유지된 것은 아니었다. 예를 들어, 장쩌민 시기에는 상하이방이 정치국 상무위원회와 정치국의 절대다수를 차지했다. 반면 후진타오 시기에는 상하이방이 여전히 다수파였지만, 공청단파도 최소한 정치국에서는 일정한 비중을 차지했다. 시진핑 집권 1기(2012-17년)에는 태자당, 상하이방, 공청단파가 어느 정도 균형을 이루다가 집권 2기(2017-22년)에는 시진핑 세력이 절대 다수파가 되었다.

셋째는 '점진적 집단 승계' 규범이다. 먼저, 정치국 상무위원은 중앙위원과 정치국원을 거친 사람 중에서 선임된다. 단 후계자는 예외로, 중앙위원에서 정치국 상무위원으로 바로 승진할 수 있다. 이것이 '점진적 승계' 규범이다. 또한 권력승계는 '개인'이 아니라 '집단'(세대별)으로 이루어진다. 예를 들어, 정치권력은 장쩌민을 대표로 하는 '3세대'(1920-30년대 출생) 지도자에서 후진타오를 대표로 하는 '4세대'(1940년대 출생) 지도자로, 이것은 다시 시진핑을 대표로 하는 '5세대'(1950년대 출생) 지도자로 승계되었다. 이번 공산당 20차 당대회에서는 이전의 규범에 따르면 '6세대'(1960년대 출생) 지도자에게로 권력이 승계되어야 한다.

넷째는 '후계자 사전 선임' 규범이다. 이에 따르면, 후계자는 총서기와 총리에 선임되기 최소한 5년 전에 결정되어야 한다. 이 규범에 따라 후진타오는 총서기에 선임되기 10년 전에, 시진핑은 5년 전에 정치국 상무위원이 되었다. 그런데 공산당 19차 당대회에서는 이 규범이 지켜지지 않았다. 이는 시진핑이 공산당 20차 당대회에서 권력을 이양할 의도가 없다는 점을 처음으로 밝힌 것, 다시 말해 권력 연임을 위한 시진핑의 사전 포석으로 평가되었다. 2018년 3월 13기 전국인대 1차 회의에서 〈헌법〉이 개정되어 국가주석의 연임 제한 규정이 폐지되면서 권력 연임을 위한 시진핑의 사전 준비는 계속 진행되었다.

마지막은 '민주추천제民主推薦制' 규범이다. 이에 따르면, 정치국 상무위원과 정치국원뿐만 아니라 전국인대·국무원·전국정협의 지도부는 중앙위원과 정치원로 등으로 구성된 '추천인단'의 추천에 근거하여 선임되어야 한다. 실제 진행 방식은 두 가지다. 하나는 '추천인단'이 직접 투표를 통해 후보자를 추천하는 방식(투표 추천)이고, 다른 하나는 '추천인단'과의 개별 면담을 통해 후보자를 추천받는 방식(개별 면담 추천)이다. 투표 추천 방식은 공산당 17차(2007년)와 18차(2012년) 당대회에서, 개별 면담 추천 방식은 공산당 19차(2017년) 당대회에서 사용되었다(조영남, 2019: 415-420).

1. '68세 나이' 규범: 파괴인가 탄력적 적용인가?

이번 공산당 지도부 인선에서는 '68세 규범'이 지켜지지 않았다. 먼저, 7인의 정치국 상무위원 중에서는 69세인 시진핑이 다시 총서기에 선출되었다. 24인의 정치국원(7인의 정치국 상무위원 포함) 중에서는 시진핑을 포함하여 총 3인의 68세 이상자가 정치국원에 선출되었다. 시진핑을 제외한 다른 한 명은 72세인 장유샤張又俠 중앙군위 부주석이고, 또 다른 한 명은 69세인 왕이王毅 외교부 부장이다. 이처럼 20년 동안 예외 없이 지켜졌던 '68세 나이' 규범이 이번에는 지켜지지 않았다. 이것이 이번 인사의 첫 번째 특징이다.

그런데 이에 대해서는 달리 평가할 수 있다. 즉 '68세 나이' 규범이 파괴된 것이 아니라 '탄력적으로 적용'된 것이라고 평가할 수 있다는 것이다. 이에 따르면, '68세 나이' 규범에 예외가 존재하는 것은 당연한 일이다. 연령제를 규정한 당규(법률)에서도 예외를 인정하기 때문이다. 예를 들어, 1982년에 제정된 〈원로 간부 퇴직제도 건립 결정中共中央關於建立老幹部退職制度的決定〉에 따르면, 장관급正部級은 65세, 차관급副部級은 60세가 정년이지만, "확실한 업무 필요성 있고, 신체 또한 건강하여 정상적으로 업무를 볼 수 있으면, 기관의 승인을 거쳐 퇴직 시기를 적당히 늦출 수 있다"라고 규정하고 있다(〈老幹部離休退休年齡規定〉; Ma and Henderson, 2021). 당규가 이런데 하물며 규범은 말할 필요도 없다는 것이다(Li, 2022).[5] 실제로 이번 당대회에서 68세 이상자가 다시 당직에 선임된 사례는 3인뿐으로, 이는 정치국 상무위원 중에서는 7인 중 1인(준수율 85.71%), 정치국원 중에서는 24인 중에서 3인(준수율 87.5%), 중앙위원 중에서는 205인 중에서 3인(준수율 98.54%)에 불과하다.

또한 업무의 필요성 면에서 볼 때도 3인의 예외자는 정당화가 가능하다. 총서기는 최고 지도자로서 어떤 당규에도 나이나 임기에 대한 제한 규정이 없다. 중앙군위 주석과 부주석도 마찬가지다. 외교부 부장은 국무원 소속으로 나이와 임기가 국가 법률의 제한을 받지만, 공산당 중앙 외사판공실 주임은 당직으로 이런 제한을 받지 않는다. 현재 왕이 외교부 부장은 양제츠楊潔篪의 후임으로 중앙 외사판공실 주임에 임명되었다. 이처럼 왕이는 업무의 필요성에 따라 연령제를 탄력적으로 적용한 사례로 볼 수 있다는 것이다.

2. '세력균형' 혹은 '권력분점' 규범: 철저히 파괴되다

이 규범은 이번 당대회에서 전혀 지켜지지 않았다. 앞에서 이미 말했듯이, 정치국 상무위원회와 정치국의 충원 결과를 놓고 보면, 시진핑 세력을 제외한 다른 정치세력, 예를 들어 공청단파는 단 한 명도 충원되지 않았다. 이는 이전 당대회에서는 볼 수 없었던 일로, 이번 인선의 두 번째 특징이다. 다만 205인의 중앙위원 중에서는 후춘화(59세) 부총리, 루하오陸昊(55세) 국무원 발전연구센터中心 주임, 허쥔커賀軍科(53세) 공청단 중앙위원회 서기처 제1서기 등 3인의 공청단파가 존재한다.

이런 인선 결과는 두 가지 의미로 해석할 수 있다. 하나는 시진핑의 권한(특히 인사권)이 막강해졌다는 점이다. 이제 시진핑은 다른 정치세력의 눈치를 볼 필요 없이 자파 세력만으로 권력기관을 충원할 수 있을 정도로 권력이 강화되었다는 것이다. 다른 하나는 시진핑이 정치적 균형 감각을 잃어버렸다는 점이다. 사실 7인의 정치국 상무위원 중에서 공청단파 인물(예를 들어, 후춘화)이 한 명 정도 있어도 시진핑이 자파 세력을 중심으로 권력을 운영하는 데는 아무런 문제가 없다. 또한 이번 정치국원은 24인으로 전기보다 한 명이 줄었는데, 공청단파 인물을 한 명 정도 충원해서 25인으로 인원을 유지해도 문제 될 것이 없다. 그런데도 시진핑은 그렇게 하지 않았다.

단 여기서 주의할 점이 있다. 시진핑 세력을 상하이방이나 공청단파처럼 단일한 하나의 정치집단으로 이해해서는 안 된다는 사실이다. 다시 말해, 시진핑 세력은 상하이방이나 공청단파와는 달리 여러 요소로 구성된 포괄적인 집단이라는 특징이 있다. 구체적으로 시진핑 세력은 크게 네 가지 집단으로 구성된다. 첫째는 혈연으로 맺어진 태자당이다. 시진핑 본인을 포함하여 장유샤 중앙군위 부주석이 여기에 포함된다. 둘째는 지연으로 맺어진 집단이다. 시진핑은 이전에 푸젠성, 저장성, 상하이시 등에서 성장과 당서기를 역임했는데, 이때 함께 일했던 사람들이 이 집단을 구성한다. 리창, 차이치, 딩쉐샹이 이에 해당한다. 셋째는 학연으로, 칭화대학 출신자들이다. 넷째는 왕치산과 리잔수栗戰書 등 시진핑의 핵심 인물들과 관계된 집단이다(조영남, 2019: 591-593). 이런 점에서 시진핑 세력은 '공청단파를 제외한 엘리트 연합 집단'이라고 부를 수 있다.

3. '점진적 집단 승계' 규범: 일부는 지켜지고 일부는 지켜지지 않다

먼저 '점진적 승계' 규범은 대체로 지켜졌다고 평가할 수 있다. 다만 일부 인선에서는 지켜지지 않았다. 구체적으로 신임 정치국 상무위원 4인은 모두 정치국원을 역임한 사람들로, 파격 승진은 없었다. 반면 24인의 정치국원 중에서는 2인이 중앙위원을 거치지 않고 바로 정치국원에 선출되었다. 첫째는 공산당 중앙 선전부 부장을 맡은 리수레이李書磊고, 둘째는 중앙군위 부주석을 맡은 허웨이둥何衛東이다. 국무원 총리와 부총리 인선을 놓고 보면, 점진적 승계 규범이 깨졌다고도 말할 수 있다. 국무원 부총리의 경험이 없는 리창이 국무원 총리에, 당무 경험만 있을 뿐 정무 경험이 전혀 없는 딩쉐샹이 국무원 상무 부총리에 선임되었기 때문이다. 다만 공산당 직급 면에서 보면 이들은 모두 정치국원에서 정치국 상무위원으로 승진한 사례로, 점진적 승계 규범에서 벗어나지는 않았다.

1) '집단 승계' 규범: 지켜지지 않다

반면 '집단 승계' 규범, 즉 당정 지도자들이 개인이 아니라 세대별로 승계하는 규범은 제대로 지켜지지 않았다. 앞에서 말했듯이, 이 규범에 따르면, 이번 당대회에서 '5세대' 지도자는 물러나고 '6세대' 지도자가 대거 충원되어야 한다.[6] 그런데 일부는 그렇게 했지만, 일부는 그렇지 않았다는 것이다. 구체적으로 7인의 정치국 상무위원 중에서 '6세대' 지도자는 딩쉐샹 1인으로, 세대교체 비율은 14.28%에 불과하다(평균 연령은 65.1세). 24인의 정치국원(7인의 정치국 상무위원 포함) 중에서 '6세대' 지도자는 10인으로, 세대교체 비율은 41.67%에 불과하다(평균 연령은 63.6세). 이처럼 정치국 상무위원과 정치국원만을 놓고 보면 '6세대' 지도자가 대다수고, 이런 점에서 집단 승계 규범은 파괴되었다고 말할 수 있다.

그런데 적용 범위를 중앙위원으로 넓히면 이야기는 달라진다. 즉 205인의 중앙위원 중에서 '6세대' 지도자는 160인(7인은 불명)으로, 세대교체 비율은 80.8%에 달한다. 만약 후보 위원을 포함하는 중앙위원 전체

(376인, 위원 205인과 후보 위원 171인)로 범위를 넓히면, 이들의 평균 연령은 57.2세로, 절대다수가 '6세대' 지도자에 속한다(趙承 外, 2022). 이런 측면에서 중앙위원(후보 위원 포함) 차원, 혹은 직급별로 말하면 장관급省部級 지도자 차원에서는 '5세대'에서 '6세대'로 지도자 세대교체가 이루어졌다고 평가할 수 있다. 종합하면, 시진핑 집권 3기는 정치국 상무위원회와 정치국을 주도하는 '5세대' 지도자와 중앙위원회의 절대다수를 차지하는 '6세대' 지도자가 혼합된 '세대 연합 정권'이라고 평가할 수 있다. 이것이 이번 인선의 세 번째 특징이다.

장관급 지도자 차원에서는 이미 '5세대'에서 '6세대'로 세대교체가 이루어졌다는 사실은, 31개 성급省級 지도자, 즉 성장省長·주석·시장 31인과 당서기 31인 등 총 62인의 나이 분포를 분석해보아도 확인할 수 있다. 〈표 1-7〉은 이를 정리한 것이다. 이에 따르면, 31인의 당서기 중에서 '5세대' 지도자는 8인으로 전체의 25.8%에 불과하다. 또한 31인의 성장·주석·시장 중에서 '5세대' 지도자는 1인으로, 전체의 3.2%에 불과하다. 즉 당서기의 약 75%는 '6세대' 지도자로 교체되었고, 성장·주석·시장의 약 97%도 역시 그렇게 되었다.

한편 공산당 20차 당대회의 엘리트 순환율을 보기 위해 각 권력기관 구성원의 교체율을 계산했다. 〈표 1-8〉에 따르면, 공산당 20차 당대회에서 정치국 상무위원(7인) 중 신임은 4인으로 교체율은 57.1%다. 또한 정치국원(24인) 중에서 신임은 13인으로 교체율은 54.17%이고, 중앙위원(205인) 중에서 신임은 133인으로 교체율은 64.88%다. 만약 후보 위원을 포함한 전체 중앙위원(376인)을 대상으로 하면 교체율은 65.4%로 약간 증가한다. 이를 이전 시기의 교체율과 비교하면 큰 차이가 없다는

〈표 1-7〉 성급 지도자(62인)의 출생 연도 분포(2022년 5월 기준)

(1) 5세대 지도자(1950년대 생)

연도	1955	1956	1958	1959	소계(%)
당서기	1	2	0	5	8(25.8)
성장	0	0	1	0	1(3.2)

자료: 조영남, 2019: 36.

(2) 6세대 지도자(1960년대 생)

연도	1960	1961	1962	1963	1964	1965	1966	1967	소계(%)
당서기	4	4	7	4	4	0	0	0	23(74.2)
성장	3	3	7	8	3	4	1	1	30(96.8)

자료: 郭瑞華, 2022: 20.

〈표 1-8〉 공산당 권력기관의 구성원 교체율

직위		이전 시기(기간)	20차 당대회
정치국 상무위원		59.8%(14-19차 당대회)	57.1%
정치국원		55.4%(12-19차 당대회)	54.2%
중앙위원	전체	62.0%(12-19차 당대회)	65.4%
	위원	-	64.9%

자료: Lam, 2022. 다른 자료는 신임 중앙위원이 135명이라고 주장한다. Ni and Ruben, 2022: 6; 趙承 外, 2022; 조영남, 2022b: 177.

사실을 알 수 있다. 따라서 시진핑 총서기는 비록 바뀌지 않았지만, 전체적으로 보면 공산당 지도부는 이전처럼 비슷한 비율로 교체되었다고 평가할 수 있다. 즉 정치 엘리트는 정상적으로 잘 순환하고 있다.

2) 기술관료가 약진하다

그 밖에도 이번 인선에서 나타난 특징을 살펴보자. 먼저, 정치국원(24인) 중에서 여성은 단 한 명도 선임되지 않았다. 1949년 중국 건국 이래 여성 지도자가 정치국 상무위원에 선출된 적은 단 한 번도 없었다. 이런 측면에서 중국정치계도 남성 중심의 폐쇄적 세계라고 말할 수 있다. 다만 정치국원에는 여성이 한 명 정도는 선임되었다. 개혁기를 사례로 보면, 공산당 16차(2002년) 당대회에서 우이吳儀 국무원 부총리, 17차(2007년) 와 18차(2012년) 당대회에서 류옌둥劉延東 부총리, 18차와 19차(2017년) 당대회에서 순춘란孫春蘭 부총리가 정치국원에 선임되었다. 그러나 이번 에는 여성 지도자 중에서 아무도 정치국원에 선임되지 않았다. 이는 시진핑이 정치적 균형 감각을 잃어버렸다는 또 다른 증거라고 할 수 있다.

또한 정치국원의 출신 배경을 보면, 성급省級 지방 지도자(즉 당서기와 성장)가 다수를 차지한다. 구체적으로 24인의 정치국원 중에서 지방 지도자 출신은 12인으로 전체의 50%를 차지한다. 공산당 19차 당대회에 서는 그 비율이 20%에 불과하여, 5년 전보다 30%가 증가한 수치다(李春, 2022b). 반면 국무원 출신자는 3인으로, 전체의 12.5%에 불과하다. 나머지는 공산당 중앙 부서 출신자 6인(25%), 군 출신자 2인(8.33%), 기타(사회과학원 원장) 1인(4.17%)이다. 이런 통계 결과는, 최근 들어 성급 지방의 당서기를 역임하는 것이 정치국에 진입하는 가장 중요한 통로임을 보여준다.

그런데 이런 모든 특징 중에서 가장 중요한 것은, 기술관료technocrats 출신의 지도자, 즉 대학에서 이공계를 전공하고 10년 이상 엔지니어직 이나 전문직에서 일한 후에 당정간부로 성장한 지도자가 공산당 지도부에 대거 입성했다는 사실이다. 먼저, 7인의 정치국 상무위원 중에서 기술관료는 딩쒜샹 1인뿐이다. 그는 엔지니어工程師로서 상하이 재료연구소 소장을 역임했다. 시진핑은 비록 칭화대학의 화학공정과를 졸업했지만, 엔지니어로 일한 적이 없고, 이후에는 칭화대학에서 법학박사(전공은 정치학) 학위를 받았기 때문에 기술관료 출신자로 분류할 수 없다.

그런데 정치국원(24인)은 다르다. 즉 이번에 새로 선임된 13인의 정치국원 중에서 기술관료 출신자는 최소 6인이다. 구체적으로 마싱루이馬興瑞(63세) 신장자치구 당서기와 위안자쥔袁家軍(58세) 저장성 당서기는 항공우주 분야, 리간제李幹傑(57세) 산둥성 당서기와 천지닝陳吉寧(58세) 베이징시 시장은 환경 분야, 장궈창張國淸(58세) 랴오닝성 당서기는 방위산업 분야, 인리尹力(60세) 푸젠성 당서기(베이징시 당서기 예정자)는 공중보건 분야의 전문가다(이재영·황태연, 2022; Zheng and Xie, 2022; Ma, Zhuang and Guo, 2022; 山海, 2022).

중앙위원을 보면 기술관료 출신자의 약진이 더욱 두드러진다. 공산당의 설명에 따르면, 중앙위원 전체(376인) 중에서 '고급 전문 기술직무高級專業技術職務 보유자'는 49.5%다(趙承 外, 2022). 여기서 말하는 '전문 기술직무'에는 여러 가지 범주의 직업이 속하는데, 그중에서 가장 큰 비중을 차지하는 것이 바로 이공계 분야의 전문직이다.[7] 따라서 '고급 전문 기술직무 보유자'를 모두 기술관료 출신자라고 분류할 수는 없지만, 대다수가 기술관료 출신자인 것은 분명하다. 더 정확한 통계는 이후 연구를 통해 보완해야 한다.

〈표 1-9〉는 공산당 지도부 중에서 기술관료 출신자의 비중이 어떻게 변화되었는지를 잘 보여주는 것이다. 이 중에서 1997년은 공산당 15차

<표 1-9> 공산당 지도자 중 기술관료 출신자의 비중 변화

연도	국무원 부장		성 당서기		성장(시장·주석)		중앙위원	
	인원	%	인원	%	인원	%	인원	%
1982	1	2	0	0	0	0	4	2
1987	17	45	7	25	8	33	34	26
1997	28	70	23	74	24	77	98	51

자료: Li, 2001: 41.

당대회가 개최된 해로, 장쩌민 집권 2기가 시작되는 시점이다. 이때 기술관료 출신자의 비중을 보면, 국무원 부장 중에서는 70%, 성 당서기 중에서는 74%, 성장 중에서는 77%, 중앙위원 중에서는 51%였다. 참고로 중앙위원 중 기술관료 출신자의 비율이 다른 직위보다 20% 정도 적은 이유는 현역 군인 출신의 중앙위원 때문이다. 이들은 전체 중앙위원의 20% 정도를 차지하는데, 직업 분류에서는 비非기술관료로 분류된다. 이를 통해 우리는 장쩌민 시기에 장관급省部級 지도자의 70% 이상이 기술관료 출신자라는 사실을 알 수 있다. 이 때문에 장쩌민 시기를 '기술관료의 전성시대'라고 부른다. 그런데 공산당 20차 당대회의 인선을 통해 '기술관료의 전성시대'가 다시 도래하고 있다는 것이다.

기술관료 출신자의 약진은 다른 자료를 통해서도 확인할 수 있다. <그림 1-1>에 따르면, 성급 지도자(당서기·성장) 중에서 기술관료 출신자의 비중은 공산당 15차 당대회(1997년) 때에 66%를 기록하여 정점을 찍은 후 계속 감소하여 공산당 17차 당대회(2007년) 때에는 29%를 기록했다. 이런 상황은 시진핑 정부가 출범하는 공산당 18차 당대회(2012년) 시기까지 이어졌다. 그런데 공산당 19차 당대회(2017년) 때에 기술관료 출

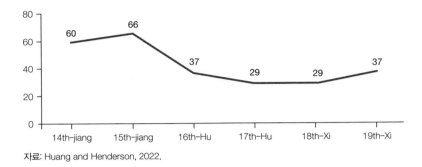

〈그림 1-1〉성급 지도자(당서기·성장) 중 기술관료 출신자의 비중(%)

자료: Huang and Henderson, 2022.

신자의 비중이 37%를 기록하여 다시 증가하기 시작했다. 이는 공산당 16차 당대회(2002년) 때와 같은 비중이다. 이처럼 기술관료 출신자의 약진은 이미 5년 전부터 시작된 현상이다.

장쩌민 시기가 '기술관료의 전성시대'가 된 것은 그만한 이유가 있었기 때문이다. 1978년에 개혁개방 노선을 채택한 이후, 공산당은 경제발전을 위해 총력을 기울였다. 전문 기술이 있는 새로운 당정간부, 즉 기술관료 출신자가 혁명 간부를 대체하여 공산당 지도부에 대거 충원된 것은 바로 이 때문이었다(조영남, 2016: 62-78). 장쩌민 시기는 이런 인사 방침을 계승했다. 공산당 14차 당대회(1992년)에서 결정된 '사회주의 시장경제' 방침을 제대로 추진하기 위해서는 기술관료 출신자가 대규모로 필요했기 때문이다.

반면 시진핑 집권 2기가 시작될 무렵부터 기술관료 출신자가 증가한 이유는 미국과의 전략 경쟁 때문이다. 미국의 오바마 정부는 2010년 무렵부터 중국을 견제하는 정책을 추진하기 시작했고, 그것은 시간이 갈수록 강화되었다. 트럼프 정부와 바이든 정부의 중국 통제 정책이 이를 잘 보여준다. 이에 따라 중국도 미국과의 패권 경쟁 혹은 전략 경쟁에 대비해야만 했다. 이런 상황에서 특히 미국과의 기술 경쟁에 대비하기 위해 시진핑 정부는 기술관료 출신자를 대거 등용한 것이다. 따라서 시진핑 시기에 들어 '기술관료의 전성시대'가 다시 나타날 가능성이 전보다 대폭 증가했다. 이런 경향이 공산당 20차 당대회에서 그대로 나타난 것이다.

4. '후계자 사전 선임' 규범: 알 수 없다

앞에서 말했듯이 이 규범은 공산당 19차 당대회에서 이미 지켜지지 않았다. 따라서 이번 당대회에서 이 규범이 지켜질 가능성은 크지 않았다. 실제 인선 결과를 놓고 볼 때, 시진핑의 뒤를 이를 총서기 후계자가 결정되었다고는 말할 수 없다. 현재 '6세대' 지도자로는 딩쉐샹이 유일한데, 만약 그가 시진핑의 후계자로 선임된 것이라면 5년 후에 공산당 총서기를 물려받아야 한다. 그런데 현재 그가 맡은 직무는 국무원 상무 부총리로서, 총서기가 되기 위한 '후계자 수업'과는 거리가 멀다. 대개 총서기 후계자는 중앙서기처 제1서기를 맡아 당무를 총괄하고, 동시에 중앙군위 부주석과 국가 부주석을 맡아 '후계자 수업'을 받는다. 후진타오와 시진핑이 그랬다. 게다가 딩쉐샹은 성장이나 당서기로서 성급 지방을 직접 통치해본 경험도 전혀 없다. 객관적 상황이 이렇기에 그를 총서기 후보자라고 단정할 수는 없다.

사실 시진핑이 5년 후에 총서기를 다른 사람에게 넘겨줄지도 명확하지 않다. 그래서 일부 전문가들은 시진핑이 5년이 아니라 최소한 10년은 더 집권할 것으로 예상한다. 즉 시진핑의 '장기집권' 시대가 개막했다는 것이다. 시진핑이 공산당 20차 당대회에서 총서기에 세 번째로 취임하기 위해 5년 전인 공산당 19차 당대회에서 후계자를 선임하지 않은 것처럼, 5년 후인 공산당 21차 당대회에서 다시 총서기에 취임하기 위해 이번에도 후계자를 선임하지 않았다는 것이다. 실제로 그렇게 될지는 시간만이 말해줄 것이다.

5. '민주추천제' 규범: 정치 원로가 인사 추천 과정에서 배제되다

민주추천제는 이번에도 사용되었다. 다만 그 방식은 투표 방식(공산당 17·18차 당대회 방식)이 아니라 개별 면담 방식(공산당 19차 당대회 방식)이었다(趙承 外, 2022). 공산당의 공식 설명에 따르면, 이번에는 "무작위 추천海推 및 투표 선출海選 방식이 아니라 일대일의 면담談話 및 조사 연구調研 방식이 채택"되어, "일정한 범위에서 일대일 면담을 통해 추천 의견과 건의를 청취했다". 다만 추천을 통해 후보자를 선정하는 범위는 전과 같았다. 즉 전처럼 정치국 상무위원, 정치국원, 서기서 서기, 국무원·전국인대·전국정협의 신임 지도부가 인선 대상이었다.

실제 진행 과정을 보면, 2022년 4월 7일부터 "중앙의 관련 영도 동지"—일부 정치국 상무위원을 가리킨다—가 283인의 '추천인단'을 면담하여 공산당 지도부 추천과 관련된 의견을 청취했다. 여기서 283인의 '추천인단'은 당정기관의 '현직' 지도자였다는 점이 중요하다. 즉 "현직現任의 국가기구와 전국정협 지도자, 공산당 중앙 및 국가기관 장관급正部級 단위의 주요 책임자, 성급省級 정직正職의 당정 지도자, 각 군의 전구戰區 사령원司令員과 정치위원, 그리고 19기 중앙위원"이다. 또한 "중앙군위의 책임자 동지"—중앙군위 주석과 부주석을 가리킨다—는 별도로

35인의 군 지도자와의 개별 면담을 통해 군 지도부 추천 의견을 청취했다. 시진핑 본인도 2022년 4월 이후 "현직 정치국원, 중앙서기처 서기, 국가 부주석, 중앙군위 위원" 등 총 30인—구체적으로 정치국원(25인) 중 시진핑 자신을 제외한 24인, 정치국원이 아닌 중앙서기처 서기 1인, 국가 부주석 1인(왕치산), 중앙군위 위원 4인—을 직접 만나서 추천 의견을 청취했다.[8]

　여기서 알 수 있는 사실은, 혁명 원로와 정치 원로(전임 공산당 정치국 상무위원) 등 '전임前職' 지도자는 이번에 공산당 지도부를 추천하는 과정에서 완전히 배제되었다는 사실이다(Lau, 2022; 小山, 2022). 비교를 위해 공산당 19차 당대회의 인선 과정에 대한 공산당의 공식 설명을 살펴보면, 시진핑은 2017년 4월부터 6월까지 "현직現任의 당과 국가 지도자領導 동지, 중앙군위 위원, 당내 원로 동지老同志와의 면담을 통해 충분히 의견을 청취했는데, 모두 57인이었다". 즉 이때에는 "당내 원로 동지"의 의견을 청취했다. 반면 공산당 20차 당대회에서는 시진핑이 '현직' 지도자만을 만나서 추천 의견을 청취했고, 그 결과 면담 범위도 57인에서 30인으로 27인이나 축소되었다. 즉 '전임' 지도자(정치 원로) 29인을 인사 추천 과정에서 배제한 것이다. 이런 특징으로 인해 당대회 폐막식에서 후진타오가 '퇴장당한 모습'이 해외 언론과 학자들의 중요한 관심사로 떠오르기도 했다.

IV. 시진핑 집권 3기의 정책 방향

마지막으로 공산당 20차 당대회의 〈정치 보고〉에 대한 분석을 통해 시진핑 집권 3기의 정책 방침을 간단히 살펴보자(習近平, 2022). 경제·사회·외교·군사·대만 등 세부 분야의 정책은 뒤의 장들이 자세히 분석할 것이기 때문에 여기서는 이런 정책 영역을 모두 포괄하는 방침만을 간단히 살펴볼 것이다.

1. '중국의 꿈'과 '중국식 현대화': 공식적으로 '중국 모델'을 제기하다

중국이 추구할 국정 목표는 공산당 19차 당대회에서 제기한 것과 같다. 즉 중국은 2050년까지 두 단계로 나누어 '중화민족의 위대한 중흥'이라는 '중국의 꿈中國夢'을 실현하려고 노력할 것이다. 1단계는 2020년부터 2035년까지 15년으로, '사회주의 현대화를 기본적으로 실현'하는 것이 목표다. 2단계는 2035년부터 2050년까지 15년으로, '부강하고 민주적이며 문명과 조화가 있는 아름다운美麗 사회주의 현대화 강국을 완성'하는 것이 목표다. 참고로, 2020년까지의 목표로 설정된 '전면적 소강사회 건설'은 2021년 2월에 완성했다고 공식 선언했다.

그런데 '중국의 꿈'을 실현하는 방식에 대해서는 이전과는 다른 방침을 제시했다. 즉 '중국식 현대화中國式現代化, Chinese-style modernization'를 통해 이를 달성하겠다는 것이다. 여기서 '중국식 현대화'는 2021년에 처음 제기된 새로운 개념으로, 구체적으로 무엇을 의미하는지는 아직 명확하지 않다. 다만 예전에 '베이징 컨센서스Beijing Consensus', '중국 모델中國模式', '중국 경험中國經驗' 등으로 불렸던 개혁개방의 성공담을 집대성해서 조금 더 학술적으로 보이는 새로운 개념을 만든 것은 분명해 보인다. 공산당은 지난 40년 동안 중국이 이룩한 개혁개방의 성과를 토대로 '서구식 현대화Western-style modernization' 혹은 '미국식 현대화'와 대비되는 '중국식 현대화'가 있다는 사실을 당당하게 전 세계에 선포한 것이다.

구체적으로 〈정치 보고〉에 따르면, '중국식 현대화'는 "공산당 영도의 사회주의 현대화로, 각국 현대화의 공통된 특징을 갖고 있고, 동시에 자기 국가 상황國情에 기초한 중국 특색도 보유"하고 있다. 또한 '중국식 현대화'는 모두 다섯 가지의 특징을 띠고 있다. 첫째는 인구 규모가 거대한 현대화고, 둘째는 전체 인민의 공동부유共同富裕 현대화이며, 셋째는 물질문명과 정신문명의 조화로운 현대화다. 넷째는 인간과 자연의 조화로운 공생의 현대화고, 다섯째는 평화 발전의 길을 가는 현대화다. 이것이 실제 정책과 관련해서 어떤 영향을 미칠지는 좀 더 시간을 두고 보아야 할 것이다.

2. 낙관에서 비관으로 국내외 정세 인식이 변화하다

그런데 이것보다 더욱 중요한 변화는, 국내외 정세에 대한 공산당의 공식 규정이 긍정적인 인식에서 부정적인 인식으로 바뀌었다는 점이다(Magnier, 2022; Buckley, 2022; Brief #127, 2022). 이는 의미 있는 변화다. 공산당의 정세 인식 변화는 곧 정책 방침과 내용의 변화로 이어지기 때문이다. 단적으로 1980년대 초에 덩샤오핑은 마오쩌둥의 정세 인식을 바꿈으로써 개혁개방을 추진할 수 있었다. 마오쩌둥은 '전쟁과 혁명이 시대 조류主題'라고 주장하면서, 미소와의 전쟁 준비와 국내외 혁명 추진에 매진했다. '프롤레타리아 계속 혁명'의 기치 아래 추진된 문화대혁명

(1966-76년)은 이를 보여주는 대표적인 사례다. 이런 정세 인식이 유지되는 한 개혁개방 정책을 추진하는 일은 불가능했다. 그래서 덩샤오핑은 이를 비판하고 '평화와 발전이 시대 조류'라고 주장한 것이다. 이처럼 공산당의 정세 인식이 변화했기에 개혁개방 정책이 추진될 수 있었다.

이번 〈정치 보고〉에 따르면, 현재 중국은 국내외로 커다란 위기와 도전에 직면한 위험한 시기에 들어섰다. 먼저, 국내 정세는 '전략적 기회기戰略的機遇期'에서 '기회와 위기가 공존하는 시기'로 변화했다. 여기서 '전략적 기회기'는 공산당 16차 당대회(2002년)에서 채택된 정세 인식 개념으로(조영남, 2006: 186-189), 공산당 19차 당대회까지 유지되었다. 그런데 이번에 이것이 바뀐 것이다. 즉 현재는 "전략적 기회機遇와 위험 및 도전이 병존하고, 불확실하고 예측하기 어려운 요소가 증가하는 시기로, '검은 백조黑天鵝'와 '회색 코뿔소灰犀牛' 사건이 수시로 발생할 수 있다".[9] 여기서 강조점은 당연히 '기회'보다는 '위기'임은 말할 필요도 없다. 따라서 공산당은 이런 위기에 철저히 대비해야 한다.

국제정세에 대한 인식도 변화했다. 앞에서 말했듯이, 공산당은 19차 당대회까지 '평화와 발전이 시대 조류'라는 정세 인식을 고수했다. 그런데 공산당 20차 당대회에서는 현재 상황을 "세계의 변화, 시대의 변화, 역사적 변화가 전에 없던 방식으로 전개"되는 시기라고 규정했다. 이런 급변의 시기에는 긍정적 요소와 부정적 요소가 혼재한다. 여기서 긍정적 요소는 "평화, 발전, 협력合作, 윈윈共贏의 역사적 조류"를 말한다. 말할 필요 없이 이는 중국이 추동하는 추세다. 반면 부정적 요소는 강자가 약자를 능멸하는 등 "패권霸權, 패도霸道, 패능霸凌의 행위"를 말한다. 이는 주로 미국의 행위를 지칭하는 것이다. 이런 부정적 요소로 인해, 현재

"인류 사회는 전에 없던 도전에 직면했다".

이와 같은 정세 인식에 근거하여 공산당은 "다섯 가지 견지"라는 대응 방침을 제시한다. 이를 보면, 시진핑 집권 3기의 정책은 이전 시기의 정책과 크게 다르지 않을 것임을 알 수 있다. 첫째는 '공산당의 전면 영도 강화' 견지다. 이것이 모든 정책을 관통하는 핵심 방침이다. 둘째는 '중국 특색의 사회주의 길' 견지다. 중국은 결코 사회주의 노선을 포기할 수 없다는 뜻이다. 셋째는 '인민 중심의 발전 사상' 견지다. 후진타오가 제기한 '과학적 발전관'을 지속하겠다는 의미다. 넷째는 '개혁개방의 심화' 견지다. 정책 내용은 일부 변화할 수 있지만, 그것이 개혁개방의 방침에서는 벗어나지 않도록 하겠다는 뜻이다. 마지막은 '투쟁 정신의 발양' 견지다. 국제적으로는 '늑대 전사 외교戰狼外交'로 불리는 강경한 외교 행태가 이후에도 지속될 것임을 시사한다. 국내적으로는 인권 탄압, 사상 통제, 소수민족 억압, 언론과 인터넷 통제 등 공산당이 주도하는 권위주의 통치가 앞으로도 계속 강화될 것을 의미한다.

한편 정세 인식의 변화는 〈정치 보고〉의 열쇳말keywords 분석을 통해서도 쉽게 발견할 수 있다(허재철 외, 2022: 5; 林則宏·陳政錄, 2022). 〈표 1-10〉

〈표 1-10〉 공산당 당대회 〈정치 보고〉의 주요 열쇳말 빈도수 분석(단위: 회)

열쇳말	18차 당대회(2012)	19차 당대회(2017)	20차 당대회(2022)
안보(安全)	36	55	91
문제(問題)	31	37	57
위험(風險)	7	9	16
도전(挑戰)	5	7	11

자료: 이재영·황태연, 2022: 4-5; Ni and Ruben, 2022.

은 공산당 18·19·20차 당대회의 〈정치 보고〉에 등장하는 주요 열쇳말의 빈도수를 정리한 것이다. 첫째, '안보'가 공산당 18차 당대회의 〈정치 보고〉에서는 36회 등장한 데에 비해 20차 당대회의 〈정치 보고〉에서는 91회 등장하여, 이전보다 2.5배가 증가했다. 5년 전인 공산당 19차 당대회와 비교해도 1.6배가 증가했다. '문제', '위험', '도전' 등 '안보'와 연관되는 열쇳말도 역시 같은 시기에 계속 증가했다.

또한 공산당 20차 당대회의 〈정치 보고〉는 '국가안보와 사회 안정 수호維護'를 매우 강조하고 있다는 점에서 이전과는 다르다. 이는 비관적인 정세 인식이 세부 정책에 투영된 사례라고 할 수 있다. 구체적으로, 이전에는 이 주제가 '민생民生'을 설명하는 장章의 한 부분으로만 다루어졌는데, 이번에는 그것에서 분리되어 독립된 장으로 배치된 것이다. 〈정치 보고〉에 따르면, 공산당은 무엇보다 '총체적 국가안보관總體國家安全觀'의 관점에서 '모든 분야의 안보'를 철저히 수호해야 한다. 여기에는 정치·경제·사회·문화·환경·자원 등 포함되지 않는 분야와 영역이 없다.

또한 공산당은 '총체적 국가안보관'을 실현하기 위해 네 가지 정책을 추진한다. 첫째, 굳건한 공산당 영도하에 '국가안보 체계'를 강화한다. 여기서 '국가안보'는 '국가 정권 안보, 제도 안보, 이데올로기 안보'를 가리키는데, 다른 말로는 '정치 안보'라고도 한다. 한마디로 말해, 이는 공산당 일당 체제의 굳건한 수호를 말한다. 공산당에게 가장 중요한 안보란 바로 이것이다. 둘째, '국가안보 능력'을 강화한다. 핵심은 미국 등 '적대 세력의 침투'를 방지하는 일이다. 셋째는 '공공 안보 거버넌스 수준'의 제고이고, 넷째는 '사회 거버넌스治理 체계의 개선'이다.

V. 중국정치에 거대한 먹구름이 몰려온다!

지금까지 세 가지 측면에서 공산당 20차 당대회를 분석 및 평가했다. 첫째는 엘리트 정치 체제의 변화이고, 둘째는 공산당 지도부의 인선 과정과 결과이며, 셋째는 시진핑 집권 3기의 정책 방향이다. 여기서 이를 다시 반복하여 정리할 필요는 없을 것이다. 대신 장기적으로 시진핑의 권력 연임이 일으킬 수 있는 정치적 문제를 간략히 살펴보면서 글을 끝맺도록 하자.

시진핑의 권력 연임은 권력승계의 불확실성을 높인다는 점에서 중국 정치의 안정에 부정적인 영향을 미칠 것이 분명하다. 사실 권력승계는 사회주의 정치 체제의 아킬레스건으로, 소련과 중국은 권력승계 과정에서 심각한 정치 혼란을 경험했다. 예를 들어, 소련에서는 스탈린에서 흐루쇼프로 권력이 승계되는 과정에서 노선 변경과 정치 혼란이 발생했다. 중국에서도 마오쩌둥 시대에 류사오치劉少奇와 린뱌오林彪의 실각을 둘러싸고 정치 혼란이 발생했다. 마오쩌둥 사후에 발생한 권력 투쟁과 노선 변경은 말할 필요도 없다. 개혁기에 중국이 정치 안정 속에서 개혁 개방에 전념하여 커다란 발전을 이룩할 수 있었던 것은, 10년 주기로 지도부 교체를 통해 권력승계의 불확실성을 어느 정도 해소할 수 있었기 때문이었다. 이제 이런 이점이 사라질 수 있다는 것이다.

구체적으로 시진핑의 권력 연임은 장기적으로 두 가지 문제를 일으킬 수 있다. 첫째, 공산당이 시대적 상황 변화에 맞추어 신속하고 올바르게 대응할 수 있는 능력이 떨어질 수 있다. 10년 주기로 총서기와 최고 지도부가 교체됨으로써 공산당은 기존 정책과 그것이 초래한 문제를 냉정히 평가하고 대안을 모색할 수 있었다. 장쩌민 시기의 성장 최우선 전략에서 후진타오 시기의 균형 발전 전략으로 경제 정책이 바뀐 것이 대표적인 사례다. 후진타오가 제기했던 '과학적 발전관'은 이런 정책 전환을 정당화하는 지도이념이었다. 시진핑 시기에 들어 후진타오 시기에 만연했던 공산당 통치의 이완 현상, 특히 부패 문제를 바로 잡고 '공산당의 전면 영도'를 강화함으로써 공산당의 통치 정통성을 강고히 다진 것도 이를 보여주는 또 다른 사례다. 그런데 10년 주기의 권력 교체가 중단됨으로써 공산당은 문제를 지적하고 새로운 대안을 마련하는 데에 소극적일 수밖에 없게 되었다.

예를 들어, 시진핑 시기의 국내외 정책에 대해 많은 전문가는 비판적으로 평가한다. '공산당의 전면 영도' 방침 아래에서 국내적으로는 권위주의 통치를 강화하고, 대외적으로는 '강경한 중국' 정책을 고수한 결과, 중국은 국내외로 어려움에 직면했다는 것이다. 단적으로 중국은 현재 한국을 포함한 대부분의 선진국에서 '왕따'를 당하고 있다. 선진국 국민의 중국에 대한 비호감도가 70-80%를 기록한다는 사실이 이를 잘 보여준다(조영남, 2022c: 745). 그런데 시진핑이 자신의 잘못을 인정하고 새로운 정책을 추진하기는 쉽지 않다. 특히 그런 잘못된 정책과 결과가 시진핑의 권력 연임을 정당화하는 근거로 사용되는 현 상황에서는 더욱 그렇다.

둘째, 지난 40년 동안 지켜왔던 권력승계 규범이 깨진 상황에서 새로운 규범을 수립하는 일은 매우 어렵다. 그 결과 이를 둘러싸고 정치 갈등과 혼란이 발생할 수 있다. 예를 들어, 누가 언제 어떤 방식으로 시진핑의 권력을 승계할 것인가? 만약 5년 후 혹은 10년 후에도 시진핑이 계속 권력을 유지하겠다고 고집을 부린다면 어떻게 할 것인가? 그를 강제로 끌어내릴 것인가? 만약 그렇게 한다면 누가 그렇게 할 수 있을까? 아니라면 그가 죽기만을 기다릴 것인가? 그가 죽은 후에는 어떻게 다시 공산당 지도력leadership을 안정적으로 수립할 것인가?

이는 결코 쉬운 문제가 아니다. 특히 덩샤오핑 같은 혁명 원로가 부재한 상황에서 권력승계를 둘러싸고 정치 투쟁이 발생한다면, 과연 공산당이 이를 조정하고 통제할 수 있을지, 현재로서는 그 누구도 장담할 수 없다. 이런 점에서 우리는 시진핑의 권력 연임으로 인해 중국정치에 거대한 먹구름이 몰려오고 있다고 말할 수 있다. 다만 그런 먹구름이 일대 혼란을 초래하는 거대한 폭풍우로 변할지, 아니면 잠시 지나가는 소나기로 끝날지는 시간이 지난 후에야 알 수 있을 것이다.

주

1 집단지도 체제의 두 가지 유형, 즉 '분권형'과 '집권형'에 대해서는 조영남(2019: 624)을 참고할 수 있다.

2 공식 명칭은 〈중국공산당 100년 분투의 중대 성취와 역사 경험 결의(關於黨的百年奮鬪重大成就和歷史經驗的決議)〉다.

3 '협의의 시진핑 세력'은 시진핑과 직접 인연(혈연·지연·학연)이 있는 사람을 말하고, '광의의 시진핑 세력'은 시진핑과 직접 인연은 없지만, 시진핑에 의해 발탁되고 승진한 사람들을 말한다. '협의의 시진핑 세력'은 구체적으로 태자당 인맥, 칭화대학 인맥, 지역 인맥, 즉 산시성(陝西省), 허베이성, 푸젠성, 저장성, 상하이시 인맥 등으로 구성된다. 구체적인 명단은 조영남(2019: 591~592)을 참고할 수 있다.

4 일부 전문가들은 공산당 20차 당대회를 평가하면서 기존의 집단지도 체제가 시진핑의 '집중통일 영도 체제'로 변화되었다고 주장하는데, 이는 내용을 잘못 파악한 오류다. 〈당장〉과 〈정치 보고〉에서 말하는 집중통일 영도의 주체는 '공산당 중앙'이지 '시진핑 개인'이 아니다. 즉 시진핑 개인의 집중통일 영도 체제라는 것은 존재하지 않는다. 공산당은 이전부터 중앙의 집중통일 영도를 강조했지만, 실제 상황을 보면 그것이 제대로 지켜지지 않는 경우가 많았다. 후진타오 시기는 특히 그랬다. 그 결과 시진핑 시기에 들어 공산당은 '당의 전면 영도' 강화 방침을 내걸었는데, 그것의 핵심 내용이 바로 '공산당 중앙의 집중통일 영도' 강화다.

5 공산당 20차 당대회 이후에 개최된 여러 학술회의에서 안치영 교수는 이런 관점을 제기했다.

6 중국의 엘리트 정치에서 지도자들은 크게 두 가지 기준에 따라 세대(generation)로 나뉜다. 첫째는 10년 정도의 나이 차이고, 둘째는 집단적 경험(예를 들어, 대장정, 항일투쟁, 국공내전, 대약진운동, 문화대혁명, 개혁개방)이다. 이 중에서 '1세대'(마오쩌둥이 대표), '2세대'(덩샤오핑이 대표), '3세대'(장쩌민이 대표)는 둘째 기준으로 분명히 나눌 수 있는 데 비해, '4세대'와 '5세대'는 애매한 측면이 있다. '5세대'와 '6세대'도 마찬가지다. 따라서 현재의 지도자 세대 구분은 집단적 경험보다 나이를 기준으로 한 것이고, 그런 의미에서 세대 구분의 의미를 점점 잃어가고 있다고 말할 수 있다.

7 '전문 기술직무'는 10개 계열로 구성된다. 첫째는 엔지니어, 둘째는 농업, 셋째는 재경, 넷째는 교사(사상정치공작 전문), 다섯째는 위생 약품, 여섯째는 과학연구, 일곱째는 신문·출판·사법·문화, 여덟째는 예술, 아홉째는 공안·사법 감정, 열째는 기타다. 이 중에서 넷째, 일곱째, 여덟째, 아홉째는 기술관료 분야라고 할 수 없지만, 나머지는 기술관료 직무에 해당한다

(〈專業技術職稱〉, 2022). 이는 안치영 교수로부터 도움을 받은 내용이다.

8 참고로 위의 설명에 따르면, 인선 추천 과정에서 면담 대상자는 모두 283인인데, 이 중에서 시진핑이 직접 면담한 사람은 30인에 불과하다. 나머지 253인은 다른 정치국 상무위원 등이 면담하고, 그 결과를 정치국 상무위원회에 보고했다. 다른 식으로 계산하면, 시진핑을 제외한 6인의 정치국 상무위원이 283인을 면담했다면, 1인당 평균 47인을 면담한 셈이다. 시진핑은 30인을 면담했는데, 이는 1인당 평균 면담 인원보다 17인이나 적은 것이다. 이는 안치영 교수로부터 도움을 받은 설명이다.

9 '검은 백조(black swan)'는 전혀 예상할 수 없었던 일들이 실제로 나타나는 경우, '회색 코뿔소(gray rhino)'는 위험 징조가 계속 나타나 사전에 충분히 대비할 수 있었는데도 그렇게 하지 못하는 경우를 뜻한다.

참고문헌

성균중국연구소. 2022. 〈중국공산당 제20차 전국대표대회: 중국식 현대화 추진을 위한 시진핑 친정체제 구축〉(2022년 10월 24일).

이재영·황태연. 2022. 〈중국공산당 제20차 전국대표대회와 한반도에 주는 함의〉. 통일연구원 Online Series (CO 22-29)(2022년 10월 27일).

이정남. 2022. 〈중국공산당 제20차 당대회 결과 분석〉.《정세와 정책》 2022년 11월호(세종연구소).

조영남. 2006.《후진타오 시대의 중국 정치》. 파주: 나남.

조영남. 2016.《파벌과 투쟁: 덩샤오핑 시대의 중국 2(1983-1987년)》. 서울: 민음사.

조영남. 2019.《중국의 엘리트 정치: 마오쩌둥에서 시진핑까지》. 서울: 민음사.

조영남. 2022a. 〈중국공산당의 세 개의 '역사결의' 비교 분석〉.《중국사회과학논총》 4-1.

조영남. 2022b.《중국의 통치 체제 1: 공산당 영도 체제》. 파주: 21세기북스.

조영남. 2022c.《중국의 통치 체제 2: 공산당 통제 기제》. 파주: 21세기북스.

허재철 외. 2022. 〈중국 20차 당대회의 주요 내용과 시사점〉.《KIEP 오늘의 세계경제》 22-15 (2022년 10월 27일).

〈老幹部離休退休年齡規定〉(1982). www.lswz.gov.cn (검색일: 2022. 7. 7.).

〈專業技術職稱〉.〈百度百科〉. baike.baidu.com (검색일: 2022. 11. 1.).

〈中國共產黨第二十屆中央委員會第一次全體會議公報〉(2022년 10월 23일).

〈中國共產黨第二十次全國代表大會關於《中國共產黨章程(修正案)》的決議〉(2022년 10월 22일).

〈中國共產黨第二十次全國代表大會秘書處負責人就黨的二十大通過的《中國共產黨章程(修正案)》 答記者問〉(2022년 10월 22일).

郭瑞華. 2022. 〈中共20大前省級黨政領導人調整分析〉.《展望與探索》 20卷5期(5月).

李春. 2022a. 〈習近平全面掌握關鍵團隊確立〉.〈聯合新聞網〉 10월 24일. udn.com (검색일: 2022. 10. 25.).

李春. 2022b. 〈中共二十大人事震感彈 打破6潛規則〉.〈聯合新聞網〉 10月 24日. udn.com (검색일: 2022. 10. 25.).

林頎傑. 2022. 〈清理團派 航天軍工系入局大黑馬〉.〈中國時報〉 10月 24日 (검색일: 2022. 10. 25.).

林則宏·陳政錄. 2022. 〈中共危機感升 二十大報告提89次'安全'〉.〈聯合新聞網〉 10月 20日. udn.

com (검색일: 2022. 10. 25.).

山海. 2022. 〈中共二十大 : 解讀政治局24人名單背後六種政治意涵〉. 〈BBC中文〉 10月 28日. www. bbc.com (검색일: 2022. 10. 29.).

小山. 2022. 〈臺妹稱20大習近平不准老人干政〉. 〈RFI〉 11月 2日. www.rfi.fr (검색일: 2022. 11. 3.).

習近平. 2022. 〈高舉中國特色社會主義偉大旗幟 為全面建設社會主義現代化國家而團結奮鬥: 在中國共產黨第20次全國代表大會上的報告〉(2022년 10월 16일).

趙承 外. 2022. 〈高舉偉大旗幟 譜寫嶄新, 新篇章: 新一屆中共中央委員會和中共中央紀律檢查委員會誕生記〉. 〈新華網〉 10月 23日. www.xinhuanet.com (검색일: 2022. 10. 23).

"Brief #127: 20th Party Congress Outcomes." Oct. 23, 2022. www.neican.org (검색일: 2022. 10. 25.).

Ang, Yuan Yuan. 2022. "An Era Just Ended in China." *New York Times*. Oct. 26. www.nytimes. com (검색일: 2022. 11. 3.).

Buckley, Christ. 2022. "China Hangs on Xi's Every Word. His Silence Also Speaks Volumes." *New York Times*. Oct. 22. www.nytimes.com (검색일: 2022. 10. 23.).

Bush, Richard C. et al. 2022. "Around the Halls: The Outcomes of China's 20th Party Congress." *Brookings*. Oct. 25. www.brookings.edu (검색일: 2022. 11. 3.).

Guo, Xuezhi. 2019. *The Politics of the Core Leader in China: Culture, Institution, Legitimacy, and Power*. New York: Cambridge University Press.

Huang, Ruihan and Joshua Henderson. 2022. "The Return of the Technocrats in Chinese Politics." *Macro Polo*. May 3. maropolo.org (검색일: 2022. 7. 15.).

Johnson, Ian. 2022. "Xi Jinping Exposed." Council on Foreign Relations. Oct. 23. www.cfr.org (검색일: 2022. 11. 3.).

Lam, Willy Wo-Lap. 2022. "The 20th Party Congress: Xi Jinping Exerts Overwhelming Control Over Personnel, But Offers No Clues on Reviving the Economy." *Global Research & Analysis*. Oct. 24. jamestown.org (검색일: 2022. 10. 26.).

Lau, Mini. 2022. "How Xi Jinping's end to China's collective leadership model was years in the Making." *South China Morning Post*. Nov. 8. www.scmp.com (검색일: 2022. 11. 9.).

Li, Cheng. 2001. China's Leaders: *The New Generation*. Lanham: Rowman & Littlefield Publisher.

Li, Ling. 2022. "China's 20th Party Congress: The Implications for CCP Norms." *The Diplomat*. Nov. 3. thediplomat.com (검색일: 2022. 11. 10.).

Ma, Damien and Joshua Henderson. 2021. "Age Rules: The Arrival of the Post-60s Generation in Chinese Politics." *Macro Polo*, Dec. 31. macropolo.org (검색일: 2022. 5. 18.).

Ma, Jun, Zhuang Pinghui and Guo Rui. 2022. "Chinese President Xi Jinping looks to fresh faces to confront new term of unparalleled complexity." *South China Morning Post*. Oct. 23. www.scmp.com (검색일: 2022. 10. 24.).

Magnier, Mark. 2022. "Wolves and word choice: Outsiders try to decode China's 20th Party Congress." *South China Morning Post*. Oct. 21. www.scmp.com (검색일: 2022. 10. 21.).

Ni, Adam and Clements Ruben. 2022. "Brief @127: 20th Party Congress Outcomes." Oct 23. www.neican.org (검색일:2022. 10. 27.).

Zheng, William and Kawala Xie. 2022. "China's Communist Party looks to science cadres to help push back at US tech squeeze." *South China Morning Post*. Oct. 23. www.scmp.com (검색일: 2022. 10. 24.).

제2장

시진핑 집권 3기,
중국경제는 어디로 가는가?

이현태

(인천대학교 중국학과 교수)

I. 서론

2022년 10월 개최된 중국공산당 제20차 전국대표대회(공산당 20차 당대회)가 많은 관심을 모았다. 정치적으로 시진핑 총서기의 3연임 및 권력 강화 여부가 가장 주목을 받았지만, 경제적으로는 새 지도부가 어떤 전략과 정책을 내세워서 중국경제를 이끌어 나갈지도 중요한 이슈였다. 이번 당대회에서 시진핑 총서기는 공산당 20차 당대회 중앙위원회 업무 보고(이하 〈정치 보고〉)를 통해 지난 10년 중국경제의 성과를 자축하고 향후 전략과 정책을 발표했다. 중국은 G2의 위상에 오른 경제대국으로서 중국경제의 미래는 중국뿐만 아니라 전 세계에 지대한 영향을 미치기에, 중국경제의 현실을 정확히 분석하고 전략과 정책을 연구하는 것

---

* 이 글은 이현태, 2023, 〈시진핑 집권 10년, 중국 경제 회고와 전망〉,《중국사회과학논총》5-1을 바탕으로 작성되었다.

은 매우 중요하다. 대중 수출의존도가 30%에 육박할 정도로 중국과 경제 관계가 밀접한 한국의 경우 더욱 그렇다.

따라서 이 글은 중국경제의 성과를 평가하고 최근 20차 당대회 등에서 공산당이 내세운 경제 정책들을 분석한 후 중국경제가 어떤 방향으로 전개될지 전망한다. 우선 2절에서는 지난 10년 동안의 중국경제의 성과, 한계, 특징을 비판적으로 살펴본 후 3절에서는 쌍순환 전략, 공동부유 노선 등 중국이 새롭게 정립한 경제 전략들을 분석한다. 4절 결론에서는 본문을 요약하고 중국경제 현황과 경제 전략·정책을 종합적으로 판단, 향후 중국경제가 어떻게 흘러갈지 전망한다. 당대회 이후 중국경제를 고찰한 기존 연구로는 공산당 17차 당대회를 분석한 정상은(2008), 18차 당대회를 분석한 김시중(2013), 19차 당대회를 분석한 최필수(2017)가 있다. 이 글도 위에서 말한 연구를 따라서 경제성과 평가, 정책 분석, 향후 전망으로 이어지도록 목차를 구성했다. 다만 10년을 평가하고 미래를 전망하는 연구인만큼 세부 정책들의 내용과 성패를 일일이 소개하기보다는 거시적 시각에서 핵심 논의에 집중했다.

II. 시진핑 10년, 중국경제 평가

1. 성과: 중고속 성장과 빈곤 퇴치

이번 〈정치 보고〉는 지난 10년의 경제 성과로 크게 두 가지를 내세우고 있다. 첫째, '경제력의 역사적 도약'이다. 이는 공식 수치로 확인된다. 세계은행World Bank 통계에 따르면 중국의 국내총생산GDP은 2012년 8.92조

달러에서 2021년 15.8조 달러로 늘어나면서 세계 GDP의 18.5%를 차지했다(〈그림 2-1〉). 미국 GDP의 77.6%에 달하는 세계 2위로 부상하면서 유럽연합EU의 GDP도 넘어섰다(〈그림 2-2〉). 성장률도 높은 수준이었다. 2012-21년 연평균 성장률이 6.6%로 전 세계 국가들 중에서 7위에 해당한다. 동기간 글로벌 GDP는 2.6% 성장하는 데 그치면서 중국이 전 세계 성장의 30% 이상에 기여했다. 중국이 2010년대 신창차이新常態, new normal에 진입하면서 고속 성장은 못했지만, 다른 국가·지역들과 비교하면 여전히 높은 성장이다. 중국의 1인당 GDP도 2012년 6592달러에서 2021년 1만 1188달러로 연평균 6.1% 증가했다. 2012년 중국과 비슷한 1인당 GDP를 기록했던 남아프리카, 벨라루스, 보츠와나 등의 국가들이 여전히 그 수준에 머물러 있는 것과 비교된다(이현태, 2022a).

〈그림 2-1〉 시진핑 시기, 중국의 경제성장

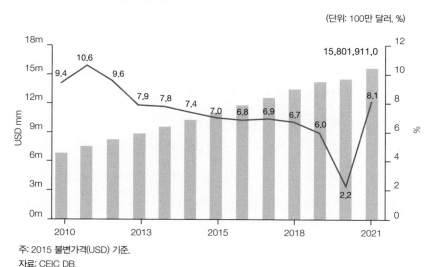

주: 2015 불변가격(USD) 기준.
자료: CEIC DB.

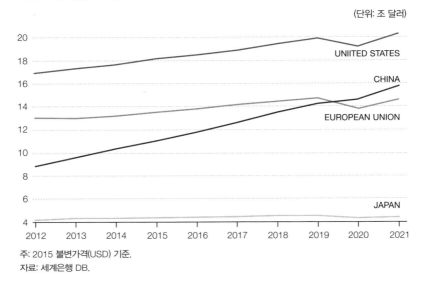

〈그림 2-2〉 시진핑 시기, 주요국 GDP 변화

(단위: 조 달러)

UNIITED STATES

CHINA

EUROPEAN UNION

JAPAN

주: 2015 불변가격(USD) 기준.
자료: 세계은행 DB.

    둘째, 절대빈곤 퇴치를 통한 소강사회小康社會 달성이다. 이번 〈정치 보고〉는 중국이 인류 역사상 최대의 빈곤 퇴치 투쟁에서 승리했고 세계 빈곤 감소에 크게 기여했다고 강조했다(習近平, 2022). 2012년 10.2%에 이르던 국가 기준 빈곤율이 2020년 0%로 떨어지면서 절대빈곤이 해소되었다(〈그림 2-3〉). 2021년 중국이 소강사회 달성을 선언한 근거다. 반면, 2012년 중국과 비슷한 빈곤율을 기록했던 러시아, 인도네시아, 터키 등 다른 국가들에서는 별 진전이 없었다. UN 기준 빈곤선인 하루 2.15$ 이하로 사는 중국의 빈곤인구 비중도 2012년 8.5%에서 2021년 0.1%로 감소하면서 유사 국가들의 성과를 능가했다(〈그림 2-4〉). 동기간 볼리비아는 6.5%에서 3.1%, 조지아는 10.7%에서 5.8%로 감소하는 데 그쳤고 콜롬비아는 오히려 6.7%에서 10.8%로 증가했다.

〈그림 2-3〉 국가별 국가 기준 빈곤인구 비중 변화

(단위: %)

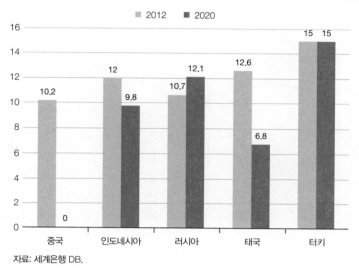

자료: 세계은행 DB.

〈그림 2-4〉 국가별 1일 2.15달러 이하 빈곤인구 비중 변화

(단위: %)

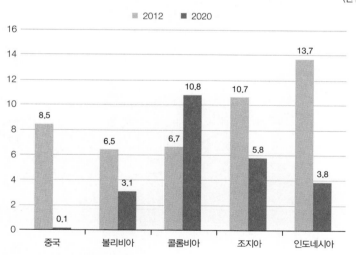

주: 2017년 PPP 기준. 중국은 2019년.
자료: 세계은행 DB.

<그림 2-5> 주요국 상품 수출 추이

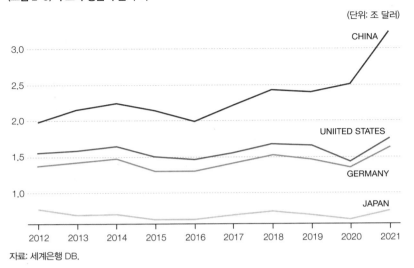

(단위: 조 달러)

자료: 세계은행 DB.

<그림 2-6> 외국인직접투자(FDI) 유입

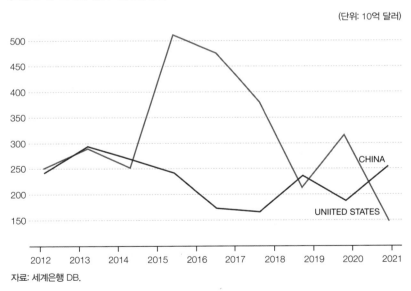

(단위: 10억 달러)

자료: 세계은행 DB.

이 외에도 이번 〈정치 보고〉는 적극적인 개방 전략으로 수준 높은 자유무역 네트워크와 일대일로를 구축하면서 상품 무역 규모, 외국인 투자 유치, 외환보유고 등에서 세계 1위를 기록한 점을 성과로 내세웠다(習近平, 2022). 중국의 수출은 2021년 3.36조 달러로서 미국의 1.75조 달러, 독일의 1.63조 달러를 2배가량 압도하면서 세계 최대 수출국으로 자리를 굳혔다(〈그림 2-5〉). 중국으로의 외국인 직접투자FDI 유입액도 2020년 2531억 달러로 미국의 1489억 달러를 1000억 달러 이상 앞섰다(〈그림 2-6〉). 또한 꾸준한 과학기술 자립 정책으로 우주항공, 심해탐사, 양자정보, 바이오 등 핵심 산업에서 성과를 거두고 연구개발비 세계 2위, 연구 인력 수 세계 1위를 차지한 점, 지속적인 중요 인프라 건설을 통해 세계 최대의 교통·통신 인프라 시설을 구축했다는 점, 사람 중심의 발전 이념을 준수하면서 도시 지역 연평균 고용을 1300만 명 이상으로 끌어올렸다는 점들도 성과로 제시했다(習近平, 2022).

2. 한계: 불균형의 지속

1) 경제구조 불균형

중국은 지난 10년, 중고속 성장을 유지하면서 글로벌 경제·무역 대국으로 자리를 굳혔다. 공식 수치로 확인되는 객관적인 사실이다. 다만 성과를 정확히 평가하기 위해서는 성장이 '어떻게' 이루어졌는지도 봐야 한다. 경제성장론에 따르면 국가의 경제성장은 장기적으로 노동·자본의 요소 투입형Input-Driven 성장에서 생산성 주도형Productivity-Driven 성장으로 이행해야 한다. 요소투입은 물리적으로 늘어나는 데 한계가 있고 수확체감의 법칙을 피할 수 없다. 따라서 경제성장의 일정 단계에 다다른 개발도상국의 경제성장률이 하락하는 것은 자연스러운 일이다. 다만 이때 기술진보와 체제 효율성 제고 등으로 생산성을 계속 향상시켜야 지속가능한 성장을 거두면서 소위 '중진국 함정middle income trap'을 넘어서 선진국으로 도약할 수 있다.

중국은 2019년 1인당 GDP 만 달러를 돌파하면서 중진국 대열에 들어섰는데 이제는 자본과 노동력 중심의 요소 투입 주도 성장에서 기술과 교육에 기반을 둔 성장으로 전환해야 하는 시기다. 그렇다면 지난 10년, 중국경제는 이런 '전환'에 어느 정도 성과를 내었는가? 답은 '아니오'에 가깝다. 따라서 경제의 질적 전환이라는 관점에서 보면 시진핑 집권기 중국의 성장은 절반의 성공으로 볼 수 있다. 심지어 중국이 이 문제를 전부터 인식하고 정책적 노력을 기울여왔음에도 별다른 성과가 나오지 않았다.

공산당은 2012년 18차 당대회의 〈정치 보고〉에서 경제 불균형 해소를 위한 '경제발전 방식의 전환'을 핵심 경제 전략으로 제안한다. 공급 측면에서 '양적 성장에서 질적 성장으로의 전환'을 강조하면서 요소 투입 확대보다는 생산성 향상, 자원 효율성 제고, 환경 개선 등을 동반하는 성장을 추구한다(胡錦濤, 2012). 수요 측면에서는 '투자·수출 주도 성장에서 내수(가계소비) 주도 성장으로의 전환'을 추진하면서 고속 성장 과정에서 누적된 수요 측면의 불균형에 대처하고자 했다. 경제발전 방식의 전환은 개혁개방 이후 성장 과정에서 누적된 중국경제의 수요-공급 측면에서의 구조적 문제를 해결하고 새로운 성장동력을 찾기 위한 전략이었다(이현태, 2022a).

10년이 지난 지금, 전략은 성과를 거두었는가? 〈그림 2-7〉은 중국의 개혁개방 이후 10년별 경제성장률과 공급 측 요소들의 성장 기여율을 보여준다. 우선 총요소생산성TFP 증가는 중국 개혁개방 초기 30년 동안 성장의 주요 원천이었으나 2010년대 기여도가 극감했다. TFP는 노동, 자본 투입에 의해 설명되지 않는 GDP 증가분, 즉 생산성의 척도이며 경제 시스템의 효율성과 질적 수준을 나타낸다. 중국의 TFP는 1980-2000년대 연평균 약 3%가량 성장하면서 경제성장에 40% 정도 기여했으나 그 이후 연평균 1% 미만으로 성장하면서 기여율이 10% 정도로 줄어든다. 노동력 확대는 1980년대 경제성장의 주요 원천이었지만 중국의 한 자녀 정책으로 노동력에 진입하는 신규 노동자의 수가 줄면서 1990년대부터 기여도가 감소했다. 2010년대 성장의 가장 큰 원천은 자본 투자로 성장의 약 4분의 3에 기여했다. 종류별로는 주택 및 공공 자본 투자가 전체 투자의 가장 큰 부분을 차지했지만, 기업 자본(국유 기업 포함) 투자의 성장 기여도가 더 컸다. 하지만 금융위기 이후 과잉투자로 투자의 효율이 떨어져서 동일한 GDP 증가를 위해 필요한 투자량이 늘어나고 있다. 그 결과 경제성장률은 지속적으로 하락하면서 현재 중저속 성장기로 접어들고 있다(〈그림 2-8〉). 구체적으로 2007년 이후 3년에 1%포인트씩 하락했는데, 이 기간 후진타오 2기, 시진핑 1, 2기의 연평균 경제성장률은 각각 9.4%, 7.2%, 5.4%였다.

자본 투자 중심의 공급 구조는 수요 측면의 불균형과 국가 부채 증가와도 연결되어 있다. 우선 수요에서 소비의 비중이 낮고 투자의 비중이 높다. 소비의 GDP 비중은 2010년대 중반 이후 37-38% 수준에서 정체되고 있다. 반면 동기간 투자의 GDP 비중은 43% 수준을 유지하고 있다(〈그림 2-9〉). 따라서 시진핑 집권기에 수요 구조가 개선되었다고 보기 어렵다. 소비 및 투자가 각각 GDP의 50-60%, 20-30%를 차지하는 다

<그림 2-7> 중국의 경제성장 요인 변화

(단위: %)

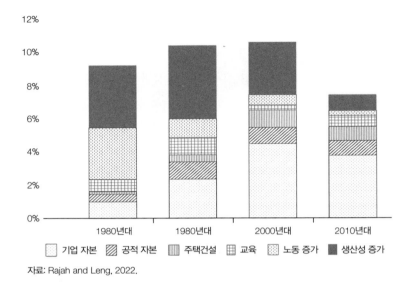

범례: 기업 자본 / 공적 자본 / 주택건설 / 교육 / 노동 증가 / 생산성 증가

자료: Rajah and Leng, 2022.

<그림 2-8> 중국의 경제성장 추이

(단위: %)

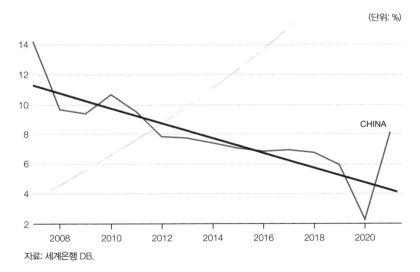

CHINA

자료: 세계은행 DB.

른 나라와 비교할 때 투자 비중이 매우 높다. 이런 상황은 가계소득이 낮고 저축성향이 높으며 사회보장이 부실한 문제와 결부되어 있다.

부채에 바탕을 둔 투자가 비효율적으로 이루어지면 경제성장에도 별로 기여하지 못하고 부채만 늘어나게 된다. 2022년 1분기 중국 비금융 부문의 부채 규모는 GDP 대비 291.5%에 달하면서 G20 평균(262.4%), 선진국 평균(281.4%), 신흥경제국 평균(229.8%), 미국(274.8%)보다 높았다(〈그림 2-10〉). 통계에 잡히지 않는 지방정부의 그림자 금융shadow banking까지 포함하면 규모는 더욱 커질 것이다. 2021년 12월 무디스는 중국의 그림자 금융 규모는 57.6조 위안으로 GDP 대비 51.5%로 추정한 바 있다(Moody's, 2021). 가계 대출과 지방 정부 대출의 상당 부분이 부동산 관련 대출이기에 최근의 부동산 경기 부진이 금융 경색과 경기 침체를 불러올 수도 있다.

요컨대 중국에서는 공급 측면에서 TFP 증가를 견인하는 기술진보, 제도개선, 규제완화, 경영혁신 등이 미흡하고 자본투자는 수확체감 현상을 겪고 있으며, 수요 측면에서는 소비보다는 투자에 의존하고 있는데, 이는 부채에 바탕을 둔 비생산적 투자로 상호 연결되면서 전체 경제의 구조적 문제를 심화시켰다(이현태, 2022a). 이런 관점에서 보면 시진핑 10년의 중고속 성장은 절반의 성공이다. 핵심 경제 전략으로 내세웠던 경제발전 방식의 전환은 이루어지지 않았고 성장동력은 떨어진 상황에서 비효율적 물적 투자에 의존해서 이룬 성과이기 때문이다.

구조 전환이 미진한 이유를 시진핑 집권기의 정책 목록에서 찾기는 쉽지 않다. 시진핑 정부는 집권 초기 '신창타이' 담론을 통해 성장에 대한 기대 수준을 낮춘 후 공급과 수요 측면에서 일정한 구조조정을 실시

<그림 2-9> 중국의 지출 부문별 GDP 비중

(단위: %)

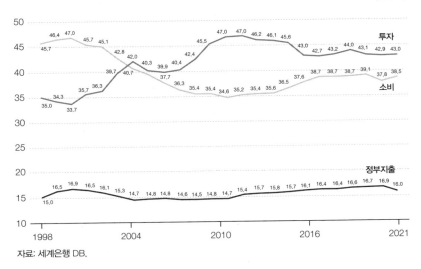

자료: 세계은행 DB.

<그림 2-10> 중국 비금융부문 부채 GDP 비중

(단위: %)

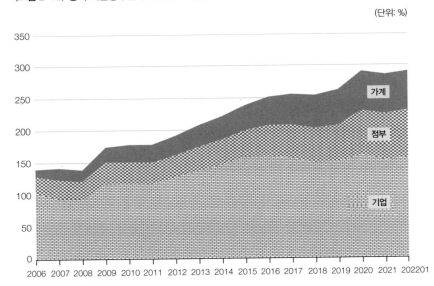

자료: 국제결제은행(BIS) DB.

했다. 우선 유효 수요 확대를 위해서 금리를 자유화하고 두 자녀를 허용하고 사회보장을 확대하는 정책을 발표했다. 공급 측면에서는 일대일로를 통한 인프라 투자와 인수합병과 각종 산업 정책을 통해 산업 경쟁력을 제고하고자 했다(최필수, 2017). 특히 시진핑 2기 공급 측 구조개혁 정책이 핵심 추진과제로 등장했는데, 여기에는 공급의 질을 올리는 각종 정책들이 총체적으로 모두 포함되었다.

하지만 이런 노력들은 생산성 증가에 연결되지 않고 있다. 그 이유에 대해서는 Asia Society Policy Institute ASPI와 Rhodium Group RHG의 연구가 설득력 있는 논거를 제시한다. 〈그림 2-11〉은 2013년 11월 제18기 중앙위원회 3차 전체회의(3중 전회)의 〈전면적 개혁심화에 관한 약간의 중대 문제에 관한 결정〉에서 논의된 각 분야 체제 개혁의 현재 성과를 보여준다. 2020년 기준 재정, 혁신체제, 초국경 투자, 환경에서는 일정한 성과를 거두었지만, 노동, 토지, 경쟁, 국유기업, 금융시스템에서는 거의 진전이 없었다. 예를 들어, 시진핑 정부는 국유기업을 구조조정하기 위해서 다수의 국유기업에 대한 국가 지분을 줄였고, 상업형 commercial 산업에서의 철수하도록 했으며, 부채 레버리지를 감소시켰으며, 직원 급여를 생산성과 연결시켰고, 국가 주식의 10%를 사회 보장 기금으로 이전하도록 했다. 그러나 〈그림 2-12〉가 보여주듯이 산업 전반에 걸쳐 국유기업의 위상은 거의 변하지 않았고 효율성은 개선되지 않았으며 지불 배당금의 70% 이상이 사회적 지출에 사용되지 않고 기업에 재투자되었다(ASPI, RHG, 2021). 시진핑 정부는 중국경제와 산업을 원하는 방향으로 이끌어가기 위해서 에너지, 금융 등 핵심 Key 및 기둥 Pillar 산업에서의 국유기업을 포기할 생각이 없다. 또한 국유기업은 정부의 재정기반이기도

〈그림 2-11〉 시진핑 집권기 부분별 개혁 평가

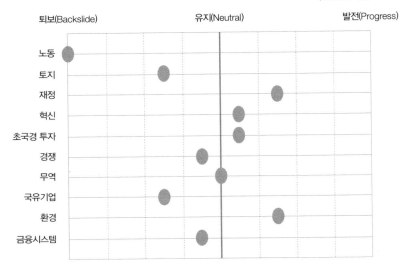

(2020년 기준)

자료: ASPI, RHG, 2021.

〈그림 2-12〉 국유기업의 수익 점유율

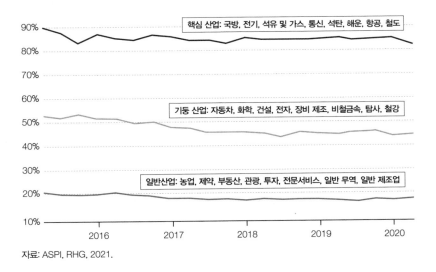

자료: ASPI, RHG, 2021.

함으로 상업형 산업에서도 경쟁력 있는 민간기업에게 진입을 허가할 인센티브도 부족하다. 이렇듯 많은 경우 정책과 실행은 일치되지 않았다. 요컨대, 중국경제의 성장 활력 감소는 이런 체제개혁의 지연에 상당히 비롯되었다고 볼 수 있다.

2) 소득불평등 구조

상술한 수요 측면에서의 가계 소비 부족 현상은 소득불평등 구조, 사회보장 미비 등과 연결되어 있다. 개혁개방 이후 오랫동안 중국은 소위 '선부론先富論'을 기치로 고속 성장을 거듭해왔다. 선부론은 일부 사람들·지방들이 먼저 부유해진 후에 그렇지 못한 사람들·지방들을 이끌어 공부共富의 길로 나간다는 주장이다. 그러나 지금까지 이런 공부로의 이행이 이루어졌다고 보기 어렵다. 도시-농촌 간, 지역 간, 노동-자본 간, 기업 간 소득격차가 크다.

가장 심한 불평등은 도농 간 소득격차다. 2021년 1인당 가처분 소득 기준 도시민과 농촌 주민의 절대소득격차는 2만 8481위안, 상대소득격차는 2.5배였다(〈그림 2-13〉). 2000년 도농의 절대소득격차가 3974위안, 상대소득격차가 2.7배였는데, 지난 20년 동안 절대소득격차는 크게 벌어졌고 상대소득격차는 거의 그대로이다. 지역 간, 즉 연해지역과 내륙지역 간 격차도 커서, 1인당 GDP 기준 2021년 상대소득격차 1.79배, 절대소득격차 2만 2391위안이었다(〈그림 2-14〉). 2000년 지역 간 절대소득격차가 3338위안, 상대소득격차가 2.1배에서 절대 격차는 계속 증가한 반면, 상대 격차는 다소 줄어들었으나 시진핑 집권기에는 거의 줄지 않고 있다.

〈그림 2-13〉 도농 소득격차

(단위: 위안)

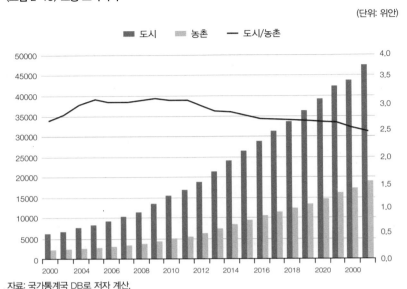

자료: 국가통계국 DB로 저자 계산.

〈그림 2-14〉 지역별 1인당 소득격차

(단위: 위안)

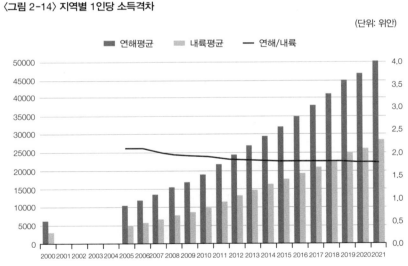

주: 2001-04년 데이터 없음.
자료: 국가통계국 DB로 저자 계산.

기업 내 자본-노동 간 격차를 나타내는 노동소득분배율(국민소득에서 노동자의 임금소득이 차지하는 비율)은 2020년 기준 51.3%로 OECD 주요 국 평균보다 약 10%포인트 낮았다(이현태, 2021a). 중국의 노동소득 분배율 2010년 저점인 47.8%를 기록한 후 조금씩 상승하여 2013년 50% 대를 회복했다(〈그림 2-15〉). 하지만 여전히 1990년대 중반보다 낮으며 2016년 OECD 주요 20개국의 평균 노동소득분배율 61%보다 훨씬 낮은 수준이다. 또한 시진핑 집권기가 시작된 2013년 이후에는 거의 호전되지 않고 있다. 국유-민간기업 간 임금격차도 뚜렷하다(〈그림 2-16〉). 2008년 국유기업은 3만 287위안, 민영기업은 1만 7071위안으로, 절대소득격차 1만 3216위안, 상대소득격차 1.77배였다. 2021년에는 모든 면에서 격차가 더 벌어졌다. 당해 연도 국유기업은 11만 5583위안, 민영기업은 6만 2884위안으로 절대소득격차 5만 2699위안, 상대소득격차 1.84배를 기록했다. 주목할 점은 시진핑 집권기에 그 격차가 커지고 있다는 점이다.

종합적인 소득불평등을 나타내는 지니계수는 시진핑 집권기에는 큰 변화가 없이 국가통계국 기준으로 2021년 0.466을 기록했다(〈그림 2-17〉). 2021년 OECD 회원국의 평균 지니계수 0.314에 비해서 0.152가 높다. 또한 5분위 분배율을 보면 고소득층과 저소득층의 양극화가 심화되고 있음을 확인할 수 있다(〈그림 2-18〉). 2021년 기준 상위 20%는 하위 20% 계층의 6배 이상을 벌어들였는데, 소득격차는 2010년대 중반 이후 계속 상승하는 추세다. 시진핑 집권 10년, 중국은 절대빈곤 탈출에 성공했을지 모르나 상대적 불평등 축소에는 성과가 없었다. 상대소득격차가 후진타오 2기에 상당히 줄어들다가 시진핑 시기에 정체되는 양상

〈그림 2-15〉 중국의 노동소득 분배율

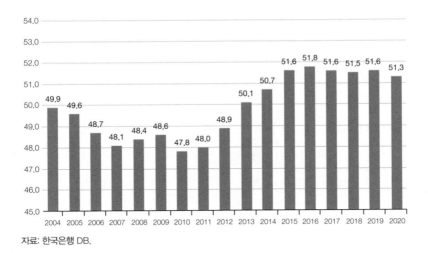

자료: 한국은행 DB.

〈그림 2-16〉 국유·민영기업 임금격차

(단위: 위안)

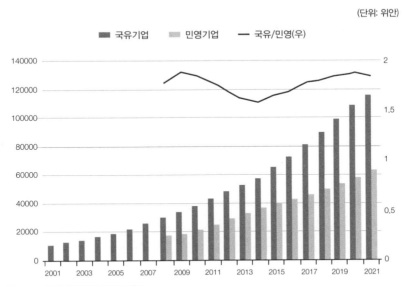

주: 2001-07년 민영기업 데이터 없음.
자료: 국가통계국 DB로 저자 작성.

〈그림 2-17〉 중국 지니계수 추이

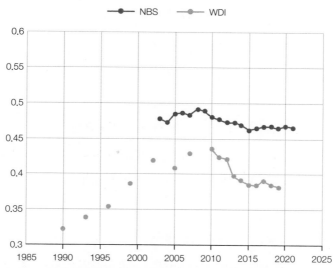

주: NBS는 중국 국가통계국, WDI(World Development Indicator)는 세계은행에서 제시한 지니계수임.
자료: 세계은행 DB, CEIC DB.

〈그림 2-18〉 중국 5분위 배율 추이

(단위: 위안)

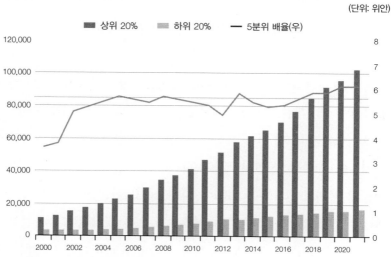

주: 도시 지역의 1인당 가처분 소득 기준.
자료: 국가통계국 DB로 저자 계산.

이다. 현재의 소득불평등 상태는 사회주의 현대화 강국을 지향하는 중국이 만족할 만한 상태로 보기 어렵기에, '공동부유'를 내세워서 강력하게 밀고 가야할 필요성이 대두된다(이현태, 2021a).

3. 특징: 국가자본주의 강화

경제 체제라는 관점에서 보면 지난 10년 가장 중요한 변화는 바로 '국가자본주의state capitalism의 강화'이다. 개혁개방 이후 중국은 시장화 개혁을 통해 정부의 경제 개입을 줄이고 민간의 활동 영역을 넓히는 체제 전환을 해왔는데 이는 중국경제의 고도성장에 밑거름이 되었다. 그러나 후진타오 정부 출범 이후, 특히 글로벌 금융위기 대응 과정에서 소위 '국진민퇴國進民退' 현상이 등장하는 등 정부와 국유부문의 역할이 강화되었다. 정부가 경기 부양 정책의 주체로 역할을 확대하고 정책 자금으로 주로 국유기업을 지원했기 때문이다. 위기 극복을 위한 재정지출의 많은 부분이 국유기업과 지방정부를 통해 사회기반시설 건설이나 중화학공업 투자에 사용되었는데, 2010년대 위기 상황이 완화되면서 국유부문의 과잉설비, 과잉투자가 문제로 등장했다.

이에 2013년 출범한 시진핑 정부는 경제에 대한 정부 개입 축소와 비효율적 국유기업 개편 등 시장화 개혁을 심화할 것으로 생각되었다(정승호·이현태, 2022). 2013년 11월 공산당은 제18기 중앙위원회 3차 전체회의(18기 3중전회)에서 〈전면적 개혁심화에 관한 약간의 중대 문제에 관한 결정〉을 통과시킨다(中國共産黨 中央委員會, 2013). 이 결정은 경제 시스템에서의 '시장의 결정적 역할'을 내세우면서, '시장이 자원 배분에 결정적 구실을 하도록 진행할 것'을 강조했다. 시장의 결정적 역할의 확대는 곧 정부 역할의 축소로 이어진다. 방대한 국유부문을 개혁하기 위한 방안으로는 국유기업에 대한 민간의 일부 지분 참여를 허용하는 혼합소유제를 제시했다. 이는 민간 자본의 유입을 통해 국유기업의 시장 독점을 완화하고 경영 체제를 혁신하며 정부의 기업에 대한 간섭을 축소할 것으로 기대되었다(정승호·이현태, 2022).

그러나 기대와는 달리, 지난 시진핑 집권 10년 경제에 대한 중국정부의 개입과 통제는 유지되거나 일부 부문에서는 강화되었고, 국유기업은 더 대형화되고 지배력을 확대했다(정승호·이현태, 2022). 2018년 중국의 류허 부총리에 따르면 공공부문은 GDP의 40%, 세금 수입의 50%, 기술 혁신의 30%, 도시 고용의 20%, 신규 일자리 및 신생 기업 창출의 10%를 차지했다(Xinhuanet, 2018). 이는 예외적으로 높은 수준으로 1990년대 이후 GDP의 1-2%만 차지하는 미국, 영국, 일본이나, 가장 높을 때도 10%를 크게 넘지 않았던 프랑스, 이탈리아, 독일, 한국, 대만보다 훨씬 높으며, 중국과 같은 구사회주의 국가이지만 최근 20% 아래를 기록하는 동유럽 국가들과도 큰 차이가 난다(Batson, 2021). 특히 금융부문은 현재 국가가 지배하는 주요 부문으로 전체 금융 자산의 85-90%가 국유 금융기관에 의해 통제되면서 정부의 산업 정책을 위한 수단으로 활용되고 있다(Zhang, 2019).

2006년 이후 중국정부는 재원이 풍부하고 정교한 산업 정책 체계를 고안해서 운영해왔는데, 특히 시진핑 정부는 미중 전략적 경쟁 속에서 '중국제조2025' 등의 정책을 통한 첨단산업에 대한 정부 펀드의 투자가 급증했다(Naughton, 2021a). 또한 민간 기업가를 "단결시키고 지도해야" 할 필요가 있다는 시진핑 주석의 지시에 따라 공산당은 민간 기업에 대한 정치적 통제를 강화하고 있다(新華網, 2020). 전중국공상연합회의 조사에 따르면 당 조직이 있는 중국 민간기업은 2012년의 35.6%에서 2018년 48.3%로 증가했는데, 특히 500대 대기업 중에서는 90% 이상이었고, 또한 국유기업이 민간기업에 지분 투자 혹은 합작투자하면서 영향력을 확대하고 있다(Thomas, 2020). 중국정부가 최근 공동부유 노선을 추구하면서 텐센트, 알리바바 같은 민간 대기업은 기부금을 납부하라는 정부의 압박도 받고 있다.

이렇듯 시진핑 시대에 경제, 산업, 기업에 대한 공산당·정부의 개입이 한층 강화되었는데, 이를 피어슨 외(Pearson et al., 2020)는 '당-국가자본주의party-state capitalism', 허슨(Hirson, 2019)은 '당 자본주의party capitalism'라고 명명하기도 했다. 이런 시스템의 특징은 광범위한 국가 지분의 증가, 국유기업과 민간기업 간의 모호한 경계, 공산당의 정치적 목표 달성을 위한 경제 전반에 대한 통제와 국내외 기업에 대해 압박 증가 등이다. 여하튼 시진핑 집권 10년, 중국은 예상과는 다르게 경제에 대한 국가 개입을 확대하는 방향으로 나아갔다.

미국의 대표적인 중국경제 연구자인 노튼(Naughton, 2021b; 2021c)은 본인을 비롯한 중국 연구자들이 이런 중국의 국가자본주의 강화 추세를 과소평가하고 잘못 이해했었다고 인정한다. 또한 이런 흐름은 후진타오 정부에서 시작되었고 시진핑 정부는 이를 이어받아 강화시킨 것이며, 이를 제대로 파악하기 위해서는 공산당의 이념적 토대, 경제의 구조적 변화, 계획의 실패, 2005년의 전환점, 글로벌 금융위기 대응, 기술 혁명 등 여섯 가지 요인을 이해할 필요가 있다고 언급했다.

III. 신경제 전략의 대두

1. 쌍순환 전략과 공동부유 노선

향후 중국경제에 커다란 영향을 미칠 세 가지 경제 전략·정책이 시진핑 2기에 등장했다. 2021년 14·5계획에서 확실히 자리 잡은 쌍순환 전략, 공동부유 노선, 자립형 기술혁신 정책이다. 이 전략들은 개혁개방 이후 중국이 실행해왔던 경제 전략들과 성격이 다르다. 그동안 중국은 밖으로는 대외개방 확대, 안으로는 시장화 개혁 강화, 전방위적 기술혁신 정책을 추진하면서 경제성장을 지향했다. 그러나 이번 전략들은 미중 전략적 경쟁 심화, 코로나19의 확산, 불평등 구조의 지속 등 시진핑 2기에 새롭게 등장하거나 강조된 대내외적 환경 변화에 대응하기 위해 고안된 전략들로서 이전 전략들과 방법론 및 지향점에서 차이가 있다. 이 절에서는 이 중에서 포괄적 성장 전략인 쌍순환 전략과 분배 전략인 공동부유 노선에 대해서 논의한다(경제안보를 중심으로 하는 자립형 기술발전 전략에 대해서는 이 책에 포함된 최필수의 글 참조).

1) 쌍순환 전략

2021년 3월 국민경제와 사회발전 14차 5개년(2021-25년) 계획을 통해 본격화된 쌍순환 전략은 중국이 미중 전략적 경쟁 등 외부 위기에 대응하기 위한 성장 전략이다. 개혁개방 이후 중국은 글로벌 시장, 기업, 기술, 자원을 최대한 활용하여 세계의 공장이자 수출대국이 되어 경제성장을 이끌어왔다. 소위 국제대순환이다. 그러나 미중 경쟁이 격화되면서 이 모델이 원활히 작동하기 어렵게 되었다. 미국은 중국 수입품에 관세를 부과하고 중국기업의 대미 투자를 막았으며 자국 첨단 중간재의 대중 수출을 금지하고 핵심 기술 유출도 엄격히 관리하기 시작했다. 중국경제는 수요 측면에서 수출에, 공급 측면에서 기술발전에 타격을 받으며 성장동력이 약화될 수 있다. 이런 상황에 대응하기 위해 중국은 국내대순환을 주체로 국내-국제대순환을 상호 촉진한다는 쌍순환 전략을 내세웠다(이현태, 2022b).

쌍순환 전략은 국내대순환에 중심을 두고 있다. 국내대순환을 위해서는 국내시장에서 수요-공급이 원활하게 선순환되어야 한다. 따라서 '질 좋은 공급이 높은 수준의 수요를 창출하고 높은 수준의 수요가 질 좋은 공급을 창출한다'는 상호 보완관계가 중요하다. 글로벌 금융위기 이후 추진된 내수확대 정책과 2015년부터 추진된 공급 측 개혁 정책이 만나는 지점이기도 하다. 대외 환경 악화로 줄어들 수 있는 수출을 확대된 내수로 보완하여 수요 측면에서의 성장동력을 확보한다. 이렇게 형성된 강대하고 매력적인 국내시장은 외국의 기업, 인재, 기술 같은 외부의 자원을 끌어들이면서 국제대순환을 유도하고 최종적으로 경제성장으로 연결된다.

매력적인 국내시장 육성은 중국의 기술발전을 위해서도 중요하다. 그동안 중국은 해외 첨단기업에 대한 인수합병, 우수 기업의 국내 유치, 자체기술 개발이라는 세 가지 경로를 통해 기술발전을 이룩해왔다. 그러나 첫 번째는 미국의 견제로 더 이상 쉽지 않다. 두 번째 또한 미중 경쟁속에서 중국 투자를 꺼리는 외국기업들이 늘어나고 있다. 중국은 강대한 국내시장의 매력으로 이들을 유치하고자 한다. 최근 중국정부는 외국인 투자 네거티브 리스트의 축소, 첨단산업 관련 외자 우대 조치의 확대, 주식시장의 커촹반科創板(과학혁신판) 개설, 외국기업들의 국내주식시장 상장 허용 등 외자기업을 위한 정책을 계속해서 발표하고 있다. 결국 대외 환경의 악화 속에서도 국내시장의 매력으로 외부 요소를 유입시키겠다는 의도다. 특히 중국은 첨단기술을 보유한 외자 기업에 대한 유치에 심혈을 기울이고 있다. 첨단기술은 지속성장의 기본 토대이자 미중 경쟁의 핵심 요소이기 때문이다. 이는 경제안보 논의와 결부되면서 산업 정책으로서의 자립형 기술혁신 정책과 연결된다.

2) 공동부유 노선

2018년 시작된 시진핑 집권 2기에는 불평등 해소를 위한 공동부유 노선이 본격적으로 등장한다. 2017년 10월 공산당 19차 당대회에서 공산당은 '시진핑 신시대 중국 특색 사회주의'를 본격 선언했는데, 현 시기 중국의 주요 모순을 "아름다운 생활에 대한 인민의 수요에 비해 불균형하고 불평등하게 진행된 발전의 차이"로 규정하고 개혁개방으로 성취한 경제성장의 성과를 인민들에게 공평하게 분배하여 불균형과 불평등을 해소하겠다는 '공동부유' 노선을 선언했다. 이후 중국이 미중 분쟁의 격화와 코로나 팬데믹의 확산에 대한 대처에 집중하면서 이를 크게 강조하지는 않았으나, 2020년 10월 공산당 19기 5중전회와 2021년 전국인민대표대회(전국인대)에서 설정된 〈14차 5개년 계획과 2035년 미래 목표〉에 공동부유 노선이 포함되면서 다시 전면에 등장했다(정승호·이현태, 2022). 공산당 19기 5중전회에서 시진핑 주석은 "공동부유는 사회주의의 본질적 요구이며 인민대중의 공통의 바람이다. 우리가 경제사회발전을 추동하는 것은 결국 전체 인민의 공동부유를 실현하기 위한 것이다"

라고 언급했다(習近平, 2020). 공산당은 2021년 11월에 채택한 '제3차 역사결의', 즉 〈공산당의 100년 분투의 중대 성취와 역사 경험에 관한 공산당 중앙의 결의〉에서도 공동부유를 다섯 번이나 언급하며 강조하기도 했다.

사실 사회주의 강대국 건설을 명시적으로 표방하는 공산당으로서 현 시점에서 '공동부유'의 강조가 자연스러운 귀결이다(이홍규, 2021). 공산당의 '두 개의 백 년' 목표에 의하면 중국은 창당 백주년인 2021년까지 소강사회小康社會를 달성하여 절대빈곤을 해소하고 건국 백주년인 2049년까지 대동사회大同社會, 즉 사회주의 현대화 강국을 건설하고자 한다. 공산당은 2021년 7월 100주년 담화에서 소강사회가 달성되었다고 선언했다. 나아가야 할 두 번째 백 년 목표는 사회주의 현대화 강국이다. 사회주의 현대화 강국은 정의상 모든 인민의 '공동부유'와 중화민족의 위대한 부흥이 이룩된 사회다. 따라서 논리적으로 공산당의 다음 행보는 공동부유 추진으로 이어져야 한다(이현태, 2021b).

2021년부터 공산당은 공동부유 노선을 구체화하기 시작한다. 시진핑 주석은 8월 중앙재경위원회 회의에서 '공동부유를 착실히 추진하자'라는 주제로 공동부유 추진 로드맵을 제시하면서 공동부유의 4대 원칙, 6대 추진 방향을 제시했다(習近平, 2021). 4대 원칙으로는 ① 근면한 노동 독려 및 혁신을 통한 부 창출, ② 기본적인 사회주의 경제제도 견지, ③ 현실 상황에 부합하는 추진, ④ 순서에 맞춘 점진적 추진 등을 제시했다. 6대 추진 방향으로는 ① 발전의 균형, 조화, 포용성 제고, ② 중등소득 계층 확대, ③ 기본 공공서비스 균등화 촉진, ④ 고소득에 대한 규범 및 조정 강화, ⑤ 정신적 생활의 공동부유 촉진, ⑥ 농민·농촌 공동부유 촉진

등을 제시했다. '기본적인 사회주의 경제제도 견지' 원칙에서 세부 항목으로 '공동부유에서의 공유제 경제 역할 강화'와 '선부先富의 후부後富 지원 역할 강화'가 제시되었다(정승호·이현태, 2022).

또한 2021년 5월에는 〈저장성의 고품질 발전과 공동부유 시범구 건설 지지에 관한 중공중앙·국무원의 의견〉 및 〈저장성의 고품질 발전과 공동부유 시범구 건설 실시방안(2021-25년)〉 등 문건을 발표하면서 저장성에서 공동부유 시범구 건설을 전면적으로 추진하기로 했다. 2025년 1단계까지 실질적 진전을 거두며, 2035년 2단계까지 공동부유를 기본적으로 달성하겠다는 일정 목표를 제시했다.

3) 두 전략의 공조

쌍순환 전략은 대외환경 악화에 대한 지속성장 전략이며, 공동부유 노선은 대내불평등 악화에 대한 분배 전략이다. 그런데 공동부유 노선으로 소득불균형을 완화하면 내수도 동시에 확대된다. 확대된 내수는 성장으로 이어지고 성장의 과실은 개선된 분배구조를 통해 공동부유 증대로 이어진다(이현태, 2022b). 이렇듯 공동부유 노선과 쌍순환 전략이 선순환하면 성장과 분배로 이어지는데, 이런 의미에서 두 전략은 성장-분배를 동시에 달성하고자 하는 포괄적 전략으로 볼 수 있다.

시진핑 집권 3기는 두 번째 백 년의 목표인, 2049년 사회주의 현대화 강국을 향해 발걸음을 내딛는 시기다. 사회주의 현대화 강국은 그 정의상 성장과 분배가 동시에 달성되어야 한다. 과연 중국이 향후 공동부유 노선을 통해 실효성 있는 재분배 정책을 실시하고 미중 경쟁 속에서 쌍순환 전략을 통해 성장동력을 유지하면서 양자를 조화롭게 추진할 수 있을지 지켜봐야 한다.

2. 공산당 20차 당대회의 경제 정책

이번 〈정치 보고〉의 전체 15장에서 경제와 주로 관련된 장은 ▲ 중국식 현대화(3장) ▲ 신발전구도 구축(4장) ▲ 과학기술·교육흥국科教興國(5장) ▲ 공동부유(9장) ▲ 경제안전(11장)이다. 전체적으로 2017년 공산당 19차 당대회 〈정치 보고〉, 2021년 〈14차 5개년 계획〉 등에서 제시된 경제 비전·전략·정책이 그대로 유지되거나 일부 보완되었다(이현태, 2022a). 19차 당대회 〈정치 보고〉와 비교할 때 '중국식 현대화', '신발전구도' 등 새로운 개념이 제시되긴 했지만 기존 개념들을 조합·결합한 정도다. 목차상으로는 과학기술·교육흥국과 경제안보가 새롭게 독자적인 장章으로 포함되면서 미중 경쟁과 코로나19 상황에서 중요성과 위상이 높아졌음을 입증했다.

1) 중국식 현대화

이번 〈정치 보고〉가 제시한 중국식 현대화란 공산당이 영도하는 사회주의 현대화로 모든 국가의 현대화라는 공통의 특징과 민족적 조건에 기초한 중국적 특징을 겸비하고 있다. 여기서 중국적 특성은 거대한 인구 규모, 전체 인민 공동부유, 물질문명과 정신문명의 조화, 자연과의 공생, 평화적 발전이다. 결국 중국의 현실에 맞게 사회주의 현대화를 하겠다는 의미다. 그런데 그동안 공산당은 중국 현실에 맞는 중국 '특색' 사회주의를 통해 사회주의 현대화 강국을 건설하고 있다고 선전해왔는데, 중국 특색 사회주의 체계 안에 저 특성들은 이미 반영되어 있다. 따라서 중국식 현대화를 새로운 비전으로 보긴 어렵다. 중국식 현대화는 '중국 특색(중국식)' 사회주의라는 이념과 사회주의 '현대화' 강국이라는 목표를 결합하여 통합적으로 제시한다고 볼 수 있다. 여하튼 중국식 현대화는 앞으로 중요한 달성 목표로 활용될 것이다. 이번 〈정치 보고〉는 2035년까지 중국식 현대화를 기본적으로 실현하고 21세기 중반까지 사회주의 현대화 강국을 건설하겠다는 계획을 제시했는데, 이는 19차 당대회의 〈정치 보고〉와 14차 5개년 계획에서 제시된 일정과 동일하다(이현태, 2022a).

중국식 현대화는 미국과의 체제 경쟁을 염두에 둔 레토릭으로도 해석된다. 중국적 특성을 강조하는 중국식 현대화의 항목들은 미국식 체제에 대한 비판에 기반을 두고 있다. 미중 경쟁 속에서 중국은 미국식 체제가 사회 불평등, 환경 파괴, 도덕적 타락, 호전적 제국주의 등을 가져왔다고 비난해왔다. 중국식 현대화 선언은 중국은 그런 미국식 길이 아닌 공동부유, 친환경, 정신문명, 평화의 현대화로 가겠다는 의미이다(이현태, 2022a). 미국은 계속해서 중국식 체제에 대한 비판을 강화하고 서구식 가치를 중심으로 동맹을 규합해왔다. 그러나 중국은 체제 문제에 대해서 양보할 생각이 전혀 없음을 이번 중국식 현대화 선언을 통해 다시 보여주었다.

2) 고품질발전과 신발전구도

이번 〈정치 보고〉는 3장에서 고품질발전과 신발전구도 구축을 중국 경제발전의 기본 목표이자 방향으로 제시했다. 세부적으로 신발전이념, 공급 측 개혁, 내수 확대, 현대화 경제체제 확립, 도농융합 및 지역협조

발전 등 기존 전략들과 2017년 공산당 19차 당대회 이후 중국이 미중 전략적 경쟁, 코로나 팬데믹 등을 겪으면서 새로 정립한 전략인 쌍순환 전략, 산업망·공급망 안정 등을 모두 포괄하고 있다(이현태, 2022a). 따라서 이번에 새로운 경제 전략이 제시된 것은 아니다. '신발전구도'라는 개념이 새롭게 나왔으나 전체적으로 보면 2017년 19차 당대회에서 제시된 '신발전이념 관철을 통한 현대화 경제 시스템 구축'의 틀을 유지하면서 최근 변화에 대응하는 전략들이 포함된 수준이다.

구체적인 정책으로는 고수준 사회주의 시장경제 체제 건설, 현대 산업 시스템 정비, 농촌 진흥, 지역발전 촉진, 대외개방 확대가 포함되었다. 또한 '사회주의 현대화 강국 건설'을 위한 '6+1+1' 구조의 '강국전략'이 제시되었는데, '6'은 현대 산업 발전을 통한 ▲ 제조강국 ▲ 품질강국 ▲ 우주항공강국 ▲ 교통강국 ▲ 네트워크 강국 ▲ 디지털 강국이며, 첫 번째 '1'은 농촌진흥을 통한 농업강국, 두 번째 '1'은 대외개방 확대를 통한 무역강국을 의미한다(허재철 외, 2022). 또한 일부의 우려와는 달리 '자원배분에서 시장의 결정적 역할'을 인정한다는 내용도 유지되었지만 국유부문을 더욱 우월하고 크게 만들겠다는 내용도 함께 강조되었다. 최근 미중 기술 경쟁 및 공급망 안정화를 위해 추진하던 기술특화 강소기업 육성책인 전정특신專精特新(전문화, 정밀화, 특색화, 혁신화) 정책도 새롭게 포함되었다(이현태, 2022a).

3) 공동부유 노선

3절에서 상술했듯이 공동부유는 2017년 공산당 19차 당대회에서 시진 핑 신시대 중국 특색 사회주의의 일부로 포함되면서 주목받기 시작했다.

2021년 소강사회 달성 이후 공동부유 노선은 더욱 구체화되다가, 이번 20차 〈정치 보고〉에서도 공동부유는 중국식 현대화의 구성요소로 규정되었고 '민생 복지 증진과 인민생활의 질적 제고'를 다룬 9장의 분배제도 개선 항목으로 포함되었다. 이번 〈정치 보고〉는 분배제도를 공동부유의 기초제도로 규정하고 1차, 2차, 3차 분배를 위한 제도체계 구축을 언급했다. 여기서 1차 분배에서는 노동소득 비중 증가, 저소득층 소득 증가, 중산층 확대 등이, 2차 분배로는 조세, 사회보장, 이전지출 등 조정역량 강화, 3차 분배로는 기업·조직·개인의 공익자선사업 지원 추진 등이 제시되었다(이현태, 2022a). 그리고 개인소득세 정비, 소득분배 절차 및 재산축적 메커니즘 규범화, 합법소득 보호 등도 추진한다.

공산당 19차 당대회의 〈정치 보고〉와 비교하면 1, 2, 3차 분배 개념을 명확히 하고 정책을 구체화했다는 특징이 있다. 또한 3차 분배에 관한 내용이 새롭게 포함시키면서, 그동안 알리바바, 텐센트 등 민간 대기업들에게 공동부유 명목으로 기부금을 받아온 것도 명문화시켰다. 다만 19차 당대회 〈정치 보고〉에서는 2050년까지 공동부유를 기본적으로 실현하겠다고 밝혔는데 이번 〈정치 보고〉에서는 별다른 일정을 제시하지 않았다. 공동부유의 실질적 실현 시기에 대한 공산당의 고민이 느껴지는 대목이다.

4) 과교흥국科教興國과 경제안보

5장 '과학기술·교육흥국 전략의 추진과 현대화 건설 인재육성 강화'는 사회주의 현대화 국가 건설을 위한 제1의 생산력은 과학기술이고, 제1의 자원은 인재이며, 제1의 동력은 혁신이라고 강조하면서 시작한다. 구체적으로 '인민을 만족시키는 교육 실시', '과학기술 혁신시스템 구축', '혁신주도 발전전략 강화', '인재강국 건설'이라는 실행 방안을 내세운다. 특기한 사항은 과학기술 인재풀을 개선하기 위한 방안 중 하나로 '국제 인재 교류 강화'를 내세우고 있는데, 이는 공산당 19차 당대회의 〈정치 보고〉에는 없던 내용이다. 중국이 미중 경쟁 속에서 전략 산업 발전을 위한 고급 외국 인재 유치에 적극적으로 나설 거라는 점을 보여준다. 양질의 교육 강화를 통한 인재육성은 중국이 최근 직면하고 있는 생산인구 감소에 대한 대응이기도 한데, 생산인구 감소로 인한 성장동력의 하락은 인적자본 향상을 통한 노동생산성 증가로 대응해야 하기 때문이다 (이현태, 2022a).

경제안보는 공산당 20차 당대회 〈정치 보고〉에 처음 포함된 개념으로 11장 '국가안보 체계와 능력의 현대화 추진 및 국가안보와 사회 안정의 수호'에 인민안보, 정치안보와 함께 국가안전의 일부로 포함되었다. 중점 분야의 안보 역량 강화를 강화하며 식량, 에너지 자원, 중요 산업망·공급망의 안전을 보장한다는 내용으로, 미중 경쟁, 코로나 팬데믹, 우크라이나 전쟁으로 수년간 중요 공급망 안정에 총력을 기울여온 중국의 고심이 엿보인다(이현태, 2022a). 또한 경제안보를 국가안전의 틀 속에서 통합적으로 사고하는 것도 특징적인데, 글로벌 산업망·공급망이 분절되는 상황에 대해 국가안전 차원에서 총력 대응하겠다는 의미다. 이번 〈정치 보고〉는 서론에서 사회주의 현대화 강국 건설을 위해서 발전과 안전이라는 두 개의 기둥이 밑받침되어야 한다고 언급하면서 국가안전이 가장 중요한 이슈로 떠올랐는데, 경제안보도 동일한 맥락에서 강조되었다.

IV. 결론

1. 요약

2013년 시진핑 정부는 개혁개방 이후 지속된 고속 성장이 멈추고 경제구조 불균형이 심화된 시점에 집권했다. 시진핑 정부는 소강사회 달성을 위한 성장을 지속하면서도 경제구조 불균형을 해소하고자 했다. 10년이 지난 지금, 중국은 연평균 6.6%의 중고속 성장을 기록하면서 G2 국가로 성장했다. 10.2%에 이르던 빈곤율도 0%로 끌어내리면서 탈빈곤을 달성하고 소강사회를 선언했다. 그러나 공급 및 수요 측면에서의 경제구조 불균형은 여전하고 이런 경제구조 불균형하에서 비효율적 투자로 이룬 성장은 절반의 성공일 수밖에 없다. 특히 시진핑 집권 초기인 2013년 공산당 18기 중앙위원회 3차 전체회의(18기 3중전회)에서 약속했던 각종 체제 개혁이 제대로 이루어지지 못하고 국가자본주의가 강화되면서 경제 활력의 부진으로 이어졌다. 또한 도시와 농촌, 동부와 중서부, 노동과 자본 간의 절대적·상대적 소득불평등도 해소되지 않고 있다. 지니계수가 0.46 이상을 기록하면서 공산당이 표방하는 '사회주의'의 본래적 의미를 무색하게 하고 있다.

중국은 이제 2049년 사회주의 현대화 강국으로 나아간다고 선언했다. 다만 해결해야 할 과제가 만만치 않다. 경제구조 불균형 해소, 성장동력 회복, 소득불평등 해소를 추진해야 한다. 또한 미중 전략적 경쟁으로 인한 압박도 이겨내고 코로나19, 부동산 문제, 지방정부 부채 등 단기적 문제들도 다루어야 한다. 중국은 우선 성장 전략으로는 쌍순환 전략을, 분배 전략으로는 공동부유 노선을 내세웠다. 강대한 국내대순환

(국내시장)을 중심으로 국제대순환을 촉진하면서 미중 경쟁 속에서 악화된 대외환경 속에서 출구를 모색하고, 공동부유 노선을 통한 소득불평등 완화를 통해 국내 수요도 창출하여 성장과 분배의 선순환을 모색한다. 사회주의 현대화 강국의 정의상 지속적 성장과 분배개선이 필요하므로 두 전략의 성패는 미래 중국의 모습을 좌우할 것이다.

이번 공산당 20차 당대회의 〈정치 보고〉에서 나온 내용도 크게 새롭지 않고 기존 전략들을 종합하여 제시한 수준이었다. 중국식 현대화나 신발전구도와 같은 새로운 개념이 등장하긴 했으나 시진핑 1, 2기의 경제 비전·전략·정책이 유지·보완된 수준이었다. 다만 과학기술·교육흥국과 경제안보가 새롭게 강조되면서 미중 경쟁과 코로나19 상황에서 시진핑 정부가 무엇을 중시하는지 보여주었다.

2. 전망

시진핑 집권 3기 정부는 계속 어려운 도전들에 직면하게 될 것이며 대응의 결과에 따라 중국의 미래가 달라질 것이다. 중국에 이상적인 시나리오는 다음과 같다(〈그림 2-19〉). 거시경제 측면에서 불균형을 줄여서 지속적인 성장을 도모하고 소득구조 측면에서 불평등을 완화시켜 분배 상태를 개선하면서, 자립형 기술혁신에 성과를 거두어 미중 전략적 경쟁에서 뒤처지지 않는 것이다. 지속 성장 및 분배 개선을 이루어내고 미중 경쟁을 버텨낸다면 2049년 사회주의 현대화 강국을 향한 중국의 꿈도 현실에 가까워진다.

다만 현재의 중국경제 상황과 제시된 경제 전략들을 종합적으로 평가해보면 중국에 바람직한 미래가 펼쳐질지는 회의적이다. 묵혀둔 과제는

〈그림 2-19〉 중국의 장기 목표, 경제 전략, 현실과 과제

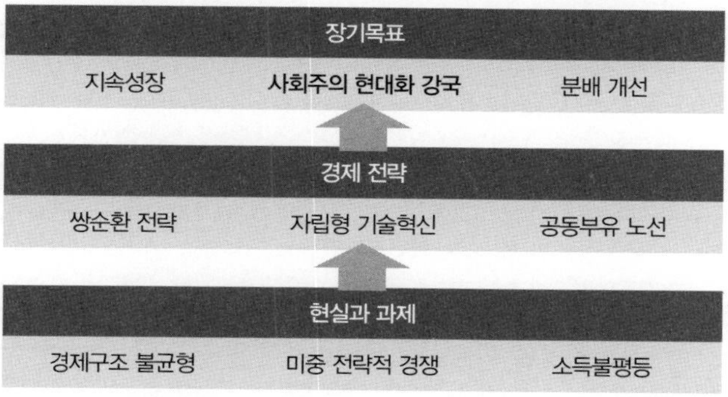

장기목표		
지속성장	사회주의 현대화 강국	분배 개선

경제 전략		
쌍순환 전략	자립형 기술혁신	공동부유 노선

현실과 과제		
경제구조 불균형	미중 전략적 경쟁	소득불평등

그대로인데 새로운 과제가 계속 추가되고, 정책 동력은 떨어지는데 정책 목표는 늘어나는 상황이다. 이에 대응하는 쌍순환 전략, 공동부유 노선 등 최근 정책들도 다소 혼란스럽고 지향하는 바가 명확하지 않으며 효과를 장담하기 어려운 내용들이 있다. 아래에서는 이런 전반적인 인식을 바탕으로 중국경제를 성장, 분배, 경제체제의 세 가지 차원에서 전망해보고자 한다.

1) 성장: 중저속 성장의 본격화

현재 중국경제는 장기적으로는 총요소생산성TFP 하락, 과도한 투자 의존, 단기적으로는 코로나 팬데믹, 우크라이나 전쟁, 미중 경쟁 격화 등으로 약화된 상태다. 우선 공급 측면에서 노동, 자본, 생산성 등 모든 면에서 생산 동력을 찾기 어려운 상황이다. 중국의 류허 부총리도 최근 《인민일보》 사설에서 중국경제 발전의 주요 모순은 공급 측면에 있다고 인정하고, 발전 환경 최적화, 독점 해체, 전국 통일 대시장 구축, 시장

주체의 활력 보호 및 자극, 공급 분야 구조조정을 주문했다(刘鶴, 2022). 2023년 제로 코로나 정책이 해제되고 우크라이나 전쟁이 끝난다면 성장률은 일시적으로 반등할 수 있다. 그러나 시진핑 1, 2기에 개선되지 못한 공급구조 불균형은 중국경제의 지속성장을 막을 것이다. 게다가 미국과의 전략 경쟁으로 첨단산업에서의 기술진보도 느려질 수 있다. 반도체, AI, 빅데이터, 우주항공, 양자컴퓨팅, 바이오, 2차 전지 등에서 미국은 중국의 기술굴기를 억제하기 위한 수단을 총동원하고 있다.

더 우려되는 점은 총요소생산성의 부진과 자본 투자의 효율성이 떨어진 상황에서 생산가능인구도 줄어들고 있다는 것이다. 중국의 생산가능인구(15-64세)는 2010년대 중반 인구수 10억 명, 인구 비중은 총인구의 73% 이상을 기록한 후 감소하고 있다(〈그림 2-20〉). 반면 노인인구 비중이 늘면서 본격적인 고령화 사회 진입을 앞두었다. 이런 인구학적 변화는 노동공급 감소 및 자본 한계생산성 하락으로 인한 성장률 감소, 부양비(생산가능 인구와 비생산 인구의 비) 증가로 인한 사회적 부담 증가로 이어진다(〈그림 2-21〉).

또한 이번 〈정치 보고〉는 공산당 18차 및 19차 당대회의 〈정치 보고〉와는 달리 '경제발전 방식의 전환'에 대해서 별로 강조하지 않고 있다. 최근 대내외 환경 악화에 대응하기 위한 쌍순환 전략, 공급망 안정 등 새로운 이슈들이 경제 전략에 포함되면서 경제구조 개혁의 전략적 중요성이 줄어들었다. 중국식 현대화 전략을 통해 발전 목표를 복수로 설정했는데, 발전 목표가 복수가 되면 경제성장에 자원을 집중하기가 어렵다(이현태, 2022a). 또한 친환경이나 공동부유 정책 실행이 경제성장에도 기여할 수 있으나 반대의 경우도 가능하다. 그리고 공동부유 노선 등으로

〈그림 2-20〉 중국의 생산인구(15-64세) 추이

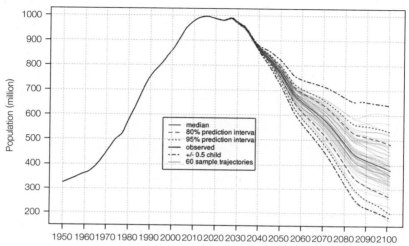

자료: UN DB(population.un.org).

〈그림 2-21〉 중국의 부양비 추이

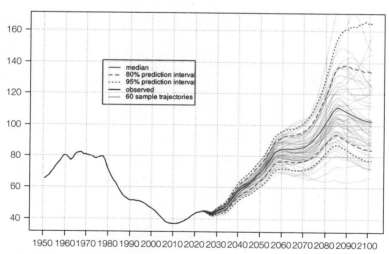

자료: UN DB(population.un.org).

인한 국가자본주의 경향 강화도 민간부문 활력 저하와 국유부문 개혁 지체로 이어져서 경제성장에 악영향을 미칠 수 있다. 시진핑 3기 중국이 본격적으로 추진할 쌍순환과 공동부유가 선순환이 아닌 악순환으로 연결되는 경우이다. 산업 정책과 혁신주도 정책도 경제안보라는 개념 아래에서 사고되면서 기술진보 정책으로서의 독자성이 줄어들어 얼마나 성공적으로 작동할지 의문이다(최필수, 2022).

이런 상황을 반영하듯 최근 중국경제에 대한 비관적인 전망들이 늘어나고 있다(日本経済研究センター, 2022; Brazier and Jiang, 2022; Rajah and Leng, 2022; Pettis, 2022). 중국이 최소 2030년까지 연평균 5% 이상의 견고한 성장을 유지할 것으로 보았던 기존 예측들과 상당히 다르다. 예를 들어, 블랙록Blackrock(Brazier and Jiang, 2022)은 수출 부진으로 인한 성장률 하락, 지방정부 부채, 부동산 거품, 불평등 악화 등으로 인한 정부 정책 여력 소진, 생산 인구 감소 및 미국의 첨단기술 견제로 인한 생산성 둔화 등을 이유로 잠재성장률이 10년 후 3%까지 떨어질 것으로 전망했다. 페티스(Pettis, 2022)는 중국이 투자를 급격히 줄이고 낮은 성장률을 받아들이거나 부채를 감당하지 못할 때까지 투자를 강제하면서 높은 성장률을 유지하는 양자 선택에 직면해 있는데, 어떤 경우에도 결국 급격한 성장 둔화는 피할 수 없을 것으로 예상한다. 요컨대, 중국경제는 현재 추세적으로 중저속 성장기에 들어섰으며, 향후 중국정부의 적절한 정책 전환이 없다면 10년 안에 저성장에 빠질 가능성도 있다.

2) 분배: 험난한 공동부유의 미래

중국이 공동부유 노선을 통해 효과적인 재분배 정책을 실시해서 효과를 거두기까지는 험난한 과정이 필요하다. 공산당도 19차 당대회에서 제시된 2050년까지 공동부유를 기본적으로 실현하겠다는 목표를 이번 〈정치 보고〉에는 포함시키지 않았다. 중국 내에서 공동부유 노선의 효과적 추진을 방해하는 많은 장애물이 있다. 중국에서 소득재분배를 위한 정책은 시장소득에 대한 1차 분배와 가처분소득에 대한 2차 분배에서 동시에 이루어져야 한다. 1차 분배의 경우, 기업 내 자본과 노동 간의 격차뿐만 아니라 기업 간 격차 해소도 중요하다. 기업 내 격차 해소를 위해선 기업에서 노동조합 등을 통해 노동자의 발언권이 강화되어야 하며, 기업 간 격차 해소를 위해선 대기업·국유기업의 지대 추구 행위를 막는 경쟁 정책이 필요하다. 2차 분배의 경우, 조세와 재정지출 관련 정책이 조정되어야 한다. 고소득층에 대한 소득세, 부동산세, 상속세 등을 통한 누진적 과세를 통해 재원을 확보하여 저소득층에 대해 안정적 사회보장을 제공해야 한다. 또한 호구제가 대도시로의 자유로운 노동 이동을 막고 있는데, 이러한 호구제가 유지되는 이상 도농 간, 지역 간 격차 해소는 요원하다.

이런 관점에서 비판적으로 평가해보면, 우선 공동부유 노선은 1차 분배에 대한 역행적 정책이 포함되어 있다. 2021년 6월 공산당은 〈저장성 공동 부유 시범구 건설 지지에 관한 의견〉을 통해 정부가 나서서 직원 보수를 합리적 범위 내에서 높이고 법정 최저임금도 인상하겠다는 뜻을 밝혔다(中國共産黨 中央委員會, 2021). 그러나 정부가 법정 최저임금을 대폭 올리거나 기업 경영에 직접 개입하여 몫을 조정하는 방식의 1차 분배는 기업과 경제의 활력을 떨어뜨릴 위험이 있다. 반면 시진핑 정부는 소득분배 개선과 노동자 권익향상에 기여할 수 있는 노동조합과 NGO들을 오히려 강력하게 탄압하고 있다. 또한 국유기업은 독점적 지위를 갖고 지대를 추구하는 개혁의 대상인데, 공동부유 정책에서는 오히려 역할 강화를 주문하고 있다.

2차 분배를 위한 고소득층 과세 확대도 갈 길이 멀다. 중국의 조세 제도는 분배에 역진적인 간접세 위주이기에 재산세, 상속세 등 직접세의 증가가 필요하다. 그러나 대도시의 부동산을 보유한 기득권층의 저항이 이를 막고 있다. 자산불평등이 소득불평등보다 심각하다는 중국이 실질적 재산세와 상속세를 도입하지 않는다면 공동부유는 슬로건에 불과하다(이현태, 2022b). 더욱이 제도의 도입을 주도해야 하는 공산당 집단이 기득권의 핵심으로 부동산 가격 상승의 가장 큰 수혜자라는 점이다. 실제로 공동부유 노선에 따라 시진핑 정부는 2021년 10월에 부동산세 시범 지역의 전국적 확대와 심화 계획이 발표했지만, 2022년 3월 조건 미비를 이유로 금년에는 시범 지역을 확대하지 않겠다고 발표했다(서석흥, 2022). 또한 고소득층에 대한 증세는 공동부유 노선 추진에 필수적인 정부 재정을 확충한다는 의미도 있다. 현재 지방정부를 중심으로 재정 능력이 현저히 떨어진 중국이 대한 증세 없이 재원을 감당하기란 어렵다.

또한 경제학 교과서에도 없는 '3차 분배'에 대한 강조도 우려스럽다. 독과점 민영기업은 경쟁 정책을 통해 독점 이윤을 줄이고 사회후생을 증가시켜야 한다. 그러나 중국은 민간기업들에게 소득재분배를 위한 사회적 기부를 강요하면서 민간을 압박하고 있다. 이런 공동부유 노선은 검증된 정책이라고 보기 어렵고 민간의 활력을 저해하는 조치다.

따라서 공동부유가 공산당 19차 및 20차 당대회의 〈정치 보고〉에 연이어 포함되고 공산당이 강조하는 방향임은 분명하나 실질적인 정책

효과가 나올 때까지는 방향 전환과 오랜 시간이 필요할 것으로 보인다. 19차 당대회 〈정치 보고〉의 일정에 따르더라도 공동부유는 2050년이 되어야 '기본적'으로 실현된다(이현태, 2022a). 또한 시진핑 정부가 누차 강조했듯이, 공동부유는 마오쩌둥 시절의 '평균주의'가 아니라 여전히 일정한 차이가 존재하는 공동부유이므로(천즈강, 2021), 점진적으로 소득 불균형을 완화하고 중산층의 규모를 확대하며 사회보장을 강화하는 내용으로 진행될 것이다. 차이팡蔡昉 중국사회과학원 부원장이 공동부유 실현의 조건으로 지니계수를 0.4 이하로 줄여야 한다고 주장한 것도 같은 맥락이다(김윤구, 2021). 즉 공산당은 공동부유를 사회주의적 레토릭으로 사용하고 있지만, 실제로는 소득불균형이 완화되고 중산층이 중심이 되는 복지국가 건설을 장기적으로 도모하는 것으로 생각된다.

3) 경제 체제: 국가자본주의 강화

공산당은 자국의 사회경제 체제를 '중국 특색 사회주의 시장경제'로 규정하지만 일반적으로 학계에서는 자본주의의 일종인 '국가자본주의'로 보고 있다. 그런데 2013년 시진핑 정부가 출범한 이후, 특히 2017년 공산당 19차 당대회, 코로나 팬데믹 국면을 거치면서 공동부유 혹은 사회안정이라는 명목하에 경제에 대한 공산당·정부의 직접적인 관리 통제가 강화되었다. 게다가 이번 〈정치 보고〉는 향후에도 중국에서 국가자본주의가 더욱 강화될 가능성이 높다는 점을 확인시켰다. 공동부유의 1차, 3차 분배에 대한 강조, 국유부문 강화에 대한 언급, 국가안전과 경제안보의 연계, 국유기업 주도의 공급망 안정 정책, 발전 목표의 복수 설정 등이 모두 정부의 개입이 증가될 만한 요인들이다(이현태, 2022a).

예를 들어, 공동부유 추진 원칙에서 제시되었듯이 국유기업은 공동부유 노선에서 주요 역할을 담당하면서 영향력을 확대할 것이다. 국유기업은 공동부유 노선상에서는 중국 특색 사회주의의 골간이자 경제활동의 이익을 사회로 환원시키는 중요한 장치다. 국유기업은 국가의 소유이기 때문에 국유기업의 자산, 이윤, 영향력이 늘어나는 것은 공동부유 이념과 일치한다. 반면 민간 부문은 공산당·정부의 개입 확대와 국유 부문의 영향력 증가로 일부 축소되거나 활력이 저하될 수 있다. 이미 공동부유의 이름으로 알리바바나 텐센트 등 민간 대기업들에 대한 압박이 강화되고 있다. 예를 들어, 중국은 이들 기업들에게 3차 분배를 활성화하겠다는 구실로 사회적 기부를 강요했다. 인민의 부담 해소를 이유로 청소년 게임 제한, 사교육 금지 등으로 게임 및 교육 업계를 압박하기도 했다. 이렇듯 민간 기업들의 경영 활동에 직접 개입하거나 사회 환원을 강제하는 것은 민간의 자율성을 해치고 경제 활력을 저해하며 정부의 권한만 강화한다(정승호·이현태, 2022).

결국 공동부유 노선으로 시장의 자유와 민간의 공간이 줄어드는 반면, 공산당·정부의 권한, 개입, 통제력은 강화될 것이다. 시진핑 시대 전체적으로 정부의 경제적 장악력이 높아지고 있는 상황에서, 공동부유 노선은 이런 흐름을 강화할 개연성이 높다. 기존 중국 특색 사회주의에 사회주의적 목표인 불평등 해소를 더 강조하면서 공산당과 정부의 경제 개입을 정당화하는 모습이다. 또한 이런 추세는 중국이 미중 경쟁과 코로나19의 확산 속에서 국가의 안전·안정을 최우선 가치로 내세우는 흐름과 연결되면서 정부 통제 강화를 정당화하고 있다. 예를 들어, 중국에서 과거 1950년대 식량과 생필품의 수급을 해결하기 위해 만든 정부 주도의 공소합작사供銷合作社(공급판매협동조합)가 최근 위상을 확대하면서 논쟁이 전개되고 있다(江宇, 2022; 신경진, 2022). 이미 시장경제에 깊숙이 의존하고 있는 중국이 마오쩌둥식 사회주의 모델로 돌아가지는 않겠지만, 상대적으로 민간 부문의 위축과 정부 부문의 확대를 통한 국가자본주의 강화는 피할 수 없을 것으로 보인다. 다만 그 정도는 향후 중국을 둘러싼 국내외 환경 변화에 따라 달라질 것이다. 코로나19나 미중 경쟁으로 인한 정부 통제 강화는 상황에 따라 완화될 수 있다. 공동부유도 공산당의 장기 목표이기에 부작용이 크다면 당장 급진적으로 추진할 필요가 없다. 또한 경제 침체가 지속될 경우 공산당이 민간 부문을 장려하는 유연성을 발휘할 가능성이 높다. 따라서 중국은 앞으로 국가자본주의 강화의 방향으로 가되, 환경 변화에 따라 상당한 편차가 있을 것으로 예상된다.

참고문헌

김시중. 2013. 〈새 지도부의 등장과 중국경제: 평가와 전망〉.《현대중국연구》14-2.

김윤구. 2021. 〈중국 '공동부유' 실현하려면 지니계수 0.4 밑으로 낮춰야〉. 연합뉴스 11월 29일. www.yna.co.kr/view/AKR20211129126200083 (검색일: 2022. 12. 4).

서석흥. 2022. 〈중국의 부동산세 개혁 추진 과정과 개혁의 난점 및 장애요인 고찰〉. 2022년 동북아경제학회 추계학술대회 발표문.

신경진. 2022. 〈마오쩌둥 유령이 베이징을 떠돌고 있다 … 50년대 공영슈퍼 등장〉.《중앙일보》 11월 14일. www.joongang.co.kr/article/25117269 (검색일: 2022. 12. 10).

이홍규. 2021. 〈중국공산당과 공동부유 슬로건의 함의와 그 정치적 미래〉.《성균차이나브리프》 9-4(성균중국연구소).

이현태. 2021a. 〈중국의 소득불평등과 공동부유〉,《성균차이나브리프》9-4(성균중국연구소).

이현태. 2021b. 〈'좌회전'하는 중국은 성장과 균형의 딜레마에 빠지는가?〉. 서울대학교 아시아연구소 China Perspective. neacenter.snuac.ac.kr/?p=837 (검색일: 2022. 10. 5).

이현태. 2022a. 〈중국 경제와 저성장의 덫〉, 서울대학교 아시아연구소 China Perspective. neacenter.snuac.ac.kr/?p=1618 (검색일: 2022. 12. 9)

이현태. 2022b. 〈중국 시진핑 3기의 전략과 시대적 과제, 과연 성공할 수 있을까〉. 류덕현·박규호 외 경제추격연구소(편).《2023 한국경제대전망》, 21세기북스.

정상은. 2008. 〈후진타오 2기 체제의 경제 정책과 중국 경제의 미래〉. 전성흥·조영남(편).《중국의 권력 승계와 정책 노선: 17차 당대회 이후 중국의 진로》. 나남.

정승호·이현태. 2022. 〈노동신문 텍스트 분석을 통한 북한의 '중국특색사회주의' 수용 태도 분석〉.《비교경제연구》29-2(비교경제학회).

천즈강(陳志剛). 2021. 〈중국의 공동부유: 의의, 배경 및 향후 정책 방향〉. www.kiep.go.kr/gallery Download.es?bid=0006&list_no=9900&seq=1 (검색일: 2022. 12. 5).

최필수. 2017. 〈경제 정책: 평가와 전망〉. 조영남 엮음.《시진핑 사상과 중국의 미래: 중국 공산당 제19차 전국대표대회 분석》. 지식공작소.

최필수. 2022. 〈14·5 계획 이후 중국의 경제안보형 산업정책의 양상 전망〉.《중국사회과학논총》 4-2(성균중국연구소).

허재철·문지영·박진희·이한나. 2022. 〈중국 20차 당대회의 주요 내용과 시사점〉,《오늘의 세계경제》22-15. 대외경제정책연구원.

刘鹤. 2022. 〈把实施扩大内需战略同深化供给侧结构性改革有机结合起来〉.《人民日报》2022. 11. 10. paper.people.com.cn/rmrb/html/2022-11/04/nw.D110000renmrb_20221104_1-06. htm. (검색일: 2022. 12. 1).

习近平. 2020. 关于《中共中央关于制定国民经济和社会发展第十四个五年规划和二〇三五年远景目标的建议》的说明. 中国政府网. www.gov.cn/xinwen/2020-11/03/content_5556997.htm (검색일: 2022. 10. 5).

习近平. 2021. 〈扎实推动共同富裕〉.《求是》2021. 10. 15. www.qstheory.cn/dukan/qs/2021- 10/15/c_1127959365.htm (검색일: 2022. 10. 1).

习近平. 2022. 高举中国特色社会主义伟大旗帜 为全面建设社会主义现代化国家而团结奋斗——在中国共产党第二十次全国代表大会上的报告. 中国政府网. www.gov.cn/xinwen/2022-10/25/ content_5721685.htm (검색일: 2022. 12. 12).

新华网. 2020. 9. 16. 习近平对新时代民营经济统战工作作出重要指示. www.xinhuanet.com/ politics/leaders/2020-09/16/c_1126502287.htm (검색일: 2022. 10. 3).

中国共产党 中央委员会. 2013. 中共中央关于全面深化改革若干重大问题的决定. www.gov.cn/ jrzg/2013-11/15/content_2528179.htm (검색일: 2022. 10. 2).

中国共产党 中央委员会. 2020. 关于制定国民经济和社会发展第十四个五年规划和二〇三五年远景目标的建议. 中国政府网. www.gov.cn/zhengce/2020-11/03/content_5556991.htm (검색일: 2022. 12. 12).

中国共产党 中央委员会. 2021. 中共中央国务院关于支持浙江高质量发展建设共同富裕示范区的意见. cpc.people.com.cn/BIG5/n1/2021/0611/c64387-32128316.html (검색일: 2022. 12. 3).

江宇. 2022. 〈效率低, 利润少？单靠西方理论, 不可能真正理解供销社〉.《观察者网》2022. 11. 14. www.163.com/dy/article/HM4AKA5E051481US.html (검색일: 2022. 12. 15).

胡锦涛. 2012. 坚定不移沿着中国特色社会主义道路前进 为全面建成小康社会而奋斗——在中国共产党第十八次全国代表大会上的报告. 中国人大网. www.npc.gov.cn/zgrdw/npc/ zggcddsbcqgdbdh/2012-11/09/content_1742522.htm (검색일: 2022. 9. 29).

日本経済研究センター. 2022. 中国, GDPの米国超えは困難に. www.jcer.or.jp/jcer_download_ log.php?f=eyJwb3N0X2lkIjo5ODk1OSwiZmlsZV9wb3N0X2lkIjoiOTkzMzIifQ==&po st_id=98959&file_post_id=99332 (검색일: 2022. 12. 27).

Asia Society Policy Institute, Rhodium Group. 2021. THE CHINA DASHBOARD. asiasociety. org/policy-institute/china-dashboard-tracking-chinas-economic-reform-program

(검색일: 2022. 12. 1)

Batson, Andrew. 2020. "The State Never Retreats." Gavekal Dragonomics. research.gavekal.com/ article/state-never (검색일: 2022. 10. 3).

Batson, Andrew. 2021. "Some Facts about China's State Capitalism." In Scott Kennedy Jude Blanchette (ed.). *Chinese State Capitalism: Diagnosis and Prognosis*. The Center for Strategic and International Studies. csis-website-prod.s3.amazonaws.com/s3fs-public/ publication/211007_Kennedy_Chinese_State_Capitalism.pdf?34C5XDb775Ws8W6TZ6 oMGPlWhIY8Z.rf (검색일: 2022. 10. 2).

Brazier, Alex and Serena Jiang. 2022. "China's growth challenges go beyond Covid." BLACKROCK INVESTMENT INSTITUTE. www.blackrock.com/corporate/insights/ blackrock-investment-institute/economic-insights/2022/10/china-growth-challenges (검색일: 2022. 12. 6).

Chong-En Bai, Chang-Tai Hsieh, Zheng Song, Xin Wang, Chong-En Bai et al. 2020. "Special Deals from Special Investors: The Rise of State-Connected Private Owners in China." University of Chicago, Becker Friedman Institute, Working Paper. bfi.uchicago.edu/ working-paper/special-deals-from-special-investorsthe-rise-of-state-connected- private-owners-in-china/ (검색일: 2022. 9. 29).

Hirson, Michael. 2019. "State Capitalism and the Evolution of "China, Inc.": Key Policy Issues for the United States." Testimony before the U.S.-China Economic and Security Review Commission on "China's Internal and External Challenges." www.uscc.gov/sites/default/ files/Hirson_USCC%20Testimony_FINAL.pdf (검색일: 2022. 10. 3).

Kroeber, Arthur. "Taking On China's Venture Capitalist State." In Scott Kennedy Jude Blanchette (ed.). *Chinese State Capitalism: Diagnosis and Prognosis*. The Center for Strategic and International Studies. csis-website-prod.s3.amazonaws.com/s3fs-public/ publication/211007_Kennedy_Chinese_State_Capitalism.pdf?34C5XDb775Ws8W6TZ6 oMGPlWhIY8Z.rf (검색일: 2022. 10. 2).

Milanovic, Branko. 2019. *Capitalism, alone: The future of the system that rules the world*. Harvard University Press.

Moody's. 2021. "Chinese shadow banking assets will retreat further as close regulatory oversight continues", Research Announcement. www.moodys.com/research/Moodys-Chinese- shadow-banking-assets-will-retreat-further-as-close—PBC_1314219 (검색일: 2022. 11. 1).

Naughton, Barry. 2021a. "Rise of China's Industrial Policy 1978 to 2020." Universidad Nacional Autónoma de México. dusselpeters.com/CECHIMEX/Naughton2021_Industrial_Policy_in_China_CECHIMEX.pdf (검색일: 2022. 9. 29).

Naughton, Barry. 2021b. "A Perspective on Chinese Economics: What Have We Learned? What Did We Fail to Anticipate?" *Engaging China: Fifty Years of Sino-American Relations*. New York Chichester, West Sussex: Columbia University Press. doi.org/10.7312/thur20128-007 (검색일: 2022. 10. 5).

Naughton, Barry. 2021c. "Six Factors behind China's Shift to "Grand Steerage." *Chinese State Capitalism: Diagnosis and Prognosis*. The Center for Strategic and International Studies. csis-website-prod.s3.amazonaws.com/s3fs-public/publication/211007_Kennedy_Chinese_State_Capitalism.pdf?34C5XDb775Ws8W6TZ6oMGPlWhIY8Z.rf (검색일: 2022. 10. 2).

Pearson, Margaret, Meg Rithmire, and Kellee S. Tsai. 2020. "Party-State Capitalism in China." Harvard Business School, Working Paper 21-065. www.hbs.edu/faculty/Pages/item.aspx?num=59229 (검색일: 2022. 10. 3).

Pearson, Margaret, Meg Rithmire, and Kellee S. Tsai. 2022. "How Does Party-State Capitalism In China Interact With Global Capitalism." Promarket. www.promarket.org/2022/09/02/how-does-party-state-capitalism-in-china-interact-with-global-capitalism/ (검색일: 2022. 10. 12).

Pettis, Michael. 2022. "How China Trapped Itself: The CCP's Economic Model Has Left It With Only Bad Choices." *Foreign Affairs*. October 5, 2022. www.foreignaffairs.com/china/how-china-trapped-itself (검색일: 2022. 12. 1).

Rajah, Roland and Alyssa Leng. 2022. "Revising down the rise of China." Lowy Institute. www.lowyinstitute.org/publications/revising-down-rise-china (검색일: 2022. 12. 20).

Thomas, Neil. 2020. "Party Committees in the Private Sector: Rising Presence, Moderate Prevalence." *Macro Polo*. https:/macropolo.org/party-committees-private-sector-china (검색일: 2022. 9. 16).

Xinhuanet. 2018. "Chinese vice premier vows unwavering support for private sector." October 19. www.xinhuanet.com/english/2018-10/19/c_137544504.htm (검색일: 2022. 9. 28).

Zhang, Chunline. 2019. "How Much Do State-Owned Enterprises Contribute to China's GDP and Employment?." World Bank, Washington, DC. openknowledge.worldbank.org/handle/10986/32306 (검색일: 2022. 9. 29).

한국은행 DB ecos.bok.or.kr

중국 국가통계국(NBS) DB www.stats.gov.cn

세계은행(WB) DB data.worldbank.org

국제결제은행(BIS) DB www.bis.org/statistics/totcredit.htm

국제연합(UN) DB population.un.org

CEIC DB www.ceicdata.com

제3장

중국의 경제안보형 산업 정책의 양상

최필수

(세종대학교 국제학부 교수)

I. 서론

시진핑 집권 3기에 나타날 중국의 산업 정책은 어떤 모습을 띨까? 시진
핑 3기의 출발을 알린 중국공산당 제20차 전국대표대회(공산당 20차 당
대회)는 과거 10년 체제의 연속성을 확인하는 계기였고 정책상의 급격
한 방향 전환이랄 것은 예고되지 않았다. 특히 산업 정책에서 2015년
〈중국제조 2025〉와 2020년 쌍순환 전략에 나타났던 "기술적으로 자립
한 제조강국"이란 큰 기조가 재확인되었다. 그러나 변하지 않는 기조 속
에서 미세한 조정이 발견된다. 실물경제實體經濟의 중요성을 강조하면서
제조업의 비중을 유지하겠다고 한 것이나, 산업망·공급망을 강조하는
용어가 안정穩定에서 안보安全로 변한 것 등이 그렇다.

---

* 이 글은 최필수, 2022, 〈14·5계획 이후 중국의 경제안보형 산업정책의 양상 전망〉, 《중국사회과학
논총》4-2의 내용을 보완하여 작성되었다.

이러한 "불변하는 기조와 미세한 조정"이 가장 종합적으로 드러난 중국의 공식 문건은 〈국민경제 및 사회발전 14차 5개년 규획(2021-25)〉(이하 14·5 규획)이다.[1] 미국의 제재 속에서 탄생한 중국의 14·5 규획에는 그 긴박감에 걸맞은 산업 정책이 녹아 있다. 쌍순환 전략의 핵심을 이루는 이 산업 정책은 공산당 18차 당대회 이래 구사되어온 시진핑의 '제조 강국'이나 '혁신주도 발전'의 미세조정fine tunning 버전이라고 할 만하다.

이 글은 산업 정책의 조정 양상이 과거와 어떻게 다르고 그것이 발현되었을 때 어떻게 될 것인지에 주목했다. 즉 시진핑의 3연임이 이뤄진 공산당 20차 당대회 이후의 산업 정책이 18·19기와 어떻게 다른지 분석할 것이다. 그 과정에서 개혁개방 이후의 산업 정책이 흘러온 궤적을 살펴보았다. 공산당 18차 및 19차 당대회 시기(2012-22년)가 16차 및 17차 당대회 시기(2002-12년), 그리고 그 이전 시기와 어떻게 다른지도 살펴봐야 하기 때문이다.

본격적인 분석에 들어가기에 앞서 2절에서 공산당이 표방하는 산업 부문에서의 성과와 한계들을 살펴본다. 3절은 중국 산업 정책에 대한 대표적인 선행연구들을 통해 공산당 20차 당대회 직전까지의 산업 정책의 성격을 규명한다. 각기 다른 두 개의 견해가 비교될 것이다. 4절은 공산당 20차 당대회 이후의 산업 정책을 경제안보 추구형이라고 규명하고, 그 이유를 제시한다. 또한 시진핑 정부에 들어 나타난 산업 정책의 중요한 특징으로 데이터 플랫폼에서 중국의 글로벌 표준 제시 전략과 탄소중립에서의 산업적 기회 포착을 다룰 것이다. 이상을 정리하면서 중국이 향후 제재 속에서 혁신을 추구할 때의 유형별 귀결을 제시한다. 5절은 한국에 대한 간략한 정책적 시사점을 살펴볼 것이다.

II. 산업 부문 시진핑 정부의 성과와 한계

1. 공산당이 소개하는 성과

시진핑이 집권한 과거 10년간 중국의 산업경쟁력 및 과학기술 역량은 대체로 높아졌다. 최필수(2021)는 이에 대해 중국이 거의 모든 산업부문에서 생산량과 소비량 1위에 올라섰으며, 각 산업의 수출시장 점유율도 고르게 높아졌고, 글로벌 혁신지수(2020년 14위)와 제조업 경쟁력지수(2020년 2위)도 크게 높아졌다고 평가했다.

공산당 스스로도 시진핑 정부의 대표적인 치적으로 과학기술과 산업 영역을 꼽고 있다. 2022년 4월, 공산당 20차 당대회를 몇 개월 앞둔 시점에서 공산당 선전부는 "중국 최근 10년(中国这十年)"이란 온라인 홍보 활동을 펴기 시작했다. 시진핑 임기 중의 치적을 홍보하려는 의도라고 이해된다. 공산당이 스스로 평가하고 홍보하는 자료라는 점에서 논의의 한 출발점이 될 수 있다. 공산당 20차 당대회 보고(성균중국연구소, 2022)에는 이렇게 세부적인 성과까지 언급하진 않았다. 이 중 과학기술·산업 영역의 성과들에 대해 여러 부처와 기관이 보고한 내용을 종합하면 다음과 같다.[2] 여기서 소개하는 비교 시점은 따로 밝히지 않는한 2012년에서 2021년의 10년이다. 객관적인 기술이라기보다 공산당이 스스로 홍보하는 내용임에 유념해야 한다.

연구개발에 대한 자원 투입input과 성과output가 모두 증가했다. R&D 투입액은 1조 300억 위안에서 2조 7900억 위안으로 3배 증가하여 세계 2위를 기록했다. R&D의 GDP 대비 비중은 1.91%에서 2.44%로 증가했다. 이는 세계 34위에서 12위로 증가한 것이며, OECD 평균 수준에

도달했음을 의미한다. R&D 인원은 562만 명으로 1.7배 증가하여, 세계 1위를 기록하게 되었다. 취업자 1만 명당 R&D 인원도 42.6명에서 75.3명으로 증가했다.

다인용 논문 수가 4만 2920편으로 5.4배 증가했으며, 전 세계 24.8%로 2위를 기록했다. 1만 명당 발명특허 수는 3.2건에서 19.1건으로 증가했다. PCT 특허 신청도 1.9만 건에서 6.95만 건으로 증가하여 세계 1위가 되었다. 연간 기술계약액은 3만 7294건으로 5.8배 증가했고 이는 GDP의 3.26%에 해당한다. 국민기술 소양CSL: civic scientific literacy 구비율具備率은 3.27%에서 10.56%로 높아졌다. 이 밖에 국제 영향력effect factor 상위 5% 학술지 25개를 보유하게 되었고, 그중 20개는 부문별 3위 이내이며 3개는 세계 100대 이내에 자리 잡았다.

몇몇 첨단 과학기술 분야에서 세계적인 성과를 냈다. 양자과학에 있어 최초로 3차원 양자 홀 효과Hall Effect를 관측했으며, 최초로 원자급 그래핀Graphene 접힘을 실현했다. 또한 세계 최초 이성isokerism융합 두뇌형퓨터칩 톈지신天機芯을 개발했다. 우주탐사에서 창어嫦娥 달 탐사, 주룽祝融 화성 탐사, 시허羲和 태양 탐사의 성과가 있었으며, 오공悟空·묵자墨子·혜안慧眼·탄위성碳卫星 등 양자통신 부문을 포함한 과학실험 위성들을 발사했다.

공산당은 '경제전쟁터經濟主戰場'라는 이름을 붙여 주요 산업 부문에서의 성과를 소개하고 있다. 고성능 장비, 스마트로봇, 3D 제조, 레이저 제조 등 부문에서 제조업 업그레이드를 이뤄냈다. 신에너지 자동차·신형 디스플레이 산업에서 세계 1위의 규모를 달성했다. 슈퍼컴퓨터·빅데이터·블록체인·스마트기술 등 최신 과학 응용 기술을 발달시켰다. 인공지능과 디지털경제가 왕성한 발전했으며, 모바일페이·원격의료·온라인 교육 등에서 기존 생활방식을 변모시켰다.

또한 국가적 수요에 부응하는 성과를 이뤘다. 핵에너지 안전, 심해유전·셰일가스 탐사, 석탄청결이용·고온가스냉각로 기술이 발전했으며 특히 궈허1호國號一號 가압수형 원자로가 2세대에서 3세대로 도약했다. 청정에너지 소비 비중이 14.5%에서 25.5%로 증가했다. 식량안보와 농촌진흥을 위해 벼·보리·옥수수 신품종을 개발했으며, 단위당 생산량이 무畝당 357톤에서 387톤으로 증가했다. 홍콩-광동-마카오대교와 베이징 따싱大興국제공항 등 대형 토목공사를 완수했다.

국민의 생명 건강에서도 코로나 관련 5개 부문—임상치료 및 치료제, 백신 개발, 검진기술과 제품, 바이러스 역학疫學, 동물모형—의 역량을 구축했다. 1급 신약 개발이 5개에서 75개로 늘었다. PET/MR 등 첨단의료기기를 국산으로 운용하게 되었다.

교통·물류의 많은 부문에서 세계 1위를 달성했다. 세계 최대의 고속철도망·고속도로망·항구들을 보유하게 되었다. 연간 택배 배송 건수가 57억 개에서 1083억 개로 증가하여 최근 8년간 세계 1위를 지키고 있다. 철도·도로·수운·항공 등의 화물량이 세계 선두권이며, 철도건설에 있어 속도·고원高原·고한高寒·하중 등 부문에서 세계를 선도한다.

최근 10년 철도 고정자산 투자 누적액이 7조 위안으로, 5.2만km를 증설했으며 총 철도 운영거리 15만km 중 고속철이 4만km를 차지했다. 전국 81%의 현縣을 철도로 커버했으며, 인구 50만 이상 도시의 93%를 고속철로 커버했다. 해외에서도 중국-라오스 철도, 에티오피아-지부티 철도, 뭄바사-나이로비 철도가 운영 중이며, 인도네시아 고속철도 중요한 진전을 이뤘다. 중국-유럽 철도를 통해 23개국 185개 도시와 연계되었다.

최근 10년간 82개 공항을 건설하여 총 공항수가 250개에 달하며 3천여 노선이 증편되어 총 총 5581개 항공노선이 운행된다. 여객운송량은 세계 1-2위를 다투고 있으며, 코로나 전 2019년 여객 운송량은 2012년의 두 배, 화물 운송량은 1.3배를 기록했다. 항공 서비스망이 전국 지급시地級市의 92%, 인구의 88%, 경제총량의 93%를 커버한다.

우편 배송에서도 세계 최대의 배송 네트워크를 구축했다. 무인창고·무인차·드론 등 스마트 물류시설과 장비를 구축했다. 택배 1일 처리능력이 7억 건에 달한다. 우편업무 연간 매출액 1980.9억 위안에서 1조 2642.3억 위안으로 증가했다. 이는 GDP 대비로 0.37%에서 1.11%로 증가한 것이다.

제조업 부가가치 증가액이 16.98조 위안에서 31.4조 위안으로, 전 세계에서의 비중은 20%에서 30%로 증가했다. 중국은 전 세계 조강粗鋼·시멘트·알루미늄·메탄올의 60%를 생산하며, 스마트폰·컴퓨터·TV·로봇 등 첨단제품 생산량도 세계 1위이다. 중국은 전 세계 중간재 교역의 20%를 차지한다.

5G 통신망 부문에서 중국은 세계 선두를 달리고 있다. 3G는 돌파했고, 4G는 동조했다면, 5G는 리드하고 있다. 중국은 세계 최대·최신의 유효한保障有力 네트워크 인프라를 갖추고 있다. 5G 기지국은 161.5만 개이며, 사용자 수는 4.13억 명이다. 5G 표준에 필요한 특허의 38.2%를 중국이 점유하고 있다.

5G칩과 모바일 시스템 등 핵심 기술에 있어서도 세계 최고 수준에 이

르렀다. 전 세계 최대의 가장 완전한 광통신 시스템을 구축했으며, 광통신설비·광모듈부품·광섬유케이블 등의 부문에서 세계 수준에 진입했다. 또한 차세대 통신기술 분야를 제조·항구·광산·의료·교육·오락문화 등의 영역에 두루 구현했으며 이러한 응용사례가 2만 건을 돌파했다. 중고등학교의 광대역 보급률은 25%에서 100%가 되었다. 공산당 18차 당대회 이후 촌 단위까지 광대역망이 완비되었다.

2. 성과가 초래한 역설적 한계

다소 장황하게 소개한 공산당의 치적은 역설적으로 그 성과가 한계로 작용하게 되었다. 〈중국제조 2025〉로 대표되는 중국정부의 구체적인 산업정책과 그 실현 속도가 미국을 중심으로 한 선진국의 경각심을 불러일으킨 것이다. 사실 위에 열거한 중국의 성과들은 중국만의 기술로 성취한 것이 아니다. 중국의 제조역량과 선진국의 설계역량 및 첨단 부품소재 공급이 있었기에 가능한 것이었다. 세계화와 다자주의가 낳은 비교우위의 구현이자 이익과 부가가치를 나눠가지는 상생의 결합이기도 했다.

그러나 중국의 노골적인 기술독립 추구는 이 균형을 깨뜨리는 결과를 낳는다. 중국이 기술적으로 독립을 하면 서구가 가져갈 부가가치가 사라지기 때문이다. 게다가 중국으로 인해 일자리를 잃은 소외계층을 대변하는 정치인들(예를 들어, 트럼프 대통령)의 등장은 반대세력을 결집시키게 만들었다. 결국 중국은 이제껏 공격적으로 진행하던 산업 정책을 방어적으로까지 진행해야 하는 상황에 처하게 되었고, 〈중국제조 2025〉의 야심찬 국산화 계획은 실현하지 않으면 안 될 절박한 목표가 되고 말았다. 더욱이 그 목표를 선진국의 견제 속에서 달성해야 한다는 점에서 중국의 오늘날 상황은 업적이 위기가 되었다고 할 만하다.

중국 지도부의 위기의식은 2022년 7월 샤오야칭肖亞慶 공업정보화부 장관이 돌연 낙마한 사건에서 확인된다.[3] 그의 낙마는 비위非違 혐의라고만 알려졌지만, 그 내용은 그가 추진하던 반도체 굴기의 성과가 미진했기 때문이라는 것이 합리적인 추론이다. 특히 정부가 반도체 부문에 투입한 대규모 예산이 허황된 프로젝트에 낭비된 정황이 드러난 것이 치명적이었다. 반도체 부문의 실패와 낭비는 당대회를 앞두고 누군가의 책임을 물어야만 하는 중요한 실책이었을 것이다.

III. 과거 중국 산업 정책의 시기별 특징

시진핑 집권 3기의 산업 정책을 분석하기에 앞서 과거의 산업 정책들을 개괄하고자 한다. 중국의 산업 정책에 관한 연구들은 매우 많지만, 비교적 최근인 시진핑 1-2기에까지 미치는 산업 정책의 역사를 일괄적으로 정리한 연구는 많지 않다. 이 글은 대표적 연구로 웨이(Wei, 2020)와 노튼(Naughton, 2021)에 주목했다. 웨이는 1978년 개혁개방 이후 2019년까지의 산업 정책을 매년 정부 업무보고와 중앙경제공작회의, 그리고 5개년 계획과 당대회 보고 같은 공식 문건들을 연대기식으로 다소 건조하게 정리한 문건이다. 국무원 발전연구센터에 근무하는 저자가 공식적으로 중국정부의 입장을 UN에 소개한 문건에 가깝다. 노튼은 〈중장기 과학기술 발전계획 요강〉이나 〈전략적 신흥산업〉, 〈중국제조 2025〉 등의 문건과 다양한 사례를 중심으로 중국 산업 정책의 역사를 적극적으로 해석하고 의미를 부여한 본격적인 연구서이다.

이 밖에도 최원석 외(2020), 은종학(2021), 최필수·이현태(2021)가 있다. 최원석 외는 중국의 연구 성과들을 종합하여 산업 정책의 역사를 되짚고 산업육성·산업구조조정·산업조직·산업기술 등의 범주를 설정하여 체계적으로 분석하고 있다. 중국 국내의 연구를 거의 망라한 메타연구meta analysis라고 할 만하다. 중국 내부의 시각이 상당히 통일되어 있다는 점에서 최원석 외와 웨이는 많은 공통점을 보인다. 은종학은 중국의 혁신 체제 분석에 초점을 맞추고 산업 및 과학기술 정책의 역사를 간략하게 소개하고 있다. 최필수·이현태는 14차 5개년 규획 기간에 초점을 맞추고 있으나 주요 육성 산업 리스트와 그 특징을 2006년부터 정리하여 제시했다.

이 절은 웨이(Wei, 2020)와 최원석 외(2020: 46-76)가 보여주는 연속적 견해에서의 산업 정책 역사를 고찰하고, 이에 대한 비판적 성격이 강한 노튼(Naughton, 2021)의 비연속적 시각을 이용하여 재구성한 뒤, 나머지 연구들을 활용하여 종합적인 평가를 시도한다.

1. 중국 산업 정책에 대한 연속적 견해

먼저 최원석 외와 웨이의 견해다. 이 둘의 시기 구분은 같으나 각 시기에 대한 명칭은 좀 다르다. 웨이의 것은 다음과 같다. 1978-91년 개혁개방 초기(재균형 산업 정책), 1992-2001년 시장경제 초기(기초산업, 3차산업, 하이테크, 지주산업, 핵심산업 전략적 구조조정), 2001-12년 WTO 가입 이후(개방 확대, 신형공업화, 자주창신, 산업경쟁력 강화), 2012-19년 공산당 18차 당대회 이후(제조강국, 고품질발전). 대체로 10년 단위의 정부별로 산업 정책의 기조를 정리한 셈이다. 그 내용은 다음과 같다.

개혁개방을 시작한 1980년대 초에는 농업에 비해 공업이, 경공업에 비해 중공업이 비대했다. 이러한 불균형을 시정하는 것이 1980년대 중반까지의 산업 정책의 과제이자 내용이다. 1986년부터는 투자와 소비의 사회적 수요가 커지면서 이를 뒷받침할 기초산업(에너지·교통·통신·원자재·농업·수자원)이 부족했다. 새롭게 부각된 이 불균형을 시정하기 위해 수요를 억제하는 거버넌스社會治理 정돈이 있었다. 이런 맥락에서 7차 5개년 계획(1986-90년)에 '산업 정책'이란 용어가 처음 언급되었고, 1987년에 최초의 산업 정책 보고서인 〈우리나라의 산업 정책 초보 연구〉가 발간되었으며, 1988년에 국가계획위원회 산하에 산업 정책사司가 설치되었다. 이를 통해 1989년에 최초의 산업 정책이라고 할 수 있는 〈당면 산업 정책 요점에 관한 결정〉이 발표되었다.

1991년에 들어서는 시장지향적 개혁을 위한 〈10년 규획과 8·5계획〉이 세워졌고 산업 정책으로는 고신구高新區라는 산업단지 관련 제도가 마련되었다. 1992년 처음으로 과잉 산업설비를 축소해야 한다는 언급과 함께 그해 가을 공산당 14차 당대회에서 이른바 4대 지주산업(기계전자, 자동차, 석유화학, 건축)이 설정되고 서비스업 발전이 처음 언급되었다. 이러한 방침들은 1994년 〈1990년대 국가산업 정책 강요〉로 정리되었고 뒤이어 최초로 자동차에 대한 개별 산업 정책이 등장했다. 과학기술이란 차원에서도 1988년의 횃불계획에 이어 1995년 〈과학기술 진보에 관한 결정〉에서 전자정보, 바이오, 신소재, 신에너지, 항천, 해양 등 중요 영역이 설정되었고 이를 산업성과로 전환시키기 위한 〈과학기술 성과 전환 촉진법〉이 제정되었다. 1997년에는 자동차에 이어 두 번째로 에너지와 수리산업에 대한 개별적 산업 정책이 마련되었다.

2000년대 들어 〈당면 국가중점 발전장려 산업 목록〉에 정보통신, 바이오, 신에너지, 신소재, 환경보호가 등장했고 같은 해 소프트웨어·집적회로 산업 발전 정책이 수립되었다. 2002년에는 공산당 16차 당대회에서 과학기술과 정보화를 포함한 '신형 공업화의 길'이 천명되었고, 2003년에는 철강·자동차·건자재 산업에서의 과잉경쟁방지 및 설비 축소 방침이 발표되었다. 2005년 수출에서 내수로의 성장방식 전환이 처음 언급되었으며 이를 반영한 11·5 규획 초안이 수립되었다. 이 초안에는 '자주창신'이란 용어가 처음 등장한다. 2006년에는 15년(2006-20년)이라는 장기적 시각에서 〈국가 중장기 과학기술 발전계획 강요綱要〉가 탄생했고, 선진제조업·하이테크산업·현대서비스업 육성 방침도 뒤를 이었다. 2007년에는 11·5 규획 기간을 위한 첨단기술산업발전 방침이 세워졌고 2007년 17차 당대회에서는 자주창신 부문에 대한 투자확대를 천명했다. 2008년 베이징 올림픽을 치른 후 글로벌 금융위기의 파도가 중국에 닥치자 그해 말 경제공작회의에서 "성장·내수전환·구조조정 사이의 균형"이라는 화두가 나타났다. 내수전환 성장이라는 기존의 방침을 살리되 경기부양을 통한 성장과 산업 구조조정을 동시에 해야 하는 어려움을 표현한 것이다. 이러한 중에도 중요 산업 육성에 대한 방침이 견지되어 2009년 몇 개의 프로젝트를 선정하여 핵심기술 돌파하자는 취지가 공유되었고 원자바오 총리는 산·학·관을 아우르는 좌담회에서 '신흥 전략적 산업'이란 개념을 꺼내 들었다. 2010년에는 전국인민대표대회(전국인대)의 정부 업무보고에서 '혁신주도 발전'이 처음 언급되었고, 〈전략적 신흥산업 육성 발전에 관한 결정〉이 제기되었다.

2011년 12·5 규획에는 제조업 업그레이드, 전략적 신흥산업, 에너지 효율, 교통인프라, 정보화, 해양경제 등의 내용이 담겼다. 2012년에는 12·5 전략적 신흥산업 발전 계획이 발표되었고 그해 가을 공산당 18차 당대회에서는 기술병목 해소와 혁신주도 발전이 천명되었다. 그리고 2015년 야심찬 〈중국제조 2025〉와 〈인터넷 플러스〉 전략이 발표되었다. 이제까지 발표된 것 중 가장 종합적이고 자세한 산업 정책이었다. 2016년에는 13·5 국가정보화 규획, 네트워크 강국, 빅데이터 전략 등이 발표되고 인공지능과 5G 등 데이터 플랫폼이란 부문에서 중국의 경쟁력이 국제적 수준에서 회자되기 시작했다(최필수 외, 2020). 2017년 공산당 19차 당대회에서는 고품질 발전과 과학기술을 강조했는데 이 무렵부터 미국의 무역·기술 견제가 본격화된다. 어떤 의미에서건 2018년 제기된 "백 년 만의 대전환"이란 문제의식은 적절해 보인다.

이상과 같은 웨이(Wei, 2020)와 최원석 외(2020)의 정리를 일별하고 나면 중국의 산업 정책이 대단히 연속적이고 중국의 발전단계에 따라 점차 고도화되어왔다는 인상을 받게 된다. 웨이가 말하는 중국의 약점들─불완전한 체계, 부적절한 정부 간섭, 부문별 이익 충돌, 지대추구 행위, 비효율적 자원 배분, 지역 간 분업 미비, 중복건설, 산업간 공조 미비─에도 불구하고 중국정부의 산업 정책은 시대의 과제에 부응하며 대체로 옳은 방향으로 집행되어왔다고 보이는 것이다.

2. 중국 산업 정책에 대한 비연속적 견해

노튼(Naughton, 2021)의 견해는 이와 상당히 다르다. 그는 2006년에야 제대로 된 산업 정책이 탄생했고 그 전에는 이렇다 할 산업 정책의 성과가 없다고 주장한다. 시기구분은 다음과 같다. 1978-2005년 산업 정책 없는 성장, 2006-13년 산업 정책의 부활, 2015년-현재의 혁신주도 발전이 그것이다.

일단 논의의 출발점부터 '1978년 개혁개방'이라는 고정관념 밖에 있다. 마오쩌둥의 후계자로 등극한 화궈펑華國峰의 5차 10개년 계획(1976-85년)이 그것이다. 화궈펑은 외약진外躍進이라고 알려진 이 정책을 통해 과도한 중공업 투자계획을 밀어붙였다가 실패한 후 권좌에서도 내려왔다. 통상적인 5개년도 아닌 10년에 걸쳐 막대한 외국 자본과 기술을 도입하겠다는 이 발상은 중공업 위주로 구축된 계획경제의 유산을 시정하기는커녕 더 공고화시키는 것이었기에 이미 실패가 예정되었다고 할 수 있다.

덩샤오핑이 집권한 후 천윈陳雲에 의해 추진된 첫 정책은 6·5계획(1981-85년)이었다. 조심스런 경제 운용을 지향하던 천윈은 사회적 소비가 과도하게 커져서 병목(에너지)을 압박하지 않도록 수요(투자·소비) 억제 정책을 폈다. 이는 곧 앞서 설명한 산업 불균형 시정 문제와 같다. 그러나 노튼은 이 정책이 목표(제조업 성장률 4%) 달성에 실패(실제 12%)했다고 평가한다. 뒤를 이은 7·5계획(1986-90년)에서는 처음으로 국민총생산GNP 및 투입산출표 개념이 도입되었지만 역시 성장 목표(7.5%) 달성에는 실패(10%)했다. 이는 곧 거시경제가 불안하고 물가가 급등했다는 뜻이고, 이로 인해 결국 1989년 천안문 사건으로 파국을 맞이한다. 한편 이 시기(1988년)에는 계획경제 시절의 산업 부서들이 대거 폐지되고 그 부서들 산하의 관련 연구소 242개를 독립채산 단위로 재편했다. 8·5계획(1991-95년) 때는 본격적인 시장지향 개혁이 추진되었고, 남순

강화(1992년)로 수요가 폭발하면서 1993~94년에 중국이 경험한 최악의 인플레가 발생했다.

결국 20년 동안 5·6·7·8차 계획이 모두 중단되는 상황을 겪으면서 중국에는 계획 자체에 대한 환멸이 퍼지게 된다. 때문에 그 뒤를 이은 9·10차 계획도 성장률 목표도 없는 짧고 모호한 문건에 머물렀다. 좀 향상된 11·5 규획도 포괄적 발전전략이지 구체적 산업전략은 아니었다. 즉 2005년까지 정부의 계획이 이렇다 하게 추진되지 못했던 것이고, 산업 정책 역시 마찬가지였다.

그렇다면 중국정부가 1986년부터 공식적으로 표방했던 산업 정책들은 무엇인가? 그들 중 많은 것은 산업 정책이란 이름의 거시경제 정책이었다. 구체적인 산업을 육성하려던 것이 아니었다는 뜻이다. 이에 대해서 다음 절에서 상술한다.

본격적인 산업 정책들도 있었다. 1994년 자동차 산업 정책이 대표적이다. 이 정책은 당시 여러 지방에 난립하던 자동차 기업들을 정리하고 3대 국유기업으로 업계를 재편하는 것이 목표였지만 그 목적은 달성되지 못한 채 오늘에 이르렀다. 이렇게 된 이유는 정책의 방침만 발표되었을 뿐 실질적인 자원의 투입과 조정이 이뤄지지 않았기 때문이다.

특히 국퇴민진國退民進, 즉 정부 역할 축소와 민간 시장의 확대를 추구한 주룽지朱鎔基 총리 재임 시기에는 이전부터 추진되던 많은 대형 과제들이 축소·폐지되었다. 집적회로, 원자력, 민간항공기가 그것이다. 집적회로는 1995년을 끝으로 정부 차원의 대형투자가 끝났고 그 투자는 2005년에야 재개되었다. 원자력은 프랑스 등과의 합작을 도모하며 1980년대 투자되었지만 주룽지 재임 시에는 새로운 투자가 없었다. 민간항공기는 1970년대 문혁 시절 4인방에 의해 추진되었지만 바로 그 때문에 그 후 기피하는 프로젝트가 되었고 1997-98년에는 외국과의 협력 협정을 파기하기에 이르렀다. 주룽지는 심지어 경제부처 자체의 인력을 1768명에서 1040명으로 축소하기도 했다(Naughton, 2021: 43-45). 주룽지는 과교흥국科教興國이란 이름의 인재육성 정책을 펴긴 했는데 그것은 산업 정책이라고 볼 수 없다.

그렇다면 중국은 그 기간에 어떻게 성장했는가? 노튼은 2005년 전까지 성장을 이끈 7대 요소를 제시한다. 시간 순으로 농업, 향진기업, 도시 소공업과 개체호, 국유기업 구조조정, 도농분리 완화와 농민공의 탄생, 부동산 시장, WTO 가입이 그것이다. 정부가 새로운 산업을 육성했기 때문이 아니라 정부가 통제를 풀고(농업, 향진기업, 개체호, 농민공), 시장을 허용하고(부동산), 망할 기업을 망하게 하고(국유기업 구조조정), 대외개방을 했기(WTO) 때문에 성장이 이뤄졌다는 것이다. 이는 중국의 개혁을 '정부의 퇴장'이라고 명명했던 원톄쥔(2013)의 견해와 상통한다.

결국 진정한 의미에서 중국의 산업 정책은 2006년 〈중장기 과학기술 발전계획 강요綱要〉에 등장하는 16개 대형과제에서 시작된다. 노튼은 이 과감한 주장을 합리화하기 위해 산업 정책을 특정한 의미에서 사용하겠다고 전제한다. 즉 정부가 의도를 가지고 특정 산업부문에 관한 정책을 펼치되 반드시 실질적인 자원이 투입되거나 정책 도구가 동원되어야 한다는 것이다. 이러한 정의에 따르면 2006년 전의 산업 정책들은 특정 산업을 겨냥한 것이 아니라 전반적인 거시 조절 정책이었거나, 특정 산업을 향해 의도를 표출했어도 1994년 자동차 정책처럼 실질적인 자원투입이 없었기에 엄밀한 의미의 산업 정책이라고 볼 수 없다. 한걸음 더 나아가 노튼은 인프라 건설과 인적자원 투자는 산업 정책이 아니라고 규정한다. 전반적인 구조 개선이지 특정한 산업을 겨냥한 것이 아니기 때문이다. 지방정부의 맹목적 투자 행위도 산업 정책이 아니라고 규정한다. 정부의 엄밀한 의도가 작동했다고 보기 어렵기 때문이다.

2006년 〈강요〉와 '16개 대형과제' 선정은 그 후 엄밀한 의미의 산업 정책의 정의에 걸맞은 후속 정책들로 이어진다. 실질적인 재정 투입은 물론 16개 대형과제를 지원할 99개의 하위 정책이 만들어지고 과제별 책임 부서가 체계적으로 할당된 것에서 알 수 있다.

2008년 글로벌 금융위기는 중국의 산업 정책에 불을 당겼다. 방대한 규모의 경기부양 투자를 하기로 결정한 후 기존 산업육성 프로젝트들이 확대되고 가속화되었기 때문이다. 16개 대형과제의 예산은 2008년에 60억 위안이었는데 경기부양이 본격화된 2009년에는 관련 투자가 330억 위안으로 급증했다. 이런 배경에서 등장한 것이 전략적 신흥산업 육성 전략이다. 2009년 원자바오 총리와 전문가들의 좌담회를 통해 처음 윤곽이 드러난 이 전략은 세부항목 조정을 거쳐 2010년에 공식적으로 선포되었다. 경기부양 정책이 추진되지 않았다면 이렇게 전격적인 산업 정책 집행이 없었을 것이다.

이를 반영한 12·5 규획(2011-15년)은 훨씬 정교해진 정책 조합을 구사한다. 전략적 신흥산업만을 위한 24개의 분야별 계획들이 연이어 발표되었고 2012년 7월에 이들을 종합하여 전략적 신흥산업 12·5 규획이 별도로 발표되었다. 이에 호응하여 2014년까지 총 439개의 하위 정책이 만들어졌고, 자금지원도 2006년 16개 대형과제가 중앙 재정 일색이었던 것에 비해, 다양한 금융기관과 투자 단위들로 다원화되었다.

시진핑 정부 들어서는 한층 더 본격적이고 구체화된 산업 정책이 등장했는데 그것이 바로 〈중국제조 2025〉와 〈인터넷 플러스〉다. 이 계획들은 세부 품목들에 대한 매우 명시적인 국산화 시간표를 제시한 데다가, 2013년에서 2016년 사이에 중국이 해외 선진기술 흡수를 위해 적극적인 인수합병 전략을 펼쳤던 탓에 서방의 견제를 자초했다. 해외 인수합병 전략은 그 기회를 틈탄 외화유출 현상으로도 이어졌기에, 대내외적인 부작용이 심각했다.

노튼의 논의는 2016년 '혁신주도 발전전략'으로 마무리된다. 이 전략은 '2020년 혁신국가, 2030년 혁신선도국, 2050년 과학기술 슈퍼파워'를 지향한다. 이를 통해 선진기술의 추격을 도모하던 중국이 최첨단 분야의 혁신을 선도하며 그것을 성장 엔진으로 삼겠다는 포부를 보이고 있다는 것이 방대한 그 연구의 결론이다.

3. 두 견해에 대한 평가와 종합

앞 절에서 기술한 내용을 바탕으로 정리된 〈표 3-1〉에 나타난 두 견해는 각각 다음과 같이 평가할 수 있다. 먼저 연속성 견해는 개혁개방, 즉 덩샤오핑의 집권을 기점으로 공산당의 정통성을 확립하려는 노력이 바탕에 깔려 있다. 대약진운동(1958-60년)과 문화대혁명(1966-76년)과 같은 계획경제 시절의 과오를 딛고, 그 위에서 개혁개방이 이뤄졌으며 오늘날까지 공산당은 최고 지도자들을 중심으로 줄곧 성공해왔다는 것이다. 그러자면 1989년의 파국으로 끝난 1980년대 정책의 미진함을 숨기거나 포장해야 하는데 바로 그런 점에서 연속성 견해의 약점이 있다. 특히 산업 정책이 의도한 대로 성취되지 않았다는 명백한 증거들이 반도

〈표 3-1〉 중국 산업 정책에 대한 연속적 견해와 비연속적 견해

연속적 견해: Wei(2020), 최원석 외(2020)	비연속적 견해: Naughton(2021)
1980년대초) 농업-공업 및 경공업-중공업 재균형	5차10개년계획(76-85), 화국봉의 외약진(外躍進) 추구, 과도한 중공업 투자계획 실패 6·5계획(81-85) 병목(에너지)을 의식한 수요 억제 정책(제조업 성장률 4% 목표) 실패(실제 12%)
86-88) 기초산업*과 제조업의 불균형 해소 86-88) 거버넌스 정돈(투자·소비 억제) 86) 7차5개년계획, 산업 정책 첫 언급 87) 국무원, 최초의 산업 정책 보고서[4] 발간 88) 국가계획위원회, 산업 정책사(司) 설치 88) 횃불계획 89) 국무원, 최초의 산업 정책[5] 발표 91) 〈10년 규획과 8·5계획[6]〉 91) 고신구 관련 제도 설치[7] 92) 정부업무보고, 과잉산업 축소 첫 언급 92) 14차당대회, 4대 지주산업(기계전자, 자동차, 석유화학, 건축) 설정, 서비스업 발전 첫 언급 94) 1990년대 국가산업 정책강요[8] 94) 최초의 개별 산업(자동차)정책 95) 과학기술진보에 관한 결정[9] 96) 과학기술성과전환촉진법[10] 97) 에너지 정책, 수리산업 정책 98) 정부업무보고, 대형기업집단 육성 00) 당면 국가중점 발전장려 산업 목록(정보통신, 바이오, 신에너지, 신소재, 환경보호) 00) 소프트웨어·집적회로 산업 발전 정책 02) 16차당대회 신형공업화의 길(과학기술, 정보화 등) 03) 정부업무보고, 철강·자동차·건자재 과잉경쟁방지 및 설비 축소 발표 05) 정부업무보고, 성장방식의 전환 언급 05) 11·5 초안, 자주창신 첫 언급 06) 국가중장기과학기술발전계획강요(〈강요〉)	7·5계획(86-90) GNP 개념 및 투입산출표 첫 도입, 성장예측 실패(7.5% vs. 10%), 89년의 파국 산업관련 부서 폐지, 242개 관련 연구소를 독립채산단위로 재편(88년) 8·5계획(91-95) 본격적인 시장지향 개혁, 남순강화(92)로 수요 폭발, 극심한 인플레 발생 → 5·6·7·8차계획 모두 중단. 계획 자체에 대한 환멸, 9·10차계획도 성장률 목표도 없이 짧고 모호 중국의 1990년대 산업 정책은 실질적 자원 투입이 별로 없었기에 성과도 없었다(자동차 정책) 주룽지 시절 많은 대형 과제 축소·폐지(집적회로, 원자력, 민간항공기), 경제부처 인력 축소 (1768 → 1040명) 11·5 규획도 포괄적 발전전략이지 구체적 산업전략은 아님 〈강요〉에 등장하는 16개 대형과제가 진정한 산업 정책의 시작, 이후 국무원은 99개의 하위 정책 제시, 과제별 책임 부서 할당

06) 정부업무보고, 선진제조업·하이테크산업·현대서비스업 육성 07) 첨단기술산업발전 11·5 규획 07) 17차당대회 자주창신 투자확대 08) 경제공작회의, "성장과 내수전환, 구조조정의 균형", 핵심기업의 기술전환 지원 09) 정부업무보고, 몇개의 프로젝트를 선정하여 핵심기술 돌파하자 09) 신흥 전략적산업 발전 좌담회 10) 정부업무보고, 혁신주도 발전 첫 언급 10) 전략적신흥산업 육성 발전에 관한 결정 11) 12·5 규획, 제조업 업그레이드, 전략적 신흥산업, 에너지 효율, 교통인프라, 정보화, 해양경제 12) 12·5 전략적 신흥산업 발전 규획 12) 18차당대회, 기술병목 해소, 혁신주도 발전 천명 13) 정부업무보고, 핵심기술문제 해결 15) 중국제조 2025, 인터넷+ 16) 정부업무보고, 공급측개혁 16) 13·5 국가정보화 규획, "네트워크 강국", "빅데이터 전략" 17) 19차당대회, 고품질발전, 과학기술 강조 18) 중앙경제공작회의, "백 년 만의 전환"	16개 과제, 글로벌금융위기로 금액과 추진속도 증가 → 전략적신흥산업으로 진화 (경기부양 단기대응: 전통산업, 장기대응: 하이테크산업) 토론과정에서 전략적신흥사업 세부항목 조정 12·5 규획은 훨씬 정교해진 정책 조합 다원화된 자금 투입 루트 24개 분야별 규획 연이어 발표, 7월에 종합 (2014년까지 총 439개의 하위 정책 탄생) 해외기업 인수&기술흡수 전략(13-16)의 부작용 혁신주도 발전전략(추격에서 도약으로)
1978-1991년 개혁개방 초기: 재균형 산업 정책 1992-2001년 시장경제 초기: 기초산업, 3차산업, 하이테크, 지주산업, 핵심산업 전략적 구조조정 2001-2012년 WTO 가입 이후: 개방확대, 신형공업화, 자주창신, 산업경쟁력 강화 2012-2019년 18차 당대회 이후: 제조강국, 고품질발전**	1978-2005년 산업 정책 없는 성장 2006-2013년 산업 정책의 부활 2015-현재 혁신주도 발전

* 여기서 기초산업이란 에너지·교통·통신·원자재·농업·수자원을 가리킨다.
** 연속적 견해의 산업 정책 시기 구분과 그 내용은 Wei(2020)에 따른 것이다.
자료: Wei(2020), Naughton(2021), 최원석 외(2020)를 이용하여 저자 작성.

체나 자동차 산업에서 나타나는데도 그것에 대한 반성이나 원인 분석을 하고 있지 않다는 면에서 연속성 견해는 위험하기까지 하다.

특히 1980년대 사용된 산업 정책과 오늘날 쓰이는 산업 정책이란 말을 구분 없이 사용한다는 치명적인 결함이 있다. 1980년대에 일컬어지던 산업 정책은 산업육성 정책이 아니라 사실상 산업 부문을 축소·조정한다는 일종의 산업 구조조정 정책이었다. 그 내용도 투자와 소비를 억제하여 사회적 총수요를 정해진 목표 안에서 관리하려는 거시경제 정책에 가까웠다. 이러한 함의를 제대로 밝히지 않고 단순히 1980년대에도 산업 정책이 있었다고 해버리면 오늘날 산업 정책의 의미를 과거에 소급적용하는 잘못을 저지르게 된다. 즉 1980년대 산업 정책을 기술하는 공정한 방법은 산업 정책이란 이름으로 1980년대에 어떠한 일이 있었는지, 그것이 그때 왜 산업 정책이라 불렸는지를 정확히 짚어내는 것이다. 그래야만이 1988년에 산업 정책사司가 설치되었는데(연속적 견해) 산업 관련 부처들은 폐지되었다(비연속적 견해)는 두 견해 사이의 모순을 해결할 수 있다.

비연속성 견해는 정치적 합리화가 없는 냉정한 판단을 하고 있다는 점에서 명백한 장점이 있다. 그러나 중국 산업 정책의 전모를 파악하기 위해서는 다음과 같은 점들을 보완해야 할 것으로 보인다. 첫째, 주룽지 재임 시절을 과소평가해선 안 된다. 주룽지 시절에 몇몇 거대 산업 정책들(집적회로, 원자력, 항공기)이 중단된 것은 사실이지만 소프트웨어-집적회로 발전계획이나 당면 국가중점 발전장려 산업 목록(정보통신, 바이오, 신에너지, 신소재, 환경보호)이 만들어지기도 했다. 아마도 시장 역할 확대와 정부 역할 축소가 주룽지 시절의 주선율主旋律이었겠지만, 거대한 중국의 관료조직 한편에서는 산업 정책이라는 부선율副旋律이 흐르고 있었다고 보는 것이 정확할 것이다. 이러한 부선율이 멈추지 않고 흘렀기에 후진타오 시절 3G 통신에서 TD-SCDMA와 같은 중국 나름대로의 표준을 만들 수 있었을 것이다.

둘째, 산업 정책 방향 전환의 연속적인 면모를 올바로 평가해야 한다. 노튼은 2006년 〈강요〉의 탄생의 배경은 설명하고 있지 않다. 2006년부터의 전환을 강조하려는 의도라고 이해된다. 그러나 후진타오가 집권하던 2002년 공산당 16차 당대회 〈정치 보고〉에는 '신형공업화의 길新型工業化道路' 전략이 제시되었으며 과학기술과 정보화와 결합한 첨단 제조업이라는 훗날 〈중국제조 2025〉의 청사진이 포함되어 있다. 지도부가 바뀌는 당대회의 〈정치 보고〉는 신구新舊 지도부의 영향력이 교차하고 있다는 점을 고려하면 이미 첨단산업을 지향하는 제조업 정책이 전 지도부에서부터 배태되어 있었다고 평가해야 옳다. 비록 구체적인 산업 정책으로서 〈강요〉와 '16개 대형과제'가 지닌 중요성은 충분히 강조되어야 하지만 그것이 탄생한 과거의 맥락도 직시해야 한다.

셋째, 과학기술의 역량 강화를 위한 정부의 정책에 대해 올바로 평가해야 한다. 중국의 과학기술 수준은 경제수준에 비해 높은 편이었다. 대표적으로 계획경제 시절 양탄일성兩彈一星이란 이름으로 원자탄(1964년), 수소탄(1967년), 인공위성(1970년)을 이미 갖췄다. 또한 중국은 이미 1958년에 소련을 모방한 컴퓨터를 보유하여 운용하고 있었고, 1983년에는 슈퍼컴퓨터를 만들어냈다. 비록 세계 최고 수준은 아니었고 상업화시키는 데도 실패했지만 당시 슈퍼컴퓨터를 설계·제작할 수 있는 나라는 극소수에 불과했다(최필수, 2020).

이러한 과학기술의 발전은 노튼이 비판한 산업 정책과 달리, 상당히 의식적으로 조직되고 추진된 것으로 보인다. 1985년의 과학기술 체제 개혁(은종학, 2021: 105)이나 1986년의 863계획, 1988년의 횃불계획, 1995년 〈과학기술진보에 관한 결정〉, 1996년 〈과학기술 성과 전환촉진법〉 등이 그것이다. 2006년 〈강요〉의 주무부처는 산업부처가 아니라 과학기술부이다. 즉 2010년 전략적 신흥산업이나 2025년 〈중국제조 2025〉 등의 산업 정책은 이러한 과학기술 성과의 연속성 상에서, 혹은 전망 속에서 나온다.

과학기술은 '연구Research' 범주에 산업 정책을 '개발Development' 범주에 넣을 수 있다. 최필수·이현태(2021)는 이러한 현상을 관찰하여 중국이 "2006년의 초기 리스트에는 연구과제와 개발과제가 섞여 있었으나 2015년 중국제조 2025와 '국가중점연구개발계획 중점 프로젝트'에는 연구과제와 개발과제가 체계적으로 분리"되었으며, "연구와 개발에 동시에 포함된 항목은 정부에서 속도감을 가지고 육성하는 분야이다. (⋯) 이들은 중국이 빠른 속도로 기술개발을 하여 세계 최고 수준의 경쟁력에 근접한 분야이며, 그만큼 연구개발과 제품화 사이의 주기가 짧다고도 할 수 있다"라고 정리했다.

한편 두 견해 모두 공산당 18차 당대회 이후 시진핑 지도부의 산업 정책에 대해서는 혁신주도 발전을 통한 세계적인 산업국가로의 도약을 도모하고 있다고 평가한다. 비연속적 견해는 과거의 전략은 추격catch-up, 최근은 도약leapfrog이라고 좀 더 강한 단계 설정을 하고 있고, 연속적 견해는 과거로부터의 연속선상에서 이를 파악하고 있긴 하지만 최근 산업 정책의 포부와 시야가 세계를 리드하는 데 있음은 공통적으로 가리키고 있다.

IV. 14·5 규획 이후 산업 정책의 양상

앞서 언급한대로 공산당 20차 당대회 즈음에 나타나고 있는 중국의 산업 정책은 공산당 18차 당대회 이후의 것과 성격이 미묘하게 다르다. 정부문건들을 고찰하여 그 차이를 규명하도록 한다.

1. 경제안보 추구

2020년 공산당 19기 중앙위원회 5차 전체회의(19기 5중전회)에 등장하고 2021년 전국인대에서 비준 받은 14·5 규획과 그것이 내포하고 있는 쌍순환 정책은 과거 10년간 추진된 혁신주도 발전과 다른 방향으로 추진되는 것으로 보인다. 그 방향전환은 혁신주도 발전에서 경제안보 추구로 특징지어질 수 있다. 이러한 방향전환은 매년 전국인대에서 발표되는 정부 업무보고政府工作報告의 강조점에서 확인된다. 〈표 3-2〉는 20차 당대회까지 이어진 이러한 흐름을 정리한 것이다.

먼저, 〈중국제조 2025〉의 핵심 키워드였던 '제조강국'이란 말은 2020년부터 정부 업무보고에 등장하지 않고 있다. 2022년에는 '품질강국'이라는 대체된 표현이 등장했다. 단, 5개년 규획에는 13차에 이어 14차에도 계속하여 '품질강국, 제조강국, 지재권강국'이란 표현이 반복된다. 공산당 20차 당대회 〈정치 보고〉에는 이른바 6대 강국(제조강국, 품질강국, 우주강국, 교통강국, 네트워크강국, 디지털중국) 개념이 등장했다.

스마트화, 스마트제조 등은 매년 표현을 조금씩 바꿔가며 빠지지 않고 등장하고 있다. 혁신주도 발전도 2020년을 제외하고 매년 등장했다.

최근 들어 눈에 띄는 것은 경제안보 관련 개념들이다. 중국에서 '안전

〈표 3-2〉 각 년도 정부업무보고와 규획 문건에 나타난 주요 표현

구분	2015	중국제조 2025	2016	13·5 규획	2017	2018	2019	2020	2021	14·5 규획	2022	20차 당대회
제조강국 (制造强国)	제조대국에서 제조강국으로의 전환	세계를 선도하는 제조강국	품질강국, 제조강국, 지재권 강국	품질강국, 제조강국, 지재권 강국	제조강국을 위한 정책 시스템 개선	제조강국	제조강국	-	-	품질강국, 제조강국, 지재권 강국	품질강국	제조강국 품질강국 우주강국 교통강국 네트워크강국 디지털중국
스마트화 (智能)	제조업의 스마트화	스마트제조를 주요 방향으로	일련의 스마트 제조 시범 프로젝트	스마트 제조	스마트 제조	스마트 제조	스마트+	스마트 제조	제조업 디지털화, 스마트화	스마트 제조	제조업 디지털화, 스마트화	
혁신주도 (创新驱动)	혁신주도 발전	혁신주도 발전	혁신주도 발전	혁신주도 발전	혁신주도 발전	혁신주도 발전	혁신주도 발전	-	혁신주도 발전	혁신주도 발전	혁신주도 발전	혁신형 국가 혁신주도 발전
(국가차원의) 안보(安全)	식량안보	국제경쟁력을 갖춘 제조업이 곧 국가의 안전을 보장하는 길이다	-	외국인투자 국가안보심사, 국가경제안보	식량안보	-	-	식량과 에너지 안보	에너지 안보, 국가경제 안보, 식량안보	국제산업 안보협력, 식량안보, 자원안보, 외국인투자 국가안보심사, 국가기술안보 리스트관리, 국가경제안보	식량 에너지 안보	국가안보 식량 안보 경제안보
산업·공급망 (产业链·供应链)	-	산업망 구축 공급망 관리 등	산업망 구조조정, 공급망 재구성 등	디지털 산업망, 녹색 공급망 등	농업 산업망 확장 등	-	-	산업망 공급망 안정	산업망 공급망 안정	산업망 공급망 안정	산업망 공급 망 안보	산업망 공급망 안보

자료: 각 연도 政府工作報告 및 관련 문건들을 바탕으로 저자 작성.

安全'이란 단어는 '식품안전', '산업안전'과 같이 "어떤 것이 안전하다"는 의미에서 쓰이기도 하지만, '식량·에너지 안전'과 같이 "국가적 차원에서 외부 위협에 대해 안전하다"는 의미에서 쓰이기도 한다. 이 경우 우리말의 '안보安保'와 호환될 수 있다. 이렇게 안보라는 의미에서 쓰인 경우만 추려보면, 2015년과 2017년 식량 안보, 2020년 식량과 에너지 안보, 2021년 에너지와 식량 안보, 국가경제 안보, 2022년 식량 에너지 안보 등이 나타난다. 〈중국제조 2025〉에서는 "국제경쟁력을 갖춘 제조업이 곧 국가의 안전을 보장하는 길이다"라는 말이 등장하고, 13차 및 14차 5개년 규획에는 외국인 투자 국가안보 심사, 국가 경제안보, 국가기술 안보리스트 관리 등과 같은 표현들이 등장한다. 2016, 2018, 2019년에는 국가 차원의 안보라는 말이 쓰이지 않았다.

특히 주목할 것은 산업망·공급망이란 표현이다. 산업망·공급망은 공산당 19차 당대회(2017년 가을) 전까지만 해도 "산업망 구축, 공급망 관리"(중국제조 2025), "산업망 구조조정, 공급망 재구성"(2016), "디지털 산업망, 녹색 공급망"(13·5), "농업 산업망 확장"(2017)과 같은 맥락에서 쓰였다. 그런데 2018년과 2019년에 그 단어 자체가 언급되지 않더니 2020년과 2021년 및 14·5 규획에는 "산업망 공급망 안정穩定"이라는 표현 속에 등장했다. 그리고 2022년에는 "산업망 공급망 안보安全"란 표현이 등장했다. 안보安全에는 안정穩定보다 더 긴박한 상황 인식이 담겨 있다고 볼 수 있다.

이상 정부 문건에 나타난 표현 분석을 종합해보면, 시진핑 정부는 임기 전반기까지는 제조강국을 표방했으나 2020년부터는 언급을 피하고, 대신 산업망과 공급망 안정 혹은 안보安全라는 아젠다를 들고 나왔다.

14·5 규획에 나타난 '국제 산업안보 협력', '국가기술 안보리스트 관리' 등이 그 구체적 정책 실현 방법이 될 것으로 보인다. 그런데 한 가지 주의할 점은 중국이 최근 경제안보를 강조하고 있긴 하지만 혁신주도 발전을 포기한 것은 아니라는 것이다. 오히려 혁신주도 발전은 경제안보를 도모하기 위한 중요한 수단의 하나가 된다. 이에 관해서는 다음 항에서 상술한다.

2. 데이터 플랫폼에서 글로벌 표준 전략

최근 중국은 선진국의 고유한 영역이라고 여겨졌던 규칙제정rule-setting까지 나서고 있다. 특히 데이터 플랫폼(인공지능, 빅데이터, 5G)이란 분야에서 그러하다. 중국은 이 분야에서 세계적으로 앞서 나가고 있다는 자신감을 가지고 있다. 알리바바와 텐센트는 '열린 플랫폼'과 '우수한 품질'이라는 두 마리 토끼를 잡은 몇 안 되는 플랫폼 기업들에 속한다(이승훈, 2020). 중국은 이제 자신의 표준과 노하우를 개도국에 전수한다는 디지털 실크로드를 추진하고 있으며(차정미, 2020), 물리적으로도 미국의 GPS를 대체할 베이떠우北斗 시스템 보급에 힘을 쏟고 있다.

그러나 중국은 세계에서 가장 폐쇄적인 인터넷 통제 시스템을 갖고 있는 나라 중 하나이다. 중국정부는 해외사이트를 차단하고, 〈국가안전법〉(2015년)과 〈네트워크 안전법〉(2017년)에 따라 데이터의 해외 유출을 엄격히 통제하고 있으며, 서버를 현지에 둘 것을 요구하고 있다. 2021년 7월 중국의 택시 공유 플랫폼 디디추싱은 중국인의 개인정보에서 창출된 가치를 바탕으로 미국에 상장하려 하다가 〈네트워크 안전법〉 위반 혐의로 중국 당국의 규제를 당하기도 했다. 이렇듯 구글, 유튜브, 페이스

북 등이 막혀 있는 나라가 과연 자신의 시스템을 보편적으로 적용시킬 수 있을까?

이러한 딜레마 속에서 중국은 글로벌 표준을 제시하는 적극적인 행보를 보이고 있다. '글로벌 데이터 안보 이니셔티브'를 발표하여 아직 어느 나라도 확고한 표준을 갖고 있지 않은 글로벌 데이터 처리 문제의 원칙을 제시한 것이다. 이른바 중국의 8대 제안은 다음과 같다.[11] 주로 각국의 데이터 주권이 지켜져야 함을 강조한 내용들이다. ① 각국은 포괄적이고 객관적이고 증거에 기반하여 데이터 안보를 다뤄야 하며, 글로벌 정보통신 제품과 서비스의 개방적이고 안전하며 안정적인 공급망을 유지해야 한다. ② 각국은 다른 국가의 중요한 인프라 데이터를 손상시키거나 절취하는 행위 혹은 다른 국가의 안보나 공공의 이익을 침해하는 목적으로 데이터를 사용하는 것에 대해 반대해야 한다. ③ 각국은 정보통신을 통한 개인정보 침해를 위해 행동해야 하고, 다른 국가에 대한 대규모 감시나 정보통신 도구를 이용한 개인정보의 불법 수집에 반대해야 한다. ④ 각국은 기업들이 현지의 법과 규정을 준수하도록 격려해야 한다. 각국은 자국 기업들이 해외에서 생산하거나 획득한 데이터를 자국으로 가져오도록 요구해서는 안 된다. ⑤ 각국은 다른 나라의 데이터 관련 주권, 법령, 거버넌스를 존중해야 하고 다른 나라의 허락 없이 기업이나 개인을 통해 그 나라의 데이터를 획득해서는 안 된다. ⑥ 만약 어떤 나라가 범죄방지 등 법률 집행을 위해 해외 데이터가 필요하다면, 그 나라는 법적 협력이나 다른 유효한 다자간, 양자 간 합의를 통해 그렇게 해야 한다. 양국 간의 어떠한 데이터 관련 협정도 제3국의 법적 주권이나 데이터 안보에 제한을 가할 수 없다. ⑦ 정보통신 제품이나 서비스 제공

〈그림 3-1〉 중국의 데이터 플랫폼 글로벌 표준 전략

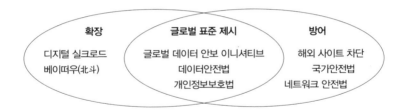

자는 자기들의 제품이나 서비스에 백도어를 심어 사용자 데이터를 획득하거나 사용자의 시스템이나 기기를 조작해서는 안 된다. ⑧ 정보통신기업들은 자기 제품에 대한 사용자의 의존을 이용하여 불법적 이익을 추구하거나 사용자가 시스템과 기기를 업그레이드하도록 강요해서는 안 된다. 제품 공급자는 협력 파트너나 사용자들에게 제품의 심각한 취약성을 적시에 알리고 해결방안을 제공할 것을 약속해야 한다.

또한 〈데이터안전법〉(2021년)과 〈개인정보보호법〉(2021년)을 통해 중국 기업이 해외에서 취득한 데이터를 함부로 유용하지 않을 것이며, 중국의 데이터도 마찬가지고 보호할 것임을 천명했다. 이는 모두 일종의 글로벌 표준으로 작동하는 효과가 있다. 미국식 데이터 자유주의에 동의하기 어려운 유럽 등에서 참고할 것이기 때문이다.

3. 탄소중립의 산업적 기회 포착

중국은 2030년에 탄소정점을 찍고 2060년에 탄소중립을 달성하겠다고 선언했다. 제조업 위주의 세계의 공장 중국으로는 대단히 도전적인 목표이다. 한국이 그러하듯이 이러한 목표설정은 자체적인 필요에서가 아니라 유럽발 글로벌 아젠다에 대응하기 위함이었다.

과거 중국의 기후변화 대응은 환경오염 대응과 맥을 같이 해왔다. 중국은 2000년대부터 오염물질 감축을 목표로 체계적인 지수를 개발하고 지표를 설정하여 관리해왔던 것이다. 시진핑 집권 후에도 베이징의 미세먼지와 초미세먼지가 문제가 되자 이의 감축을 목표로 베이징의 산업 설비들을 허베이와 산둥으로 옮기는 다소 거친 방법까지 동원했다.

그런데 중국이 환경오염 저감에서 기후변화, 탄소중립 등의 개념으로 방향을 미세 조정한 것은 유럽이 제기하는 방향에 호응한 것이다. 오염물질 감축이 내부적인 인민의 목소리였다면, 탄소중립이나 기후변화 대응은 외부 시민사회 및 지정학적 고려에 의한 대응이라고 할 수 있다. 미중갈등 속에서 유럽의 시민사회가 탄소중립을 주장하여 유럽 각국의 정책으로 관철시켰다. 그런데 미국 트럼프 정부는 파리협약을 탈퇴하는 식으로 반동적인 대응을 했다. 이런 상황에서 유럽을 포섭하기 위해 중국은 탄소중립에 협조하는 방향으로 정책을 구사하게 된 것이다. 바이든 정부의 미국이 기후 아젠다에 복귀한 지금도 중국은 탄소/기후 아젠다에서 벗어날 수 없다.

그러나 탄소·기후 이슈가 중국 입장에서 과연 절실한 것인지, 혹은 달성 가능한 것인지 의문이 제기된다. 2012년 제시된 시진핑의 오위일체五位一體 담론에 환경보호가 등장했지만 그것은 "인민의 아름다운 생활美好生活에 대한 요구"의 일환으로 삶의 질을 높이는 방법 중 하나였다. 그러나 탄소중립을 달성하기 위해서는 에너지와 생산을 줄이고, 소비를 절제하는 고통을 감내해야 한다. 탄소중립이 이미 높은 수준의 삶에 도달하여 도덕적으로 각성된 유럽의 시민사회에서 제기한 이슈임을 기억해볼 때 과연 중국의 인민들이 불편을 감수하는 삶으로 돌아갈 수 있으며,

정권이 그것을 강요할 수 있을까? 냉난방 절제, 대중교통 이용, 해외여행 자제 등 탄소중립을 실천하기 위해 감수해야 하는 불편은 이제 막 에어컨을 설치한 쾌적한 환경에서 새로 구입한 자가용을 몰고, 해외여행에서 자아실현을 하기 시작한 중국의 인민들에겐 너무 가혹한 요구일 수 있다.

결국 탄소·기후 이슈는 절제가 아니라 신재생에너지 개발, 수소경제 진흥, 친환경 공법 개발과 같은 또 다른 산업 정책의 형태로 나타나기 쉬우며, 그렇게 되고 있다(박스 참조). 생활 차원이 아니라 생산·산업 차원의 감축Mitigation과 적응Adaption이 실행되고 있는 것이다.

그러나 2021년 하반기에 나타난 전력난과 그에 따른 석탄 규제 완화는 중국이 가야 할 탄소중립의 길이 결코 쉽지 않음을 시사하고 있다. 탄소절감이 경제발전의 희생이나 산업생산의 차질을 가져온다면 그 우선순위가 현격히 떨어지게 되는 것이다. 중국발 탄소 백래쉬backlash 현상이라고 부를 만하다.

4. 경제안보 추구의 함의

1) 혁신주도 발전과 경제안보의 유사점과 차이점

혁신주도 발전을 도모하는 것과 경제안보를 추구하는 것은 분리시켜 생각할 수 없다. 사실 시진핑 지도부가 혁신주도 발전을 추진했던 중요한 이유 중 하나가 경제안보를 위한 것이었다. 앞서 살펴본 대로 〈중국제조 2025〉에는 "제조업의 국제경쟁력 강화가 곧 국가안보"라는 인식이 등장한다. 2015년에 쓰인 이 기술記述은 결국 스스로 실현되고 말았다. 2018-19년부터 미국이 화웨이 등 특정 기업entity을 대상으로, 혹은 반도

최근 중국의 환경 관련 산업 정책 사례

※2020년 12월 국무원, 신에너지 자동차 산업 발전계획(2021-35년)
- 2025년까지 NEV 판매 비중 20%(2019년 계획안 대비(25%) 하향 조정), 친환경시범지구 2021년부터 공용차 80% 구매(100% 구매 규정을 완화)
- 2035년까지 공공차량 100%, 수소차 상업화 추진
- 주거지 저속충전, 공공지 고속충전 인프라 구축

※2021년 1월, 발개위, 녹색기술 프로모션 목록(2020) 발표
- 에너지절약 63, 클린 생산 26, 클린 에너지 15, 생태환경 4, 인프라 녹색 업그레이드 8 등 총 116개

※2021년 7월, 〈데이터센터 발전 3년 행동계획〉 중 전력소모 합리화 추구
- 데이터센터는 디지털 경제의 인프라 중 하나로, 에너지 소모가 많은 업종
- 지난 10년간 중국 데이터센터의 전체 전력 사용량은 매년 10% 이상 증가
- 2020년 전력사용량 2,000억 킬로와트시(중국 전체 전력 사용량의 약 2.7%)
- 친환경 에너지로 데이터센터 작동 추구

※2021년 7월, 〈14·5 순환경제 발전계획〉
- ▲ 공업 ▲ 사회생활 ▲ 농업 3대 분야
- 2025년까지 ▲ 순환형 생산 방식의 전면 추진 ▲ 녹색 디자인·청정 생산의 광범위한 보급 ▲ 자원 종합 이용 능력의 현저한 향상 ▲ 자원 순환형 산업 체계의 기반 구축
- 2025년까지 주요 자원의 생산성을 2020년 대비 약 20% 향상시키고, 단위 GDP 당 에너지 소모량과 물 사용량을 각각 2020년 대비 13.5%, 16% 감축
- 농작물 짚의 종합 이용률을 86% 이상 수준으로 유지하고, 대종 고체 폐기물(大宗固体废物, 대용량 고체 폐기물)·건축 폐기물 종합 이용률을 각각 60% 달성하겠다는 목표
- ▲ 폐지 이용량 6000만 톤(t) ▲ 고철 이용량 3억 2000만 톤(t) ▲ 재생 비철금속 생산량 2000만 톤(t) 달성

※이 밖에
- 2021년 11월, "2030 탄소정점 목표달성 행동방안"
- 2021년 11월, "중국 기후변화 대응 정책과 행동 백서"
- 2021년 11월, 14·5 청정생산 추진방안
- 2022년 1월, '지능형 태양광산업 혁신발전 행동계획(2021-2025년)'
- 2022년 2월, 14·5 기간 에너지 절약·배출 감소 업무 방안
- 2022년 3월, 중국과학원 〈탄소중립전략 과기액션플랜〉
- 2022년 3월, 수소에너지 산업발전 중장기 계획(2021-2035)
- 2022년 6월, 국가 기후변화 대응 전략 2035

자료: 한중과학기술협력센터(kostec.re.kr)의 자료들을 갈무리.

체 등 특정 산업을 중심으로 제재와 보이콧을 시전하자 중국은 제조업 역량의 약점을 온 몸으로 느끼게 된 것이다(조은교 외, 2021).

이런 상황에서 혁신주도 발전과 경제안보는 분리시켜 생각할 수 없게 되었다. 즉 집중적인 지원과 혁신을 통해 첨단 분야를 육성하고, 미개척지를 개척하여 그 분야의 최전선에 서는 것이 최선의 안보정책이 된 것이다. 실제로 2020년 9월 중국과학원의 바이춘리白春禮 원장은 미국이 제재하는 병목 분야가 곧 중국 기술개발의 우선 분야가 될 것이라고 밝혔다.[12] 또한 공산당 20차 당대회 보고는 중국이 과학기술의 자립자강 추진[13]하고, 세계과학기술의 최전방을 지향[14]하며, "관건적인 핵심기술에 대한 공성전을 치룰"[15] 것이라고 밝혔다.

이렇듯 혁신주도 발전과 경제안보는 서로 밀접한 관계가 있지만 그 지향점은 엄밀히 말해 다르다. 이 둘의 차이점은 경제발전론에서 회자되는 수출진흥export promotion 정책과 수입대체import substitution 정책의 차이와 유사하다. 수출 진흥 정책이 세계시장으로의 진출을 염두에 두고 국내의 부존자원을 전략적으로 활용하려는 공격적인 전략이라면, 수입대체 전략은 국내의 부존자원을 동원하여 해외로부터의 수입을 줄여 외화 유출을 막아보겠다는 방어적인 전략이다. 즉 혁신주도 발전만이 목표라면 가장 중요하고 가장 큰 부가가치를 생산할 부문들을 선정하여 육성하면 된다. 그러나 경제안보가 목표라면 취약한 부문들을 선정하여 육성해야 한다. 특히 가장 취약한 부문만 육성하는 것이 아니라, 취약한 모든 부문에 대한 대책을 수립해야 한다. 외부에서 누군가가 의도적으로 공격을 한다면 바로 그 약점을 공격할 것이기 때문이다.

2) 중국이 차선전략인 경제안보를 추구할 때의 양상

이렇듯 방어적으로 경제안보를 추구하는 길은 선제적으로 혁신주도 발전을 도모하는 길보다 힘들다. 더 많은 갈등을 전제로 하는 일이고, 더 적은 부가가치를 생산할 것을 각오해야 하는 길이다. 그렇기 때문에 혁신주도 발전이 우선전략Plan A이고 경제안보 추구가 차선전략Plan B이지 결코 그 반대가 될 수는 없다.

과거에 혁신주도 발전 전략이 가능했던 이유는 글로벌 경제 환경 속에서 비교우위가 제대로 작동했기 때문이다. 각 나라가 서로 가장 잘 하는 것에 집중하여 교역을 한다면 모두에게 이익이 된다는 리카르도의 논리적 귀결이 실제로도 작동했던 것이다. 이것이 작동하려면 통일된 무역·통화 체제가 있어야 하고, 그 체제가 지켜진다는 믿음과, 그것을 지키지 않았을 때 처벌할 수 있는 기구가 있어야 한다. 중국을 비롯한 20세기 신흥국들은 바로 그러한 체제와 기구에 기대어 우선전략에 따라 경제성장을 일궈냈다. 그런데 오늘날의 세계는 더 이상 그러한 믿음에 의해 작동하지 않게 되었고, 중국은 차선전략을 취하게 된 것이다.

그렇다면 중국이 차선전략인 경제안보를 추구할 때 구체적으로 어떤 일이 벌어질 것인가? 이 글은 제조업의 재강조와 '검약형 혁신frugal innovation'이 추구될 가능성을 검토한다. 그리고 제재 속에서 벌어질 중국의 혁신의 유형별 귀결을 분석해본다.

(1) 제조업의 재강조

먼저 제조업의 재강조이다. 〈14·5 규획 강요〉는 제조업을 다룬 제8장에서 "제조업의 비중을 안정적으로 유지하고 제조업의 경쟁력을 키우며, 제조업 고품질 발전을 추진한다"[16]고 밝혔다. 제8장이 속한 제3편의 제목은 "현대산업 시스템을 조속히 발전시키며, 장대한 실물경제의 뿌리를 다진다"[17]이다. 이는 "서비스업의 비중을 한 단계 더 높인다"[18]라는 13·5 규획으로부터 확실한 전환이다.

서비스업 비중 확대는 11·5 규획 이래 성장방식 전환과 거의 동의어로 인식되어왔다. 중국경제는 내수 위주로 성장방식을 전환해야 하고, 그 관건은 서비스업이 발달해야 하는데 중국은 제조업 비중이 다른 나라보다 지나치게 크므로 이것을 줄여야 한다는 것이었다. 사실 "고소득, 고소비, 저임금 제조업 도태, 서비스업 발달"은 거의 직관적으로 공유되어온 중국경제의 나아갈 방향이었다.

이 방향이 수정된 시기는 13·5 규획(2016-20년) 중이었던 것으로 보인다. 13·5 규획의 '서비스업 부가가치 비중 목표'는 2015년 50.5%에서 2020년 56%까지 높이는 것이었다. 그러나 국가통계국이 집계한 GDP에서 제3차 산업의 비중은 2020년 54.5%에 그쳤다. 2021년에 이 비중은 53.3%로 감소했다. 이렇게 큰 폭으로 3차산업 비중이 감소한 것은 최근 20년 이래 처음 있는 일이다(도시화율과 서비스업 비중은 대체로 1년에 1%씩 높아져 왔다). 이것이 코로나 팬데믹의 영향일 가능성을 배제할 수는 없지만, 〈강요〉에 나타난 정부의 의지가 반영되었을 가능성 역시 배제할 수 없다.

서비스업 제고 방향이 수정된 이유는 실물경제의 안정성이란 면에서 서비스업이나 금융보다 제조업이 중요하다는 것을 자각했기 때문인 것으로 보인다. 외부에서 공격과 견제가 들어오는 분야, 그랬을 때 경제에 충격이 오는 분야는 서비스업일 수도 있지만 현재까지는 제조업이다.

화웨이를 제재하는 것도, 반도체 기술을 보이콧 하는 것도 중국의 제조
역량을 꺾으려는 제조업 차원의 공격이다. 이를 방어하려면 '산업망·공
급망'이라는 제조업의 생산 고리들을 튼튼히 해야 한다.

(2) 검약형 혁신의 추구

이러한 방어적 차원에서 제조업의 강조는 일종의 검약형 혁신frugal innovation
으로 이어질 수 있다. 은종학(2021: 213-217)에 따르면 검약형 혁신이란
최신, 최첨단 제품을 개발하는 것이 아니라 "형편이 넉넉하지 않은 나라
의 실질적 수요에 맞게 때로는 기술적 스펙 및 기능을 낮추고 비워 만든
새로운 제품·서비스를 창출하는 것"이다. 즉 원래 검약형 혁신이란 저
소득층을 위해 사양과 가격을 낮추는 적극적인 전략이다.

　이러한 검약형 혁신이 경제안보를 추구하는 중국에서는 본래 의미와
달리 방어적인 입장에서 추진될 수 있다. 가령 반도체를 생산해야 하는
데 첨단 장비를 들여올 수가 없으므로, 저사양 반도체를 생산하게 되고,
최종 제품도 그에 맞추는 것과 같은 현상이 벌어질 수 있다는 것이다. 실
제로 미국의 제재로 반도체 생산에 필요한 첨단 노광장비EUV를 들여올
수 없는 중국은 그보다 낮은 사양의 노광장비DUV를 이용해 나름대로의
성과를 낸 것으로 알려진다.[19] 그것이 최첨단이나 최고의 가성비와는 거
리가 멀지 모르지만 어떻게든 공급망의 공백을 메워야 하는 입장이라면
충분히 채택할 가치가 있는 전략이다.

　이러한 검약형 혁신은 자랑스럽게 공개적으로 추진되기 어렵다는 점
과, 그것이 추진되었을 때 중국의 갈라파고스화를 초래할지 모른다는
단점이 있다. 공개적으로 추진된다는 것은 5개년 규획이나 당대회 문건

에 등장하고, 육성 산업 리스트에 오르는 것을 말한다. 검약형으로 다운 그레이드시키거나 현장 맞춤형으로 부품이나 공정을 급조해야 한다면 그것이 이러한 자랑스러운 리스트에 오를 리가 없다. 때문에 현장에서 무슨 일이 일어나는지 국제사회, 심지어 중국정부도 눈치 채지 못 할 수 있다.

(3) 제재 속 혁신의 유형별 경로

이러한 중국형 검약신 혁신이 나타나면 중국은 그 분야에서 기술의 갈라파고스가 될 수 있다. 외부의 공급망이나 가치사슬에서 배제되어 자기만의 제품과 그에 최적화된 생태계가 형성될 수 있다는 것이다. 만약 이런 분야가 많아진다면 중국은 14억의 자체 시장을 보유한 채, 외부와의 공급망 연결이 별로 없는 고립된 대륙이 될 수도 있다. 그러한 중국은 적어도 현재 중국의 지도부가 지향하는 세계적 강국의 모습은 아닐 것이다. 경제안보를 끝까지 추구하는 것의 위험한 귀결이 아닐 수 없다.

대표적인 사례가 북한이 구축한 탄소하나C_1 공업체계이다. 조달하기 힘든 석유가 아니라 북한에 풍부하게 매장된 무연탄을 기반으로 구축된 이 화학공업 체계는 오직 북한에서만 제한된 형태로 가동되고 있다. 비날론과 같이 나름대로 참신한 제품을 생산하기도 하지만 가성비나 품질에 있어 세계적인 보편성을 얻기는 어렵다.

한편 검약형 혁신이 세계 시장에서 받아들여질 수도 있다. 실제로 중국의 코로나 백신은 업계 최고의 제품은 아니었지만 나름대로 중국 국내뿐 아니라 해외에서도 통용되고 있다. 위에서 언급한 DUV를 활용한 더블패터닝 공법의 7나노㎚ 칩도 그럴 수 있다. 중국의 YMTC가 자체

개발한 메모리칩도 애플이 탑재를 고려했을 정도로 나름대로 범용가능한 제품이었다.[20] 애플은 상업적이나 기술적 이유가 아니라 미국정부의 정치적 압박에 의해 이 제품의 탑재를 포기한 것으로 알려진다.

그런데 우리가 감안해야 할 또 하나의 가능성은 중국이 제재 속에서 돌파형 혁신을 이뤄내는 것이다. 검약형 혁신과 달리 돌파형 혁신break-through innovation은 최고의 기술 수준을 쟁취해낸다는 혁신의 본래 의미에 가깝다. 제재 속에서 이뤄낸 돌파형 혁신의 대표적인 사례가 독일의 하버-보쉬법Harber-Bosch process이다. 1차 세계대전 당시 연합국의 봉쇄로 화약의 원료였던 칠레의 초석硝石에 접근할 수 없었던 독일은 화학적 방법으로 질소와 암모니아를 생성하여 화약을 생산하는 데 성공했다. 이 방법은 훗날 화약은 물론 질소비료를 만드는 데 응용되면서 세계 식량 증산에 커다란 공헌을 했다(와이즈먼, 2015: 79-80). 중국은 이미 배터리, 고속철도, 자율주행 시스템, 모바일 결제 등에서 선진국의 기술을 앞서는 돌파형 혁신을 이뤄낸 바 있다.

그러나 돌파형 혁신이 꼭 시장에서 받아들여지는 것은 아니다. 일본의 소니Sony는 우수한 자신만의 기술표준을 개발하고 그것을 적용한 제품들을 생산했지만 일부 매니아들을 제외하고는 보편적인 시장의 선택을 받지 못했다. 일본식 갈라파고스화의 대표적인 사례이다. 상업적 이유에서가 아니라 정치적 이유로 시장에서 거부되기도 한다. 화웨이의 5G 기술이 대표적인 사례이다. 화웨이는 5G 기술표준에 가장 많이 기여한 기업이고, 그만큼 높은 수준의 통신설비를 효율적으로 구축했지만 미국의 제재로 많은 나라들에서 외면 받고 있다.

2절에서 살펴본 '중국 최근 10년'에는 '세계 과학기술의 최전선'이란

〈표 3-3〉 제재 속 혁신의 네 가지 경로 및 그 사례

구분	세계 시장에서 수용 여부	
	○	×
검약형 혁신	중국 코로나19 백신	북한 탄소하나(C1) 공업체계
	DUV를 활용한 더블패터닝으로 7nm 칩 생산	
돌파형 혁신	• 독일 Harber-Bosch process (1913년) • 중국 배터리 소재 기술 • 중국 고속철도 차량제작 및 철도시공 기술 • 중국 바이두 자율주행 시스템	• 소니만의 다양한 표준들 • 화웨이 5G 기술
	• 세계최초 3차원 양자 홀 효과(Hall Effect) 관측 • 세계최초 원자급 그래핀(Graphene) 접힘 실현 • 세계최초 이성(isokerism)융합 두뇌형퓨터칩 톈지신(天机芯) 개발	

제목으로 다음과 같은 것들이 등장했다. "세계 최초 3차원 양자 홀 효
과Hall Effect 관측, 세계 최초 원자급 그래핀Graphene 접힘 실현, 세계 최초
이성isokerism융합 두뇌형컴퓨터칩 톈지신天機芯 개발"이 그것이다. 중국이
홍보하는 이 기술들이 돌파형 혁신으로 이어질 수 있다. 그러나 그것이
세계시장에서 받아들여질 것인가는 돌파형 혁신 자체를 이뤄내느냐보
다 더 불확실한 질문이 될 것이다.

V. 결론

이상으로 중국의 꾸준한 산업 정책이 흘러온 궤적을 살펴보고, 공산당
20차 당대회를 즈음한 산업 정책의 양상을 살펴봤다. 그 양상은 경제안
보 추구, 데이터 플랫폼의 글로벌 표준 제시, 탄소중립의 산업적 기회포

착 등으로 나타났다. 또한 중국이 미국의 제재 속에서 검약형 혁신을 추구할 수 있으며 그랬을 때 나타날 수 있는 네 가지 경로를 예측해봤다.

경제안보는 약점을 보완하려는 방어적인 전략이다. 그런데 만약 중국이 약점투성이의 국가였다면 세계 최강대국 미국에 대항하여 독자적인 경제안보를 구축한다는 발상조차 하지 못했을 것이다. 그런데 중국은 사실 그동안 본능적으로 대외의존을 줄이고 중요한 약점들을 보강해왔다. 〈표 3-2〉에서 관찰했듯이, 식량과 에너지 안보에 대해서는 꾸준한 주의를 기울여왔고 11·5 규획(2006-10년)부터 꾸준히 대외의존도를 줄이는 성장방식의 전환을 도모해왔다. 리카르도의 비교우위론을 적극 활용하되 그것이 통하지 않을 세상도 의식적으로 혹은 무의식적으로 준비해온 것이다.

한국은 2000년대 이래 개방형 통상국가를 지향해왔고, 그 덕분에 세계 시장을 시야에 둔 산업강국이 되었다. 그런데 글로벌 밸류체인에 노출된 현재의 산업구조는 공급망 분절이 벌어지는 최근 상황 속에 위험할 수가 있다. 특히 식량과 에너지와 주요 물자를 해외에 의존하고 있고 그 안정성을 의심해본 적이 없다는 점에서 중국보다 더 큰 취약성을 지니고 있다고 할 수 있다.

이 글이 중국을 대상으로 한 고찰에서 다룬 문제의식들, 즉 혁신주도 발전과 경제안보의 관계, 차선전략인 경제안보의 특징, 제조업의 중요성과 검약형 혁신의 출현 가능성을 우리나라의 공급망 안보에 적용하여 시사점을 도출하는 것이 후속 정책연구의 과제가 되겠다.

주

1 이 글은 원문을 살려서 10차 5개년까지는 '계획(計劃)'으로, 11차 5개년부터는 '규획(規劃)'으로 지칭한다. 계획이 경직적이고 엄숙하다면, 규획은 탄력적이고 포용적이다. 1991년에는 이 둘이 같이 쓰이기도 했다. 〈10년 규획과 8·5 계획〉이 그것이다.

2 baike.baidu.com/item/中国这十年/60829206?fr=aladdin.

3 〈중국, 산업정책 총괄 공업정보화부장 낙마 … 관가에 파장〉, 《매일경제》, 2022. 7. 28.

4 〈我国产业政策的初步研究〉(1987).

5 〈国务院关于当前产业政策要点的决定〉(1989).

6 〈中共中央关于制定国民经济和社会发展十年规划和八五计划的建议〉(1991).

7 〈关于批准国家高新技术产业开发区和有关政策规定的通知〉및 〈关于深化高新技术产业开发区改革, 推进高新技术产业发展的决定〉(1991).

8 〈九十年代國家産業政策綱要〉(1994).

9 〈中共中央, 国务院关于加速科学技术进步的决定〉(1995).

10 〈中华人民共和国促进科技成果转化法〉(1996).

11 Global Initiative on Data Security(2020. 9. 8.)의 내용을 번역.

12 中科院白春礼: 将部署光刻机等 "卡脖子" 领域攻关.

13 科技自立自强.

14 面向世界科技前沿.

15 打赢关键核心技术攻坚战.

16 坚持自主可控, 安全高效, 推进产业基础高级化, 产业链现代化, 保持制造业比重基本稳定, 增强制造业竞争优势, 推动制造业高质量发展.

17 加快发展现代产业体系 巩固壮大实体经济根基.

18 服务业比重进一步提高.

19 〈SMIC 7nm 공정 진짜 개발했나? 적용 기술은 기존 'DUV' 장비 활용한 더블패터닝〉, 《theelec》, 2022. 7. 28.

20 〈애플, 아이폰에 중국 YMTC 반도체 탑재 계획 보류〉, 《연합뉴스》, 2022. 10. 17.

참고문헌

성균중국연구소. 2020.《중국공산당 제20차 전국대표대회보고》. 지식공작소.

〈애플, 아이폰에 중국 YMTC 반도체 탑재 계획 보류〉.《연합뉴스》. 2022. 10. 17.

와이즈먼, 앨런. 2015.《인구쇼크》. 알에이치코리아.

원톄쥔. 2013.《백 년의 급진》. 김진공 옮김. 돌베개.

은종학. 2021.《중국과 혁신》. 한울아카데미.

이승훈. 2020.《중국 플랫폼의 행동 방식》. 와이즈베리.

조은교·서동혁·심우중·김바우·백서인. 2021. 〈미중 기술패권 경쟁과 우리의 대응전략〉(산업연구원 연구보고서 2021-13).

〈중국. 산업 정책 총괄 공업정보화부장 낙마…관가에 파장〉.《매일경제》. 2022. 7. 28. www.mk.co.kr/news/world/view/2022/07/667502.

차정미. 2020. 〈중국의 "디지털 실크로드(数字丝绸之路)": '중화 디지털 블록(China-centered Digital Bloc)'과 '디지털 위계(Digital Hierarchy)'의 부상〉.《현대중국연구》 21-4.

최원석·양평섭·박진희·김주혜·최지원·자오씽왕(焦兴旺). 2020.《개혁·개방 이후 중국의 제조업 분야 산업 정책과 산업구조 변화 연구》. 대외경제정책연구원 연구보고서 20-23.

최필수. 2021. 〈중국 산업구조의 전환과 중국 산업의 미래〉. 정덕구 외.《극중지계》.

최필수. 2020. 〈엑사-스케일 슈퍼컴퓨터의 등장과 중국 슈퍼컴퓨터 업계〉.《성균차이나브리프》 55.

최필수. 2022. 〈14·5 계획 이후 중국의 경제안보형 산업 정책의 양상 전망〉.《중국사회과학논총》 4-2.

최필수·이현태. 2021. 〈쌍순환 전략과 14·5 계획에 나타난 중국의 산업정책과 한국의 대응방안〉.《중소연구》.

최필수·이희옥·이현태. 2020. 〈데이터 플랫폼에서의 중국의 경쟁력과 미중 갈등〉.《중국과중국학》 39.

〈SMIC 7nm 공정 진짜 개발했나? 적용 기술은 기존 'DUV' 장비 활용한 더블패터닝〉.《thelec》. 2022. 7. 28. www.thelec.kr/news/articleView.html?idxno=17577.

中共中央. 二十大报告(2022. 10. 16.).

中共中央. 中国这十年. baike.baidu.com/item/中国这十年/60829206?fr=aladdin (검색일: 2022.

7. 25.).

政府工作報告 각 년도.

国务院关于印发《中国制造2025》的通知. 国发〔2015〕28号.

中华人民共和国国民经济和社会发展第十三个五年规划纲要.

中华人民共和国国民经济和社会发展第十四个五年规划和2035年远景目标纲要.

中科院白春礼:将部署光刻机等"卡脖子"领域攻关. baijiahao.baidu.com/s?id=1678055698141524
520&wfr=spider&for=pc (검색일: 2022. 8. 3.).

Global Initiative on Data Security(2020. 9. 8.) www.fmprc.gov.cn/mfa_eng/wjdt_665385/2649_
665393/202009/t20200908_679637.html.

Jigang, Wei. 2020. "China's Industrial Policy: Evolution and Experience". UNCTAD.

Naughton, Barry. 2021. *The rise of China's Industrial Policy 1978 to 2020*. Universidad Nacional
Autonoma de Mexico.

제4장

시진핑 집권 10년 이후,
중국사회의 안정은 지속될까?

윤종석

(서울시립대학교 중국어문화학과 교수)

중국 특색 사회주의의 위대한 깃발을 높이 들고,

전면적인 사회주의 현대화 국가건설을 위해 단결하여 분투하자!

高擧中國特色社會主義偉大旗幟, 爲全面建設社會主義現代化國家而團結奮鬥

- 중국공산당 제20차 전국대표대회의 〈정치 보고〉 제목

I. 공산당 20차 당대회를 보는 사회의 시선: 복잡한 시선, 엇갈리는 평가

중국공산당 제20차 전국대표대회(공산당 20차 당대회)의 시작을 알리는 시진핑의 〈정치 보고〉는 지난 10년에 대한 '승리적 평가'와 전체 인민이 단결·분투하여 '보다 나은 미래'를 쟁취해내자는 청사진으로 가득하다. 지난 10년의 시간 동안 공산당은 대내외적 위기와 불확실성의 고조 속에서도 전면적인 소강사회 건설을 '실현'했고 코로나 방역에 '결정적인 승리'를 거두었으며, 이를 바탕으로 중국식 체제의 우월성은 대내외적

으로 크게 선전되어왔다.

이번 공산당 20차 당대회는 공산당이 설정한 시간표상에서 전면적인 소강사회 건설 이후 사회주의 현대화 국가건설로 넘어가는 시작이다. 시진핑 3기는 2050년까지 사회주의 현대화 강국을 완성하는 출발점이자, 그 과정에서 2035년까지 사회주의 현대화를 기본 실현하는 관건적 시기로서 규정된다. 이번 당대회 〈정치 보고〉에서 강조된 '중국식 현대화'는 민생을 더욱 개선하고 '공동부유'로의 길로 나아가는 새로운 슬로건으로 등장했고, 중국 국내외에서 많은 주목을 받기도 했다.

이번 공산당 20차 당대회는 과거에 비해 대내적인 '사회 안정'을 강조한다. 미중 경쟁의 심화와 코로나 대유행 등 대내외적 불확실성이 고조되는 가운데, 공산당의 자신감뿐만 아니라 위기인식이 심화된 바를 보여주는 바다. 공산당이 구축해온 기존 성과와 주요 메커니즘들은 시진핑 집권 3기에도 '사회 안정'을 이끄는 주요한 동력이 될 것이다. 아울러 이번 공산당 20차 당대회에서 제기한 '중국식 현대화' 등의 새로운 비전과 주요 정책 방향은 공산당 영도하에 중국식 사회발전이 지속되고 그 결과로 '사회 안정'을 지속할 거란 기대를 안겨주기도 한다.

하지만 중국사회를 바라보는 대내외적 시선은 더욱 복잡해지고, 평가 또한 더욱 엇갈리는 듯 보인다. 분명 중국사회 또한 사회발전에 따라 인민의 다양한 요구가 증대해왔고 이미 공산당 19차 당대회 이후에도 이를 인정한 바 있지만, 사회적 반응을 살피기란 결단코 쉽지 않았다. 시진핑 집권 이후 '권위주의화' 추세의 결과 공산당 20차 당대회 기간에도 여론은 "상대적으로 '침묵'을 이어나가고 있는 묘한 상황"(王月眉, 2022)이었고, 비판적인 여론과 지식인, 학자의 (의도하든 의도치 않든) 침묵 속에

공산당의 목소리만이 정치적·사회적 공간을 가득 채웠다.[1]

그런 점에서 공산당 20차 당대회 이후 벌어진 코로나 대응, 특히 최근의 제로 코로나 정책의 방향전환 과정은 매우 의미심장하다. 전 세계가 전례 없는 '장기 코로나 시대'를 겪으며 수많은 혼란과 불안정을 경험하고 전 세계 곳곳에서 각 체제의 '민낯'을 드러냈던 것과 마찬가지로, 강고했던 중국 체제의 '민낯' 또한 여실히 드러났다. 당대회 직전 베이징 현수막 시위부터 11월 말의 백지시위에 이르기까지 제로 코로나 정책에 대한 사회적 불만은 수십 개의 주요 도시와 50여 개가 넘는 대학을 중심으로 폭발적으로 드러났고, 이처럼 동일한 구호가 등장한 시위가 동시다발적으로 벌어진 것은 1989년 천안문 사건 이후 처음(하남석, 2022)이었다. 이후 벌어진 제로 코로나 정책의 사실상 철회와 폭발적인 감염의 확산은 당국의 정책 및 공산당에 대한 신뢰에도 상당히 부정적 영향을 미치면서, 시진핑 집권 3기의 장기적인 '사회 안정'에도 많은 우려를 낳고 있다.

그런 점에서, 이 글은 공산당 20차 당대회를 전후로 공산당의 '사회 안정'에 대한 강조와 제로코로나 정책을 둘러싼 사회적 논란에 주목하여, 장기적인 '사회 안정'을 유지해왔던 공산당-국가의 주요 메커니즘과 성과를 되짚어본다. 시진핑 집권 10년 기간 중국사회는 미중 경쟁 심화와 코로나 대유행이란 높은 불확실성 속에도 전면적 소강사회 건설이란 주요 목표를 달성하고, 거시적 차원에서의 '사회 안정'을 유지해왔다. 특히, '큰★ 공산당-작은小 정부-큰★ 사회'로의 사회 거버넌스 체계 건설, 도시와 농촌을 아우르는 사회보장 체계 확립, '인민전쟁'이라 불릴 만큼 사회와의 협력은 높은 불확실성 속에서도 사회 안정을 이끌어내는 주요한 역할을 수행했다.

아울러 사회적 측면에서 장기적인 '사회 안정'이 지속될 수 있을지 검토하기 위해 최근 벌어진 제로 코로나 정책의 지속과 전환을 심층 탐구한다. 최근 드러난 중국 체제의 수많은 '민낯'들은 지난 시간 코로나 대응에 '상대적인 성공'을 거두었던 주요 메커니즘과 성과들은 다시금 되돌아보게 만들고 있다. 그런 점에서 '동태적 제로 코로나 정책動態清零'이 왜 이렇게 장기간 지속되었는지, 왜 '위드 코로나'로의 전환이 늦어질 수밖에 없었는지, 나아가 2021년 12월 이후 제로 코로나 정책의 사실상의 전환이 어떻게 진행되어왔는지는지를 검토하고, 중국사회의 향방에 대하여 시론적으로 분석한다.

과연 중국공산당은 시진핑 집권 3기에도 '사회 안정'을 지속할 수 있을까? 적어도 지금까지는 중국 인민과 사회가 '사회적 활화산'처럼 폭발할지도 모른다는 해석은 여전히 조심스럽다. 다만 분명한 것은 많은 비판이 '제로 코로나 정책'에 맞춰져 있단 점에서, 더욱이 대부분의 시위가 주로 지방정부를 대상으로 했던 데 반해 이번에는 중앙정부의 제로 코로나 정책을 대상으로 했다는 점에서, 그동안 지속되어왔던 중국의 장기적인 '사회 안정'이 시진핑 3기 이후에도 과연 지속가능할지를 검토해 볼 하나의 '시험대'가 될 것이다. 더욱이, 이번 코로나 대유행을 지나면서 중국공산당과 중국사회가 어떠한 교훈을 얻고 자신의 체계를 더 나은 방향으로 전환할 수 있을까 하는 보다 열린 질문으로, 마지막에 다소 시론적으로 다루기로 한다.

II. 공산당 20차 당대회의 '사회 안정' 강조: 정세인식, 주요 성과, 새로운 비전

공산당 20차 당대회는 변화된 정세인식 속에 '사회 안정'을 강조했고, 대내외 높은 불확실성 속에서도 전면적 소강사회 '달성'과 민생 보장이란 주요 성과를 거두었음을 제시했다. 아울러 이러한 성과에 기반하여 중국식 현대화라는 새로운 비전과 구체적인 방향성을 제시했다.[2]

1. 변화된 정세인식: 높은 불확실성 속에서 자신감과 위기의식의 병존

이번 공산당 20차 당대회는 공산당이 설정한 시간표상에서 전면적인 소강사회 건설 이후 사회주의 현대화 국가건설로 넘어가는 관건이 되는 시기다. 즉 탈빈곤 공략전의 결정적 승리로 전면적인 소강사회 실현이란 역사적 임무를 완수하고 첫 번째 백 년의 분투 목표를 실현한 이후, 2050년까지 부강·민주·문명·조화和諧·아름다운美麗 사회주의 현대화 강국을 완성하는 출발점이다. 그 과정에서 2035년까지 사회주의 현대화를 기본 실현하는 관건적인 시기로서 공산당 20차 당대회의 시기

〈표 4-1〉 공산당 18-20차 당대회 〈정치 보고〉 제목

공산당 당대회	〈정치 보고〉 서두
18차(2012)	중국 특색 사회주의의 길을 따라 굳건히 전진하고 전면적인 소강사회 건설을 위해 분투한다
19차(2017)	전면적인 소강사회 건설에서 결정적으로 승리하고 신시대 중국특색 사회주의의 위대한 승리를 쟁취한다
20차(2022)	중국특색 사회주의의 위대한 깃발을 높이 들고, 전면적인 사회주의 현대화 국가건설을 위해 단결하여 분투하자!

자료: 당대회 〈정치 보고〉 문건에서 저자 정리.

가 규정된다.

공산당 20차 당대회에서 주목해야 할 바는 미중 경쟁의 심화, 코로나 대유행, 러시아-우크라이나 전쟁 등 대내외적 불확실성의 고조 속에서 대내 안정에 대한 강조다. 〈정치 보고〉는 개혁개방과 사회주의 현대화의 심화 발전 속에서 장기적 사회 안정이 급속한 경제발전과 더불어 두 가지 기적 중 하나로 손꼽혔고, 새로운 국내외 정세 변화 속에서 '중국식 현대화'란 비전이 새롭게 제시되었다. 즉 공산당은 지난 100년간의 경험과 성과를 통해 자신감을 갖추기도 했지만, '(준)전시내각'이라 칭할 만큼 강한 위기감을 가진 채 강한 지도력을 통해 현재 국면에 보다 적극적으로 대응하고 있다고도 할 수 있다. 이러한 적극적인 해석, 또는 일종의 '선의의 해석'은 공산당 엘리트가 인민 대중에 유리되어 자신의 권력 유지를 챙긴다거나, 단순히 정치 엘리트 간의 내부 투쟁으로 환원시키기보다는, 현재의 상황을 잘 고려하면서 나름의 합리적 해결책을 찾고 있고 중국사회 내의 다양한 개인과 사회집단, 사회체계를 아우르는 새로운 변화를 검토할 필요를 강조한다.

보다 상세히 살펴보자면, 이번 〈정치 보고〉에서 공산당의 정세인식은 자신감과 더불어 위험과 급변을 강조하는 위기의식 또한 병존한다. 즉 국내 정세는 전략적 기회뿐만 아니라 위험과 도전이 병존하는 시기이고, 국제 정세는 100년간 세계에서 존재하지 않던 대변국大變局의 시기로서 높은 불확실성이 강조된다. 그런 점에서 〈정치 보고〉에서 공산당은 지난 5년의 시간이 지극히 이례적이고 평범치 않았음을 강조하고, 지금의 시기가 중국과 '중화민족'이 앞으로 나아갈 수 있는 중요한 기회임과 동시에, 장기간 누적되고 새롭게 출현한 돌출되는 모순과 문제가 시급히 해결되어야 할 중요한 시기임을 강조한다. 공산당은 〈정치 보고〉에서 당의 장기 집정, 국가의 장기 안정, 인민의 행복과 안녕에 영향을 미치는 돌출적인 모순과 문제에 직면하여, 상황을 재검토하고 대담하게 전당, 전군, 전국 각 민족 인민이 단결하여 난관을 이겨내고 단합하여 이끌어 날 것을 강조한다.

2. '사회 안정'의 주요 성과: 전면적 소강사회 '달성'과 민생안정의 성과

공산당은 높은 불확실성에서도 쟁취해낸 수많은 성과들을 강조하며 '승리적 평가'를 시도한다. 사회적 측면에서 보자면, 특히 다음 세 가지가 강조된다. 우선, 지난 10년간 역사적 의의를 가진 세 가지 사건 중 하나로 탈빈곤 공략전의 완성을 통한 소강사회의 전면 실현을 내세운다. 민생의 보장과 개선에서 두드러진 성과를 얻었고 온 역량을 집중해 탈빈곤 공략전을 전개했으며, 전면적인 소강사회 실현이란 역사적 임무를 완수하고 첫 번째 백 년의 분투 목표를 실현함을 자축한다. 또한 돌발적인 코로나 대유행 속에서도 '인민 지상, 생명 지상'을 견지하고 '외부의 유입과 내부의 확산을 모두 막는外防輸入, 內坊反彈' 방침 및 제로 코로나 정책을 흔들림 없이 고수해왔으며, 방역을 위한 인민전쟁, 총력전, 저지전을 조직해 인민의 생명과 건강을 최대한으로 지켜내고 코로나 방역 및 사회경제 발전에서 중차대한 성과들을 거두었다고 자평한다. 아울러 인민 중심의 발전이념을 철저히 실천함으로써 교육, 소득, 의료, 양로, 주거 등 민생 영역에서 인민의 생활이 전면적으로 개선되었음을 강조한다.

아울러 이번 〈정치 보고〉에서 공산당은 지난 10년간 사회 분야에서 많은 성과를 거두었음을 다음과 같이 밝히고 있다. 즉 '안정 속의 발전'

이라는 총체적 기조를 확정해 발전과 안전을 융합하는 한편, 중국사회의 주요 모순이 나날이 증가하는 인민의 아름다운 생활에 대한 요구와 불균형하고 불충분한 발전 간의 모순임을 명확히 했고, 이러한 주요 모순을 중심에 두고 각종 사업을 추진해 끊임없이 인류문명의 새로운 형태를 풍부히 발전시켰다는 것이다. 주요한 성과로 자평한 것은 다음과 같다.[3]

우선, 공산당은 계속된 분투 속에 소강사회라는 중화민족 천 년의 꿈을 실현했고, 자국의 발전이 더 높은 역사적 기점에 서게 되었음을 강조한다. 특히 맞춤식 빈민구제를 넘어 인류역사상 가장 큰 규모의 탈빈곤 돌격전에 승리했다고 자평한다. 구체적으로 전국 832개의 빈곤 현이 모두 빈곤 상태를 탈피했고, 거의 1억 명에 가까운 농촌 빈민이 탈빈곤에 성공했으며, 960만여 명의 빈곤 인구가 이주를 통해 빈곤에서 벗어나며 절대 빈곤 문제의 해결이란 역사적 순간을 맞이했다고 평가한다. 더욱이 단지 중국 내부적인 차원뿐 아니라 글로벌 빈곤 문제의 해결에 크게 공헌했다고 자축한다.

다음으로, 공산당은 인민 중심 발전 사상을 철저히 관철해 인민생활을 전방위적으로 개선했음을 강조한다. 기본적인 원칙은 어린이에게는 양육을, 학생에게는 교육을, 노동자에게는 소득을, 환자에게는 치료를, 노인에게는 부양을, 주민에게는 살 곳을, 약자에게는 도움을 준다는 것으로, 인민들의 다원적인 요구에 따른 맞춤형 민생 보장이다. 구체적으로 인구 및 경제생활 측면, 사회보장 측면, 정보화 측면에서 다음과 같은 성과를 제시한다.

첫째, 인구 및 경제생활 측면에서 1인당 기대수명의 78.2세로 증가,

주민 1인당 가처분소득의 1만 6500위안에서 3만 5100위안으로 증가, 도시 신규고용의 연평균 1300만 명 초과를 달성했음을 제시한다. 둘째, 사회보장 측면에서, 세계 최대 규모의 교육시스템, 사회보장 시스템, 의료 및 보건 시스템을 구축했고, 교육 수준에서 역사적 도약을 달성했으며, 기본연금보험의 대상이 10.4억 명에 이르렀고 기본의료보험 가입률은 95%로 안정적이며 출산정책을 시기 적절히 조정했다고 주장한다.[4] 판자촌 주택 4200만 채, 농촌 노후주택 2400만 채를 개조해 도시와 농민들의 주거환경을 크게 개선했음도 성과다. 아울러 인터넷 사용자가 10.3억 명에 달한 것 또한 주요한 성과라고 한다. 셋째, 공산당은 이러한 성과에 기반하여 중국 인민의 획득감, 행복감, 안정감은 보다 충실하고 안전하며 한층 더 지속가능해졌고, '공동부유'에 대한 새로운 성과를 거두었다고 긍정적으로 평가한다.

마지막으로, 총체적인 국가안보와 시스템 개선의 측면에서, '공건·공치·공향共建·共治·共享'(함께 만들고, 함께 참여하며, 함께 누리는)의 사회 거버넌스 체계를 더욱 개선했다고 주장한다. 1990년대 후반 이후 사회체제 개혁과 더불어 '사회건설, 사회관리, 사회치리社會建設, 社會管理, 社會治理'란 이름으로 거버넌스 개혁을 시도해왔던 바가 이번 10년간 더욱 완전한 체계를 이루었음을 의미한다. 공산당 19차 당대회의 경우 민생 보장과 사회 거버넌스 체계 확립이 함께 다루어졌다면, 이번 공산당 20차 당대회의 경우 민생 보장이 보다 강조되고 사회 거버넌스 체계는 국가 안보 차원에서 소략하게 다뤄진 점이 다소 차이다. 앞으로는 사회 거버넌스 체계의 완비를 넘어 사회 거버넌스의 효율성을 높이는 일이 주요한 방향으로 제기된다.

하지만 이러한 성과에도 불구하고 여전히 도전적 과제 또한 존재하는데, 이번 〈정치 보고〉는 여전히 미흡한 점과 어려운 점 또한 지적한다. 발전의 불균형 및 불충분 문제가 여전히 두드러지고 질 높은 발전 추진에 많은 걸림돌이 있으며, 과학기술 혁신 능력이 아직 강하지 않다. 식량, 에너지, 산업 사슬 및 공급망에 신뢰할 만한 안전 보장과 금융 리스크 예방 확보에 여전히 여러 중대한 문제를 해결해야 하고 중점 분야 개혁에는 아직도 적지 않은 장애물이 존재한다. 이데올로기 분야에도 많은 도전이 존재한다. 도농 간 발전 및 소득분배 격차가 여전히 상당히 크며, 인민대중은 취업, 교육, 의료, 보육, 노후, 주택 등 방면에서 많은 난제에 직면해 있다. 생태 환경 보호 임무는 여전히 막중하다. 일부 당원과 간부는 책임정신이 부족하고 투쟁능력이 부족하여 정신이 부족하고 형식주의와 관료주의가 여전히 두드러져, 부패를 근절하고 건전한 토양을 일구는 임무는 여전히 험난하다는 것이다.

결국 공산당의 지난 시기 거둔 거대한 성과에도 불구하고 여전히 험난한 도전적 과제가 다수 남아 있으며, 이러한 도전에 대처하여 '사회 안정'을 지속하기 위해서는 근본적으로 공산당의 전면적인 영도 견지 및 강화와 전체 인민의 단결과 분투라는 방식이 지속될 수 있어야 한다고 이해할 수 있다.

3. 새로운 비전: '중국식 현대화'와 구체적인 방책들

새로운 국내외 정세 변화 속에서 중화민족의 위대한 중흥, 즉 '중국의 꿈'을 위한 '중국식 현대화'라는 용어는 많은 주목을 받았는데, 주요 내용은 〈표 4-2〉와 같다. 〈정치 보고〉는 중국식 현대화의 본질적 요구를 중국공산당 영도 견지, 중국 특색 사회주의 견지, 고품질 발전 실현, 전 과정 인민민주의 발전, 인민 정신세계 풍부, 전체 인민의 공동부유 실현, 사람과 자연의 조화/공생 촉진, 인류 운명공동체 건설 추동, 인류문명 신형태 창조로 정리하며, 2050년 사회주의 현대화 강국을 위한 두 단계 발전전략을 내세운다.

〈정치 보고〉는 2035년까지 중국 발전의 총체 목표를 경제실력, 과학기술실력, 종합국력을 대폭 약진시키고, 1인당 GDP를 비약적으로 발전시켜 중등 발전국가 수준으로 제고시키는 바로 제시한다. 사회 측면에서 보자면, 인민 생활을 더욱 행복하고 '아름답게' 만들고 1인당 주민 가처분소득 및 중산층 비중을 제고하며, 기본 공공서비스 균등화, 농촌의 기본적인 현대적 생활조건 구비, 사회의 장기적 안정 유지와 개인의 전면적 발전과 공동부유에 실질적인 진전 등 종합적인 목표를 제시하고 있다.

〈표 4-2〉 중국식 현대화의 다섯 가지 측면

현대화의 다섯 측면	세부 내용
거대한 인구규모	전례없는 어려움과 복잡성 속에 발전경로와 추진방식 또한 나름의 특색을 가져야한다고 제시
전체인민의 공동부유	중국특색 사회주의의 필수요구이자 장기적인 역사적 과정으로서 공동부유를 강조
물질문명과 정신문명의 조화	인민의 행복한 삶을 위한 물질적 조건을 부단히 공고화하는 동시에 선진 사회주의 문화의 발전과 이상 및 신념 교육의 필요성을 강조
사람과 자연의 조화와 공생	지속가능한 발전을 견지하며 절약우선, 보호우선, 자연회복력 위주의 방침
평화발전의 길	전쟁, 식민, 약탈 등 방식의 낡은 길이 아니라, 평화, 발전, 협력, 상생의 가치를 들고 세계 평화/발전을 수호하며 발전 추구

자료: 당대회 〈정치 보고〉 문건에서 저자 정리.

이런 맥락에서 향후 5년은 사회주의 현대화 국가의 전면 건설을 시작하는 관건적 시기다. 사회 측면에서 주요 과업은 주민소득 증가와 경제성장의 기본적인 동보同步, 노동계약의 제고와 노동생산성 제고의 기본적인 동보, 기본 공공서비스 균등화 수준의 명확한 상승, 다층적인 사회보장 체계의 완성도 증대, 도시-농촌 지역 생활환경의 명확한 개선, 아름다운 중국 건설성과의 현저화 등이 제기된다.

다만, 공산당이 제시한 방향성은 거시적 차원에서 올바를 수 있지만 구체적인 부분에 대해서는 여전히 많은 과제들이 존재한다. 우선, 공산당은 향촌 진흥의 전면적 추진을 통해 농촌 문제 해결에 적극 나설 것임을 천명했지만, 상당히 많은 분야의 구체적인 방침을 포괄한다는 점에서 그만큼 거대한 과제가 남겨져 있음을 알 수 있다. 즉 농업과 농촌의 우선 발전, 도농 간 통합발전을 통해 도농 간 요소의 흐름을 원활히 하고 농업 강국 건설, 식량 안보, 농민 수익보장 기제와 곡물 주요 생산지의 이익보상 기제 완비, 다원화한 식품공급 시스템 구축, 향촌 특색산업 발전, 향촌 인프라 및 공공서비스 통합 배치, 농업 경영 발전, 농촌 토지 개혁 심화, 농촌 금융 서비스 시스템 개선 등 수많은 과제들이 남겨져 있다. 그중 핵심은 탈빈곤 공략전의 주요 성과가 주로는 정부의 공급 및 투자 측면에서 이뤄졌다면, 향후에는 탈빈곤 지역과 탈빈곤 인민의 내생적 발전 동력을 강화하여 다시금 빈곤으로 되돌아가지 않도록 많은 개혁과 혁신이 필요함을 의미한다.

다음으로, 공산당은 민생 복지 증진과 인민 생활수준 향상에 많은 노력을 가할 것임을 천명했는데, 그만큼 이 과제가 중차대한 과제이자 보다 중장기간 많은 노력을 가해야 할 주요한 도전임을 보여준다. 공산당은 가장 광범위한 인민의 근본이익 실현, 유지, 발전을 강조하고, 인민이 많은 관심을 갖고 있고 인민과 가장 맞닿아 있는 현실적인 이익 문제에 집중하며, 군중과 기층에 깊숙이 들어가 민생을 이롭게 하고 민심을 따뜻하게 하는 조치를 더욱 많이 취할 것임을 제시했다. 아울러 인민의 시급한 문제를 해결하는 데 주력하고, 기초 공공서비스 시스템을 완비하며 공공서비스 수준을 개선하여, 균형과 접근성을 높이고 공동 부유를 확고히 추진할 것임을 명시했다. 보다 구체적으로는 네 가지 점을 제시했다.

첫째, 분배 제도 개선이다. 핵심은 개인의 노동과 근면을 통해 부를 쌓도록 적극 장려하고, 1차, 2차, 3차 분배를 조정·지원하는 체계를 구축하며, 저소득자의 소득을 높이고 중산층을 확대하는 한편, 공공복지와 자선사업에 기업, 사회조직 및 개인의 참여를 적극 지도하고 지원하겠단 점이다.

둘째, 고용 우선 전략의 실시다. 핵심은 고용을 민생의 기초로서 인식하고 고용 우선 정책, 고용촉진 구조개선, 고용지원 시스템 개선·강화 등을 통해 고용을 적극 촉진·보장한다. 또한 도농 간 고용정책 시스템 조정, 불합리한 규제와 고용차별 폐지를 통해 부지런한 노동을 통해 스스로 발전할 기회를 제공한다. 그 밖에도 평생 직업훈련 시스템 개선과 창업 촉진을 통해 고용시장의 구조적 모순과 새로운 고용형태의 개발을 지원하고 규범화하는 것이다. 아울러 노동자 권익 보호 강화를 제기하는데, 노동법률 및 규정 개선, 노동관계 협상 및 조정 구조와 노동자 권익보호 시스템 개선을 통해 원활한 고용과 새로운 고용 형태의 노동자 권익 보호를 강화하겠다고 밝혔다.

셋째, 사회보장 시스템 개선이다. 핵심은 전 인민을 포괄하고 도시와 농촌을 총괄하며 지속가능한 다층적 사회보장 시스템의 구축과 사회보험 적용대상 범위 확대다. 다차원적이고 다기반적인 연금보험 제도 발전, 다차원 의료보장의 체계적 연결 촉진 및 중대 질병 보험 및 의료지원 시스템 개선, 전국 통합적인 국가 사회보험 공공서비스 플랫폼의 개선과 기초의료보험, 실업보험, 산재보험의 성省 단위에서 총괄, 사회보장 기금의 운용 및 감독시스템 개선 등이 제시되었다. 아울러 남녀평등의 견지와 여성과 아동의 정당한 권익 보호, 장애인 사회보장 시스템과 돌봄서비스 시스템 개선 등 장애인 사업의 전면적 발전 촉진과 더불어, 주택은 투기용이 아닌 주거용이란 원칙을 견지하고 다양한 주체의 공급, 여러 경로의 보증 및 임대와 구매를 포함하는 주택제도 수립을 가속화해야 함을 밝혔다.

넷째, '건강 중국' 건설의 추진이다. 핵심은 출생률 저하 및 고령화에 대비한 조치뿐만 아니라 의료보건 시스템 개혁과 의료 인프라 확대·발전, 전염병의 조기 발견과 예방, 통제 및 치료 시스템과 비상대응능력 구축 강화 등의 공중보건 시스템 개선이다. 출생률 저하에 대비해 출산, 양육 및 교육비용을 낮추는 시스템을 구축하고, 고령화에 대비해 노인 돌봄 서비스 및 산업을 발전한다. 의료보건 시스템 개혁과 의료 인프라 및 조직을 발전·확대하는 가운데 사업의 중점을 기층, 즉 농촌과 도시 사구社區(지역 커뮤니티)에 둔다. 예방 의학의 협력 및 통합구조 혁신과 공중보건 시스템을 개선하여 주요 전염병의 조기 발견 능력을 향상하고 예방, 통제 및 치료 시스템과 조기 발전 능력을 향상하고 예방, 통제 및 치료 시스템과 비상 대응 능력 구축을 강화해 확산을 효과적으로 억제해야 함을 제시했다.

아울러 공산당은 사회 거버넌스 시스템 개선 또한 언급한다. 이에 따르면, 국가안보와 사회 안정의 확고한 수호를 위해 '공건·공치·공향'의 사회 거버넌스 체계를 개선하고 효율성을 향상해야 한다. 지금까지 사회 거버넌스 시스템에 대한 강조가 기층의 치안 및 인구관리로부터 복지·서비스의 수요 발굴 및 공급에 대한 분야로 확대되어왔던 데 반해, 이번 공산당 20차 당대회에서는 사회기층에서의 민원 업무뿐 아니라 갈등과 분쟁의 기층 수준에서 조기 해결, 대중 스스로 예방하고 관리하는 능력의 확대 발전 등 안보와 치안의 영역에서 인민의 참여와 동원을 강조했다. 특히, 이번 〈정치 보고〉에서 '펑차오楓橋 경험'은 매우 이례적으로 언급되었는데, 1960년대 초 저장성 주지諸暨현 펑차오진에서 인민이 중심이 되어 기층에서 다양한 모순과 문제를 효과적으로 자체 해결하는 모델이었다.[5]

III. 중국식 '사회 안정'의 주요 메커니즘: 공산당 영도하의 사회 거버넌스

공산당이 '사회 안정'을 강조함에도 불구하고, 과연 이를 성취할 수 있느냐는 보다 현실적인 문제다. 더욱이 정치적 또는 수사적 측면에서 강조하는 '사회 안정'이 과연 무엇을 의미하는지는 주요한 메커니즘과 현실적인 작동방식을 통해 맥락적으로 이해할 필요가 있다.

돌이켜보건대 개혁개방 이후 지난 40여 년간 경제적 급성장과 인민들의 다원적 요구 증대에도 불구하고 중국 사회가 장기적인 '사회 안정'

을 이뤄온 것은 사실상 기적에 가깝다(陳映芳, 2021). 중국이 개혁개방 이후 경제적 급성장을 거듭하고, 1989년 천안문 사건을 거치고, 2001년 세계무역기구WTO에 가입하고, 최근 미중 전략적 경쟁의 시기 및 코로나 대유행을 거치는 와중에, 이른바 '중국 붕괴론'은 유행처럼 등장해왔다. 하지만 중국이 위기를 겪을 때마다 반복 제기되던 '중국 붕괴론'이 '붕괴'해온 이유(정종호, 2017)의 기저에는, 지난 시간 공산당이 구축해온 역량과 제도적 성과가 존재한다. 즉, 당 '중앙'을 중심으로 한 공산당의 '권위주의 탄력성authoritarian resilience'(Nathan, 2003)과 적응력adaptation capability(Shambaugh, 2008), 중국정치 제도화 노력과 발전(조영남, 2020a) 등이 대표적이다.

아울러 사회학적 차원에서도 개혁개방 이후 심화되어온 불평등이 중국을 '사회적 활화산Social Volcano'으로 변모시킬 위험성이 있다는 우려가 다수 존재해왔지만, 불평등과 분배 불공정 문제에 대한 중국인들의 인식 조사를 통해 대다수 중국인들이 개혁개방 이후 만들어진 새로운 시장 논리와 그로 인해 파생된 불평등을 용인하고 오히려 이를 적극적으로 이용하려는 태도를 보였다고 반박되기도 했다(Whyte, 2010). 물론 이에 대한 반론들도 꾸준히 제기되어왔고, 10여 년이 지난 현재 수준에서 여전히 유효한지는 아직 논쟁 중이다.

그렇다면 공산당이 수많은 위기와 논란에도 불구하고 장기간 '사회 안정'을 유지해온 주요 메커니즘은 무엇일까? 과연 공산당은 이번 당대회에서 언급했던 '사회 안정'을 어떻게 지속할 수 있을까? 이에 대한 하나의 해답은 바로 그동안 공산당이 적극 추진해온 사회 거버넌스 체계의 건설에 있다. 공산당은 서구의 시민사회와는 전혀 다르게, 공산당 영도하의 사회 거버넌스 체계를 꾸려왔는데, 흔히 '큰 공산당-작은 정부-큰 사회' 모델은 공산당이 영도하고 개별 인민뿐 아니라 사회단체 및 사회조직, 기업 등까지도 사회 거버넌스에 참여하고 협력하는 모델로서 자리 잡고 있다.

특히, 도시의 기층 단위인 사구에서 벌어지고 있는 다양한 사회 거버넌스 실험들은 기층에서의 사회 안정의 핵심적 역할을 하고 있다. 개혁개방 이후 기존 단위체제가 해체되고 인구 이동이 활발해지며 나타난 기층 단위의 공백을 '사구'를 중심으로 개혁하고 새로운 거버넌스를 꾸려가는 와중에 2000년대 중후반 이후 공산당은 주요한 행위자로 등장해왔다. 기층 단위에서의 치안을 유지 및 관리하고 구성원의 다양한 이해관계와 요구들을 수용 및 조정하여 그들에게 맞춤형의 복지 서비스를 제공할 뿐만 아니라 국가 행정의 사실상 말단 단위로서 국가와 인민을 연결하는 등 사구는 치안, 행정, 복지 등 종합적인 차원에서 중국 '사회 안정'의 핵심 장소로서 거듭나왔다.

1. '큰 공산당-작은 정부-큰 사회'의 사회 거버넌스 모델

정치학적 차원에서 중국정치가 제도화되고 공산당의 통치가 '정치 안정'을 지속해왔지만, 사회학적 차원에서 '사회 안정'은 다소 상이하다. 즉 시민사회의 발전을 통해 정치권력에 도전하는 서구식 모델이 아니라 기업가, 지식인, 중산층 등 개혁개방 이후 성장한 주요 사회 세력이 공산당 및 국가에 도전하지 않고 오히려 협력하는 코포라티즘적 발전을 이루며 거시적인 '사회 안정'을 유지해왔다. 하지만 기층 사회로 내려가면 곳곳에서 집단 소요 및 불만의 표출 등 미시적인 사회적 불안정 또한 보여겨왔다. 심각한 사회 동요의 조짐들은 국유기업 노동자의 면직 및 파업, 농민 시위, 농민공의 파업 등 2000년대 초반 후진타오 시기부터 보여져왔다(백승욱, 2008). 또한 후진타오 집권 후반기에도 난하이혼다南海本田 파업 및 '군체성群體性' 사건을 중심으로 사회적 소요가 크게 증가하는 등 누적된 사회모순이 두드러지고 해결의 조짐이 보이지 않으며 중국에서 사회에 대한 관심이 부각되어왔다(백승욱·장영석·조문영·김판수, 2015).

공산당의 사회에 대한 관심은 1990년대 말 이후 '사회건설', '사회관리'를 거쳐 '사회 거버넌스'란 명칭으로 제도화되어왔다. 하지만 초기에는 치안과 통제에 역점을 둔 '사회관리'가 강조되었던 데 반해, 점차 '사회 거버넌스'가 부각되면서 기층사회 참여에 초점을 맞춘 제도와 정책이 전면적으로 등장하기 시작했다(조문영, 2015; 조문영·이승철, 2017; 조문영·장영석·윤종석, 2017). 2010년대 이후 중국 사회 영역의 주요한 변화 중 하나는 '사회관리社會管理'에 대한 관심이 높아졌고, 특히 2013년 이후 사회관리의 방향을 '사회 거버넌스社會治理, social governance'로 부르면서 민간 사회조직의 참여를 중시하기 시작했다(백승욱·장영석·조문영·김판수, 2015; 陸學藝, 2013; 何艶玲, 2013; 鄭杭生, 2013).

이른바 '큰 공산당-작은 정부-큰 사회' 모델의 사회 거버넌스는 '작은 정부, 큰 사회'라는 초기 개혁구상 이후 그 공백을 공산당과 사회주체들이 메우는 과정에서 공산당의 영도와 역할이 강화되면서 형성되어왔다. 1990년대 중반 이후 공산당이 '작은 정부, 큰 사회' 방침에 따라 정부 개혁을 추진하면서 사회 기층이 필요로 하는 사회복지 서비스를 제공하는 '사회공작社會工作'은 민간에 위탁하여 수행하는 바가 대세가 되었다(조영남, 2022b). 지역마다, 기층마다 상황은 매우 상이하지만, 경제가 발전한 동남 연해지역부터 시작해서 현재는 중국 내 대부분의 지역에서 사회조직의 한 유형인 '사회서비스기구'가 사회복지서비스 제공의 업무를 담당하도록 제도화되었다. 이 과정에서 도시의 기층 사구 건설 또한 자치와 풀뿌리 민주주의(費孝通, 2002; 白鋼, 2006)가 아니라, '단위'에서 '사구'로의 도시 행정체계 재편 및 공산당과 국가의 기층에 대한 통치 기반을 재정립하는 방향으로 전환되기 시작했다(박철현, 2014; 2015; 조문영·장영석·윤종석, 2017). 도시의 사구 건설에서 한편에서는 '사회관리'가 강조되는 동시에 다른 한편에는 '당건사업'이 두드러지게 강조되기 시작했고, '사회관리' 체제 내에서, 위로는 각급 지도기구에서, 아래로는 기층 사구위원회와 사회조직까지 당위원회의 역할과 당 조직 건설사업은 오히려 더욱 중요한 위치에 놓이게 되었다(백승욱, 2018).

공산당 영도하의 사회 거버넌스 작동방식은 위로부터의 '사회관리'의 필요와 아래로부터의 '참여'의 활성화가 결합된 형태였다. 사회의 참여는 국가 전체적인 층위가 아니라 기층의 측면에서 기존의 군중조직 및 필요한 사회조직을 육성·동원·활용하는 방식으로 작동해왔다. 기층에서 기층정부, 기층조직, 기업과 사회가 '사회 거버넌스'에 참여하며 사회조직의 '전문화'와 '시장화'가 강조되는 이유는 참여주체의 다변화가 기층화를 도모하면서 동시에 기층에 대한 당정黨政 영향력을 확대하려는 목표 속에서도 이해될 수 있다. 또한 기존 단위체제적인 유산인 공회工會, 부련婦聯, 공청단共靑團 등 '군중조직'을 활용하면서도, 단위체제 외부에 새롭게 등장한 사회조직을 확대하고 이들을 정부의 '서비스 구매' 등의 방식으로 관리했다. 그리고 공청단 및 공산당 조직을 매개로 하여 '군단조직'과 '사회조직'을 통일 관리의 구도로 만들어왔다. 이를 통해 통제 불가능하며 예측되기 어려운 '(단위) 체제 외부'인 '사회'를 통제 가능한 내부로 끌어들인다는 정책적 방향이 진행되었다(백승욱, 2017; 2018). 사회 거버넌스를 통해 활성화된 다양한 사회조직이 사구건설에 참여하면서, 사구, 사회조직, 사회공작이 결합된 이른바 '삼사연동三社連動' 모델이 전국적으로 확산되고, 정부와 민간이 합작한 다양한 지역 프로그램이 추진되어왔다(孫濤, 2016; 唐燦燦·曹迪, 2016). 그리고 사회조직(특히 사회서비스기구)의 수와 규모가 증대하고 그 역할이 점점 중요해짐에 따라 공산당 기층조직은 사회조직을 관리하는 중요한 수단이 되었다(조영남, 2020b: 264-265). 그 결과, 시진핑 집권 10년간 공산당 영도하의 사회 거버넌스 체계는 더욱 제도화되고 체계화되어왔다.

물론 사회 거버넌스 모델과 사구 건설 모델은 각 지역과 기층에 따라 상이한 양상을 보이지만(박철현, 2014; 2015; 백승욱·김판수·정규식, 2017; 조문영·장영석·윤종석, 2017), 먼저 발전하고 보다 다원적인 요구와 불안정의 요인이 존재하는 지역에서 '사회 안정'의 메커니즘은 더욱 강하게 작동해왔다. 예를 들어, 지방정부의 재정 역량이 충분한 동남 연해지역의 경우 '돈으로 안정을 산다'(Lee and Zhang, 2013)고 일컬어질 만큼 '사회 안정'에 대한 기능과 역할이 더욱 두드러진다. 지방정부는 대규모의 프로젝트 자금을 투입하여 사회조직 등을 동원하는데, 이를 통해 사회복지로부터 행정, 돌봄 및 관리에 이르기까지 다양한 공공서비스가 제공되고 다양한 주민들의 요구를 충족시키면서 결과적으로 '사회 안정'에 기여한다. 더욱이 이 과정에서 사회조직이 더욱 '전문화'되고 '시장화'되며 그 수와 규모가 크게 증가하는데, 공청단과 공산당은 창업 및 육성 플랫폼 등을 활용하여 사회복지서비스를 제공하는 사회조직을 자신의 입맛에 맞게 선별·육성하고 관리하고 있다(조문영·이승철, 2017; 윤종석, 2019). 또한, 노동 NGO에 대해서도 사회단체에 대한 등록 규정을 완화하고 서비스 구매의 방식을 통해 일종의 '복지주의적 포섭Welfarist Incorporation'을 시도하며(Howell, 2015), 공산당에 협조적이지 않은 NGO에 대해서는 법률적·제도적 제약을 통해 등록 자체를 어렵게 만들고 검거와 폭력수단, 일정한 회유 등을 병행하며 솎아내기를 시도해왔다.[6]

2. 공산당의 영도와 통제 사이의 사회 거버넌스의 성과와 과제

공산당이 영도하는 사회 거버넌스 모델은 예측성을 높이는 '사회관리' 모델로서, 기층 사회의 불안정을 통제·관리함으로써 전체적인 '사회 안정'에 기여해왔다고 평가할 수 있다. 이 과정에서 기존 공회의 역할과 기능 또한 기존의 방식에 머무르지 않고 다양한 사회 거버넌스 실험에 동참하기도 한다. 대표적인 사례로, 광둥성의 경우 〈기업 단체협약 조례〉를 제정하여 노동쟁의를 제도화하고 예측가능한 틀 속으로 끌어들이려고 한다. 기층에서의 직접 선거를 도입하여 '민주적 대표성'을 높이고, 공회 간부의 '사회화'를 통해 별도의 전문적 활동가 집단을 육성하며, 당정黨政의 입장을 따라 '허브형 사회조직' 건설을 주도하거나 참여하는 등 새로운 변화를 만들어내기도 했다(백승욱, 2020a; 2020b).

또한, 도시 지역에서 운영하는 '격자화網格化 관리grid management'는 공산당이 기층 관리를 수행하는 데 주요한 도구로서 활용되면서 통제와 예측가능성을 더욱 높이고 있다. 사구의 격자화 관리 방식이란 사구를 격자 단위로 잘게 쪼개고, 격자마다 주민을 관리하는 수 명의 '격자 관리원網格員'을 두어 주민의 활동과 지역 상황을 세밀히 관리하는 방식을 이른다.

이 방식의 목표는 "작은 일은 촌 밖으로 내보내지 않고, 큰일은 진鎭 밖으로 내보내지 않으며, 모순은 상급 정부로 보내지 않는다"라고 할 수 있다(장윤미, 2013; 조영남, 2020b: 366). 격자 관리원은 격자 내에 거주하는 주민을 감시하고 통제하는 업무와 동시에, 가능한 능력과 권한 내에서 지역 주민이 필요로 하는 공공서비스를 제공하는 업무를 담당한다. 그리고 격자 관리원은 "크게는 치안과 주택임대 관리까지, 작게는 주민의 두통과 발열, 하수도 뚫는 일까지 모두 관리한다"고 말할 정도로 주민에 대한 봉사자이자 감시자 역할을 수행하며, 모든 상황은 전산망을 통해 '사구ㅡ가도街道ㅡ구區 정부'로 연결되는 '격자망 관리센터'에 보고함으로써 그물방 방식의 관리체계가 완성된다(조영남, 2020b: 366-367).

최근 공산당은 도시 기층에서 공산당 건설공작을 더욱 강화하는 방향을 내놓으며 기층에서 공산당의 영도를 더욱 강조했다. 우선, 2019년 5월, 공산당 중앙은 〈도시 기층 공산당 건설공작 강화 의견〉을 통해 도시의 가도街道에 설립한 '공산당 공작위원회黨工委'(이하 '가도 당공위')의 '종합 조정 능력'을 강화하고 '당 건설' 임무에만 집중토록 했고 가도 당공위가 최고 영도기관임을 재확인했다. 다음으로, 사구 공산당 기층 조직의 사구 주민에 대한 사회복지 서비스 제공 기능을 보장하도록 요구했는데, 군중조직과 사회조직이 (기층) 거버넌스에 참여할 수 있도록 영도하고 격자화 방식으로 당 건설을 추진하며, 정밀하고 세밀한 (기층) 거버넌스를 촉진해야 함을 요구했다. 마지막으로, 사구 공산당 기층조직의 '정치 능력과 전투력을 증강'할 것을 요구했는데, 사구 내 각종 조직에 대한 '정치영도'와 주민군중에 대한 '교육영도'를 강화하고 공산당의 영도를 약화 혹은 반대하거나 도시의 사회 안정을 방해하거나 파괴하려는 행위와 투쟁해야 할 것을 강하게 요구했다(조영남, 2020b: 363~365).

분명 기층 거버넌스에서 공산당의 영도는 높은 불확실성이 지속되는 상황 속에서도 공산당의 통치 역량을 강화하고 '강고한' 체제를 구축하여 공산당이 원하는 '사회 안정'의 방향으로 강하게 추동하는 역할을 함이 분명하다. 더욱이 이번 공산당 20차 당대회 〈정치 보고〉는 확대 및 민생 개선뿐만 아니라 안보와 치안의 영역에서 인민의 참여와 동원을 강조했다. 즉 지금까지 사회 거버넌스 시스템에 대한 강조가 기층의 치안 및 인구관리로부터 복지·서비스의 수요 발굴 및 공급에 대한 분야로 확대되어왔던 데 반해, 사회기층에서의 민원 업무뿐 아니라 갈등과 분쟁의 기층 수준에서 조기 해결, 대중 스스로 예방하고 관리하는 능력의 확대 발전 등 안보와 치안의 영역에서 인민의 참여와 동원을 강조했다.[7] 그런 점에서 공산당 영도하의 사회 거버넌스와 그 결과로서의 '사회 안정'은 더욱 제도화되고 공고해질 것으로 보인다. 그런 점에서 높은 불확실성에도 불구하고 공산당이 '사회 안정'을 지속할 수 있는 근거가 마련된다.

하지만 문제는 이러한 공산당의 영도 강화가 오히려 사회의 자율성을 줄이거나 사회의 다양성을 억압하는 등으로 인해 사회의 활력을 줄이고 사회와의 협력을 약화시킬 수 있단 점은 여전히 커다란 문제다. 이러한 공산당 영도 강화가 후진타오 집권 시기 이후 추진되어오던 사회 분야의 다양한 개혁실험과 조치들을 원점으로 돌리거나 억압한다는 점도 큰 문제다.[8] 더욱이 공산당의 영도가 개혁과 실험을 추동하고 긍정적 방향으로 영향을 준다면 다행이나, 잘못된 방향으로 흐를 경우 이를 되돌리기 어렵게 만들면서 '경직적인' 사회 체제를 만들 수 있단 점은 더욱 문제다.

분명 중국이 커다란 사회경제적 위기나 정치적 위기에 직면했을 때 공산당 중앙의 올바른 방침과 기층 거버넌스에까지 이르는 공산당의 영도, 이에 대한 인민의 신뢰와 사회의 협력은 결정적으로 중요한 역할을 수행할 것이다. 하지만 코로나의 장기화와 제로 코로나 정책의 장기 지속은 공산당에게 전례 없는 새로운 도전을 가하고 있다. 비록 아직까지는 정치적 위기까지는 아니더라도 적어도 '사회 안정'에는 새로운 도전을 불러일으킨 것으로 보인다.

IV. 중국의 '사회 안정'에 대한 새로운 도전: 제로 코로나 정책과 불만들

전 세계가 전례 없는 '장기 코로나 시대'[9]를 겪으며 수많은 혼란과 불안정을 경험해왔듯이 중국 또한 '위드 코로나living with COVID-19'로 전환은 불가피했고, 대부분의 사회가 유사하게 겪어온 코로나 대응의 '상대적인 실패'에서 벗어나기란 결코 쉬운 것은 아니다.[10] 특히 이번 코로나 팬데믹이 보여준 높은 불확실성과 그로 인해 복합적으로 누적되는 사회경제적 부작용은 코로나 대응의 난이도를 더욱 높여왔다. 우선, 이번 코로나 팬데믹은 확산 및 재확산, 바이러스 변이를 반복하며 높은 불확실성을 자아냈고, 방역과 경제회복이라는 원칙에도 불구하고 시기에 따라 핵심 이슈 또한 비누적적으로 급변하면서, 보다 유연하면서도 효과적인 대응이 필수적이었다. 아울러 코로나의 전례 없는 장기화 속에서 복합적으로 누적되는 사회경제적 부작용은 단지 정부 차원의 대응뿐만 아니라 사회와의 협력, 나아가 사회가 복합적 위기를 스스로 견뎌낼 수 있는

'사회적 지구력'을 요구해왔다. 그런 점에서, 전체 자원을 효율적·효과적으로 동원할 수 있는 중앙정부 차원의 거버넌스뿐만 아니라 지역 및 기층 차원에서 사회와의 협력을 이끌어낼 지역 거버넌스가 중요함은 이미 상식이 되고 있다.

그런 점에서 중국의 코로나 대응 또한 중국 체제의 강고함에 대한 거대한 도전이었고, 대응과정에서 보여준 체제의 '민낯'을 교훈 삼아 체제의 취약성을 개선하고 새로운 전환을 마련한 주요한 계기였다.

특히, 2021년 말부터 현재까지 이르는 지난 1년여 간의 과정은 중국 체제의 '사회 안정' 메커니즘에 커다란 도전을 던졌다. 전 세계적인 엔데믹Endemic 추세에도 불구하고 공산당은 이른바 '동태적 제로 코로나 정책'을 총체적인 방침으로 고집하며 '위드 코로나'의 전환이 상당 기간 늦춰졌고, 수많은 논란 속에서 2022년 12월 이후 사실상 '위드 코로나'로 전격 전환되어왔다. 하지만 제로 코로나 정책이 왜 장기간 지속되었는지, 더구나 왜 현재 준비되지 않은 것처럼 보이는 '위드 코로나'로의 전격적 전환이 발생했는지는 여전히 쉽게 이해되지 않는 바가 많다.

1. 중국의 '제로 코로나 정책'의 형성과 변화

공산당 및 정부는 코로나 초기의 확진자 수 폭증이 통제된 이후 명목상 '코로나 청정지대'로서 중국사회를 유지해왔지만, 코로나의 지역적·산발적 감염에 대해서는 발 빠르게 지역 및 커뮤니티를 봉쇄하는 등의 조치를 반복했다. 다른 사회의 대응에서 방역과 경제회복의 균형이 중요했던 것처럼, 중국 역시 공중보건위기를 넘어 '6대 안정', '6대 보장' 등 민생안정을 위한 각종 조치를 통해 사회경제적 회복을 위한 노력(윤종석,

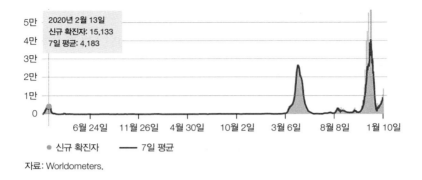

〈그림 4-1〉 중국 공식통계상 코로나 확진자 수 추이(2020년 1월 1일~2023년 1월 10일)

2020년 2월 13일
신규 확진자: 15,133
7일 평균: 4,183

● 신규 확진자   —— 7일 평균

자료: Worldometers.

2021)을 해왔다.

중국에서 제로 코로나 정책이 언제부터 시작되었는지는 다소 논란이 있지만, 제로 코로나 정책을 주장하고 실행하는 데 앞장섰던 양완녠梁萬年[11]에 따르면 다음과 같이 세 단계로 구분해볼 수 있다(梁萬年 等, 2022). 첫 번째 단계는 초기부터 2020년 4월에 이르는 '돌발적인 전염병 응급 포위 봉쇄 단계突發疫情應急圍堵'다. 우한 및 후베이 등지에서 국지적으로 집중적인 대규모 감염이 발생한 데 대해서, 어떠한 대가를 치르더라도 전염병의 확산을 통제하고 모든 곳에서 전염병을 단호하게 근절하는 것이었다. 두 번째 단계는 2020년 4월 말 이후 '일상화된 예방/통제 단계常態化防控探'다. 코로나의 산발적이고 소규모 감염이 지속되는 상황에서 해외로부터의 유입 방지와 핵산검사 중심으로 한 위험예방 통제로 2-3일 이내 확산을 통제하는 것을 목표로 했다.

세 번째 단계가 바로 '제로 코로나 정책'의 단계로, 2021년 8월 이후 전체 사슬의 정확한 예방/통제 단계의 '동태적 제로 코로나' 단계全鏈條精

准防控的'動態清零'다. 델타 변이 이후 나온 정책으로, 전염병의 빠른 전파와 치명률 저하 등에 대응한 바이기도 하다. 즉 전염병의 발생을 최소화하고, 발생 후에는 산발적 및 집단감염을 효율적으로 처리하며, 기본적으로 1개 잠복기(14일) 내에 전염병을 통제함으로써 최소한의 사회적 비용으로 최대 예방통제 효과 획득을 위해 노력하는 것이 목표였다. 변이 바이러스와 '경주'하여 능동적 방어를 실현하기 위해 기존의 '4조四早: 早發現, 早報告, 早隔離, 早治療' 원칙과 '4집중四集中: 集中患者, 集中專家, 集中資源, 集中救治'의 방책에 더해 모니터링 관문에서의 의무검사와 정기적 핵산검사 실시를 포함하는 능동적인 모니터링을 강조했다.

돌이켜본다면 '위드 코로나' 전환의 가장 결정적인 시기는 전 세계적으로 오미크론 변이가 발생한 이후인 2021년 겨울에서 2022년 봄에 이르는 기간이었다. 많은 사회들이 '위드 코로나'로 빠르게 전환되어갔지만, 공산당은 대내외적인 여러 비판과 우려에도 불구하고, 2021년 말 시안, 2022년 3월 상하이 봉쇄를 이어나가며 제로 코로나 정책을 고수해왔다.

공산당은 왜 제로 코로나 정책을 지속했을까? 이에 대해서 간략하게 다음 네 가지로 정리해볼 수 있다. 첫째, 해외유입을 방어하고 대내확산을 통제한다는 원칙하에서 아직 종결을 선언하기는 이른 시간이었다. 세계적 대유행의 종결은 중요한 준거로 보였고 세계보건기구WHO의 공식적 발표 이후 정책을 전환한다는 전망이 우세했다. 또한 다른 국가와 마찬가지로 내부적인 바이러스 감염전파 속도가 가장 중요한 준거였는데, 종결을 선언할 만큼 관리될 수 있는 수준에 이르지 못했다. 둘째, 백신접종률과 중국산 백신에 대한 낮은 사회적 신뢰로 전환이 주저되었다.

농촌지역, 특히 노인들의 낮은 접종률이 지속되고 농촌의 부족한 의료 인프라와 노인을 돌볼 가족 구성원이나 인력이 부족하다는 점에서 농촌에 감염이 시작되면 대규모 사망자의 발생이 극히 우려되는 상황이었다. 셋째, 여전히 부족한 의료 인프라와 재정부담은 양면적이었다. 의료 인프라 확충 및 사회안전망 확립을 위한 많은 노력에도 불구하고 코로나 집단감염에 대응하기는 여전히 불충분하여 종결 선언을 늦추는 데 기여했지만, 핵산검사 및 방역 및 봉쇄를 위한 인원·물자 동원 등 코로나 대응에 따른 지방정부의 비용이 크게 누적되면서 제로 코로나 정책 지속의 부담은 커져만 갔다.

가장 근본적인 부분은 네 번째 부분이다. 즉 악화되는 사회경제적 지표를 고려한다면, 방역 우선의 제로 코로나 정책을 지속하기란 쉽지 않았다. 중국사회도 다른 사회와 마찬가지로 코로나 대유행으로 인하여 상당한 충격을 받았고 경제성장률, 청년취업률 등 각종 지표뿐만 아니라, 농민공, 청년 및 대졸자, 자영업자, 여성 등 취약계층 및 수많은 인구들은 더욱 취약한 상태로 놓이게 되었다. 3억 명에 달하는 농민공에 대한 취업/고용 위기에 대한 우려는 초기에 비해서는 다소 줄어들었지만, 플랫폼 등을 활용하여 2억 명에 달하는 새로운 형태의 일자리 창출 등 노동 유연화 조치는 '질 나쁜 일자리'에서 고용을 창출하며 '노동의 불안정화' 우려를 더욱 자아냈다. 여성의 경우 상대적으로 더욱 불안정한 일자리에, 가족 상황에 따라 더욱 취약한 처지로 내몰렸다(박석진, 2021a; 2021b; 김미란, 2021). 청년층의 경우도 고용 한파는 여전히 지속 중으로 청년층의 실업률은 10% 중반대를 상회하며 지속되고 있었다. 더욱이 대학(원) 졸업자 1천만 명 시대에 접어들면서, 청년층의 취업난/실업위기는 더욱 많은 우려를 자아냈다. 더욱이 각급 지방정부의 '천편일률—刀切'적 방역 조치는 각 지방별로 다양한 사건·사고를 발생하고 인민 대중들의 불만을 자아내며 주요한 장벽이 되고 있었다.

특히, 제로 코로나 정책으로 인한 사회적 불만과 스트레스는 상당했다. 옥스퍼드대학의 '정부 대응의 엄격성 지수Government Response Stringency Index'[12]에 따르면, 〈그림 4-2〉처럼 중국정부의 코로나 대응은 2021년 3월 최저치인 53을 기록했지만 그 이후에도 60-80선으로 유지되며 상당한 방역 조치들이 꾸준히 유지되었다. 특히, 지방정부 수준의 대응과 개별 인민 수준의 엄격한 통제는 중앙의 정책보다도 더욱 엄격히 집행되었다. 각 지역별로 코로나 대응의 엄격성은 다소 차이가 있지만, 〈그림 4-3〉에서 보이듯 코로나 확산이 지역별로 산발적으로 반복되는 와중에도 상당수 지방정부의 코로나 대응 정책은 국가 전체 수준보다 더욱 엄격하게 집행되곤 했다. 더욱이 각급 지방정부의 '천편일률'적 방역 조치는 각 지방별로 다양한 사건·사고와 인민 대중들의 불만을 자아냈고, 지역 간 이동에 대한 제한적 조치들이 인구뿐만 아니라 자원, 자본의 순환을 방해하면서 사회경제적 악영향뿐만 아니라 사회적 불만과 스트레스를 크게 누적시켰고, 그 과정에서 취약집단/계층이 더욱 취약해지는 문제도 극명하게 드러났다.

물론 공산당 또한 제로 코로나 정책의 전환을 준비했던 것으로 보인다. 공산당 20차 당대회를 마치면서 제로 코로나 정책의 전환은 국내외에서 커다란 관심사로 등장했고 공산당 또한 전환의 단초를 제공했다. 11월 10일 공산당 20차 당대회 이후 처음 열린 중공 정치국 상무위원회의 회의에서 코로나 방역에 대한 보고를 듣고 방역을 더욱 최적화하기

〈그림 4-2〉 중국 정부의 코로나 대응 엄격성 지수

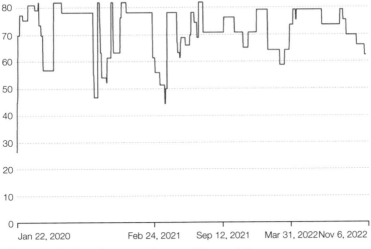

자료: Oxford COVID-19 Government Response Stringency Index.

〈그림 4-3〉 중국 지방정부의 코로나 대응 엄격성 지수

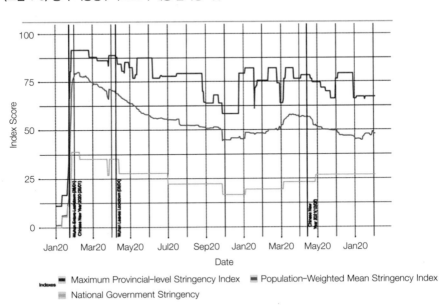

자료: Oxford COVID-19 Government Response Stringency Index.

위한 20가지 조치를 논의했음을 발표했다.[13] 세계적 차원에서 코로나 바이러스가 계속 변이하며 유행하고 있고 중국 내에서도 계속 발생하고 있는 데다, 중국은 인구대국으로 취약인구가 많고 지역발전이 불균형하고 의료자원의 총량이 부족하다는 점이 구조적 약점으로 제시되었다. 특히 바이러스 변이와 겨울·봄의 기후요인으로 인한 대규모 확산 가능성에 대한 우려 속에서, "해외로의 유입을 방지하고, 국내 확진자 반등을 방지하는" 총전략 속에 '동태적 코로나 제로정책'을 이어간다는 방침을 명확히 했다. 다만, 중국 내에 악명 높은 '천편일률'적 방역 조치에 대해서는 크게 경고하면서, 전염병 예방과 통제에 만전을 기하면서도 방역과 경제사회 발전을 효율적으로 총괄할 수 있는 다양한 조치들을 제기하면서 성난 민심과 불안을 달래고자 했다. 하지만 사회의 기대에는 미치지 못하면서 많은 논란들이 발생했다. 하지만 제로코로나 정책의 지속에 따른 사회경제적 불만은 폭발적으로 드러나기 시작했다.

공산당 20차 당대회를 앞두고 베이징에 내걸린 현수막은 꽤나 충격적이었다. "PCR 검사가 아닌, 밥을 원한다, 봉쇄와 통제가 아닌, 자유를

〈그림 4-4〉 베이징에 걸린 현수막
자료: Twitter에서 갈무리.

〈그림 4-5〉 중국 내에 걸린 화장실 낙서
자료: Twitter에서 갈무리.

원한다, 거짓말이 아닌 존엄을 원한다, 문화대혁명이 아닌 개혁을 원한다, 영수가 아닌 선거를 원한다, 노예가 아니라, 공민이 되자"란 여섯 문구에 더하여 "수업 거부! 파업! 독재자 매국노 시진핑 파면!"이라는 또 다른 현수막은 비록 모든 인민의 마음을 대표하는 것은 아닐지라도, 급진적인 구호와 중앙정부, 특히 시진핑에 대한 직접적인 비판이라는 점에서 매우 새로운 현상이었다.

또한 11월 정저우 폭스콘 공장에서 코로나 대규모 감염과 탈출 러시가 이어지며 사회적으로 많은 논란이 발생했고, 중국 내 온라인에서는 일부 네티즌과 검열 당국 간의 숨바꼭질 게임이 시작되었다. 일부 지역에서는 화장실 낙서의 방식으로 간헐적인 저항의 목소리가 새어나왔다. 특히 해외에서는 온/오프라인에서 관련 내용이 널리 퍼지면서 공산당에 대한 비판의 흐름으로 이어지기도 했다. 일부는 이를 두고 '용자勇者'라는 댓글을 달기도 했고, 일부 언론은 공산당에 대한 인민 대중의 반감이 높아지고 있는 증거로 활용하기도 했다.

더욱이 2022년 11월 말 흔히 '백지시위'라고 불리는 주요 도시에서의 동시다발적인 저항의 목소리는 중국 내외에서 폭발적인 관심을 받았다. 11월 24일 우루무치 화재 희생자 추모가 도화선이 되었고, 27일 하루에만 10여 개 도시에서 동시다발 시위가 벌어지고, 칭화대학·베이징대학 등 50개 이상의 대학에서도 시위가 벌어졌다고 보도되기도 했다. 중국의 주요 대도시들과 대학에서 동일한 구호가 등장한 시위가 동시다발적으로 벌어진 것은 1989년 천안문 사건 이후 처음이란 지적도 잇따랐다 (하남석, 2022).

이미 알고 있듯이, 제로 코로나 정책은 2022년 12월을 넘어가면서 빠르게 전환되고 이후에는 공식적으로 언급되지 않으면서 사실상 '철폐' 되었다. 12월 1일, 시진핑이 샤를 미셸 유럽정상회의 유럽이사회의 의장과의 회담 시에 한 발언은 주요한 전환의 계기로서 평가된다. "최근 중국에서 일어난 시위는 3년에 걸친 전염병과의 싸움에서 국민이 좌절한 결과라고 생각한다"라는 그의 발언은 공식적으로는 부인되기는 했지만, 중앙 및 지방 차원에서 제로 코로나 정책 전환의 시그널이 되었다. 이 과정에서 오미크론 변이가 델타 변이보다 훨씬 덜 치명적이란 것을 인정하는 당국의 발언들도 이어졌다. 12월 7일 발표된 신新10개 조치는 대부분의 방역 대책을 취소하며 '위드 코로나'로의 전환을 본격화했다. 정기적 핵산검사가 취소되고, 대부분 공공장소에서 핵산검사 증명 및 건강코드 요구가 취소되었으며, 백신 예방접종을 최대한 빠른 시간 내에 최대화할 것을 요구했고, 향후 지역봉쇄 미수행, 교차지역 이동제한 취소, 경미한 환자의 자가격리 허용 등이 발표되었다. 출입국 정책상 5일 중앙집중격리와 3일 자택격리라는 '5+3' 모델도 홈모니터링을 완화하며 '5+0' 모델, 일부 지역의 경우 '2+3'으로 전환되었다.

시진핑은 2023년 신년사에서 중국은 "코로나 방역에서 열심히 노력했고 전례 없는 어려움과 도전을 극복했으며 전염병 예방과 통제에 성공했다"고 언급했고, 지난 3년간의 전염병 예방 및 통제가 사람들의 삶에 어려움을 가져왔음을 인정했다. 2023년 1월 8일부터 중국 당국은 코로나 바이러스 감염의 등급을 B급으로 내리면서 대응의 수위를 더욱 낮추면서 사실상 '위드 코로나' 단계로 접어들었다. 더 이상 감염자에 대한 격리조치를 시행하지 않고, 밀집접촉자를 더 이상 식별하지 않으며, 고위험 지역과 저위험 지역을 구분하지 않는다. 또한 입국 인원 및 물품에 대한 방역조치 또한 더 이상 수행되지 않는다. 이로써 사실상 '위드 코로나'로의 전환은 이뤄졌다고 할 수 있다.

2. 중국의 제로코로나 정책의 전환과정에 대한 시론적 평가

분명 중국 체제의 '강고함'은 코로나 방역에도 상당한 성과를 거두었고, 높은 불확실성 속에서도 민생 안정, 나아가 '사회 안정'을 만들어내는 커다란 성과를 거두었다. 특히, 공산당 영도하의 사회 거버넌스 체계와 사회보장제도는 지난 3년간의 코로나 대응에서도 상당한 성과를 발휘했다. 처음으로 중국의 사회 정책이 전염병의 부정적 결과에 대처하는 주요 역할을 수행했다고도 평가되었고(Lu, Cai, Chen and Liu, 2020), 기층 사구 거버넌스 체계에 기반한 방역 대책과 사회조직 및 사회적 힘을 포괄한 연합방공대응 메커니즘, 과학기술 및 IT를 활용한 방역체계(조영남, 2021; 박철현, 2021; 2022) 또한 긍정적인 평가를 받기도 했다. 아울러 의료보험 지원 확대, 실업보험과 사회구조의 적극 활용, 지역커뮤니티 차원의 민간자원에 대한 적극 동원·활용 등 중앙정부 주도하에 각급 정부와 민간을 총동원하여 '전쟁과 같은' 코로나 방역전을 치러냈고 그 결과 상당 기간 코로나 바이러스의 위협에서부터 벗어날 수 있었다.

하지만 지난 몇 달간의 제로 코로나 정책의 고수와 전환 과정에서 '강고했던' 중국 체제 또한 코로나 대응에서 자신의 '민낯'을 보여줄 수밖에 없었다. '인민 지상, 생명 지상'을 앞세우며 생명권이 모든 인권에 우선한다는 중국식 방역논리는 빛을 바랬고, 폭증하는 확진자 및 중증환자에 여전히 부족한 보건의료 인프라 및 거버넌스 수준 등에서 중국 체제의 '민낯'이 여실히 보였다. 또한 '100년 만에 찾아온 대변국'이란 위기

담론을 통해 사실상의 (준)전시내각을 꾸리고 전체 인민과 사회를 영도하여 단결·분투해 나아가고자 했던 통치 방식에도 균열이 생겼다(이희옥, 2023). 공산당 20차 당대회 이전의 베이징 현수막 시위, 폭스콘 공장에서 농민공의 저항과 탈주, 백지 시위 등이 연이어졌고 주요 도시와 대학뿐만 아니라 각 지역의 기층 사구에서도 많은 소요와 저항이 발생하며 '성난 민심'을 보여줬다. 확진자 수도 폭증하며 주요 간부들조차도 코로나에 걸려 중요 회의에 불참했다는 평도 있을 정도로 전체적인 통치는 어려워지고 코로나 대응은 정부의 정책보다는 사실상 개인의 책임으로 넘겨졌다.

중국의 코로나 대응을 돌이켜보면, 지난 3년간 '성공'과 '실패'의 롤러코스터를 탔다고도 할 수 있다. 초기 빠른 인식cognition과 소통communication을 통해 중앙-지방 정부 및 사회와 협조coordination하여 위기를 조기 통제control하는 위기 및 재난관리 모델(Comfort, 2007)에 따르면, 코로나 초기 경험은 매우 전형적인 초기 실패와 결과적 통제의 사례이기도 하다. 초기 실패는 빠른 위기 인식과 소통에 실패하면서 그 결과 초기 통제에 실패했다. 결과적 통제란, 곧 중앙정부 영도하의 전국적인 자원집중과 '인민 전쟁'이라 불릴 정도의 전 사회적인 인민의 동원을 통해 가능했다. 공산당 중앙의 리더십은 다시 빛을 발했고, 전쟁과도 같은 일사불란한 국가와 인민의 협력 및 협조는 중국 체제의 '강고함'을 보여주는 결과로서 자평되기도 했다. 중국의 코로나 대응 '성공'에 대해 권위주의 체제의 이점, 견실한 국가통치 체제의 구축 등을 그 요인으로 들 수 있지만(조영남, 2020; 2021), '성공'을 위해 치른 인적·물적 대가(조영남, 2021), 언론자유의 문제 및 지역차별, 실업, 사회안전망 및 사회적 지속가능성의 문제(하남석,

2021) 등 수많은 과제와 숙제를 남겼다.

제로 코로나 정책 또한 지역 차원에서 기층 사구를 중심으로 빠른 인식과 집중적 자원 투여로 조기 통제를 목표로 했고 상당한 성과를 거두었지만, 확산과 재확산, 봉쇄와 재봉쇄를 반복하며 장기간 누적되는 사회적 부작용을 막기에는 역부족이었다. 그런 점에서, 역병의 최종 통제가 권위주의의 덕이라고 한다면 역병의 초기 확산 또한 권위주의의 산물임을 잊어서는 안 된다(박우, 2021)는 지적과 중국 체제의 '민낯'과 지속가능성을 더 면밀히 검토할 필요가 있다(윤종석, 2021)는 지적은 현재적으로 다시 유효하게 돌아온다.

중국의 제로 코로나 정책으로의 급격한 전환은 전혀 예상치 못한 데다 여전히 쉽게 이해되지 않는다는 점에서 추후 많은 연구가 필요하다. 최근 중국 신화통신과 《인민일보》는 중국의 전염병과의 전쟁이 새로운 단계에 접어들었음을 강조하고, 공산당 중앙위원회가 때와 상황에 맞춰 전염병 예방과 통제를 최적화했다고 자화자찬을 하고 있지만, 그렇게 설득력 있어 보이지는 않는다. 더욱이 사실상의 전환 과정에서 보여준 지리멸렬함은 공산당이 영도하는 강고한 체제의 '예측가능성'을 훨씬 넘어선 체제의 '민낯'을 여실히 보여주었다. 의약품 및 의료보건 인프라의 준비도 제대로 이뤄지지 못했고, 코로나 바이러스에 대한 당국의 설명은 '위험한 전염병'에서 '감기와 같은 질병'으로 하루아침에 손바닥 뒤집듯이 변했으며, 확진자 수 및 사망자 수도 공개하지 않는 등 체제의 '민낯'을 여실히 드러냈다. 그런 점에서, 공산당이 왜 이렇게 정책적 급변침을 시도했는지는 여전히 의문이 남을 수밖에 없다.[14]

또한 코로나 감염자 수의 폭증과 그에 따른 사망자 수의 증가 추이를 고려할 때, 이에 대처하고 견뎌내는 사회적 지구력은 공산당의 영도 이외의 주요한 사회적 힘으로서 향후 중국사회의 안정을 살펴보는 데 주요한 요인으로 주목해볼 필요가 있다. 특히, 도시 사구 중심으로 진행된 사회 거버넌스 체계의 발전 과정에서 다소 소외되었던 농촌 지역에서의 코로나 확산과 대응 경험은 향후 주목해볼 필요가 있다. 코로나 확산에 따라 도시에서 조기 복귀한 농민공과 춘절 기간 대규모 인구이동 등에 따른 농촌 집단감염이 농촌 노인의 낮은 접종률과 기저질환, 부족한 의료보건 및 돌봄 인프라, 정부의 부실한 대응으로 커다란 희생을 치르게 된다면, 그 사회정치적 여파는 상당할 것으로 우려된다. 하지만 생각보다 커다란 소란 없이 넘어가는 현 시점에서 살펴본다면, 코로나 전환의 과정에서 벌어진 다양한 경험과 그에 대한 인식들이 향후 어떻게 지속될지, 어떠한 후과를 남길 지는 지속적으로 조사·관찰 및 논의가 절실하다.

V. 결론: 시진핑 집권 3기, 중국 사회의 안정은?

과연 시진핑 집권 3기, 중국은 장기적인 '사회 안정'을 지속할 수 있을까? 현재 진행 중인 중국사회의 코로나 대응 과정은 주요한 시금석이 될 전망이다. 지금까지 갖춰온 공산당 영도하의 사회 거버넌스 및 사회보장체계는 여전히 강고하지만, 이번 위기에서의 교훈을 어떻게 받아들이고 체계를 더욱 발전시켜나갈 것인지는 보다 '열린' 질문이 될 것이다.

이번의 정책적 위기와 혼란이 사회적인 방역 위기로, 나아가 정치적 위기로 이어지며 공산당이 강조하는 '사회 안정'에 커다란 위협이 될 수 있을까? 공산당에게도, 중국사회에게도, 중국을 지켜보는 관찰자에게도 지금은 여전히 쉽지 않은 시간이다. 이러한 위기를 맞아 공산당 지도부가 현재의 통제 기제로는 국가와 사회의 인민을 제대로 통치할 수 없다고 판단하기 전까지, 또는 그런 위기를 맞아 중국인 대다수가 현재의 통제 기제를 불신하고 거부하는 상황이 오기 전까지는, 현재의 공산당 영도 및 통제 기제는 계속될 것이다(조영남, 2020: 752)라는 전망은 여전히 유효하다. 다만 적어도 이번 코로나 위기가 어떻게 진행될지, 어떠한 결과로 이어질지는 보다 중장기적 시야로 향후 상세히 관찰하고 분석해 봐야 한다.

분명 지금까지 공산당은 여러 사회경제적 위기나 정치적 위기에 직면하여 공산당 중앙의 올바른 방침과 기층 거버넌스에까지 이르는 공산당의 영도, 이에 대한 인민의 신뢰와 사회의 협력을 통해 '정치 안정'과 '사회 안정'을 이뤄내 왔다. 만약 공산당 및 체제의 역량에 주목한다면, 공산당이 이번의 위기를 교훈 삼아 새로운 혁신을 이뤄낼 수 있을지는 관건이 될 것이다. 아울러 중장기적 관점에서 살펴본다면, 과연 중국 사회가 이번 코로나를 거치면서 어떠한 교훈을 얻을지에 주목할 필요가 있다. 비록 지금 공산당, 또는 사회까지도 코로나 대응에 사실상 실패했다고 할지라도, 현 체제의 '민낯'을 직시하고 이를 교훈삼아 '새로운 정상'으로 진전할 수 있는가는 중국 체제뿐만 아니라 중국사회의 힘을 보여주는 바일 것이다.

우선 중국 체제, 공산당이 영도하는 중국 사회 거버넌스 차원에서 살펴본다면, 중국 체제의 '강고함'이 코로나 대응에 적어도 상당부분은 실패했고, 앞서 살펴본 바처럼 예측가능하고 정밀한 거버넌스 체제의 경직성으로 인해 유연한 대응, 사회와의 소통과 협력에 실패했다는 가설을 내세워볼 수 있다. 하지만 중요한 것은 그 이후이다. 분명 초기 대응에 있어서 공산당이 영도하는 사회 거버넌스 체계는 주요한 성과를 거두었고, 코로나를 거치면서 기술-방역 레짐의 도입, 기층 가도의 당공위의 역할 강화, 사회와의 협력을 통한 연합방공기제의 건립, 기층 및 지방 차원의 다양한 실험이 진행된 바가, 이후 어떠한 방향으로 이뤄질 것인가에 주목할 필요가 있다. 다시 한 번 체제의 '강고함'을 내세워 더욱 경직된 체계로 나아갈지, 이번 위기의 교훈을 통해 보다 유연하면서도 효과적인 체계로 거듭날 수 있을지가 주요 관건이 될 것이다.

아울러 최근 농촌으로의 코로나 확산이 크게 우려되는 모습은 공산당이 그간 갖춰온 사회 거버넌스 체계와 사회보장체계가 여전히 도시 중심이고 농촌을 적절히 포괄하지 못하고 있단 점을 상기시켜준다. 특히 농촌 노인의 사망자 수가 급증하고 이에 대한 대응이 적절히 이뤄지지 않는다면, 커다란 사회적 참사이자 재난으로 인식될 수도 있다. 더욱이 탈빈곤을 통해 향촌진흥을 꾀해왔던 공산당 입장에서는 더욱 뼈아픈 결과일 수도 있다. 그런 점에서, 이후 농촌으로의 확산 추이와 양상을 주목하면서, 이 과정에서 수많은 인명 피해와 그로 인한 눈물과 아픔, 트라우마를 살피고 그 과정 속에서 경험을 살피는 동시에, 이를 반복하지 않기 위한 공산당과 사회의 대책에 주목할 필요가 있다. 향후 보다 완전한 사회보장체계와 의료보건 및 돌봄 인프라 건설, 향촌 진흥의 지속과 발전 등의 측면에서 주요한 전환의 계기가 될 수 있을지 주목해야 한다.

마지막으로, 우리는 보다 차분히 위드 코로나로 전환을 견뎌내는 중국사회의 지구력과 공산당의 정책 및 거버넌스 전환(또는 혁신)에 더욱 주목할 필요가 있다. 코로나 대응이 가져온 복합적인 충격과 위기는 단지 공산당과 정부의 힘만으로는 대응하기 어려운 것이 당연하고, 중국 사회와의 협력 및 중국인민의 자구력은 주요한 대응의 기반이 될 수밖에 없다. 더욱이 최근 코로나 감염의 대규모 확산 속에서 중국인민은 정책적·제도적 지원보다는 개인 및 사회적 차원에서의 자구책 마련에 더욱 집중하여 견뎌낼 수밖에 없다. 과연 코로나 대응과 전환의 과정에서 발생한 다양한 사회적 경험들이 이후 어떻게 사회적으로, 정책적·제도적으로, 나아가 체계 전반에 이어질 수 있을까는 가장 중요한 질문으로 남겨둔다.

특히 이번 코로나 위기를 극복한 경험에서 발현될 중국 사회의 저력이 어떠한 결과로 나아갈지 주목할 필요가 있다. 천잉팡陳映芳은 개혁개방 이후 전환기의 중국이 거시적인 '사회 안정'을 유지한 '사회 기적'을 다루면서, 국가의 정책·제도가 아니라 사회중심적 설명을 제시한다. 가족화된 사회구조와 비국가화된 경제생활, 등급 간 이동이 가능한 신분제와 유동流動의 역할, 국가/법률 외적인 자생적 호혜관계와 비공식적 공간의 중요성 등 사회적 배경과 구조로 인해 개혁개방 이후 장기적인 사회 안정을 이뤄냈다는 것이다(陳映芳, 2021). 하지만 현재의 공산당 영도하의 제도화·체계화 노력은 이러한 비공식성의 긍정적 역할을 축소하고 있기도 하며, 지난 시간 '사회 안정'의 주요한 사회적 토대였던 가족 구조 또한 갈수록 그 기능과 역할이 축소되고 있다. 개인 및 집단, 사회적 측면에서 이러한 지속과 변화에 대한 적응과 저항, 긴장과 갈등을 중장기적 차원에서 더욱 검토해볼 필요가 있다.

과거 발생한 여러 차례의 위기와 재난은 중국 정부로 하여금 사회안전망 발전의 경험을 제공해왔다. 1997년 국유기업발 대규모 실업 위기가 '주민최저생활보장제도居民最低生活保障制度'를, 2008년 원촨汶川 대지진이 사회공작社會工作의 전면적인 도입·확대를, 2003년 사스SARS 위기와 2007-08년 글로벌 금융위기 등은 종합적·예방적인 사회 거버넌스와 사회보장의 흐름으로 이어졌다. 과연 이번 코로나19 위기가 중국 사회안전망, 나아가 중국 체계의 발전에 어떠한 변화를 낳을 것인지는, 중국 체제의 힘을 진단하고 중국사회 변화를 전망해볼 수 있는 주요한 과제가 될 것이다.

주

1 그런 점에서 공산당 20차 당대회에 대한 사회적 평가는 자료의 부족뿐만 아니라 다양하고 복잡할 수밖에 없는 시선들을 어떻게 포괄적으로 다룰 것인가라는 문제를 제기한다.

2 이 절은 공산당의 〈정치 보고〉에서 다룬 핵심적인 내용을 제시하고 그에 대한 본격적인 평가는 이후 3절과 4절에서 다룬다.

3 보다 구체적인 원문에 대한 번역본은 성균중국연구소(2022)를 참조할 것.

4 다만 출산정책의 조정은 너무 늦게 이뤄졌다는 비판 또한 상당하다.

5 시진핑은 2003년 저장성 당위원회 서기 재임 시 '펑차오 경험'을 강조하며 적극 홍보했고, 2013년 10월과 2020년 11월 등 '펑차오 경험'을 적극 강조하면서 새로운 사회 거버넌스 모델로 부상했다(陸健·嚴紅楓·張穎, 2021).

6 2019년 가을, 필자의 인터뷰에서 광둥 지역의 모 활동가는 이러한 이유들로 과거 노동자 권익보호 활동을 접고 지방정부와 공산당의 방향에 따른 노동자 직업훈련 및 재교육훈련에 종사할 수밖에 없다고 토로하기도 했다.

7 앞서 언급한 '펑차오 경험'은 이런 맥락에서 공산당이 지향하는 이상적인 모델 중 하나로 이해될 수 있다.

8 앞서 광둥성 공회 개혁의 경우도 시진핑 집권 2기 들어 상당수의 조치들이 철회되거나 유명무실화된 것이 대표적 사례 중 하나다.

9 '장기 코로나 시대'라는 문제설정과 사회의 지구력의 필요성은 서울대 정근식 교수의 칼럼(정근식, 2020) 및 서울연구원·서울대 아시아연구소(2022)를 참조할 것.

10 필자가 참여한 세계 주요 대도시 열 곳의 코로나 대응에 대한 비교·분석 프로젝트는 코로나 대응 초기부터 세계 주요 도시의 대응에 있어 '절대적인 성공'이 존재하기보다는 '상대적인 실패'와 '더한 실패'만이 존재한다고 지적해왔다. 자세한 것은 서울연구원·서울대학교 아시아연구소(2022) 참조.

11 양완녠은 공공위생전문가로서 중국 방역정책의 실무를 담당하는 중국국가위생건강위원회 코로나 바이러스 대응조치공작 영도소조의 전문가집단 조장을 맡아왔다.

12 '정부 대응의 엄격성 지수'는 정부 정책의 엄격함을 드러내는 지수로서, 그 수치가 높을수록 더욱 엄격함을 드러낸다. 지수의 측정 기준에는 학교 폐쇄, 직장 폐쇄, 공공이벤트 취소, 모임 제한, 대중교통 폐쇄, 외출 제한, 국내이동 제한, 해외여행 통제 등의 지표와 소득 지원, 빚 경감, 재정 조치, 국제적 지원 등 경제적 관련 지표, 백신 확보량 및 접종 관련 지표 등이 포함

된다. 절대적 수치로 국제비교를 할 수는 없지만, 국가별로 그 추이를 살펴보는 데 많이 활용되고 있다.

13 〈中共中央政治局常務委員會召開會議 聽取新冠肺炎疫情防控工作彙報 研究部署進一步優化防控工作的二十條措施 中共中央總書記習近平主持會議〉, 人民網 2022. 11. 10. http://politics.people.com.cn/n1/2022/1110/c1024-32563558.html (검색일: 2022. 11. 15.)

14 분명히 공산당 또한 공산당 20차 당대회 이후 점진적인 전환을 시도하는 모습을 보였고, 성난 민심과 사회적 불만, 사회경제적인 회복의 필요성 등은 중요한 준거였을 것으로 추정된다. 또한 일부는 이미 2022년 11월 말에서 12월 초에 바이러스가 전국적으로 확산되어 더 이상 막을 수 있는 수준이 아니었다고도 평가하기도 한다. 하지만 이 부분은 추후에 보다 많은 자료와 인터뷰, 조사 등을 통해서 수행되어야 할 것이다.

참고문헌

김미란·리앙타오. 2021.《젠더와 소수자의 시각으로 본 중국 코로나》. 소명출판.

박석진. 2021a. 〈코로나19 대응: 중국 정부의 노동유연화 확대 방침과 노동자에게 미친 영향〉. 《국제노동브리프》 19권 1호.

박석진. 2021b. 〈코로나19가 중국의 각 노동계층에 미친 영향〉. 《국제노동브리프》 19권 2호.

박우. 2021. 〈코로나19, 사회 통제, 그리고 방역 정치〉. 백영서 엮음.《팬데믹 이후 중국의 길을 묻다: 대안적 문명과 거버넌스》. 책과함께.

박철현. 2014. 〈중국 사구모델의 비교분석: 상하이와 선양의 사례: 사회정치적 조건과 국가 기획을 중심으로〉.《중국학연구》 69집.

박철현. 2015. 〈중국 개혁기 사회관리체제 구축과 지방정부의 역할 변화: 1990년대 상하이 푸동 개발의 공간생산과 지식화〉.《공간과 사회》 52권.

박철현. 2021. 〈중국 베이징의 코로나19 대응에 관한 연구: 확산추세. 방역전략. 기술-방역 레짐을 중심으로〉.《아시아연구》 24권 2호.

박철현. 2022. 〈중국의 '제로 코로나' 정책과 '기술-방역 레짐'〉.《성균차이나브리프》 10권 3호.

백승욱. 2017. 〈중국의 '사회관리'와 사회 거버넌스〉.《성균차이나브리프》 5권 2호.

백승욱. 2018. 〈중국 사회 거버넌스의 방향 전환〉.《성균차이나브리프》 6권 3호.

백승욱. 2020a. 〈사회관리 강화를 위한 중국 노동조합의 개혁: 포산(佛山)시 스산(獅山)진 S조직의 사례를 중심으로〉.《현대중국연구》 21집 4호.

백승욱. 2020b. 〈머리는 무겁고 다리는 가벼운 중국 노동조합은 바뀔 수 있는가:직업화 간부 중심의 선전시 노동조합 개혁〉.《중소연구》 43권 4호.

백승욱·김판수·정규식. 2017. 〈중국 동북지역 사회관리 정책에서 나타나는 당·정 주도성〉.《현대중국연구》 19권 2호.

백승욱·장영석·조문영·김판수. 2015. 〈시진핑 시대 중국 사회건설과 사회관리〉.《현대중국연구》 17집 1호.

서울연구원·서울대학교 아시아연구소 엮음. 2022.《팬데믹, 도시의 대응: 세계 대도시의 코로나 19 경험에서 배우다》. 서울: 서울연구원.

성균중국연구소 엮고 옮김. 2022.《중국공산당 제20차 전국대표대회 보고》. 지식공작소.

윤종석. 2019.《중국 농민공의 개발공헌 지위와 복지 수급: 광동성 사례의 분석과 함의.》. 서울대학교 사회학과 박사학위논문.

윤종석. 2021. 〈장기 코로나 시대, 중국 사회의 대응과 변화에 관한 예비적 고찰〉. 김주아 외. 《중국의 코로나19 대응과 신지식》. 학고방.

이희옥. 2023. 〈[이희옥 칼럼]중국이 코로나 빗장을 풀 수밖에 없었던 이유〉. 《서울경제》 1월 11일. https://www.sedaily.com/NewsView/29KFKSDODX (검색일: 2023. 1. 12.)

장윤미. 2013. 〈중국 "안정유지(維穩)"의 정치와 딜레마〉. 《동아연구》 64권.

정근식. 2020. 〈제2차 코로나 파도와 사회의 지구력〉. 《다산포럼》 9월 8일. http://www.edasan. org/sub03/board02_list.html?bid=b33&page=9&ptype=view&idx=7637 (검색일: 2022. 12. 31.)

정종호. 2017. 〈[차이나 인사이트] 중국 붕괴론은 왜 매번 빗나가고 또 등장하는가〉. 《중앙일보》 4월 19일. https://www.joongang.co.kr/article/21489842#home (검색일: 2022.12.31.)

조문영. 2015. 〈혼종. 효용. 균열: 중국 광동 지역 국가 주도 사회건설에서 사회공작(사회복지)의 역할과 함의〉. 《중소연구》 39권 3호.

조문영·이승철. 2017. 〈'사회'의 위기와 '사회적인 것'의 범람: 한국과 중국의 '사회건설' 프로젝트에 관한 소고〉. 《경제와 사회》 113호.

조문영·장영석·윤종석. 2017. 〈중국 사회 거버넌스(治理) 확산 속 동북지역 사구건설의 진화: 노후사구(老舊社區)의 모범화〉. 《중소연구》 41권 2호.

조영남. 2020. 〈중국은 어떻게 코로나19의 통제에 성공했나?: 후베이성과 우한시의 활동을 중심으로〉. 《국제지역연구》 29권 3호.

조영남. 2021. 〈중국은 코로나19에 어떻게 대응했나?〉. 백영서 엮음. 《팬데믹 이후 중국의 길을 묻다: 대안적 문명과 거버넌스》. 책과함께.

조영남. 2022a. 《중국의 통치 체제 1: 공산당 영도체제》. 21세기북스.

조영남. 2022b. 《중국의 통치 체제 2: 공산당 통제 기제》. 21세기북스.

하남석. 2021. 〈중국의 코로나19 대응과 정치사회적 함의〉. 백영서 엮음. 《팬데믹 이후 중국의 길을 묻다: 대안적 문명과 거버넌스》. 책과함께.

唐燦燦·曹迪. 2016. 〈淺析社會工作在"三社聯動"中的作用〉. 《城市發展理論》 第47期..

梁萬年·劉民·劉珏·王亞東·吳敬·劉霞. 2022. 〈我國新型冠狀病毒肺炎疫情防控的"動態清零"策略〉. 《中國醫學雜志》 102(4).

陸健·嚴紅楓·張穎. 2021. 〈"楓橋經驗": 基層社會治理的中國方案〉. 《광명일보》 3月 17日. https:// epaper.gmw.cn/gmrb/html/2021-03/17/nw.D110000gmrb_20210317_1-05.htm (검색일: 2022. 12. 31.)

陸學藝 主編. 2013. 《當代中國社會建設》. 北京: 社會科學文獻出版社.

白鋼 主編. 2006.《城市基層權利重組》. 北京: 中國社會科學出版社.

費孝通. 2002.〈居民自治: 中國城市社區建設的新目標〉.《江海學刊》第3期.

孫濤.〈以"三社聯動"推進基層社會治理創新〉.《理論月刊》第10期(2016).

王月眉. 2022.〈習近平的"勝利時刻": 官方大肆宣傳, 民眾保持沉默〉.《紐約時報中文網》10月 17日. https://cn.nytimes.com/china/20221017/pageantry-in-the-halls-of-power-but-silence-on-the-streets/ (검색일: 2022. 10. 25.)

鄭杭生. 2013.〈走向有序與活力兼具的社會: 現階段社會管理面臨的挑戰及應對〉.《西北師大學報(社會科學版)》第1期(2013).

陳映芳. 2021.《秩序與混沌 : 轉型中國的〈社會奇蹟〉》. 臺北: 國立臺灣大學出版中心.

何艷玲. 2013.〈"回歸社會": 中國社會建設與國家治理結構調適〉.《開放時代》2013年 3月.

〈中共中央政治局常務委員會召開會議 聽取新冠肺炎疫情防控工作彙報 研究部署進一步優化防控工作的二十條措施 中共中央總書記習近平主持會議〉. 人民網, 2022. 11. 10. http://politics.people.com.cn/n1/2022/1110/c1024-32563558.html (검색일: 2022. 11. 15.)

Comfort, L. K. 2007. "Crisis Management in Hindsight: Cognition, Communication, Coordination, and Control." *Public Administration Review*, 67(S1): 189-197.

Howell, J. 2015. "Shall We Dance? Welfarist Incorporation and the Politics of State—Labour NGO Relations." *The China Quarterly*, 223: 702-723.

Lee, C. K. and Y. H. Zhang, 2013. "The power of instability: unraveling the microfoundations of bargained authoritarianism in China". *American Journal of Sociology*, 118(6): 1475-1508.

Lu, Q. Cai, Z. Chen, B. and Liu, T. 2020. "Social Policy Responses to the Covid-19 Crisis in China in 2020." *International Journal of Environmental Research and Public Health*, 17(16).

Nathan, A. 2003. "China's Changing of the Guard: Authoritarian Resilience." *Journal of Democracy*, 14(1): 6-17.

Oxford COVID-19 Government Response Stringency Index https://data.humdata.org/dataset/oxford-covid-19-government-response-tracker

Shambaugh, David. 2008. *China's Communist Party: Atrophy and Adaptation*. Berkeley. UC Press; Washington. Woodrow Wilson Center Press.

Whyte, M. K. 2010. *Myth of the Social Volcano: Perceptions of Inequality and Distributive Injustice in Contemporary China*. Stanford. Calif.: Stanford University Press.

제5장

미국의 견제 속
'중국 특색 강대국 외교'의 시련과 응전

서정경

(서울대학교 아시아연구소 선임연구원)

"국제정세의 급격한 변화, 특히 외부의 기만, 억제, 봉쇄, 극한의 압박에 직면하여, 우리는 국가이익을 중시하고, 국내정치를 우선시하며, 전략적 일관성을 유지했고, 투쟁정신을 발양하여, 강권을 두려워하지 않는 굳센 의지를 보여주었다."

– '중국공산당 제20차 전국대표대회 〈정치 보고〉' 중에서

I. '중국 특색 강대국 외교', 외부의 견제에 직면하다

중국공산당 제20차 전국대표대회(공산당 20차 당대회)는 바이든 대통령 취임 이후 미중 경쟁의 구조화, 팬데믹으로 인한 전 세계의 경기 침체, 우크라이나 전쟁으로 인한 지정학적 충돌과 국제질서의 변동, 그리고

---

* 이 글은 서정경, 2023, 〈시진핑 3기 정부의 외교 전망: 중국공산당 제20차 전국대표대회 정치 보고를 중심으로〉,《국가전략》 29-1을 수정 및 발전시킨 것이다.

전 세계적인 반세계화 사조와 양극화 등 불안정하고 복잡한 국제정세 속에서 개최되었다. 미중 패권경쟁이 구조화되고 자유주의 질서의 퇴조가 논의되는 가운데 시진핑 3기 정부의 대외정책의 변화와 연속성에 대한 각계의 관심이 제고되고 있다.

시진핑의 총서기직 3연임에 따라 중국의 대외정책은 사실상 1·2기와 연속선상에 있다. 그런데 주목할 점은 시진핑 정부 임기 내에 중국이 미국을 포함한 서방세계의 강한 견제에 직면했고, 그로 인해 시진핑 정부가 제시한 국가정책의 최상위 목표, 즉 '중화민족의 위대한 부흥' 실현과정에 차질이 빚어졌다는 사실이다. 따라서 시진핑 3기 정부의 대외정책은 기존 외교의 큰 틀은 유지하되 외부 견제로부터 파생되는 도전을 극복하고 2049년의 '두 번째 백 년'의 초강대국 목표를 향해 나아가려는 험난한 투쟁과 도전을 이어갈 전망이다. 특히 시진핑 주석이 기존의 관례를 깨고 3연임에 성공한 만큼, 그것의 명분을 증명하기 위해서라도 시진핑 주석이 주창한 '중국 특색 강대국 외교中國特色大國外交'는 존재감을 인정받고자 적극 시도될 전망이다.

좀 더 구체적으로 살펴보자. 시진핑 정부는 덩샤오핑의 개혁개방 이후 '하나의 중심, 두 개의 기본점一個中心, 兩個基本點'에서의 하나의 중심, 즉 중국의 모든 대내외 정책의 최상위에 장기간 존재했던 '경제발전' 목표를 '중화민족의 위대한 부흥'으로 대체시켰다. 이로써 40여 년 남짓의 긴 시간 동안 경제성장의 지속가능성을 보장하고자 평화롭고 안정된 대외 환경 조성에 주력했던 중국의 외교는 시진핑 집권기 들어 전환되었다. 2050년까지 미국에 버금가는 초강대국으로 등극하는 데 유리한 대외환경을 조성하고, 강대국에 걸맞은 국가관계와 국제위상을 구축하는 것으로 외교의 중점이 이동한 것이다.

시진핑 정부는 역대 어느 정부보다 강대국 지위에 대한 강한 열망과 노력을 경주했다(Almond, 2017; 우신보 인터뷰[1]; 金燦榮, 2017). 세계는 시진핑 정부의 전랑외교戰狼外交를 목도했다. 이러한 배경에는 '중국 특색 강대국 외교'가 있었다. 시진핑 주석은 2014년 중앙외사 공작회의에서 "중국은 반드시 자기 특색을 띤 강대국 외교를 해야 한다. 우리의 대외업무에 선명한 중국 특색, 중국 스타일, 중국 기백이 있게 해야 한다"며 '중국 특색 강대국 외교'를 처음 제시했다. 이후 2017년 공산당 19차 당대회 〈정치 보고〉는 이를 "전면적으로 추진한다"고 선언했고, 2018년 중앙외사 공작회의는 이를 재강조했다. 왕이 외교부장에 따르면 '중국 특색 강대국 외교'는 시진핑 집권기에 맞이한 '신시대' 중국외교의 지도사상이다(王毅, 2022).

'중국 특색 강대국 외교'를 논하려면 우선 '강대국 외교大國外交(중국어로 따궈와이쟈오)'의 내함內含이 변했음을 이해할 필요가 있다. 과거 '강대국 외교'는 원래 강대국인 미국과 소련(러시아) 등을 대상으로 하는 외교를 의미했다. 그런데 중국의 국력이 점차 강화됨에 따라 '강대국이 된 혹은 강대국을 지향하는 중국 자신의 외교'까지 포함하는 의미로 확장되었다(서정경·원동욱, 2019). 시진핑 정부는 강대국을 상대하는 외교로는 '신형 강대국 관계新型大國關係'의 외교를 전개했다. 또한 강대국으로서의 외교로는 '책임지는 강대국負責任的大國' 면모를 부각시키기 위한 다양한 담론과 정책을 추진해왔다.

그러나 중국은 자신의 예상보다 빠르고 훨씬 강력한 외부의 견제에 직면했다. 단순히 경제뿐 아니라 기술, 산업, 문화, 군사, 정치 등 각 분야에 걸친 미국의 전면적인whole-of-government approach 견제(White House, 2020)가 시작되었고, 유럽도 동참하기 시작했다(European Commision, 2020). 미국 주도하에 중국의 부상을 견제하려는 국가들 간의 '민주주의 정상회의', '오커스AUKUS', '인도태평양 경제프레임 워크IPEF', 쿼드Quad 등이 우후죽순처럼 생겨났다. 우크라이나 전쟁은 강대국 세력다툼으로 인한 국제질서의 변화로 다가왔고, 대러제재에 나서지 않는 중국에 대한 비판적 국제환경이 조성되었다(絲路智穀研究院, 2022; 凌勝利, 2022; 陳文玲, 2022).

　이로써 중국은 과거에 경험해보지 못한 '견제의 시기'에 직면했다.[2] 트럼프 정부 시기부터 중국산 제품에 대한 미국의 고율관세로 인해 수출이 약화되고, 중간재 및 반도체 등 첨단기술의 중국 유입이 차단되면서 위기감이 고조된 상태였다. 리커창 총리는 2016년 전국인민대표대회에서 중국이 향후 5년 내 중진국 함정에 빠질 수 있어 특별한 주의를 기울여야 한다고 경고한 바 있다. 국내적으로 고령화가 빠르게 진행되는 가운데, 경제성장의 모멘텀이 꺾일 경우 시진핑 정부가 추구하는 '중화민족의 위대한 부흥'의 실현 가능성은 불투명해질 수밖에 없다. 이는 중국 공산당의 집권 명분 소실과 연계되는 것으로서, 국가와 사회보다 공산당이 우위에 있는 당-국가party-state 체제인 중국의 기반을 뒤흔드는 상황을 초래할 수 있다.

　공산당 20차 당대회는 이러한 배경 속에서 개최되었다. 당대회는 기본적으로 중국의 국내행사로서 대외정책을 집중적으로 표출하는 자리는 아니다. 따라서 공산당 20차 당대회 〈정치 보고〉(이하 〈정치 보고〉)를 통해 향후 중국외교를 세밀하고 구체적으로 전망하기는 어렵다. 그럼에도 불구하고 5년 만에 공표하는 당대회 〈정치 보고〉에는 과거에 대한 평가뿐 아니라 새로운 5년을 구상하는 중국의 대외인식과 정책적 방점이 담겨 있다. 이번 〈정치 보고〉를 과거 공산당 18차 및 19차 당대회의 그 것과 비교해보았을 때 시대에 따른 중국 세계관의 점진적 변화, 국제정 세에 대한 시진핑 정부의 판단, 변화된 환경 속 대외정책의 중점 이동 등 을 파악할 수 있다. 이 글은 2절에서 시진핑 3기 정부의 대외인식과 레 토릭 강화 현상을 우선 짚어본다. 다음으로 '중국 특색 강대국 외교'의 전망을 강대국 대상 외교(3절)와 강대국으로서의 외교(4절)로 나누어 연 속과 변화의 관점에서 살펴보기로 한다.

II. 위기의 시기 '중국 특색' 레토릭의 강화

1. '평화와 발전의 시대'가 아닌 '도전의 시대'를 맞은 중국

〈정치 보고〉에 드러난 중국의 시대인식은 과거와 크게 구별된다. 1980 년대부터 면면히 이어온 '여전히 평화와 발전의 시대'라는 기본 입장이 사라졌을 뿐 아니라 강한 위기감과 대립적 세계관이 나타났기 때문이 다. 시진핑 정부의 집권 1기에 개최되었던 공산당 18차 당대회는 '국제 세력구도상 신흥시장국과 개도국의 종합실력이 증가되어 국제세력의 균형에 변화가 발생했고, 따라서 국제정세가 전반적으로 안정되는 데 더욱 유리한 시기'라고 판단했다. 이러한 인식은 공산당 19차 당대회에 도 크게 변하지 않았다. 그런데 공산당 20차 당대회에서는 이러한 입장 이 사라졌다. 더 이상 평화와 발전의 시대가 아니며, "세계의 변화, 시대 의 변화, 역사의 변화가 과거에 없었던 방식으로 전개되면서 인류사회가 미증유의 도전에 직면"한 시대라는 것이다.

　중국은 강한 위기의식을 표출했다. 공산당 19차 당대회는 과거 5년에 대하여 "전방위적, 다층적, 입체적 외교 구조를 형성함으로써 나라 발전을 위한 양호한 외부조건을 조성했다"라며 일대일로, 아시아 인프라 투자은행AIIB 발기, 실크로드 기금 설립, 일대일로 국제협력 정상포럼, APEC 정상회의, G20 항주 정상회의, BRICS 샤먼회의 등을 자신의 성과로 열거했다. 반면 〈정치 보고〉에는 그런 내용이 다 빠졌다. 대신 국제적 공평과 정의를 수호하고 진정한 다자주의를 실천했으며, 패권주의와 강권정치, 일방주의, 보호주의, 집단 따돌림에 반대했다고 적시했다. "당 중앙이 전당 전군 전국 각 민족 인민들로 하여금 엄중하고 복잡한 국제정세와 끊임없이 나타난 거대한 리스크의 도전에 효율적으로 대응하도록" 이끈 것이 가장 중요한 성과라는 것이다. 공산당 18차와 19차 당대회 〈정치 보고〉가 외부로부터의 위기와 도전을 언급하면서도 여전히 희망이 있고 전략적 기회가 있으니 기회를 잘 살려보자는 의미가 강했다면, 이번 〈정치 보고〉의 경우, 도전이 훨씬 강해졌고 외부환경이 크게 악화되었으니 정신 바짝 차리고 투쟁하지 않으면 안 된다는 위기의식이 강하게 드러났다. 이는 2018년 개혁개방 40주년 기념대회의 '9개의 필수九個必修'에는 없었던 '새로운 역사적 특징을 지닌 위대한 투쟁'이 2021년 중국공산당 창당 100주년 경축 연설에서 강조된 '9개의 필수'에 새로 삽입된 상황과도 같은 맥락에 있다(서정경, 2022).

　세계를 피아구분의 상호 대립관계로 보는 세계관도 노출되었다. 공산당 19차 당대회 때 미국에 대한 비판을 지양했던 것에서 벗어나 곳곳에서 미국(이라고 밝히진 않았지만)의 견제와 압박에 대한 비판적 입장을 드러냈다. 2022년 3월 전국인민대표대회(전국인대) 회의에서 왕이 외교부장이 "개별 강대국(미국)이 패권 지위를 지키기 위해 냉전적 사고방식을 되살리고 진영대립을 형성한다"라고 발언한 것과 같은 인식이 이어졌다(중국외교부, 2022b).

인류의 공동 도전과 문제에 대한 진단이 과거보다 복잡해졌고, 그 가운데 자신의 정의로운 역할을 더욱 강조하는 레토릭이 강해졌다. 공산당 18차 당대회 때는 전 세계 금융위기, 강대국의 패권주의, 강권정치, 신간섭주의, 국제적인 혼란 그리고 지구적인 비전통 안보문제 등이, 그리고 공산당 19차 당대회 때는 전 세계적 불안정성, 불확정성, 경제침체, 빈부격차, 역내 핫이슈, 테러리즘, 인터넷 안보, 전염병, 기후변화 등이 인류의 공동문제로 제시되었다. 그런데 〈정치 보고〉는 팬데믹의 영향, 반세계화 사조, 일방주의, 보호주의, 세계경제 회복의 지연, 국부적 충돌과 불안정사태, 지구적 문제의 심화 등 외에도 "자기 힘을 믿고 약자를 괴롭히며, 남의 재물·권리 따위를 교묘한 수단이나 힘으로 빼앗고, 제로섬 게임 등 패권적, 패도적, 집단 따돌림적 행위의 위해성이 심각해졌으며, 평화 적자赤字, 발전 적자, 안전 적자, 거버넌스 적자가 가중되고 있어 인류사회가 미증유의 도전에 직면했다"고 밝혔다. 과거의 중국은 비교적 객관적인 관점에서 인류의 현안을 인식했다면, 강한 견제에 직면한 오늘날의 중국은 자신의 관점, 즉 자신의 곤경을 공동이 당면한 도전으로 치환시킴으로써 주관성을 배가시킨 것이다(서정경, 2022).

주목할 점은 위기의 시대를 맞아 중국의 정체성이 변화의 압박에 처했다는 추정이 가능하다는 것이다. 중국은 비록 1990년대 중후반부터 스스로를 '책임지는 강대국負責任的大國'으로 칭해왔지만, 사실상 오랜 기간 강대국과 개도국의 이중 정체성을 지녀왔다(Xuetong, 2021). 공산당 19차 당대회 〈정치 보고〉는 과거 어느 때보다도 강한 중국을 지향하는 담론과 내용을 담는 동시에 "세계에서 가장 큰 개도국이라는 국제지위는 변하지 않았다"라고 밝히는 균형감각을 발휘했다. 이에 비해 이번 〈정치 보고〉에는 그런 문구가 사라졌다. 그리고 "우리는 '책임지는 강대국'의 역할을 담당하여 글로벌 거버넌스 체제의 개혁과 건설에 적극 참여했고, 코로나19 방역을 위한 국제협력을 전면적으로 전개함으로써 국제사회의 광범위한 찬사를 얻었다. 우리의 국제적 영향력, 호소력, 창조력은 현저하게 제고되었다"를 비롯, 상당한 분량의 자화자찬이 나타났다. 이는 분열되고 이분법적인 세계관 속에서 미국 등 서방세계를 비도덕한 세력으로, 자신을 정의의 편으로 규정한 중국이 강한 투쟁의식과 레토릭을 소환한 상황과도 연관된다. 즉 견제의 시대를 맞아 중국은 더이상 스스로를 개도국이라는 틀 속에 가둬두지 않으며, 패권국가의 부도덕한 압박을 이겨내고 더욱 강력한 국가로 거듭나겠다는 국가주의적 사고와 레토릭의 동원 속에서 자기 정체성의 인위적인 전이과정을 밟아 나가고 있다고 판단할 수 있다.

2. 미국과의 담론 경쟁 본격화: '인류 운명공동체' 담론 강화

〈정치 보고〉에서 '인류 운명공동체' 담론이 공산당 19차 당대회에 비해 더욱 확대되었다. 본 담론은 원래 시진핑 1기 정부가 주변외교를 강화하고자 '친親·성誠·혜惠·용容'의 레토릭을 제시하며 주변국을 대상으로 제시한 '운명공동체' 담론에서 시작된 것이었다. 집권 2기 들어 단순히 주변국뿐 아니라 인류 전체를 대상으로 하는 '인류 운명공동체' 담론으로 확대되었다. 이번 〈정치 보고〉에서 '인류 운명공동체'는 시진핑 주석이 중국공산당 창당 100주년 경축식 연설에서 언급한 '인류문명의 신형태'와 함께 '중국식 현대화'의 본질적 요구 중의 하나'로 제시되었다. 인류 사회가 미증유의 도전에 직면한 상황에서 중국공산당이 중국 특색 사회주의를 통해 서구의 길과는 다른 새로운 인류문명의 형태를 창조해나 간다는 레토릭으로 발전하고 있다(李海青, 2022; 韓震, 2022; 馮鵬志·曹潤青, 2022). 시진핑 집권 3기에 국제사회를 선과 악의 구도로 양분하며 자국 의 정의로움을 강조하는 도덕적 레토릭과 관련행태가 더욱 강해질 전망 이다.

레토릭이 활용될 구체적인 실행방안도 활성화될 전망이다. 역대 〈정치 보고〉에 나타난 관련 챕터의 제목이 '인류의 평화발전 추진'(공산당 18차 당대회) → '평화발전 노선 견지를 통한 인류 운명공동체 구축'(공산당 19차 당대회) → '세계평화와 발전 촉진 및 인류 운명공동체 구축 추동'(공산 당 20차 당대회)으로 미묘하게 강화되었다. 평화와 발전을 적극 촉진하 며 인류 운명공동체를 만들어나가겠다는 것이다. 이는 국가 안보가 이 제 단순히 군사뿐 아니라 경제 안보, 에너지 안보, 사회 안보, 인간 안보 등 다양한 분야를 모두 포괄하는 복합안보complex security의 개념이 된 상 황을 반영한 것이며 그 가운데 자신의 리더십을 창출하려는 중국의 의 도를 엿보게 한다. 시진핑 정부는 집권 2기에 방역, 경제, 산업, 기후변화 관련 협력을 지향하는 '글로벌 발전 이니셔티브Global Development Initiative', 그리고 기후변화에 대처하기 위한 '글로벌 행동 이니셔티브Global Action Initiative'를 제창한 바 있다. 이 외에도 사이버공간 글로벌 거버넌스에서 주도권을 쥐기 위해 이미 중국 중앙 인터넷정보 판공실中國中央網信辦과 교육부가 전국에 총 10개의 연구기지를 설립하여 관련 이니셔티브를 모색하고 있다.[4] 향후 중국은 전 세계에서 다수를 점하는 개도국 및 신흥 경제국과의 경제발전, 사회발전, 국가안전 등을 상호 연결하고, '안전이익'과 '발전이익'을 연결하는 각종 이니셔티브와 관련 행위를 활발히 전개해나갈 것이다. 보건공동체, 발전공동체, 안보공동체, 사이버공동체 등 다양한 운명공동체 사례를 발굴하고 추진하는 다자외교에 주력할 것이다.

이는 '신시대 중국 특색 사회주의'가 더욱 강조되는 집권 3기의 정책방향과도 부합한다. 인류 운명공동체를 위해 헌신하는 사회주의 국가로 스스로를 규정하면서 '중국 특색 강대국 외교'가 단지 '중국몽'이라는 자기 이익 실현의 도구에 불과하다는, 사회주의 국가로서 듣기 다소 불편한 비판을 우회하려 할 것이다. 물론 그것의 현실적 동기는 외부 견제 속에서 생존과 번영에 필요한 자기 진영을 최대한 확보하려는 데 있다.

3. '중국식 현대화': 미국과의 체제경쟁 본격화

이번 〈정치 보고〉에 '중국식 현대화'라는 개념이 새로 제시되며 비상한 관심을 끌었다. 이는 외교적 관점에서 보자면, 중국이 미국과의 체제경쟁에서 승리하기 위해 국내 제 분야의 경쟁력을 끌어올리려는 것이며, 대외적으로도 중요한 함의를 갖는다. 〈정치 보고〉는 "지금부터 중국공산당의 중심임무는 바로 전국 각 민족 인민을 단결시키고 인도하여 '사회주의 현대화 강국'을 전면적으로 건설하고, 두 번째 백 년의 분투목표를 실현하는 것이다"라며 이를 위한 방식으로 '중국식 현대화'를 제시했다. 미래 5년을 "사회주의 현대화 국가의 전면적 건설을 위해 국면을 열고 발을 내딛는開局起步 관건시기"라고 규정하며 제시한 대부분의 임무, 즉 경제의 고품질 발전, 과학기술의 자립자강, 신발전구조, 현대화 경제 체제 건설, 국가 거버넌스 체계와 거버넌스 능력 현대화, 사회주의 시장 경제 체제, 개방형 경제 신체제, 전 과정 인민민주의 제도화·규범화·체계화, 중국 특색 사회주의의 법치 체계, 기본 공공서비스의 균등화, 다층적 사회보장 체제, 아름다운 중국 건설의 효율성, 건군 백 년의 분투목표 등은 모두 체제 전반의 경쟁력 제고와 직결되는 것들이다(서정경, 2022).

2007년 미국의 〈국가안보전략 보고서〉가 중국을 미국의 안보와 번영을 침해하는 국가로 규정하고, 다음 해인 2008년 미국발 금융위기가 발발하며 서구모델의 취약성과 한계가 드러난 이후, 2009년 중국에서 '체제의 경쟁력 우세優勢'라는 개념이 처음 등장했다. 트럼프 행정부가 2020년 5월 백악관 보고서를 통해 미중관계를 두 체제 간 장기적 전략적 경쟁관계로 규정(United States Strategic Approach to The People's Republic of China, 2020)하자 중국학계와 사회에서도 미중 경쟁은 더 이상 경제성장률이나 이데올로기가 아닌 체제경쟁력을 둘러싼 경쟁이며, 제대로 한번 붙어보자라는 응전의 심리가 형성되었다. 이번 〈정치 보고〉에서 소강사회小康社會의 실현을 치하한 것, 또한 예전에 없던 과학기술 부분이 5장에 새로 삽입된 것도 같은 맥락이다. 미국은 첨단기술 등 중국의 경제/산업/과학기술의 혁신과 고도화에 필요한 외부자원 공급을 차단하기 위해 동맹을 규합하고 있고, EU도 가세하기 시작했다. "교육, 과학기술, 인재는 사회주의 현대화 국가의 전면적 건설을 지탱하는 기반이자 전략이다. 반드시 과학기술이 제일 생산력, 인재가 제일 자원, 혁신이 제일 동력이 되도록 해야 한다"는 '중국 특색 사회주의' 체제의 경쟁력을 강화시키려는 절박한 목소리이다.

'중국식 현대화'가 서구보다 우월한 중국, 즉 중국 특색을 드러내려 한다는 사실은 공산당 20차 당대회 폐막 이후《인민일보》에 실린 한 사설에서도 잘 드러난다. 〈중국식 현대화로 중화민족의 위대한 부흥을 전면 추진하자〉라는 기사는 중국식 현대화의 다섯 가지 내용을 설명하면서, 세 가지 부분에서 서구와 본질적으로 다르다고 주장했다(張東剛·林尚立, 2022. 11. 15.).

'중국식 현대화'가 지향하는 다양한 체제개혁 조치들이 실행되어 중국의 사회주의 체제가 강한 경쟁력을 갖추게 되면 이는 중국의 대외환

〈표 5-1〉 중국식 현대화 관련 서방과 중국의 차이

중국식 현대화	서방	중국
막대한 인구의 현대화	-	• 난도와 복잡함이 인류의 현대화 역사상 전례 없음
인민 전체가 공동부유한 현대화	• 자본을 중심으로 한 현대화 • 빈부격차와 사회 분열 초래	• 사회주의 현대화 • 중국 특색 사회주의의 본질적 요구 • 사회의 공평정의 유지 및 촉진
물질문명과 정신문명이 조화를 이루는 현대화	• 자본을 중심으로 한 현대화 • 물질주의 팽창, 정신세계 공허	• 풍부한 물질과 부유한 정신은 사회주의 현대화의 근본 요구 • 물질적 기반과 사회주의 선진문화 겸비
인간과 자연이 조화롭게 공생하는 현대화	-	• 지속가능한 발전 • 생산발전, 부유한 생활, 양질의 생태적 문명발전의 길을 걸음
평화발전의 길을 걷는 현대화	• 식민지 확장으로 자본 축적 • 자본주의 현대화 발전의 각종 위기를 전쟁 통해 전가함	• 평화, 발전, 협력, 공영의 가치 • 세계평화와 발전 수호하며 자기 발전 도모

자료: 〈以中國式現代化全面推進中華民族偉大複興〉,《인민일보》(2022. 11. 15.)를 저자가 정리함.

경 개선에 다음과 같은 실익으로 이어질 수 있다. 첫째, 개도국들에게 중국모델의 우수성을 선보이고 전파함으로써 자국의 권위와 영향력을 제고시킬 수 있다. 소위 민주를 강요하고 내정을 간섭하는 미국이 아닌, 중국의 편으로 끌어오는 데 더욱 유리하며, 이는 결국 미국 중심적 기존 글로벌 거버넌스를 중국에 유리하게 재편하는 데 큰 도움이 된다. 둘째, '쌍순환 전략'은 우선 국내순환, 즉 국내의 거대한 수요에 기반한 내재적 활력과 역량을 추구하지만, 동시에 반드시 해외 양질의 기술 및 자본과의 결합을 요구한다. 중국 체제 전반의 경쟁력이 강화되고 활력이 돌면서 시장이 생성되면, 이는 해외 유수 대기업들로 하여금 자국 정부의 입장과 무관하게 중국시장에 접근하고 투자하려는 더욱 강한 욕구를 갖도록 유도할 수 있다(서정경, 2022). 한 가지 더 주목하자면, 첨단과학기술의 자립자강 실현을 가속화하고 국가 전략의 수요를 만족시키기 위해, "독창성 있고 지도력 있는 과학기술 확보에 역량을 집중"한다는 문구이다. 이는 중국이 미국 중심적 규범이나 질서가 기구축되어 있지 않는 신흥기술 분야에 향후 더욱 주력할 것임을 의미한다. 이미 배터리, 태양광, 빅데이터, 바이오 등 신흥기술 분야에서 중국의 강세가 두드러지는 가운데, 향후 미국 기술패권의 공백을 파고드는 중국과 이를 막으려는 미국 간 공방이 치열하게 전개될 것임을 알 수 있는 대목이다.

III. 강대국을 상대로 전개하는 '중국 특색 강대국 외교': '신형 강대국 관계'의 시련과 지속

1. 미중관계의 안정 지향 및 비판적 레토릭 강화

이번 〈정치 보고〉는 "강대국 간 조율과 양성적 상호작용을 촉진시키고, 평화적으로 공존하며, 전반적으로 안정되고 균형적으로 발전하는 강대국 관계의 틀을 만들어나갈 것이다"고 천명했다. 이는 공산당 19차 당대회 〈정치 보고〉의 "강대국 간 조율과 협력을 추진하고, 전체적 안정되고 균형적으로 발전하는 강대국 관계의 틀을 구축하겠다"와 큰 차이가 없어 보이지만 사실상 변화된 현실 인식이 반영된 것이다. 우선 '협력'이 '양성적 상호작용'으로 톤다운되었으며, '평화적 공존'이 추가되었다. 이는 시진핑 3기 정부가 강대국과의 협력에 대한 기대를 대폭 줄인 가운데에서도 여전히 미국과의 직접적 충돌을 최대한 우회하고 안정된 미중관계를 구축하는 데 주력할 것임을 의미한다. 사실상 트럼프 행정부발 미국의 대중견제가 시작된 이후 중국은 줄곧 미중관계의 안정이 전 세계 평화와 안정에 필요하다는 논리로 미국에게 줄곧 확전을 지양하자는 메시지를 보내왔다. 올해도 중국외교부는 미중 간 경쟁, 협력, 대항이라는 삼분법을 상호존중, 평화공존, 협력공영의 3원칙으로 대체해야 한다고 주장했다(中國外交部, 2022a).

이러한 현상을 '신형 강대국 관계新型大國關係' 외교의 실패라는 맥락에서 해석할 수 있다. 공산당 18차 당대회 〈정치 보고〉에 처음 삽입된 '신형 대국관계'는 부상하는 중국이 미국 등 강대국들의 견제나 관계 악화를 미연에 방지하기 위한 고심의 결과였다. 시진핑 주석은 취임 이후 오바마 대통령과의 첫 정상회담 자리에서 중국의 핵심이익을 존중할 것과 서로 충돌하지 말고 협력하자는 요구를 골자로 하는 '신형 강대국 관계'를 제안했다. 이는 과거 미중관계의 수동적 패턴, 즉 대만 문제나 최혜국 대우MFN, 인권문제 등의 카드를 활용한 '미국의 대중국 자극과 그에 대한 중국의 반응' 패턴을 벗어난 중국의 주체적 움직임이었다.

그러나 이는 미국에 의해 충분히 수용되지 않았다. 공산당 18차 당대회 〈정치 보고〉에 나타난 '신형 강대국 관계'가 공산당 19차 당대회 〈정치 보고〉에서 사라진 이유이다. 이후 중국은 트럼프 행정부 시기를 기점으로 미국발 견제에 직면했다. 바이든 대통령은 트럼프 행정부의 대중 유산의 대부분을 이어받았을 뿐 아니라 동맹국을 규합하며 중국 견제의 강도를 높였다. 미국은 단순한 무역적자 문제가 아닌 산업 경쟁력과 기술문제를 정조준하기 시작했다. 기술에 근거한 산업화에서 나의 비교우위를 높이려는 경쟁이 아니라, 산업 경쟁력을 뒷받침하는 여러 첨단기술 자체를 내 것과 남의 것으로 나누고 서로 다투는 상황의 도래는 미중 간 신뢰 및 합의 도출이 과거에 비해 근본적으로 어려워졌음을 의미한다. 유럽도 바이든 정부 취임을 계기로 미국과의 동맹관계를 복원하고 중국 견제에 동참하기 시작했다(Europe Commision, 2020). EU는 중국의 국가 주도적 경제체제가 불공정성하다며 그로 인해 초래되는 시장 왜곡 현상을 콕 집어 비판하기 시작했다. 나토정상회의는 중국이 '규칙에 기반한 국제질서 및 동맹안보 관련' 영역에 구조적 위협systemic challenge이라는 입장을 밝힘으로써 과거보다 날카로운 예봉을 중국에게 견주었다. 유럽의회는 또한 대만과의 정치관계 및 협력에 관한 보고서를 압도적 표차로 통과시키며 중국의 심기를 건드렸다. 여기에 일본도 가세했다.

아베 총리 시기 일본은 중국과 일대일로 관련 제3국 공동진출을 꾀하고 도쿄올림픽에 대한 중국의 지지를 얻고자 중국 화웨이를 겨눈 '클린 네트워크'를 구성하자는 미국의 제안에 응하지 않았었다. 이후 입장을 선회하여 바이든 행정부가 주도하는 '가치와 국제법에 기반한' 서방의 중국 견제에 편승하기 시작했다. 내각관방 국가안전보장국NSS 산하 경제반과 경제안보 담당상을 신설하여 중국에 대한 기밀 유출을 방지하는 한편, 쿼드Quad 참여국인 미국, 인도, 호주 등 '가치를 공유하는' 국가들과 핵심 신흥기술 관련 전략물자 공급망 협력을 추진하고 있다. 또한 제44차 유엔인권이사회에서 발표된 27개국의 홍콩보안법 규탄선언에 아시아 국가로는 유일하게 참여했다(서정경, 2022).

이러한 상황은 중국의 신형 강대국 외교가 사실상 실패했음을 의미한다. 그럼에도 불구하고 중국정부는 결코 실패를 공식화할 수 없다. 시진핑 3기 정부는 강대국 관계의 안정화에 주력할 것이다. 가시적이고 직접적인 충돌을 가능한 우회하는 동시에 자국 체제의 경쟁력을 강화시키는 데 주력할 것이며, 아울러 미국 앞에 당당한 자신의 모습을 계속 보이려 할 것이다. 역대 어느 시기보다 강한 자긍심과 민족주의를 지닌 대중들을 상대하고 있기 때문이다. 〈미국의 중국에 대한 인지 중의 오류 그리고 사실의 진상〉을 발표하며 미국의 공세에 조목조목 반박한 중국외교부는 향후 자국민과 국제사회를 대상으로 자신의 무고함과 미국의 부도덕함을 대비시키는 선전활동을 강화할 것이다(中國外交部, 2022c).

2. 러시아와의 동반자 관계 공고화 및 유럽의 약한 고리 공략

〈정치 보고〉에서 언급된 '균형적으로 발전하는 강대국 관계의 구도'란 사실상 중국이 자신에게 적대적인 강대국과 그렇지 않은 강대국을 구분하여 대응하겠다는 의미이다. 중국의 입장에서 현재 가장 중요한 강대국 파트너는 러시아다. 미국과 서방의 반중진영에 함께 대처할 뿐 아니라, 중국의 지속성장을 보장하는 데 러시아와의 협력관계가 필수적이기 때문이다. 미중 전략적 갈등 시기 '쌍순환'에 따라 국내순환에 집중하면서도 반드시 해외 몇몇 핵심 거점들과 연결되어야 하는데, 러시아는 반도체 제조에 필요한 에너지 및 중요 광물을 포함하여 중국의 장기 발전 계획에 필수 불가결한 핵심 자원을 제공할 뿐 아니라 북극으로의 무역로를 연결해주는 파트너다. 더욱이 국제 은행 간 통신 협회SWIFT에서 러시아 은행이 배제된 것은 중국에는 호재이기도 하다(Perez, 2022). 베이징 동계올림픽 기간에 중러 양국은 2024년까지 교역량을 2500억 달러로 늘리는 데 합의했다. 러시아는 유럽국가들이 미국의 제재에 편승해 러시아로부터 원유 수입을 감소시키자 유럽에 수출하던 원유를 중국과 인도에 제공하고 있다. 우크라이나 전쟁 발발 이후 중국이 많은 국가들의 비판에도 불구하고 러시아 입장을 배려하는 이유이다. 왕이 외교부장은 국제정세의 악화 정도와 무관하게 중러 양국은 전략적 일관성을 유지하고 신시대 전면적 전략적 협력 동반자 관계를 부단히 진전시켜나갈 것이라 밝혔다.

아울러 중국은 강대국 관계에서 약한 고리를 공략할 것이다. 공화당과 민주당이 일치단결해 중국을 견제하려는 미국에 비해 EU의 여론은 양분될 수 있음을 중국은 잘 알고 있기 때문이다. 왕이 부장은 2022년 전국인대 회의 기간에 유럽에 대해 "중·유럽의 안정적 발전을 원치 않는 세력에 대해 양측이 고도로 경계해야 한다"며 미국과 유럽 간 틈새를 공략했다. 시진핑 주석은 공산당 20차 당대회 직후 독일 숄츠 총리와 회담을 갖고 무역과 경제협력을 중점적으로 논의했다. 제조업 강국이자 첨단기술을 지닌 독일과 관계를 강화함으로써 EU의 중국 견제 대오를 흔들겠다는 의도이다.

IV. 강대국으로 전개한 '중국 특색 강대국 외교': 분리된 세계 속 우군 확보를 위한 통일전선 구축

시진핑 정부는 취임 이후 강대국으로서의 위상 제고를 위해 주변외교를 강화했다. 역대급 규모로 주변외교 업무회의를 개최했고, 일대일로Belt and Road Initiative를 개시했으며, 인류 운명공동체 담론을 전파했다. 하지만 남중국해 이슈를 둘러싸고 동남아 국가들과의 긴장이 심화되고, 사드THAAD 문제로 한국과 관계가 악화되었다. 더구나 미국이 '인도태평양 경제 프레임워크IPEF'를 개시하고 아프가니스탄에서 철군하며 중국에 대한 예봉을 더욱 날카롭게 겨누기 시작했다. '일대일로'는 '빚 함정debt-track'이라는 오명을 얻었고, 다자무대에서 진영 간 대립구도가 심화되었다. 팬데믹을 맞아 백신외교를 적극 전개했지만 국제사회의 중국 인식은 오히려 악화되었다(Pew Research Center, 2021; 2022). 이 외에도 '중화민족의 위대한 부흥', 즉 중국몽 완성에 필수 불가결한 대만과의 통일 과정에도 먹구름이 끼었다.

이와 같은 전반적인 실패에도 불구하고 이번 〈정치 보고〉는 "우리는 외교의 전체 틀을 더욱 보완하고, 전 세계를 아우르는 동반자 관계 네트워크를 적극 건설하며, 신형 국제관계 구축을 추진했다"고 자찬했다. 그리고 향후 방향성에 대해 "친·성·혜·용으로 이웃과 잘 지내고, 이웃을 동반자로 하는 주변외교 방침을 견지하며, 주변국가와의 우호와 상호신뢰, 그리고 이익의 융합을 심화시킬 것이다. 진실되고 친근하며 성실한 이념, 그리고 정확한 의리관을 굳게 붙잡고 개도국과의 단결과 협력을 강화하며, 개도국의 공동이익을 수호할 것이다"라고 명시했다.

이는 위기에 직면한 시진핑 3기 정부가 향후 주변외교와 개도국외교를 강력하게 추진해나갈 것임을 시사한다. 주변뿐 아니라 전 세계 개도국, 신흥 시장경제국, 중견국, 이들이 모인 다양한 지역협력체와 국제기구 등과 협력 및 유대관계를 심화시키려는 중국의 외교적 노력이 경주될 것이다. 중국공산당 창당 100년 경축식 연설에서 시진핑 주석은 "백년의 분투 역사에서 중국공산당은 시종일관 통일전선을 중요한 위치에 두고, 가장 광범위한 통일전선을 부단히 공고화 및 발전시켜왔다. 단결할 수 있는 모든 세력과, 동원할 수 있는 모든 긍정적 요소들을 동원하며, 공동 분투역량을 최대한도로 모아야 한다"라고 발언한 바 있다. 시진핑 집권 3기 정부는 해외의 우군을 확보하려는 중국의 통일전선 구축 작업이 치열하게 전개될 것이며, 이는 '신형 국제관계'와 '인류 운명공동체' 레토릭과 함께 추진될 것이다.

1. 개도국의 '발전'과 '안보'를 돕는 수호천사 자처

1) 아시아의 경계심 완화 및 유대 강화: 미국의 '인도태평양 전략' 대응

중국에게 아시아 지역은 건국 100주년인 2049년까지 소위 '중화민족의 위대한 부흥'을 실현하기 위해 반드시 확보해야 할 전략적 교두보이다.

미국이 아프가니스탄에서 철군하고 중국 견제에 더욱 집중하면서 아시아 지역을 둘러싼 양국 간 지정학적 경쟁이 심화되는 추세이다. 아시아 지역은 미국의 인도태평양 전략의 핵심 지역이다. 바이든 행정부는 유럽연합을 포함한 서방 선진국의 대중 견제진영 참여를 도모할 뿐 아니라 아세안 국가들에 대한 접근을 부쩍 강화하고 있다. 2021년 한해만도 오스틴Lloyd J. Austin 미 국방장관의 싱가포르, 베트남 방문, 블링컨Antony Blinken 미 국무장관의 아세안ASEAN 화상회의 참석, 그리고 해리스Kamala D. Harris 미 부통령의 싱가포르, 베트남 순방 등이 연이어 진행되었다. 남중국해 분쟁으로 중국의 팽창에 불안해하는 아시아 국가들에게 역내 안보 강화, 교역 확대, 디지털 경제, 백신 협력 등의 당근을 제시하며 마음을 파고드는 것이다.

2022년 전국인대 언론브리핑에서 왕이 외교부장은 미국이 주도하는 인태전략을 아시아 국가들이 포진한 아세안과의 대립구도로 묘사했다. 인태전략의 진정한 목적은 "나토NATO의 인도태평양 버전 구축"에 있으며, 이는 "미국 중심적 패권 체제를 수호함으로써 아세안을 중심으로 하는 역내 협력 틀에 충격을 가하고, 아시아 국가들의 총체적이고 장기적인 이익을 손상시킨다"는 것이다. 중국은 아세안과의 관계를 '전면적 협력 동반자 관계'로 격상하고 동남아 비핵지대 조약의 조속한 체결을 제안했으며, 미국의 대중 포위망의 하나인 오커스AUKUS를 견제하고 있다. 왕이는 중국과 아세안 관계가 "(현재) 가장 좋은 것이 아니라 (앞으로) 더욱 좋을 수밖에 없다"고 발언함으로써 강력한 연대 메시지를 던졌다.

이와 같은 맥락에서 이번 〈정치 보고〉에서 해양대국海洋大國이라는 용어가 사라진 것을 해석할 수 있다. 공산당 18차 당대회 〈정치 보고〉에서 강조되었다가 공산당 19차 당대회 때 톤다운되었던 '해양대국'이 이번에 사라지고 "해양권익을 지킨다" 정도로 처리된 것은 중국의 해양대국화에 따른 남중국해 이슈의 재점화를 지양하고 주변국들의 경각심을 완화하려는 의도에 따른 것이다. 동남아 국가를 대상으로 실시한 싱가포르 ISEAS의 여론조사에 따르면 영토분쟁은 동남아 국가들의 중국 신뢰도를 떨어뜨리는 주요 원인으로 나타나기 때문이다(ISEAS, 2021; 2022). 하지만 이번에 새로 추가된 국가안전 관련 챕터에서 '해외 합법적 권익', '해양권익', '국가 주권', '안전', '발전이익'이 언급되었다. 중국은 여전히 남중국해에 대한 영향력을 매우 중시하고 있다.

2) 전 세계 개도국들 끌어들이기: '방역'과 '경제이익'

주변국가, 즉 동남아, 중앙아시아, 중동, 더 나아가 라틴아메리카의 개도국들에 대한 중국의 입장은 2022년 전국인대 회의 기간 왕이 외교부장의 발언에서 잘 나타난다. 중앙아시아에 대해 '중국+중앙아시아 5개국' 협력 메커니즘을 구축하며 방역, 생산능력, 에너지, 디지털경제, 녹색발전 분야의 협력을 추진하고 있다. 중동지역에 대해서는 방역과 자유무역지대 관련 협력을 추진하고 있다. 특히 미군의 아프가니스탄 철군 이후 미국 영향력이 약화된 중동지역에 대한 중국의 접근이 강화되고 있다. 왕이는 중동국가들이 안전문제를 스스로 해결하고 자신의 발전방식을 모색하는 것을 지지한다고 발언했다. 우크라이나 침공에 따른 서방의 대러제재에 동참하지 않는 사우디와의 관계 강화를 추진 중이다. 이 외에도 왕이는 중국이 외교장관의 매년 첫 방문지로 아프리카를 선정할 정도로 중시함을 밝혔다. 방역 협력 및 '아프리카 평화발전 구상'을 중점 추진하겠다는 것이다. 왕이는 또한 라틴아메리카는 누구의 '뒷마당'이 아니며 라틴아메리카 인민들에겐 강권정치와 패도가 아닌 공평·정의, 협력·원윈이 필요하다면서 미국을 비판했다. 양자의 독립·자주, 발전· 진흥의 공동 바람이 '중국몽'과 '라틴아메리카몽'을 서로 긴밀히 연결하고 있다는 것이다(중국외교부, 2021b).

2. 팬데믹 시기 리더십 제고 추진: '보건 실크로드'와 '디지털 실크로드' 강화

공산당 19차 당대회 〈정치 보고〉에서 경제 현대화(5장) 및 대외관계(12장) 부분에서 다 언급된 일대일로가 〈정치 보고〉에서는 대외관계 부분에서 아예 사라지고 경제성장(신발전 구도, 고품질 발전) 부분에서 단 한줄, 즉 "일대일로의 고품질 발전을 추진하겠다" 정도로만 언급되었다. 또한 공산당 19차 당대회 때의 "개도국 특히 가장 발전하지 못한 국가들을 위한 원조의 정도를 강화하고, 남북 발전의 갭 축소를 촉진하겠다"라는 문구가 사라졌다. 위드 코로나 및 미국의 견제시대를 동시에 맞이한 중국이 전략적으로 조정한 결과이다.

일대일로는 시진핑 브랜드로 평가받을 만큼 시진핑 정부가 역점을 두어온 정책이다. 하지만 미국 및 서방 선진국들의 경각심을 초래했고, '빛의 함정'이라는 오명을 안게 되었다. 아프리카 지역의 상환능력이 미약해 빛 독촉과 관계유지 사이에서 중국이 딜레마에 직면했다는 분석도 있다(Chathamhouse, 2022). 더욱이 팬데믹이라는 예상치 못한 외부환경의 급격한 악화를 맞았다. 일대일로의 리스크 관리가 중요해진 상황에서 중국은 인력과 자원이 움직이는 해외 진출에 더욱 신중해질 것이다. 해외 생산기지를 개척하거나 경제적 이윤을 쫓기보다는 민감한 물류 요충지 연결이나 에너지 안보 확보 등의 지정학적 목적에 다소 국한되어 일대일로가 전개될 가능성이 있다.

이번 〈정치 보고〉에는 언급되지 않았지만 '보건 실크로드'와 '디지털 실크로드'의 추진은 활발히 전개될 것이다. 공산당 19기 중앙위원회 6차 전체회의(19기 6중전회)에서 통과된 '3차 역사결의'에서 시진핑 주석이 "이익을 좇고 손해를 피하며, 용감하게 전진하라趨利避害, 奮勇前進"고 주문했다. 보건, 녹색, 디지털, 혁신 등 새로운 영역을 제시하고, 실크로드 전자상거래 등 새로운 협력 공간을 배양하라는 것이다. 보건 분야의 경우, 코로나19 팬데믹 이전부터 중국은 일대일로를 통해 개도국 및 빈국과 보건협력을 진행해왔다. 2016년에 이미 〈보건 중국 2030 규획 강요〉에서 "글로벌 보건 거버넌스에 적극 참여하여 관련된 국제표준, 규범, 가이드 등의 연구, 담판 및 제정과정에 영향력을 발휘하며, 보건 분야에서 국제적 영향력과 제도적 담론권을 제고시킨다"(《人民日報》, 2016)라고 밝힐

〈표 5-2〉 중국산 백신 제공 현황(2022년 10월 5일 기준)

지역	판매계약(도즈)	기부 약속(도즈)	제공(도즈)	수여국가(수)
아프리카	18,600만	8,000만	12,500만 (기부: 3,100만)	47
라틴아메리카	39,600만	1,200만	29,300만	22
아시아태평양	93,800만	14,100만	89,000만 (기부: 9,700만)	자료에 표기 없음
유럽	12,300만	미공개	5,700만 (기부: 300만)	10

자료: "China COVID-19 Vaccine Tracker" 자료를 저자가 정리함. bridgebeijing.com/our-publications/our-publications-1/china-covid-19-vaccines-tracker/#Top_10_Doses_Delivered_Purchased_and_Donated (검색일: 2022. 10. 5.)

정도로 중국은 보건 분야를 통한 자국의 리더십 제고를 추구해왔다. 그리고 팬데믹을 맞이하여 중국은 선진국과의 백신경쟁에서 밀린 개도국들을 대상으로 자국산 백신을 대량 제공하며 아시아, 아프리카, 라틴아메리카, 더 나아가 유럽까지 영향력을 키우고자 노력해왔다.[5]

팬데믹 시기를 맞아 '보건 실크로드'의 공간이 더욱 확장되었을 뿐 아니라 데이터와 기술을 기반으로 중국 중심적 거버넌스를 추구하는 '디지털 실크로드數字絲綢之路'와 결합되는 추세가 나타났다(張耀軍, 2020; Wang Zheng, 2022). 2020년 6월 시진핑 주석은 일대일로 국제협력정상포럼 축사에서 보건 실크로드를 중심으로 글로벌 공공보건 거버넌스를 강화하고 인류보건 건강공동체를 함께 만들겠다고 공언했다. 위드 코로나 시대 보건 실크로드는 중국이 보건이 취약한 개도국들을 '보건 운명공동체'로 묶고 자신의 영향력하에 둘 수 있는 유력한 수단이 될 것이다. 이는 중국이 첨단기술을 장악한 빅데이터를 활용하여 개도국의 보건 및 사회 안정 더 나아가 발전을 돕는다는 미명하에 개도국에게 전파되고 있다. QR코드, AI 진단 키트, 드론 열감지기, 원격 진료를 위한 IT, 안면인식을 위한 빅데이터, 스마트 시티 솔루션 등에 필요한 5G 등을 저개발국과 빈국들에게 제공하면서 빅데이터 분야의 주도권을 강화해왔다(이동규, 2021).

보건 실크로드와 디지털 실크로드는 모두 중국식 표준과 규범을 개도국들에게 확장시키고 소위 '인류 운명공동체'를 조성하는 데 도움이 된다. 중국공산당 창당 100주년 경축 연설에서 언급되었던 보건 실크로드와 디지털 실크로드가 이번 〈정치 보고〉에 삽입되지 않았을 뿐 아니라 일대일로에 대한 편폭도 줄은 것은 중국이 미국 및 서구를 자극하지 않으려는 신중함을 발휘한 것으로 볼 수 있다. 겉으로 드러나지 않게 조용히 보건 실크로드와 디지털 실크로드를 확대해나가면서 미국과 서방의 견제에 대응하는 자기 진영 확보에 주력할 것이다.

3. 장기적으로 동맹관계 추구?

흥미로운 사실은 개도국을 대하는 중국의 관계구도 설정이 과거에 비해 위계화되고 있다는 추정이 가능해졌다는 것이다. 이번 〈정치 보고〉에는 공산당 19차 당대회 〈정치 보고〉에는 없는 "개도국의 공동이익을 수호하겠다"라는 표현이 첨가되었다. 상술했듯, 자신을 개도국으로 규정한 언급도 사라졌다. 과거 마오쩌둥 시기에 중국이 소련 및 미국에 동시에 저항하는 과정에서 제3세계를 끌어안음으로써 외교 공간을 확보한 것은 개도국 정체성에 기반하여 개도국과의 수평적 연대를 표명했던 것이었다면, 이제는 중국이 보다 강대국적 마인드와 정체성을 가지고 개도국과의 상·하관계를 구축해나갈 것이란 예측이 가능하다.

이는 또한 공산당 19차 당대회 〈정치 보고〉에는 나타났던 비동맹 입장이 이번 〈정치 보고〉에서 사라졌다는 사실과도 연관지어 생각해볼 수 있다. '동반자 관계를 맺되 동맹은 맺지 않는다結伴而不結盟'는 표현은 사라지고, 동반자 관계를 중시한다는 의미의 표현은 거듭 등장했다. 사실상 중국은 러시아와 군사훈련을 정기적으로 실행함으로써 넓은 의미의 동맹에 해당하는 행태를 보이면서도, 공식적으로는 동맹에 반대한다는 이중적 입장을 취해왔다. 중국의 대표적인 현실주의자인 옌쉐통閻學通 교수는 "러시아가 동맹을 냉전의 유산이라 비판하면서도 사실상 동맹을 추구한다"고 지적하며, 중국도 미국을 대체하는 최강대국이 되기 위해서는 개도국들과 군사동맹을 맺을 필요가 있다고 주장해왔다. G2에 걸맞은 국제안보 관련 책임을 도맡아서 안보가 불안한 개도국들의 안보불안을 해소해줌으로써 권위를 얻고 신국제질서를 창출할 수 있다는 것이다(國際先驅導報, 2016).

이와 관련하여 주목해볼 또 하나의 현상이 있다. 이번 〈정치 보고〉의 외교 관련 챕터의 제목을 공산당 19차 당대회 〈정치 보고〉와 비교하면, '평화발전의 길을 걷겠다'가 '세계평화와 발전을 촉진하겠다'로 미묘하게 바뀌었다는 점이다. 대만 통일을 위해 필요하다면 무력을 동원할 수도 있다는 여지를 남긴 것과 같은 맥락이다. 지금처럼 중국의 군사력이 계속 빠르게 강화되고, 아프리카 지부티에 첫 해외 군사기지를 설립하는 등의 해외확장 추세가 지속된다면, 향후 중국과 다수의 개도국들 간 군사적 유대관계가 확대될 가능성을 배제할 수 없다(서정경, 2022). 아프리카 지부티에 이어 캄보디아와 남태평양 지역에 중국이 군사기지를 확장할 가능성이 점쳐지고 있다.

실제로 공산당 20차 당대회 직후 중국은 일부 남태평양 국가들과 법집행 능력과 경찰업무 협력에 관한 첫 번째 공식대화 채널을 개설했다《인민일보》, 2022). 그리고 중국이 각국의 번영과 안정적 '발전'을 위해 양호한 '안전'환경을 조성하길 원한다고 발언했다.[6] 중국은 향후에도 계속 동맹을 하지 않는다고 주장하는 동시에 빈국과 개도국의 발전에 필요한 안전보장을 돕는다는 명분으로 안보분야의 연계성을 강화시켜 나갈 것으로 관측된다. 이는 장기적으로 빈국과 개도국에 대한 중국의 영향력 확대뿐 아니라 국제 안보구도를 변화시킬 것이라는 점에서 추세를 주목할 필요가 있다.

4. 다자외교 강화: '글로벌 거버넌스 개혁'을 둘러싼 경쟁

2008년 미국발 글로벌 금융위기 이후 중국은 미국 중심적 글로벌 거버넌스의 틈새를 공략하기 시작했다. 중국은 이것을 '국제관계의 민주화'를 추진하기 위함이며, 개도국들의 목소리와 발언권을 높여야 한다고 주장해왔다. 중국공산당 창당 95주년 기념 연설에서 시진핑 주석은 "어떠한 국제질서와 글로벌 거버넌스 체계가 세계에 좋고, 세계 각국 인민에게 좋은지는 각국 인민들이 상의해야 하는 거지, 일방이 자기 생각대로 그냥 결정해버리는 것이 아니다. 중국은 글로벌 거버넌스 체계의 건설에 적극 참여할 것이며, 글로벌 거버넌스의 보완을 위해 중국의 지혜로 공헌하고자 노력할 것이다. 세계 각국 인민들과 함께 국제질서와 글로벌 거버넌스가 더욱 공정하고 합리적인 방향으로 발전하도록 추동할 것이다"라고 천명했다. 이는 후진타오 시기인 중국공산당 창당 90주년(2011년) 기념식의 "국제정치경제 질서가 더욱 공정하고 합리적인 방향으로 발전하도록 추동한다"와 비교해 과감하고 자신감 넘치는 발언이었다. 시진핑 정부는 기존 서구 중심적 글로벌 거버넌스의 개혁에 간여하면서 결과적으로 중국의 이익에 더욱 부합하는 방향으로 전환시키고자 노력해왔다.

시진핑 정부는 전임정부에 비해 다자외교에 더욱 적극적으로 임해왔다. 2014년 외사공작회의의 정책 우선순위에서 4위였던 '다자외교 추진, 글로벌 거버넌스 개혁'을 2018년 1순위(인류운명공동체 건설, 글로벌 거버넌스의 공정발전)로 격상시켰을 정도로 글로벌 거버넌스에 대한 영향력 확대를 중시했다. 이번 〈정치 보고〉에서도 "글로벌 거버넌스 체제의 개혁과 건설에 적극 참여하여, 함께 상의하고 함께 만들며 함께 누리는 글로벌 거버넌스 관념을 실천한다. 진정한 다자주의를 견지하며 국제관계 민주화를 추진한다. 글로벌 거버넌스가 더욱 공정하고 합리적인 방향으로 발전하도록 추동한다"고 밝혔다.

글로벌 거버넌스를 둘러싼 미중 간 경쟁구도가 심화되고 있다. 국제무대에서 '중국이 이끄는 제3세계 대 미국이 주도하는 서방세계' 대립구도가 종종 연출되고 있다. 예를 들어 홍콩 국가보안법에 반대하는 서구 중심 27개국의 제44차 유엔인권이사회 성명이 발표되자, 쿠바가 이끈 53개국의 홍콩 국가보안법 환영 성명이 이어졌다. 2022년에 서방이 주도한 50개 국가가 유엔 총회에서 중국의 신장 위구르족 인권 침해를 규탄하는 성명을 내자 중국정부는 "거의 100개 국가가 유엔에서 정의로운 목소리를 내 중국을 지지한다"라고 주장했다. '민주주의 정상회의' 개최에 대하여 중국이 세계에 절박하게 필요한 건 소위 '민주주의 정상회의'가 아니라 유엔헌장을 기반으로 한 국제관계 준칙 준수라고 응수한 것은 UN에 대한 자국의 영향력을 자신하기 때문이다.

G20 정상회의 직후 미국이 중국을 겨냥하여 '더러운 철강' 운운하며 개최한 '공급망 회복을 위한 정상회의'에는 독일, 스페인, 이탈리아, 캐나다, 싱가포르, 쿼드 참여국인 인도·일본·호주 등 미국의 주요 동맹 14국이 참석했다. 이에 중국은 세계무역기구WTO 주도의 회복력 있고 안정적인 산업공급망에 대한 국제포럼을 제안했는데, 이 역시 WTO에 새롭게 포진한 다수의 개도국이 있기 때문이다. WTO 개혁방안 관련, 미-EU-일 3자 공동성명(2020.1.14.)에 산업보조금 규제안이 담기고, EU의 신통상전략(2021.3)에 "국유기업의 상업적 활동에서 나타난 시장 왜곡 및 기술이전 강제 방지" 등 의제가 추가된 것은 미국과 서방세계가

WTO 개혁 논의를 대중견제의 전장戰場으로 활용할 가능성이 있음을 시사한다. 미국은 특히 WTO, G7, G20, TTC 등을 중국견제의 공간으로 활용하려는 움직임을 보이고 있다(지만수, 2022).

중국은 미국이 국제사회에서 중국을 압박하는 작은 세력권을 만든다며 '가짜 다자주의僞多邊主義'라고 비판한다. 동시에 자신이 '진정한 다자주의眞正的多邊主義'를 실현한다고 주장하며 자기 세력권 만들기에 열중하고 있다. 향후 글로벌 거버넌스를 둘러싼 미중 경쟁구도는 더욱 심화될 것이다. 공산당 20차 당대회 〈정치 보고〉는 UN뿐 아니라 WTO, APEC 등 다자간 기제가 역할을 더욱 잘 발휘하도록 추진하고, 중국 자신이 주도하는 BRICS, 상하이협력기구SCO 등 협력기제의 영향력을 확대하며, 글로벌 사안에 대한 신흥시장 국가와 개도국의 대표성 및 발언권을 증대시킬 것이라 명기함으로써, 개도국과 연대하여 국제기구에서의 영향력을 확대하려는 의도를 드러냈다. UN만 거론했던 공산당 19차 당대회 〈정치 보고〉에 비해 이번 〈정치 보고〉에서 글로벌 거버넌스 체제의 개혁 참여 관련 내용이 늘었고, 내용도 구체화되었다. 향후 글로벌 거버넌스 개혁을 둘러싼 중국의 다자외교가 강화될 것으로 예측 가능하다. 이것 또한 인류운명 공동체 담론과 긴밀히 연관되어 전개될 것이다(朱世龍, 2022).

5. 공공외교의 강화: 중국 이미지 개선 및 영향력 확대 추구

시진핑 정부는 "공공외교가 기존 외교의 부족한 부분을 보충한다公共外交是補充"는 명분하에 기존 중국외교의 층위, 즉 강대국 외교, 주변국외교, 개도국외교, 다자외교 구도에 공공외교를 추가했다. 국제사회에서 중국의 이미지를 개선하고 강대국에 부합하는 국제 담론권話語權을 구축해나가려는 것이었다. 그러나 코로나19 팬데믹, 중국의 홍콩 보안법 강행, 신장-위구르 지역의 인권 탄압 등이 이슈화되며 중국에 대한 국제사회의 인식과 여론은 상당히 악화된 것으로 나타난다. 미국과 서방국가뿐 아니라 팬데믹 시기 중국백신 등 구호품을 다수 제공받은 많은 동남아 국가들의 중국에 대한 경계심도 오히려 제고된 것으로 나타났다(Pew Research Center, 2020; 2021; ISEAS-Yusof Ishak Institute, 2021; 2022). 시진핑 2기 정부가 '인류 운명공동체'를 제창하며 전 세계를 대상으로 구애를 거듭했지만, 오히려 중국의 글로벌 신뢰도와 이미지는 전반적으로 악화된 것이다.

이에 〈정치 보고〉에서 공공외교 관련 부분이 강화되었다. 공산당 19차 당대회 〈정치 보고〉의 5장 제목이 '문화사업과 문화산업 발전 추진'이었는데 '중화문명의 전파력과 영향력 증강'으로 바뀌었다. 내용도 공산당 19차 당대회의 경우 인민의 아름다운 생활에 대한 새로운 기대 만족, 문화체제 개혁, 공공문화 서비스 시스템 개선 등이 주 내용을 이루고, 마지막 부분에 단 한 줄로 국제적 전파능력을 구축하며 중국 이야기를 잘함으로써 국가의 문화적 소프트파워를 제고해야 한다고 가볍게 처리했다.

반면 이번 〈정치 보고〉에서는 관련 내용 전체가 국내가 아닌 '국제사회'에서 중국문화의 전파력과 영향력 제고와 관련된 것으로 채워졌다. 중화문화의 입장, 중화문명의 정신적 표식, 문화적 정수, 중국 담론, 중국 서사, 중국 스토리, 중국 목소리 등의 개념이 다수 제시되었다. 또한 신뢰받고 사랑스러우며 존경받는 중국 이미지 드러내기, 국제적 전파능력 구축 강화하기, 국제적 전파의 효율성 제고시키기, 중국의 종합국력 및 국제지위에 부합하는 국제 담론권 형성하기, 문명 교류와 상호 학습, 중화문화가 세계를 향해 더욱 나아가기 등 다양한 내용이 제시되어 있어 시진핑 3기 정부가 공공외교를 더욱 공격적이고 적극적으로 전개할 것임을 추측할 수 있다.

흥미로운 사실은 이번 〈정치 보고〉에서 애국통일전선의 대상으로 '중화자손中華兒女'(즉 중국인)이 언급되었다는 것이다. 이미 중국공산당 창당 100주년 경축식 연설에서 시진핑 주석이 "애국통일전선은 중국공산당이 국내 국외 전체 중화자손들을 단결시켜 중화민족의 위대한 부흥을 실현하는 중요한 법보法寶이다"라고 발언한 바 있기에 사실 이는 예견된 바였다. 중국은 중화인민공화국 건국 투쟁기부터 오늘에 이르기까지 늘 국가가 국익을 위해 해외동포를 활용해왔다.[7] 해외에 산재한 화교·화인들이 세대를 거듭할수록 점차 고학력, 고임금의 현지 사회 주요 세력으로 성장하자 이들을 통일전선에 규합할 필요성을 더욱 강하게 인식하게 된 것이다.

해외에서 중국의 합법적 이익을 지키고 동포들을 돌보기 위함이라는 명목하에 중국의 관리와 접근이 강화되고 있다. 왕이 부장은 "광대한 인민들의 마음에 쏙 들며, 해외 동포의 이익을 지키는 중국 외교"가 새롭게 전개될 것이라 밝혔다. 이를 위해 세 가지, 즉 디지털 '스마트 영사 플랫폼' 실행, '해외 평안 중국 시스템' 구축, '건강 운행 계획' 추진에 주력할 것임을 밝힌 바 있다. 이는 중국이 해외 중국인들에 대한 디지털 관리 감독을 강화하고 있음을 의미한다. 국제사회에 널리 분포된 반중정서와 중국 견제 움직임에 대응하여, 해외동포들의 애국심을 고취시키고 그들을 중화민족의 이익을 수호하는 외부 세력으로 육성하며 반중세력을 감독하려는 것이다.

V. 결론

시진핑 정부는 '신시대 중국 특색 사회주의'를 기치로, 공산당 일당체제를 유지하는 방편으로서 '경제성장'이 아닌 '중화민족의 위대한 부흥'을 선택했다. 그리고 덩샤오핑 시기부터 면면히 지속되어오던 도광양회韜光養晦를 탈피하여 본격적인 강대국 외교에 드라이브를 걸었다. '중국 특색 강대국 외교'는 자신의 재임기간 내에 개혁개방 40주년(2018)과 중국공산당 창당 100주년(2021)을 맞는 시진핑 주석이 대내외 무대에 제시한 야심 찬 기획이었다. WTO 체제하 미국 주도의 세계화에 적극 편승한 결과 얻게 된 막강한 부와 그에 수반된 권력이 중국의 강대국화 추진에 정당성을 뒷받침하는 것처럼 보였다.

그러나 중국이 경제적으로 성장하면 일정한 단계에 이르러 정치민주화가 이뤄지고 국제사회에서 미국 중심적 질서를 뒷받침하는 신뢰받는 이익상관자stake holder가 될 것이라는 미국의 기대가 사라졌다. 미국과 서방세계는 중국의 '중국 특색'에 더 이상 긍정적인 평가를 내리지 않는다. 중국을 영원한 2인자 혹은 그 이하로 주저앉히려는 미국 주도의 국제사회의 움직임은 중국의 예상보다 더욱 빠르게 시작되었다. 이에 대한 투쟁과 새로운 응전이 시진핑 3기 정부의 대외정책을 통해 국제사회에 전면적으로 투사될 전망이다. 시진핑 주석이 관례를 깨고 3연임을 한 만큼, 향후 '중국 특색 강대국 외교'의 지속과 발전을 위하여 시진핑 주석이 직접 나서서 중국외교의 대외적 존재감을 확인받고 강대국으로 자리 잡기 위한 대외활동을 전개할 전망이다.

문제는 중국의 대처방식이 국제사회가 대체로 인정하지 않는 '중국 특색'을 향후 더욱 선명하게 드러내며 자기편을 확보하려는 데에 방점이 놓여 있다는 것이다. 또한 중국의 강한 경제력과 AI 등 첨단기술이 국제사회의 심각한 양극화 속에서 빈곤과 질병 등 발전의 곤경을 겪고 있는 다수의 개도국들에게 적극 활용될 것이라는 점이다. 시진핑이 이끄는 중국은 앞으로도 '신시대 중국 특색 사회주의'의 기치를 선명히 앞세우고 인류문명의 새로운 형태를 창출하겠다는 강한 레토릭을 제시하고 있다. 과연 이것이 전 세계 국가와 인민들로부터 얼마만큼의 인정과 동의를 얻는가와 무관하게, 중국은 '중화민족의 위대한 부흥'이라는 국가주의에 기대어 대외활동을 전개할 것이며, 이는 미국 및 서방 진영의 반발을 강화시킴으로써 국제사회 전체의 평화와 안녕에 영향을 미칠 것으로 보인다.

물론 양자 간 진영대립에 중국의 책임만 있는 것은 아니다. 미 바이든 행정부가 동맹을 규합하며 반중진영을 적극 구축하고 있다. 이는 인류의 평화와 번영에 기여하기보다 대립과 혼란을 야기할 수 있다. 그럼에도 불구하고 미국의 공화당과 민주당이 과거의 중국에 대한 개입engagement 정책을 실패로 규정하고 중국 견제에 단결하게 된 원인이 어디에 있는가에 관해서 중국은 결코 자유로울 수 없다.

아울러 주목해야 할 점은 국내적으로 중국정부가 느끼는 중압감이 결코 녹록하지 않다는 것이다. 시진핑 정부는 과거 어느 때보다도 민족주의 정서가 강한 대중을 상대하고 있다. 미국을 위시한 서방세계의 중국 견제가 본격적으로 재발현되면서 '아중거거阿中哥哥'로 대변되는 젊은 세대들의 극단적 애국주의도 나타났다. 미국에 더 이상 유약한 모습을 보이면 안 된다는 중국 대중의 목소리는 시진핑 3기 정부의 대외정책의 유연성을 일정하게 제약하는 조건으로 작용할 것이다.

'중국 특색의 강대국 외교'를 전개하는 중국이 과연 치국평천하治國平天下할 수 있을까? 관건은 중국정부가 '외부의 적' 개념을 동원하며 사회를 강하게 억누르는 상황 속에서 시진핑이 이끄는 공산당에 대한 대중들의 지지도가 언제까지 강고하게 유지될 것인가에 있다. 백지시위에서 보았듯, 중국정부는 대중들의 집단적 움직임에 민감하다. '외부의 적' 동원에 기반한 내부 규제의 지속적 강화, 사회에 대한 공산당의 영도 지위 제고, 그리고 경제적·사회적 불안과 악화는 향후 대중들의 불만을 점차 가중시킬 수 있다. 이에 대해 중국공산당이 취할 수 있는 대응책은 최고 지도자의 권위를 더욱 강화하고 대중들의 사상을 '통일'시키기 위해 '외부의 적' 개념을 거듭 동원하며 대중들의 반감을 제고시키거나, 중화민족주의 정서를 고양시키는 방식이 될 수 있다. 아울러 공산당 지도부는 대외적으로 더욱 강경하고 '불굴의 투쟁' 이미지를 자국민에게 보여야 할 것이다. 하지만 시진핑 영도의 공산당 치하에 대한 사회적 불만 증대에 더하여 국제사회의 반중정서가 지속적으로 확산될 경우, 국내와 해외 모두와 멀어진 중국이 나아갈 방향이 어디일지, '중화민족의 위대한 부흥'의 길이 과연 어디일지 현재로서는 누구도 확언하기 어렵다.

주

1 2017년 7월 19일 당시 푸단대학 미국연구센터 주임 우신보(吳心伯) 교수와의 단독 인터뷰.

2 중국 국방대학 전략연구소 다이쉬(戴旭) 교수의 연설(2020. 3.)은 미국의 중국 견제를 바라보는 한 중국 지식인의 심리를 드러낸 것이지만 당시 많은 반향을 얻고 회자되었다. 그는 "중국에 대한 미국의 원한이 이렇게 큰지 미처 몰랐다; 미국의 수법이 이렇게 악독할 줄 몰랐다; 이렇게 미국에게 당하는데 중국에 동정을 표하거나 지지하는 나라가 없다는 데 놀랐다; 중국 때리기에 미국(공화당과 민주당)이 일사분란하게 통일전선을 구축한 것에 놀랐다"고 발언했다. "戴旭: 對美國4個想不到和10點認識".

3 중국공산당 영도 견지, 중국 특색 사회주의 견지, 고품질 발전 실현, 전 과정 인민민주 발전, 인민 정신세계의 풍부화, 전체 인민의 공동부유 실현, 인간과 자연의 화해공생 촉진, 인류 운명공동체 추진, 인류문명의 신형태 창조가 요구되었다.

4 그중의 한 연구기지인 퉁지(동제)대학교의 International Cyberspace Governance Base는 2022년 9월 17일 "文明互鑑價値共識－構建網絡命運共同體：國際互聯網文化對話" 주제로 국제회의를 열고 "Global Initiative for Mutual Learning among Civilization and Value Consensus"를 채택했다.

5 중국은 백신외교를 위해 전방위적 조직체계를 꾸렸다. 중국국제발전협력서(中國國際發展合作署)는 해외원조 가이드라인과 정책을 구상했고, 상무부와 외교부는 백신외교를 담당했다. 이 외에도 산업정보기술부(MIIT), 국가위생건강위원회(HHC), 교통부(MOT), 재무부(MOF), 관세청(GAC), 국가의약품관리국(NMPA) 등 다수의 정부기관이 백신 생산, 유통, 관리 등 전방위의 백신외교를 위해 유기적으로 협력했다(Liu, 2022: 3).

6 중공중앙서기처 서기, 공안부 부장이 솔로몬 제도의 경찰·국가안전 및 징계부 부장과 공동 주재한 본 회의의 주제는 "협력을 더욱 전문적, 고효율적, 더욱 우호적으로 하며, 도서국가를 더욱 안전하게 하자(讓合作更專業, 更高效, 更友好, 讓島國更安全)"였다. 중국 측 대표는 중공 20대의 성과와 의의를 소개하며, 중국과 일부 남태평양 국가 간 법집행 능력과 경찰업무 협력에 관한 대화를 통해 더욱 우호적 협력관계를 수립하고, 더욱 효과적인 협력방식을 형성함으로써 더욱 전문적인 법집행 능력을 제고하며, 해당 지역의 경제사회 발전을 위해 함께 노력해나가자고 발언했다. 〈首次中國—部分南太島國執法能力與警務合作部級對話擧行〉, 《인민일보》, 2022. 11. 23.

7 사회주의 혁명 시기 공산당은 장제스가 아닌 마오쩌둥이 이끄는 신중국을 지지하는 해외교

포들과의 연대를 적극 추구했다. 덩샤오핑의 개혁개방 시기에는 막대한 해외 자금을 끌어오는 주요 도입원으로서 그들을 적극 활용했다.

참고문헌

서정경. 2018. 〈시진핑 2기 정부의 외교 전망: 중국공산당 19차 전국대표대회 정치 보고를 중심으로〉.《국가전략》24-1.

서정경. 2021. 〈중국의 글로벌 보건 거버넌스 인식 및 정책: 중국몽(中國夢) 실현 과정 속 '도전'을 '기회'로 만들기〉.《한국과 국제정치》37-3.

서정경. 2022. 〈헤어질 결심? 시진핑 3기정부의 대외정책 전망〉 및 〈팬데믹 시기, 내가 리더다: 위기 속 기회를 선택한 중국의 포효〉. CHINA PERSPECTIVE, 서울대학교 아시아연구소 동북아센터.

서정경·원동욱. 2019. 〈시진핑 시기 중국의 '강대국 외교(大國外交)'와 미중 무역분쟁〉.《국가전략》25-1.

이동규. 2021. 〈'포스트-코로나'를 대비한 일대일로: 보건 실크로드와 디지털 실크로드의 확대와 그 함의〉.《이슈브리프》3월. 아산정책연구원.

조영남. 2013. 〈시진핑 시대의 중국 외교 전망: 중국공산당 제18차 당대회 정치 보고를 중심으로〉.《한국과 국제정치》19-2.

지만수. 2022. 〈지정학 시대, 중국경제의 위기와 전망〉.《KIF 김한규와 경제읽기》시즌 2, 제2강.

張東剛·林尚立. 2022. 〈以中國式現代化全面推進中華民族偉大複興(深入學習貫徹習近平新時代中國特色社會主義思想)〉《人民日報》11月15日 paper.people.com.cn/rmrb/html/2022-11/15/nw.D110000renmrb_20221115_1-09.htm (검색일: 2022.11.17.)

中國外交部. 2021. 〈國務委員兼外交部長王毅就中國外交政策和對外關系回答中外記者提問〉3月7日. www.fmprc.gov.cn/web/wjbzhd/202103/t20210307_9604921.shtml (검색일: 2022.10.1).

中國外交部. 2022a. 〈王毅談中美關系：用'三原則'替'三分法'〉. 3月7日.

中國外交部. 2022b. 〈國務委員兼外交部長王毅就中國外交政策和對外關係回答中外記者提問〉. 3月7日. www.fmprc.gov.cn/wjbzhd/202203/t20220307_10649045.shtml (검색일: 2022.11.30.).

中國外交部. 2022c. 〈美國對華認知中的謬誤和事實真相〉6.19. www.fmprc.gov.cn/wjbxw_new/202206/t20220619_10706065.shtml (검색일: 2022.11.30.).

《人民日報》. 2022. 〈首次中國－部分南太島國執法能力與警務合作部級對話舉行〉. 11月23日 第3版.

陳文玲. 2022. 〈俄烏沖突: 世界格局演化的重要變量〉,《國家安全研究》第2期.

金燦榮. 2017. 〈金燦榮教授分析十九大後的國際形勢與中國外交〉,《雲山學術沙龍》(11月 24日). www.sohu.com/a/206433916_662057 (검색일: 2017. 12. 1.).

閻學通. 2015.《世界權力的轉移─政治領導與戰略競爭》(北京: 北京大學出版社).

新華網. 2017. 〈習近平總書記在黨的十九大的報告〉. 10月 18日.

新華社. 2022. 〈王毅闡述中方對當前烏克蘭問題的五點立場〉. (검색일: 2022. 2. 26.).

國際先驅導報. 2016. 〈閻學通: 政治領導力高低決定中國崛起成敗〉. 1月 13日. m.huanqiu.com/ article/9CaKrnJT8vt (검색일: 2022. 10. 15.)

王毅. 2022. 〈全面推進中國特色大國外交〉.《人民日報》11月 8日.

唐世平. 2019. 〈國際秩序變遷與中國的選項〉.《中國社會科學》第3期.

朱世龍. 2022. 〈論中國引領全球治理的路徑〉,《常州大學學報》第23卷 第4期.

張耀軍. 2020. 〈為健康絲綢之路鋪築數字化橋梁〉.《光明日報》10月 19日.

馮鵬志·曹潤青. 2022. 〈人類文明新形態的理論內涵和世界意義〉.《學習時報》9月 19日.

李海青. 2022. 〈人類文明新形態的歷史意義與世界貢獻〉.《解放日報》10月 31日.

韓震. 2022. 〈如何理解我們創造的人類文明新形態〉.《光明日報》1月 20日.

Almond, Roncevert Ganan. 2017. "The Great Leap Forward: China's Pursuit of a Strategic Breakthrough." *The Diplomat*. Dec 15.

Bridgebeijing. 2022. "China COVID-19 Vaccine Tracker." bridgebeijing.com/our-publications/ our-publications-1/china-covid-19-vaccines-tracker/#Top_10_Doses_Delivered_ Purchased_and_Donated (검색일: 2022. 10. 5.)

Chathamhouse. 2022. *The response to debt distress in Africa and the role of China*. Dec 15. www. chathamhouse.org/2022/12/response-debt-distress-africa-and-role-china (검색일: 2022. 12. 15.)

European Commision. 2020. *A New EU-US Agenda for Global Change*. 2 December. ec.europa. eu/commission/presscorner/detail/en/fs_20_2285.

Hass, Ryan. 2022. "From Strategic Reassurance to Running Over Roadblocks: A Review of Xi Jinping's Foreign Policy Record." *China Leadership Monitor* 73.

ISEAS-Yusof Ishak Institute. 2021. *The State of Southeast Asia 2021*. Survey Report. 10. Feb. 2021.www.iseas.edu.sg/wp-content/uploads/2021/01/The-State-of-SEA-2021-v2.pdf.

Liu, Liangtao, Yongli Huang and Jiyong Jin. 2022. "China's Vaccine Diplomacy and Its Implications for Global Health Governance." *Healthcare*.

Pei, Minxin. 2022. "Xi Jinping's Political Agenda and Leadership: What do we know from his decade in power." *China Leadership Monitor* 73.

Perez, Christian. 2022. "What Does Russia's Removal From SWIFT Mean For The Future Of Global Commerce?" *Senior Policy & Quantitative Analyst with FP Analytics*.

Silver, Laura, Kat Devlin and Christine Huang. 2020, "Unfavorable Views of China Reach Historic Highs in Many Countries." *Pew Research Center*. OCTOBER 6. www.pewresearch.org/global/2020/10/06/unfavorable-views-of-china-reach-historic-highs-in-many-countries (검색일: 2021. 10. 10.).

Silver, Laura. 2021. "China's international image remains broadly negative as views of the U.S. rebound." *Pew Research Center*. June 30. www.pewresearch.org/fact-tank/2021/06/30/chinas-international-image-remains-broadly-negative-as-views-of-the-u-s-rebound (검색일: 2021. 10. 10.).

The White House. 2020. *United States Strategic Approach to The People's Republic of China*. trumpwhitehouse.archives.gov/wp-content/uploads/2020/05/U.S.-Strategic-Approach-to-The-Peoples-Republic-of-China-Report-5.24v1.pdf.

Xuetong, Yan. 2021. "Becoming Strong: The New Chinese Foreign Policy." *Foreign Affairs*, July/August.

제6장

'중국의 꿈' 실현을 위해
중국군 현대화를 조속히 추진하다

이영학

(한국국방연구원 연구위원)

I. 서론

중국공산당 제20차 전국대표대회(공산당 20차 당대회)가 2022년 10월 16일부터 22일까지 베이징에서 개최되었고, 폐회 다음 날인 23일에는 공산당 제20기 중앙위원회 제1차 전체회의(1중전회)가 개최되었다. 공산당이 5년 주기로 개최하는 당대회는 당정 지도부를 선출하고 향후 정책 방향성을 결정하는 매우 중요한 정치 행사이다.

이번 공산당 20차 당대회는 특히 시진핑 총서기의 3연임 여부와 미중 전략 경쟁 및 대만해협 무력 충돌 가능성과 관련하여 국제사회의 큰 주목을 받았다. 많은 전문가들이 예측했던 대로 시진핑 총서기의 3연임이 결정되었고, 미중 전략 경쟁이 여러 영역 및 이슈로 확대되는 추세를 반영한 중국의 대응 방침이 언급되었으며, 대만에 대해서도 무력사용 불배제라는 강경한 입장이 천명되었다.

이 글은 공산당 20차 당대회의 군사 정책을 분석한다. 당대회에서 공산당 총서기가 발표하는 〈정치 보고〉의 군사 관련 내용을 통해, 중국 지도부의 현 국제정세에 대한 판단, 안보전략, 중국군의 국방 및 군 현대화 추진, 군사전략, 군사투쟁 준비 및 전쟁수행 개념 등을 알 수 있다. 또한 중국군 최고 정책결정 기관인 중앙군사위원회(이하 중앙군위)의 구성을 통해 당-군 관계와 중국군 건설 및 운용의 중점 방향 등을 확인할 수 있다.

여기에서는 공산당 20차 당대회의 〈정치 보고〉(習近平, 2022)에 나와 있는 군사 관련 내용을 검토하고, 이를 공산당 19차 당대회의 〈정치 보고〉(習近平, 2017) 내용과 비교·검토할 것이다. 이를 통해 변화된 내용이 무엇이고, 그런 변화의 배경과 원인이 무엇인지를 분석할 것이다. 중앙군위의 새로운 구성도 살펴볼 것이다. 다음으로 시진핑 집권 10년 동안 진행된 군사 분야의 변화에 대해 평가할 것이다. 시진핑 10년 군사 분야 평가는 당대회 〈정치 보고〉를 기반으로 군사 정책을 분석 및 평가하는 기획 의도에 따라서, 시진핑 총서기가 이번 〈정치 보고〉에서 발표한 집권 10년간 군사 분야에 대한 자체 평가와 자신의 집권 이전, 즉 후진타오 시기 군사 분야에 대한 비판적 평가를 비교·분석한 후에, 종합적으로 평가할 것이다. 마지막으로 한국에 대한 시사점을 제시하고자 한다.

II. 중국 안보 및 군사 동향: 위험과 기회의 병존 속에서 적극적으로 대응하다

이 절에서는 공산당 20차 당대회 보고에서 드러난 중국 지도부의 현 국제정세에 대한 판단, 국가안보 및 군사 분야 주요 이슈를 주로 공산당 19차 당대회 보고와 비교하여 분석하고, 또한 20기 1중전회에서 선출된 중앙군위의 인적 구성도 살펴본다.

1. 현 국제정세에 대한 판단: 평화와 발전의 시대가 도전받고 있다

공산당 지도부의 국제정세 판단은 국제문제를 관찰하고 처리하는 출발점으로서 중국의 안보 및 군사전략 결정에 중요한 근거를 제공한다. 공산당 지도부가 전쟁이 임박했다고 판단하면 전쟁 반대 또는 전쟁 준비가 중요한 목표가 되고, 이에 따라 중국의 안보·군사 전략은 전쟁 억제가 될 것이다. 이와 반대로 평화적 시대관을 견지한다면 평화로운 환경 속에서 국가발전 및 경제건설이 제일의 목표가 될 것이다(이영학, 2012).

공산당 20차 당대회 보고에서 드러난 중국 지도부의 현 국제정세 판단에서 가장 눈에 띄는 부분은 과거 견지하던 평화 및 발전의 시대 '주제'에 대해 신중하고 유보적인 판단을 내리고 있는 점이다. 현재 세계, 시대 및 역사의 변화가 이전에 없던 방식으로 전개되고 있다면서, 평화, 발전, 협력, 공영의 역사 조류의 불가역성을 언급하면서도 평화, 발전, 안보 거버넌스의 적자 및 도전을 우려하고 있다. 공산당 19차 당대회에서는 세계가 대발전·대변혁·대조정의 시기에 처해 있다면서도, 평화와 발전이 여전히 시대의 '주제'이며, 세계 다극화, 경제 세계화, 사회 정보화, 문화 다양화, 각국의 상호의존의 심화 등 긍정적이고 낙관적인 평가가 주를 이루었다.

이에 따라, 중국의 발전은 전략적 기회와 함께 위험 및 도전이 공존하는 시기에 들어섰다고 평가하고 있다. 우선, 세계적으로 백 년간 미증유의 대격변世界百年未有之大變局이 심화되면서 중국은 전략적 기회를 맞이하고 있다고 평가했다. 중국의 종합국력 및 세계적 영향력의 신장을 통해 중국과 미국, 또는 중국을 포함한 개발도상국과 미국을 중심으로 한 서방 선진국 간 국제적 역량 대비가 중국에 유리한 방향으로 조정되면서, 세계적으로 백 년간 미증유의 대격변이 심화되고 있고, 이로 인해 중국은 전략적 기회를 맞이하고 있다는 것이다.

그러나 중국은 또한 위험 및 도전에도 직면해 있는데, '블랙스완黑天鵝'과 '회색코뿔소灰犀牛'[1] 사건이 언제든 발생할 수 있다고 평가하고 있다. 특히, 미중 전략 경쟁 상황을 반영하여, 반세계화 사조, 일방주의 및 보호주의, 강자의 약자 강탈, 제로섬적 패권 행태의 폐해 등을 언급하면서 미국의 행태를 비판하고 있다. 이에 더해 세기적 감염병의 영향도 언급했다.

공산당 19차 당대회 〈정치 보고〉에서는 국내외 정세가 깊이 있고 복잡한 변화가 발생하고 있다면서, 국제역량 대비가 균형적으로 발전해가고 있으며 중국의 발전은 여전히 중요한 전략적 기회의 시기에 처해 있다고 평가했었다. 또한, 중국의 전망은 밝지만 도전 역시 매우 엄중하다고 평가했으나, 당시 미중 간 전략 경쟁이 본격화되지 않은 상황에서 미국의 행태에 대한 비판보다는 국제사회가 직면한 불안정성 및 불확실성, 비전통안보 문제 등을 언급했었다.

종합해보면 중국 지도부는 지난 공산당 19차 당대회에서 평화와 발전의 시대에 중국은 여전히 전략적 기회기를 맞이하고 있다는 긍정적 평가와는 달리, 이번 공산당 20차 당대회에서는 평화와 발전이 도전받는 시대에 중국은 전략적 기회와 함께 위험 및 도전에 직면해 있다는 신중한 평가를 내리고 있다. 이러한 변화에는 미중 전략경쟁 심화, 러시아-우크라이나 전쟁으로 인한 진영 간 대결 구도, 대만 및 남중국해 문제뿐만 아니라 세계적 감염병과 그로 인한 경제적·사회적 영향 등에 대한 우려 및 위기의식이 작용한 것으로 해석된다.

2. 국가안보: 엄중한 안보 환경에 '총체적'으로 대응하다

이번 공산당 20차 당대회의 〈정치 보고〉는 '국가안보' 분야를 별도의 섹션으로 구성했는데, 공산당 19차 당대회 〈정치 보고〉에서는 사회 안정

〈그림 6-1〉 공산당 19차 당대회와 20차 당대회의 〈정치 보고〉 핵심어 비교

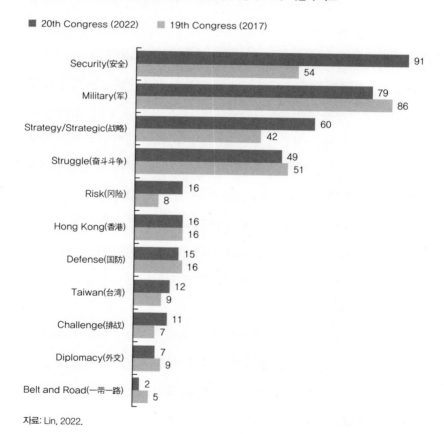

자료: Lin, 2022.

분야의 일부분으로 구성했었다. 또한 '안보'라는 단어가 91차례 등장하여 지난 공산당 19차 당대회 〈정치 보고〉에서 54회 등장한 것과 대조를 이루었다. 이는 시진핑 지도부가 중국이 직면한 안보 환경이 매우 엄중해졌다는 인식을 갖고 있고, 이에 대해 적극적으로 대응할 것임을 시사한 것으로 해석할 수 있다.

1) '총체적 국가안보관'을 지속적으로 변화·발전시키다

총체적 국가안보관總體國家安全觀은 2014년 4월 시진핑 총서기가 주재한 중앙국가안전위원회 제1차 회의에서 처음 제시되었다. 중국이 직면한 국가안보의 위협 및 도전에 대해 체계적으로 대응하기 위해 제시한 개념으로서, 외부의 위협과 내부의 위협, 전통적 위협과 비전통 위협 등 모든 영역과 수준의 안보 문제를 다루고 있다. 시진핑 총서기는 중국 국가안보의 내포와 외연, 시간과 공간 영역, 대내외 요소들이 과거 어느 때보다도 풍부해지고 넓어졌으며 복잡해졌다고 평가하면서, 반드시 총체적 국가안보관을 견지해야 한다고 강조했다(習近平, 2014).

이번 공산당 20차 당대회 〈정치 보고〉의 총체적 국가안보관에 대한 설명은 2014년 총체적 국가안보관이 제시되었을 때의 설명 및 지난 공산당 19차 당대회 〈정치 보고〉의 설명과 비교해볼 때, 다음과 같은 몇 가지 차이점을 보인다.

첫째, 총체적 국가안보관의 5대 요소五大要素에 과학기술을 새롭게 추가했다. 2014년에 제시된 총체적 국가안보관의 5대 요소는 인민안보, 정치안보, 경제안보, 군사·문화·사회안보, 국제안보인데, 2019년 공산당 19기 중앙위원회 4차 전체회의(19기 4중전회)에서 군사·문화·사회안보에 과학기술 안보를 추가한 이후, 이번 공산당 20차 당대회에서 이를 유지한 것이다. 이는 4차 산업혁명의 광범위한 영향을 고려할 때 과학기술이 향후 경제뿐만 아니라 군사 분야에서도 핵심적인 요소가 될 것이라는 인식에 더하여, 미중 전략 경쟁이 기술 경쟁으로 확대되고 있는 상황을 반영한 것으로 해석할 수 있다.

둘째, '5개의 동시 고려統籌' 중 하나였던 "발전 문제를 중시하면서 동시에 안보 문제를 중시해야 한다"가 삭제되었다. 2014년에 제시된 총체적 국가안보관은 '5대 관계五對關係'라는 용어를 사용하여, 외부안보와 내부안보, 국토안보와 국민안보, 전통안보와 비전통안보, 발전문제와 안보문제, 자기안보와 공동안보 중시로 제시되었다(유동원, 2019). 그러나 2017년 공산당 19차 당대회에서 '5대 관계' 대신에 '동시 고려'라는 용어를 사용하기 시작했고, '발전과 안보의 동시 고려'가 삭제되는 등의 변화를 겪은 후, 공산당 20차 당대회에서 새로운 '5개의 동시 고려'로서 외부안보와 내부안보, 국토안보와 국민안보, 전통안보와 비전통안보, 자신의 안보와 공동안보, 국가안보 수호와 조성의 동시 고려가 제시되었다(總體國家安全觀研究中心課題組, 2022).

중국 전문가들의 해석에 따르면, '발전과 안보의 동시 고려'는 당과 국가사업의 전체적인 계획뿐만 아니라 민족 부흥의 명운에 중요하기 때문에 다른 '동시 고려'의 수준에서 분리하여 '치국리정治國理政'(통치)의 중대 원칙으로 격상되었다. 이미 2020년 10월 당의 19기 5중전회에서 '발전과 안보의 동시 고려'는 국민 경제 및 사회 발전 제14차 5개년 (2021-25년) 계획 시기 경제사회 발전의 지도사상에 포함되어, 이미 신시대 당의 치국리정의 중대 원칙이 되었다는 것이다(總體國家安全觀研究中心

課題組, 2022).

　셋째, '5개의 동시 고려'에 "국가안보 수호와 조성의 동시 고려"가 추가되고, "글로벌 안보 거버넌스 기제 보완 및 참여" 문구 역시 새롭게 추가되었다. 내외부 위협에 대한 대응 차원의 국가안보 수호와 동시에, 내외부 위협을 사전에 예방하고 억제하기 위한 국가안보 조성을 함께 중시할 것임을 시사한 것으로 해석된다. 또한 글로벌 차원의 안보 관련 국제기구 및 제도에 적극적으로 참여하여 중국의 안보 이익을 반영하기 위해 노력하고, 여전히 미국이 주도하는 글로벌 안보 거버넌스가 중국을 포함한 개발도상국의 안보를 제한한다면 이를 보완 및 개선하기 위해 노력할 것임을 선언한 것으로 해석할 수 있다.

　넷째, "신안보 구도新安全格局로써 신발전 구도新發展格局를 보장한다"는 문구가 새롭게 추가되었다. 중국 전문가들은 신발전 구도의 정의를 활용하여 신안보 구도의 개념을 정립하려 하고 있다. 신발전 구도가 국내 대순환을 주체로 하여, 국내 및 국제의 쌍순환을 서로 촉진하는 것으로 정의되는 것처럼, 신안보 구도는 국내안보 및 안정을 전제로 하여, 국내 및 국제 안보의 선순환良性互動과 전통 및 비전통 안보의 동시 고려로서 정의할 수 있다는 것이다(總體國家安全觀研究中心課題組, 2022). 향후 신안보 구도의 개념과 특징에 대해서는 추가적인 논의가 이루어질 것으로 보인다.

2) 국가안보 체계를 새롭게 정비하다

국가안보의 중요성을 새롭게 인식하면서 전체적인 영도체계와 새롭게 부각된 중점 안보 영역체계를 정비하는 동시에, 이를 실질적으로 수호할 수 있는 능력을 구비해야 함을 강조하고 있다.

먼저 국가안보 체계를 새롭게 정비하기 위해 공산당 중앙의 국가안보 업무에 대한 집중통일 영도를 견지하고, 효과적이고 권위 있는 국가안보 영도체제를 보완해야 한다고 강조했다. 특히, 경제, 중요 인프라, 금융, 네트워크, 데이터 등 소위 경제안보 분야와 함께, 핵, 우주, 해양 등 신흥 안보영역을 특정하여 안전보장 체계 건설을 강화해야 한다고 언급했다. 또한 제재, 간섭 및 과도한 관여에 반대하는 메커니즘을 정비해야 한다고 하면서 미국의 중국 억제 및 견제에 대한 대응 체계를 강조했다.

다음으로 국가안보 수호 능력 강화도 제시했다. 국가 정권의 안보, 제도 안보, 이데올로기 안보의 결연한 수호와 함께 중점 영역의 안보 능력 건설을 강화하고, 식량, 에너지 자원, 중요 가치사슬 및 공급망 안전을 확보하며, 해외 안전보장 능력 건설 강화, 중국 국민 및 법인의 해외 합법 권익 수호, 해양 권익 수호를 제시한 후, 국가주권, 안보 및 발전 이익의 결연한 수호를 강조했다. 또한 적대 세력의 침투, 파괴, 전복 및 분열 활동에 대한 엄중한 강경 대응打擊도 제시함으로써, 근래 미국과 서방이 신장, 홍콩, 대만 문제에 대한 중국의 정책 및 행태를 비판하고, 개입을 강화하는 데 대해 경계하고 강력히 대응하는 입장을 밝힌 것으로 해석된다.

지난 공산당 19차 당대회의 〈정치 보고〉에서는 총체적 국가안보관 견지 항목에서 국가안보의 제도체계 보완과 능력 건설 강화를 언급한 후, 사회 거버넌스 섹션 안에서 국가안보의 효과적 수호, 국가안보 전략 및 정책 보완, 국가 정치안보의 결연한 수호 및 국가 안보체계 정비 등을 간략하게 언급하는 데 그쳤었다.

한 가지 주목되는 부분은 국가안보의 체계 정비 차원에서 당 중앙의 국가안보업무에 대한 집중통일 영도 견지와 국가안보 영도체제 보완을 제기한 점이다. 이는 공산당의 국가안보 업무에 대한 정책 결정 및 의사 협조 기구인 '중앙국가안전위원회中央國家安全委員會'(국안위)가 설립된 지 9년이 지났음에도 불구하고 여전히 체계가 제대로 갖추어지지 않았음을 시사하는 것일 수 있다.

2013년 11월 개최된 공산당 18기 중앙위원회 3차 전체회의(18기 3중 전회)에서 국안위의 설립이 결정된 데 이어서, 2014년 1월 정치국 회의 에서는 국안위가 공산당 중앙의 국가안보 업무에 관한 정책 결정 및 의 사협조 기구로서, 정치국 및 정치국 상무위원회에 대해 책임을 지고, 국 가안보와 관련된 중요 사안을 다루어나갈 것이라고 했다(中共中央政治局 硏究決定中央國家安全委員會設置, 2014). 2014년 4월 시진핑 총서기는 국안 위 제1차 회의 주재 시, 국안위의 설립 목적은 중국의 국가안보가 직면 한 신형세와 신임무에 더욱 잘 대응하기 위해 집중 통일할 수 있고 효과 적이며 권위 있는 국가안보 체제를 건설하여 국가안보 업무에 대한 영 도를 강화하는 것이라고 설명했다(習近平, 2014).

이처럼 시진핑 총서기가 직접 관장하고, 국가안보 업무의 최고위 정 책결정 및 조율 기구로서 신설된 국안위는 외교 안보 정책의 결정 및 집 행과 관련하여 중앙의 당정기관 사이뿐만 아니라, 중앙 정부와 지방 정 부 사이에서도 다른 목소리가 나오는 문제, 즉 조정 부재 문제를 해결해 기 위해 설립된 것이다. 또한 중국의 국력이 증강되고, 국제적 지위가 높 아지면서 당면한 외교안보 문제가 더욱 복잡해지고 광범위하게 변했기 때문에 기존의 기구로는 이런 과제에 제대로 대응할 수 없다는 주장이 설득력을 얻었기 때문에 설립된 것이기도 하다(조영남, 2022).

　그러나 국안위의 중요 지위와 역할에도 불구하고 이후 국안위 관련 내용이 거의 공개되지 않으면서, 중국의 실제 안보 사안에서 국안위가 어떤 역할을 했는지, 기존의 중앙외사공작영도소조中央外事工作領導小組 및 중앙외사공작위원회中央外事工作委員會와 어떠한 관계에 있는지 등이 여전히 명확하지 않다. 또한 2018년 3월 발표된 〈당 및 국가기구 개혁 심화 방안深化黨和國家機構改革方案〉에서도 국안위가 언급되지 않았고(이영학, 2018), 이번 공산당 20차 당대회에서도 직접적 언급 대신에, 국가안보 영도체제 보완만을 언급했기 때문에 향후 지속 관찰할 필요가 있겠다.

3) 세계적 안보 문제에 대한 중국식 해법을 제시하다

이번 〈정치 보고〉에는 '글로벌 안보 이니셔티브全球安全倡義, GSI: Global Security Initiative'가 제시되었는데, 이는 시진핑 총서기가 2022년 4월 21일 보아오 아시아포럼博鰲亞洲論壇에서 처음 제안한 것이다. 아시아 안보관을 포함하여 기존에 중국이 주장한 다양한 외교안보 관련 제안의 종합판이라고 할 수 있다. '글로벌 안보 이니셔티브'는 시진핑 총서기가 2021년 9월 제안한 '글로벌 발전 이니셔티브全球發展倡義, GDI: Global Development Initiative'와 함께 각각 안보와 발전 영역에서 나타나는 세계적 현상과 문제에 대한 중국식 해법을 제시한 것으로 볼 수 있다.[2]

　글로벌 안보 이니셔티브의 구체적 내용은 다음과 같다. 첫째, 공동·종합·협력·지속가능한 안보관을 견지하고, 세계 평화와 안전을 함께 수호한다. 둘째, 각국의 주권 및 영토 통합을 존중하고, 타국 내정에 불간섭하며, 각국 국민이 스스로 선택한 발전방식과 사회제도를 존중한다.

셋째, 유엔헌장의 취지와 원칙을 준수하고, 냉전적 사유를 버리며, 일방주의를 반대하고, 집단정치와 진영대결을 하지 않는다. 넷째, 각국의 합리적 안보 우려를 중시하고, 안보의 불가분 원칙[3]을 견지하며, 균형 있고 효과적이며 지속가능한 안보의 틀을 구축하고, 자국의 안보를 타국의 안보 희생 위에 확립하는 것에 반대한다. 다섯째, 대화 및 협상을 통한 평화적 방식으로 국가 간 이견과 분쟁을 해결하고, 위기를 평화적으로 해결하기 위한 모든 노력을 지지하며, 이중잣대, 일방제재 및 권한을 넘어선 관여에 반대한다. 여섯째, 전통 및 비전통 영역의 안보를 수호하고, 지역 분쟁과 기후변화, 사이버안보, 생물안보 등 글로벌 문제에 함께 대응한다(習近平提出全球安全倡義, 2022). 다만, 이러한 중국의 제안이 주변국을 포함한 국제사회에서 얼마나 설득력을 갖고 수용될 수 있을지는 중국의 '말'이 아니라 실제 '행동'에 달려 있을 것이다.

3. 군사 분야: 국방 및 군 현대화를 조속히 추진하다

1) '건군 백주년 분투 목표'를 통해 대만 통일 능력 구비를 준비하다

이번 공산당 20차 당대회 〈정치 보고〉의 군사 분야에서 가장 눈에 띄는 대목은 '건군 백주년 분투목표建軍一百年奮斗目标'를 새롭게 강조한 것이다. 시진핑 총서기는 국방 및 군 현대화 건설의 단계적 목표로서 향후 2027년까지 건군 백주년 분투 목표를 예정대로 실현하고, 2035년까지 국방 및 군 현대화를 기본적으로 실현하며, 인민군대를 세계 일류 군대로 조속히 건설하는 것이 사회주의 현대화 국가의 전면적 건설을 위한 전략적 요구임을 강조했다.

공산당 19차 당대회에서는 중국군 현대화 계획을 3단계로 구분하여 제시했었다. 2020년까지는 기계화를 기본적으로 실현하고, 정보화 건설에서 중대한 진전을 이루며, 전략 능력을 크게 제고한다. 2035년까지는 국가 현대화 과정과 일치시켜 군사이론, 군대조직 형태, 군사인원 및 무기장비 현대화를 전면적으로 추진함으로써 국방 및 군 현대화를 기본적으로 실현한다. 마지막으로 21세기 중엽까지는 인민해방군을 세계 일류 군대로 전면적으로 건설해야 한다.

건군 백주년 분투목표는 2020년 10월 공산당 19기 5중전회에서 처음 제기되었는데, 구체적으로 무엇을 의미하는지에 대한 중국 당국의 설명은 부재하지만, 전문가들은 주로 다음의 세 가지를 제시한다(王若愚, 2020; 解放軍報評論員, 2022; 許其亮, 2022).

첫째, 국방 및 군사 현대화의 '신3단계 전략新三步走'의 시점을 제시함으로써 단기, 중기 및 장기 발전목표가 서로 연계되는 군 현대화의 발전 로드맵 제시이다. 즉 단기적으로는 2027년까지 건군 백주년 분투목표를 실현하고, 중기적으로 2035년까지 국방 및 군사 현대화를 기본적으로 실현하며, 장기적으로 21세기 중엽까지 세계 일류 군대를 건설하겠다는 목표이다.

둘째, 국가주권, 안보 및 발전이익 등 '핵심이익'을 수호할 수 있는 능력 제고이다. 중국은 미국의 군사력이 남중국해 도서 부근의 해·공역에 진입하고 근거리 정찰을 실시하는 것에 더해, 캐나다, 프랑스, 호주 등의 군함이 대만해협을 항행하는 등 미국과 서방의 대중국 간섭과 압박이 심해지고 있는 데 대해 커다란 위기의식을 느끼고 있다. 이처럼 갈수록 복잡해지는 국가 안보환경에 대응하기 위해 '핵심이익'을 수호할 수 있는 능력을 갖춰야 한다는 것이다. 특히, 최근에는 대만을 둘러싼 미중 갈등이 심화되면서, 건군 백주년 분투목표 실현을 통한 핵심이익 수호 능력 제고가 결국에는 대만에 대한 무력통일 능력 구비를 시사하는 것으로 해석되고 있다.

공산당 20차 당대회에서 대만 문제 및 양안 통일에 대해, 대만 무력사용 불배제 등 강경한 입장이 천명됨으로써 이러한 해석이 더욱 힘을 얻고 있다. 시진핑 총서기는 대만 문제 해결 및 양안 통일 실현은 '중화민족의 위대한 부흥'이라는 '중국의 꿈' 실현을 위한 필요적 요구임을 천명했다. 대만 문제 해결이 공산당의 역사적 임무 및 강대국 건설의 기본 조건이라고 규정함으로써 대만과의 통일을 반드시 실현하겠다는 강한 의지를 표명한 것이다. 또한 대만 문제 해결을 위한 '공산당의 총체방략新時代黨解決臺灣問題的總體方略'을 관철하고 양안관계를 주도해나갈 것임도 천명했다. 양안 통일은 최대한 평화적 방식으로 추진하겠지만, 무력사용 역시 선택 옵션으로 유지할 것임도 분명히 했다. 무력사용은 대만 동포를 겨냥한 것이 아니라, 외부 세력의 간섭과 극소수 대만 독립 분열 세력에 대한 것임을 설명함으로써, 대만의 반중 정권과 대만 민중을 분리시키기 위해 노력하는 동시에, 미국이 대만 문제를 활용해서 중국을 견제하려는 시도에 대해서도 강경하게 대응할 것임을 시사한 것이다.

셋째, 중국군의 현대화가 어떠한 경로를 통해 달성되어야 할 것인가에 대한 답안으로서, 기계화机械化·정보화信息化 및 지능화智能化의 융합 발전을 제시한 것이다. 2019년 7월에 발간된 〈신시대의 중국 국방新時代的中國國防〉 제하의 국방백서에서는 "기계화·정보화의 융합 발전을 추구하고, 군사 지능화 발전을 가속화한다"로 제시되었다(中華人民共和國 國務院新聞辦公室, 2019). 즉 2020년 10월에 건군 백주년 분투목표 실현을 처음으로 제시하면서 기계화, 정보화 및 지능화의 융합 발전 역시 처음으로 제시된 것으로서, 양자가 긴밀하게 연계되어 있음을 방증하는 것으로 볼 수 있다. 기계화·정보화·지능화의 융합 발전은 기계화의 기본적 실현과 정보화의 진전을 바탕으로 향후 지능화에 중점을 두고 군사력 발전을 추진할 것을 강조한 것으로 해석된다.

2) 첨단기술의 군사작전 활용성 제고를 강조하다

중국 지도부는 현재의 군사경쟁과 미래의 전쟁 주도권 선점의 중요한 수단으로서 첨단기술을 군사 분야에 응용하는 지능화, 무인화를 강조하고 있다. 공산당 20차 당대회 〈정치 보고〉에서 "기계화·정보화·지능화의 융합 발전을 견지하고, 새로운 영역 및 질적 작전역량 비중을 증가시키며, 무인지능 작전역량 발전 가속화"를 강조했다.

현재 새로운 과학기술혁명과 군사혁신이 급속도로 발전하고 있고, 지능화 무인 작전체계가 대량으로 실제 작전에 투입되고 있는 상황에서, 새로운 영역 및 질적 전투력은 이미 전쟁 규칙을 변화시킬 핵심적 변수가 되고 있다. 중국은 반드시 체계적으로 계획하고, 전략적·첨단성·전복성 기술발전을 가속화하여 군사 지능화의 핵심 기술, 핵심 소프트웨어/하드웨어 및 기초 이론을 강화해야 한다는 것이다(許其亮, 2022).

군사 지능화란 인공지능 등의 기술이 군사 영역에 지속적으로 침투·응용되면서 전쟁 형태, 작전 방식, 전쟁 규칙, 무기장비 등 각 방면에서 발생하는 '와해성 변화'의 과정이나 활동의 총칭이다. 중국군은 인공지능 기술을 군사적으로 폭넓게 응용하고 있고, 향후 미래전이 전장상황 분석, 작전방안 선택, 무기체계 선택 등 전쟁 수행의 주요 과정을 인공지능 시스템의 자율 처리에 맡기는 방식으로 수행될 것으로 보고 있다 (이상국, 2020).

3) 군사력의 상시화·다양화 운용을 통한 유리한 안보·군사 형세 조성을 강조하다

공산당 20차 당대회 〈정치 보고〉에서 "군사력의 상시화 및 다양화 운용, 군사투쟁의 유연한 전개, 안보태세 조성, 위기충돌 억제, 국부전쟁 승리"를 제시하고 있다. 이는 대만해협, 남중국해 및 동중국해 등 미국을 포함한 주변국과 갈등을 겪고 있는 안보·군사 이슈에서 자국의 증대된 군사력을 상시적으로 다양하게 운용하고, 이를 통해 자국에 유리한 형세를 조성함으로써 자국의 이익을 관철하겠다는 의지를 표명한 것으로 해석할 수 있다. 공산당 19차 당대회 〈정치 보고〉에서는 "효과적 태세 조성, 위기 관리, 전쟁 억제 및 전쟁 승리"를 강조했었다.

4) 중국군의 건설과 운용 원칙을 제시하다

이번 〈정치 보고〉에 따르면, 공산당은 신시대 당의 강군 사상을 관철하고, 신시대 군사전략 방침을 관철하며, 당의 인민군대에 대한 절대영도를 견지하고, 정치건군政治建軍, 개혁강군, 과학기술 강군, 인재강군, 의법치군依法治軍 견지를 제시했다. 또한 투쟁, 전쟁 준비 및 건설을 동시에 진행하고, 군사이론, 군대조직 형태, 군사인원 및 무기장비의 현대화를 가속화하고, 국가주권, 안보, 발전이익을 수호하는 전략 능력을 제고하여 신시대 인민군대의 사명과 임무를 효과적으로 수행할 것을 강조했다.

　이러한 원칙들은 공산당 19차 당대회에서도 유사하게 제시되었던 것으로 큰 변화 없이 유지되었다. 공산당 19차 당대회에서는 신시대 공산

당의 강군 목표는 "당의 지휘를 따르고聽黨指揮, 싸워 승리할 수 있으며
能打勝仗, 기풍이 우수한作風優良 인민군대를 건설"하여 세계 일류군대가 되
도록 하는 것으로 제시하고, 이를 위해 당의 인민군대에 대한 절대영도
견지를 강조했다. 다만, 공산당 19차 당대회 〈정치 보고〉에서는 2013년
부터 추진된 중국군 개혁의 주요 내용에 대한 강조가 포함되었다. 강
력하고 현대화된 육군, 해군, 공군, 로켓군 및 전략지원부대를 건설하고,
강건하고 효율적인 전구 합동작전 지휘기구를 창설하여 중국 특색의 현
대적 작전체계를 구축함으로써 신시대의 사명과 임무를 담당할 것임을
강조했다.

4. 중앙군사위원회 구성: 시진핑 총서기와의 유대 및 중국군 현대화 추진을 반영하다

중국군의 최고 정책결정 기구인 20기 중앙군위는 19기와 동일하게 주
석 1명, 부주석 2명 및 위원 4명으로 구성되었다. 이 중에서 부주석 2명
중 1명, 위원 4명 중 2명이 신규 선임되었다.

우선, 72세의 장유샤張又俠 부주석이 68세 은퇴 관례에 따라 퇴임할 것
이라는 예상을 깨고 유임되었다. 이는 장 부주석과 시진핑 총서기 간의
오랜 유대 관계를 반영한다. 그뿐만 아니라 장 부주석의 장비발전부장
경력과 전문성에 따라, 리샹푸李尚福 신임 중앙군위 위원과 함께 "새로운
영역 및 질적 작전역량 비중 증대"라는 군사 분야 목표를 실현하려는 의
도가 있는 것으로 해석된다(Wuthnow, 2022).

허웨이둥何衛東 부주석은 정전구급正戰區級에서 중앙군위 위원을 거치
지 않고 곧바로 최고 등급인 중앙군위 부주석에 임명되면서 2등급 격상

되었다. 이는 매우 드문 경우로서 두 가지 해석이 가능하다. 첫째, 시진 핑 총서기와의 유대 관계이다. 시진핑 총서기가 1999년부터 2002년까 지 푸젠성 성장을 역임했을 때, 허 부주석은 푸젠성 샤먼에 주둔하는 31 집단군에서 근무했었고, 이때부터의 인연이 20여 년간 이어져 왔다 는 것이다. 둘째, 대만에 대한 작전 경험 및 전문성 때문이다. 쉬치량許其 亮 전 부주석의 퇴직으로 인해 중앙군위 내에는 대만에 대한 작전 경험 을 갖고 있는 인사가 부재했다. 허 부주석은 대만을 담당하는 동부전구 사령원 출신으로서 대對대만 작전에 대한 전문성과 경험을 갖춘 인사이 다(Wuthnow, 2022).

마오화苗華 정치공작부 주임과 장성민張昇民 기율검사위원회 서기는 연임되었는데, "군이 당의 지휘에 따른다"라는 시진핑 총서기의 강군 목 표에 부합되도록 시진핑 총서기와 당에 대한 충성심을 유지할 것이다. 리상푸 장비발전부 부장과 류전리劉振立 육군사령원이 신규 중앙군위 위 원에 선임되었는데, 관례에 따라 2023년 3월 전국인민대표대회에서 각 각 국방부장과 연합참모부 참모장에 임명될 것으로 예상된다.

이번 20기 중앙군위 구성은 향후 5년간 군사 분야에서 시진핑 총서 기가 어디에 중점을 두려하는지에 대한 방향성을 보여주는데, 그것은 바로 중국군 현대화이다. 허웨이둥 부주석은 중국군의 '건군 백주년 분 투목표'의 핵심인 대만에 대한 작전 준비태세 향상을 위해 필요한 조치 들을 잘 이해하고 있다. 장유샤 부주석과 리상푸 중앙군위 위원은 "새 로운 영역 및 질적 작전역량 비중 증대"라는 목표 실현을 위한 이상적 인 인선이다. 류전리 중앙군위 위원은 육군사령원 출신으로서 육군의 현대화 추진 경험을 통해 중국군 현대화를 위해 기여할 수 있을 것이다

〈표 6-1〉 공산당 20차 당대회 중앙군사위원회의 구성

직위	성명	연임 여부	직책 (예상)	군종	주요 특징
부주석	장유샤	연임		육군	• 1950년생 • 19기 중앙군위 제2부주석 • 장비발전부 부장 역임
	허웨이둥	신임		육군	• 1957년생 • 중앙군위 위원을 거치지 않고, 곧바로 부주석 선임 • 동부전구 사령원 역임
위원	리상푸	신임	국방부장	전략 지원	• 1958년생 • 현 장비발전부 부장 • 전략지원부대 부사령원 역임 • 유인우주사업/우주정거장 단계 비행 임무 총지휘
	류전리	신임	연합참모부 참모장	육군	• 1964년생 • 육군사령원 역임 • 육군 참모장 역임
	먀오화	연임	정치공작부 주임	해군	• 1955년생 • 해군 정치위원 역임
	장성민	연임	기율검사 위원회 서기	로켓군	• 1958년생 • 제2포병 정치부 주임 역임

자료: 이상국(2022)을 일부 보완.

〈표 6-2〉 중국공산당 중앙위원회 내 군 인사 비중

구분		제17기 (2007년)	제18기 (2012년)	제19기 (2017년)	제20기 (2022년)
중앙위원회 위원	총원	204명	205명	204명	205명
	군 (무장경찰 포함)	41명(20.1%)	40명(19.5%)	41명(20.1%)	44명(21.5%)
중앙정치국 위원	총원	25명	25명	25명	24명
	군	2명(중앙군위 부주석)	2명(중앙군위 부주석)	2명(중앙군위 부주석)	2명(중앙군위 부주석)

자료: 양정학, 2022.

(Wuthnow, 2022).

한편, 이번 20기 공산당 중앙위원회 내 군 인사는 총 44명으로서 중앙위원 205명 중 21.5%를 차지함으로써 기존의 관례가 지속되었다. 유임 및 신규 인원은 각각 9명과 35명이다. 중앙정치국 위원 중 군 인사는 중앙군위 부주석 2명으로서, 역시 기존의 관례대로 구성되었다.

III. 시진핑 집권 10년 안보·군사 분야 평가: 여러 도전 속에서 꾸준히 나아가다

여기서는 시진핑 정부가 군사 분야에서 자신의 집권기 10년(2012-22년)을 그 이전 시기(2012년 이전)와 어떻게 다르게 평가하고 있는지를 자세히 살펴보고, 이에 대해 종합적인 평가를 제시할 것이다.

1. 국가안보 강화를 위한 노력에도 불구하고, 많은 도전에 직면하다

공산당 20차 당대회 〈정치 보고〉에 명시된 시진핑 정부의 지난 10년 군사 분야 평가는 매우 후한 편이다. 즉 "중국은 총체적 국가안보관을 관철하고, 국가안보 영도체제와 법치체계, 전략체계, 정책체계를 부단히 보완하여, 국가주권, 안보 및 발전이익을 수호함으로써 국가안보가 강화되었다"고 주장한다. 반면, 자신의 집권 이전(2012년 이전)은 "국가안보 수호의 제도가 불완전하고, 각종 중대 위험에 대한 대응 능력이 약하며, 국방 및 군 현대화에 많은 단점과 약점이 존재하는 등 국가안보가 엄준한 도전을 받았다"라고 비판적으로 평가하고 있다.

시진핑 집권 이전에는 국가안보, 안보전략 및 정책에 대한 개념이 제시되지 않았고, 국가안보의 영도체계 등이 명확하게 확립되어 있지 않았다는 점을 고려해보면, 시진핑 정부가 국가안보를 강화하기 위해 여러 노력을 기울였음은 분명해 보인다. 이를 구체적으로 살펴보자.

첫째, 시진핑 총서기는 중국 최초의 국가안보 개념인 '총체적 국가안보관'을 제시했을 뿐만 아니라, 이를 글로벌안보 이니셔티브로 확장시키면서 국제사회에 중국이 지향하는 안보관을 제시했다. 총체적 국가안보관은 중국이 새롭게 제기되거나 또는 과거부터 존재해왔던 국가안보 위협 및 도전에 대응하기 위해 제시한 개념으로서, 외부의 위협과 내부의 위협, 그리고 전통적 위협과 비전통 위협 간 구분이 더 이상 중요하지 않다고 보고, 국가안보의 모든 수준과 영역을 다루고 있다. 특히 중국이 직면한 딜레마, 즉 국제사회에서 영향력을 행사하면서도 그에 수반하는 반발과 위험을 관리해야 하는 상황에 대한 대응 노력이라고 할 수 있다.

중국 당국의 설명에 따르면, "총체적 국가안보관은 마르크스주의 국가안보 이론의 중국화의 최신 성과이고, 공산당과 중국 인민이 국가주권, 안보, 발전이익을 수호한 백 년 분투의 실천 경험과 집단 지혜의 결정이며, 공산당 역사상 첫 번째의 체계적으로 갖추어진 국가안보 이론이다"(中共中央宣傳部·中央國家安全委員會辦公室, 2022). 한편 중국 전문가들은 총체적 국가안보관이 글로벌안보 이니셔티브에 중요한 이론적 기초를 제공했고, 글로벌안보 이니셔티브는 총체적 국가안보관의 이론적 체계를 더욱 다차원적으로 만들면서 총체적 국가안보관의 '세계편'을 제공하고 있다고 평가하고 있다(Blanchette, 2022). 향후 중국은 총체적 국가안보관과 글로벌안보 이니셔티브와의 연계성에 대한 이론적, 정책적 논리를 제공하면서 대내외에 중국이 지향하는 안보관을 적극적으로 제시할 것으로 예상된다.

둘째, 중앙 국가안전위원회(국안위) 설립 등 국가안보 체제를 확립하기 위해 노력했다. 시진핑 정부는 기존의 중앙외사공작영도소조 또는 중앙국가안전영도소조中央國家安全領導小組가 위기관리 차원에서 자신의 역할을 제대로 수행하지 못했다고 판단했다. 따라서 전체적인 안보 구상에서 여러 문제점을 보완해줄 수 있고, 정치적 신뢰성과 관료적 접근을 갖추었으며, 여러 부처의 의견을 조율할 수 있는 새로운 기구가 필요하다고 인식했다. 이에 2013년 11월 중앙 국안위를 신설하여 다양한 안보 이슈에 대해 당정 부처 및 위원회를 포괄하여 주요 의사 결정을 조율하도록 했다. 또한 2018년과 2021년에는 각각 〈당위원회(당조) 국가안보 책임제 규정黨委[黨組]國家安全責任制規定〉과 〈중국공산당 국가안보업무 영도 조례中國共産黨領導國家安全工作條例〉를 제정하여 각급 공산당 위원회가 국가안보 수호의 주체적 책임을 담당해야 함을 명시했다(Blanchette, 2022; 林鴻潮·劉輝, 2022).

셋째, 〈국가안보법〉과 국가안보 전략 제정 등 국가안보 제도를 확립하기 위해 노력했다. 국가안보 수호에 법적 근거 마련을 위해 2015년 7월 〈중화인민공화국 국가안보법中華人民共和國國家安全法〉을 제정했는데, 국가안보의 각 영역을 다루는 기본적이고 종합적인 법률이라고 할 수 있다. 또한 중앙정치국은 2015년 1월 〈국가안보전략강요國家安全戰略綱要〉에 이어서 2021년 11월 〈국가안보전략(2021-2025년)國家安全戰略[2021-2025年]〉을 심의하여 통과시켰는데, 중점 영역 및 지역에 대한 국가안보 업무에 대해 전체적인 계획을 제시한 것으로 볼 수 있다(林鴻潮·劉輝, 2022).

그러나 이러한 노력을 통해 중국의 국가안보가 강화되었다고 평가하기에는 중국이 처한 안보환경, 안보의 상대성(안보딜레마), 국안위를 중심으로 한 국가안보 업무 영도체제의 불명료성 등을 고려해볼 때, 쉽게 동의하기 어렵다. 우선, 중국이 처한 안보환경은 시진핑 총서기가 당대회 〈정치 보고〉에서 '블랙스완'과 '회색코뿔소' 사건이 언제든 발생할 수 있다고 평가한 것처럼 다양한 위험과 도전에 직면해 있다. 미중 전략 경쟁이 무역과 기술 영역을 넘어, 이데올로기, 심지어 군사 분야까지 확대되고 있고, 러시아-우크라이나 전쟁으로 인해 미국을 중심으로 한 서방 자유민주주의 국가 대 중국·러시아 등 권위주의 국가 간 진영 대결 양상도 나타나고 있다. 또한 대만해협, 남중국해 및 동중국해 등에서 주변국과의 영유권 갈등이 지속되고 있다. 동시에, 중국이 자국의 안보를 강화하기 위해 추진하는 군사력 현대화를 포함한 다양한 노력들은 미국, 일본, 유럽 국가들의 안보를 불안하게 함으로써 군비 경쟁을 초래하고, 이로 인해 중국의 안보는 오히려 더욱 불안해지는 안보딜레마에 처할 수 있다. 한편, 중국의 국가안보 업무를 영도하는 국안위의 지위와 역할이 여전히 모호한 것으로 보이기 때문에, 군사안보 관련 이슈의 조정이나 효과적 대응에 혼란과 비효율이 발생함으로써 비합리적 정책 결정 및 집행이 이루어질 수도 있을 것이다.

2. 국방 및 군 현대화의 조속한 추진: 임무는 막중하고 갈 길은 멀다

시진핑 정부는 자신의 집권 기간에 '강군強軍의 새로운 국면을 만들었다'라고 평가한다. '중국몽中國夢'과 '강군몽强軍夢' 실현에 착안하여 신형세하 군사전략 방침을 제정하고, 국방 및 군 현대화를 전력으로 추진 및 가속화했다고 평가하고 있다. 반면, 자신의 집권 이전(2012년 이전)의 국방 및 군 현대화에는 많은 문제가 존재했다고 평가했다. 물론 후진타오 총서기는 2012년 공산당 18차 당대회의 〈정치 보고〉에서 "중국 특색의 군사혁신變革이 중요한 성과를 거두었고, 군의 혁명화·현대화·정규화 건설이 전면적으로 강화되었다"라고 상반된 평가를 내린 바 있다(胡錦濤, 2012).

실제로 시진핑 집권 이후에는 국방 및 군 현대화 건설의 새로운 로드맵을 제시하여 적극 추진하면서, 기존의 현대화 달성 목표 시한을 앞당기는 등 가속화를 강조하고 있다. 앞에서 살펴보았듯이, 2017년 공산당 19차 당대회에서 시진핑 총서기는 중국군 현대화 계획을 3단계로 구분하여 제시했었다. 이를 이어 이번 공산당 20차 당대회에서는 신3단계 전략을 제시했다. 즉 2027년까지는 건군 백주년 분투 목표를 예정대로 실현하고, 2035년까지는 국방 및 군 현대화를 기본적으로 실현하며, 21세기 중엽까지는 인민해방군을 세계 일류군대로 조속히 건설하겠다는 것이다.

사실 시진핑의 3단계 전략은 장쩌민과 후진타오가 제시했던 국방 및 군 현대화 3단계 전략의 업그레이드 버전이라고 할 수 있다. 장쩌민은 1997년에 3단계 전략을 제시했는데, 2010년까지 기계화 달성, 2020년까지 정보화의 기초 구축, 그리고 21세기 중엽까지 정보화군의 육성을 발표한 바 있다(김태호, 2018). 후진타오도 2008년에 3단계 전략을 제시했는데, 2010년 이전 현대화의 견실한 기초를 다지고, 2020년 이전 기계화를 기본적으로 실현하고, 정보화 건설에서 중대한 진전을 이루며, 21세기 중엽에 국방 및 군 현대화를 기본적으로 실현하겠다는 것이었다(中華人民共和國 國務院新聞辦公室, 2009).

그러나 시진핑 총서기의 중국군 현대화 가속화 의지가 계획대로 실현될 수 있을지는 추가적인 관찰이 필요해 보인다. 2019년에 발표된 〈신시대의 중국 국방〉 제하의 국방백서는 "중국 특색의 군사 변혁은 큰 진전을 이루었으나 기계화 건설 임무는 아직 완료되지 못했고, 정보화 수준은 시급히 제고되어야 하며 (…) 군사 현대화 수준은 국가안보의 요구와 비교할 때 여전히 매우 큰 차이가 있고, 세계 선진 군사 수준과 비교하여도 큰 차이가 있다"고 했다(中華人民共和國 國務院新聞辦公室, 2019). 이는 2020년까지 중국군의 전면적인 기계화가 기준에 미달했음을 자인한 것이다. 중국의 학자들은 기계화 없이는 정보화도 없고, 정보화 건설은 기계화 건설이 제공하는 물리적 실체가 필요하며, 그렇지 않으면 정보화 '연결고리'는 대상을 잃는다고 지적하고 있다. 특히 중국 육군의 장비 현대화는 대단히 어렵고 힘든 임무로 평가된다(이두형, 2022).

향후 중국군은 기계화, 정보화 및 지능화의 융합 발전을 추진하면서, 특히 지능화에 중점을 두고 국방 및 군 현대화 건설을 추진할 것으로 전망된다. '중국몽'과 '강군몽' 실현을 위한 국방 및 군 현대화의 임무는 막중하고, 갈 길은 여전히 멀어 보인다.

3. 적극방어 군사전략을 유지하면서, 정보화 국부전쟁 승리를 추구하다

군사전략은 군사 조직의 미래 전쟁 수행을 위한 일련의 계획으로서, 군사력이 국가의 정치적 목적을 진전시키는 군사적 목표를 달성하기 위해 어떻게 운용되어질 것인가를 설명한다. 중국의 군사전략은 전쟁 상황의 전반을 지도하고 준비하는 원칙과 계획으로 정의되며, 군사전략 방침은 중국이 앞으로의 전쟁을 어떻게 수행할지에 관한 계획을 개괄하는 것으로서, 전략적 적과 작전 목표의 식별, 주요 전략 방향, 군사투쟁 준비의 근본, 기본적 지도 사상을 포함한다(Fravel, 2019).

공산당 20차 당대회에서 시진핑 총서기는 지난 10년간 "신형세하 군사전략 방침을 제정하고, 신시대 군사전략 방침을 관철했다"라고 평가했다. 2019년 발간된 중국의 국방백서에서는 '신시대 적극방어 군사전략 방침'을 제시하고 있다. 신시대 적극방어 군사전략 방침은 "방어防禦, 자위自衛, 후발제인後發制人의 원칙을 견지하고, 적극방어를 실행하며, 공격받지 않으면 공격하지 않으나, 공격을 받을 경우에는 확실하게 반격함을 견지하고, 전쟁 억제와 전쟁 승리의 균형을 강조하며, 전략상 방어와 작전 및 전투상 공격의 통일을 강조"하고 있다(中華人民共和國 國務院新聞辦公室, 2019).

시진핑 총서기는 신시대 군사전략 방침의 실행 및 관철이 공산당과 국가의 전체 전략을 위한 것으로서, 총체적 국가안보관을 실행하고, 우려의식憂患意識, 위기의식, 전쟁의식을 강화하며, 전략적 경쟁의 새로운 구도, 국가안보의 새로운 수요 및 현대 전쟁의 새로운 형태에 적극적으로 대응하고, 신시대 군의 사명 및 임무를 효과적으로 이행하는 것이라고 설명하고 있다. 또한, 국가가 직면한 안보 위협에 근거하여, 군사투쟁을 준비하고, 신시대 전쟁 준비 능력을 제고하며, 방어에 입각하고, 다영역을 함께 준비하며 균형적이고 안정적인 신시대 군사전략 구도를 구축해야 한다고 강조하고 있다(中華人民共和國 國務院新聞辦公室, 2019).

이와 같은 군사전략 방침은 통상 전쟁(작전) 형태와 관련된 군사투쟁 준비의 근본을 포함한다. 1993년에는 '현대기술, 특히 첨단기술 조건하 국부전쟁 승리'를 채택했었고, 2004년에는 '정보화 조건하 국부전쟁 승리'로 조정했다. 시진핑 정부는 2015년에 '정보화 국부전쟁 승리'로 수정하여 제시했는데, 이는 전쟁 형태의 변화와 중국이 직면한 국가안보 상황에 따라 조정한 것으로 이해할 수 있다.

이에 따르면, 첫째, 전쟁의 형태 변화 측면에서 광의적 정의로서 '정보'가 전쟁에서 주도적 역할을 수행하게 되면서 더 이상 전쟁의 중요한 조건에 그치지 않게 되었다는 것이다. 둘째, 중국이 직면한 국가안보 상황은 해양에서 더 긴박한 안보위협에 직면해 있다는 것이다. 중국 해군의 전략 개념이 근해방어近海防禦에서 근해방어와 원해호위遠海護衛의 결합으로, 다시 근해방어와 원해방위遠海防衛의 결합으로 변화되었다. 근해방어는 중국 본토와 인접한 근해에서 영토 및 관할권 분쟁에서의 당면한 이익 수호를 강조한 것이다. 원해호위는 해상교통로와 중국의 해외 경제적 이익 보호를 강조한 것이다(Fravel, 2019). 반면, 원해방위는 해외 해군기지 완공을 통해 인도양, 아덴만, 서태평양 지역으로 해군력을 투사할 수 있는 능력을 갖추게 됨을 의미한다.

이에 따라, 전쟁(작전) 수행 개념으로서 정보 계통에 기초한 체계 작전능력體系作戰能力 강화를 강조하고 있는데, 정보주도, 정밀타격, 합동작전을 제시하고 있다. 먼저 정보전으로 정보우세를 달성하여 적의 전쟁수행 체계를 마비시키고, 적의 주요 표적에 정확한 타격을 가하여 적의 전쟁수행 능력을 와해시킨 후, 합동작전을 통해 승리를 거두는 개념이다. 이를 위해, 통합 합동작전체계—體化聯合作戰體系를 구축하고, 정보 자원의 심도 있는 개발과 효율적 이용을 추진하며, 정찰 및 조기경보 시스템과 지휘통제 시스템 구축을 강화하고, 중장거리 정밀타격 능력을 발전시키며, 중앙군위의 합동작전 지휘기구 및 전구 합동작전 지휘체제 건설을

강조하고 있다.[4]

향후 지능화 전쟁의 발전 추세에 따라 중국군의 군사투쟁준비의 근본
및 전쟁수행 개념의 변화 여부도 지속적으로 추적 및 관찰할 필요가 있
겠다.

4. 중국군 개혁의 성공적 추진은 역내 중국군의 존재감을 강화시킬 것이다[5]

시진핑 정부가 추진한 중국군 개혁은 1952년 인민해방군 조직 편성 완
료 이래 11번째 추진한 대규모 개혁이다. 기존의 개혁이 주로 병력 감축
이나 군구 재편, 또는 계급 제도 조정 등에 초점이 맞추어져 있던 것에
비해, 이번 개혁은 대규모 병력 감축과 함께 지휘체계, 구조 및 편제, 정
책·제도에 이르기까지 개혁의 내용과 범위에서 역대 최대 규모인 것으
로 평가된다.

시진핑 총서기는 '중국의 꿈', 즉 중화민족의 위대한 부흥을 실현하
기 위해서는 강력한 군대를 건설해야 한다고 강조했다. 2013년 3월 제
12차 전국인민대표대회 중국군 대표단 전체회의에서 시진핑 총서기는
'신정세하 중국공산당의 강군 목표'를 '당의 지휘를 따르고, 싸워 승리할
수 있으며, 기풍이 우수한 인민군대 건설'로 제시했다. 이를 위해 국방과
군대 건설 및 발전을 제약하는 모순과 문제를 해결해야 하며 군사이론
을 발전시키고 군사전략의 지도를 강화해야 한다고 강조했다. 다시 말
해, 강력한 군대의 건설, 즉 '강군몽强軍夢' 실현을 위해서는 국방 및 군대
의 개혁을 추진해야 한다는 것이다.

2013년 11월 공산당 18기 중앙위원회 3차 전체회의(18기 3중전회)에
서 국방 및 군 개혁이 제시된 이후, 중앙군위의 상부 지휘구조가 개편되

고, 군구軍區가 전구戰區로 개편되었다. 또한 육군지휘기구, 로켓군 및 전략지원부대가 신설되어 군령軍令과 군정軍政이 분리되는 등 지휘체계 및 편제가 개편되었다. 다른 한편, 시진핑 정부는 30만 명의 대규모 감군을 추진하면서 규모·구조 및 정책·제도에 이르기까지 전방위적인 군 개혁을 추진했다.

시진핑 총서기가 추진한 중국군 개혁의 배경과 목적을 살펴보면, 첫째, 군에 대한 공산당의 절대영도 확립이다. 중국군은 그동안 문민 지도자의 군에 대한 지휘권 약화와 매관매직 등의 부패가 만연해 있었다. 시진핑 총서기는 이처럼 통제하기 쉽지 않고 부패한 군을 개혁하기 위해 반부패 캠페인을 수단으로 활용했다. 즉 반부패 캠페인을 통해 전 중앙군위 부주석인 쉬차이허우徐才厚와 궈보슝郭伯雄 등을 처벌하고, 군의 고질적 부패에 대한 다수의 정보를 수집함으로써 군 내부의 누구도 개혁에 저항하지 못하도록 했다. 시진핑 총서기는 당의 군에 대한 절대영도를 강조하고, 중앙군위 주석 책임제軍委主席負責制를 실시할 것을 선포하면서, 이를 위해 2014년 10월 푸젠성 구톈古田에서 전군 정치공작 회의를 개최하여 당의 군에 대한 영도 원칙을 분명히 했다.

둘째, 안보적·군사적 환경 변화에 대응하기 위한 합동작전 역량 강화와 지휘체계 효율화이다. 중국이 직면하고 있는 새로운 안보적·군사적 환경 변화에 효율적으로 대응하기 위해서는 정보화 환경하에서 육·해·공 등 제 군종의 합동작전 수행 능력이 필요하고, 특히 현실적으로 군사적 충돌 가능성이 상존하는 남중국해, 동중국해 및 대만해협 등에서 해·공군력 투사 능력이 요구되었다. 그러나 중국의 기존의 지휘기구와 작전체계는 '기계화' 전쟁의 기초 위에서 구축된 것으로서 '정보화 국부전쟁'의 현대전 요구에 적합하지 않고, 또한 '육군을 중심으로, 해·공군을 보조'로 하는 지역 방어 중심의 군구 모델은 해·공군력 강화 및 투사에 초점을 맞춘 합동작전의 효율적 수행에 한계가 있었다.

중국군 개혁은 공산당 20차 당대회 〈정치 보고〉에서 국방 및 군 개혁 성과를 공고화 및 확대해야 한다고 언급하고 있는 것을 볼 때, 전체적으로 계획한 목표와 방향대로 추진된 것으로 판단된다. 또한, 군 내부 기득권 세력의 저항과 같은 심각한 도전 요인이 발생하지 않은 것으로 볼 때, 개혁 과정 중 발생한 문제들은 극복 가능한 과제들인 것으로 보인다.

중국군은 시진핑 총서기의 강력한 리더십하에 중앙군위의 군에 대한 통제력 강화와 함께 합동작전 지휘체계와 역량을 갖추고, 체계적이고 전문적인 군사력 건설을 위해 노력하는 동시에, 첨단 무기체계의 지속 발전을 통해 '정보화 국부전쟁'에서 승리할 수 있는 능력을 갖추어가고 있는 것으로 판단된다. 결국, 중국군 개혁의 성공적인 추진은 중국 군사력의 현대화를 의미하는 것이며, 향후 중국군의 존재감은 지역 및 글로벌 차원에서 한층 강화될 전망이다.

IV. 시사점: 중국과 협력을 추구하되, 갈등의 확전 가능성에도 대비해야 한다

중국은 향후 미중 전략경쟁의 심화 속에서 갈등이 군사적 충돌로 확전되지 않도록 관리하면서도 자국의 안보 및 군사 이익 수호를 위해 적극적으로 대응할 것이다. 또한 동시에 중장기적으로는 사회주의 현대화 강국 건설을 위해 군사력 현대화를 적극 추진할 것이다. 특히, 건군 백주년 분투 목표의 실현 강조에서 볼 수 있듯이 대만에 대한 군사적 통일 능력 구비와 함께 정보화, 지능화 및 무인화 전쟁 대비 능력을 강화해나갈 것이다.

한편, 중국은 한국이 미국의 대중국 억제 포위망에 동참할 가능성을 우려하고 있다. 특히 미국이 대만을 활용하여 중국을 견제하려는 노력에 한국이 동참할 가능성을 우려한다. 예를 들어, 2021년과 2022년 한미정상 공동성명에 '대만해협에서의 평화와 안정 유지의 중요성'이 명시되고, 한국정부가 '힘에 의한 일방적 현상변경 반대'를 언급한 데 대해 경계하고 있다.

한국은 미중 전략경쟁 시기, 미국의 동맹인 동시에 중국의 전략적 협력 동반자로서, 한미동맹을 강화하면서도 한중 안보·군사 관계를 안정적으로 관리 및 발전시켜나가야 한다. 이를 위해 다음의 몇 가지 사항을 고려할 필요가 있다.

첫째, 대만해협 분쟁이 미중 간 군사적 충돌로 확전될 가능성은 크지 않지만, 대만해협 위기 및 우발적 충돌은 언제든지 발생할 수 있기에 항상 대비해야만 한다. 대만해협 위기 및 실제 무력분쟁 발발 시, 한국은 북한의 대남 도발 억제를 최우선 목표로 설정하고, 이를 위해 한미 연합방위 태세 공고화와 함께 중국의 건설적 역할 견인을 전략적 목표로 설정할 필요가 있다. 주한미군의 전략적 유연성 시행, 북한의 대남 도발, 한미동맹의 미중 충돌에의 연루 가능성 등을 종합적으로 고려하여 대응해야 한다. 한편, 남중국해 등에서 항행의 자유 작전에 대한 미국의 동참 요구에는 신중하게 대응할 필요가 있으며, 불가피시 대중국 군사적 겨냥 성격이 아닌 수준에서 참여를 검토할 필요가 있다.

둘째, 중국군의 서해상 군사작전 범위의 확대 및 군사적 강압 가능성에 대비할 필요가 있다. 한중 간 서해 해·공역상 이견 및 갈등이 군사적 충돌로 확전되지 않도록 신뢰구축 조치 등 위기관리를 강화함과 동시에, 한국군 해·공군의 군사적 대응 능력의 지속 확충이 필요하다. 한중 간에 상대측 배타적 경제수역EEZ 및 중첩지역(한중 잠정조치 수역)에서의 군사 활동 시 사전 통보할 수 있도록 협의함으로써, 우발적 충돌을 방지하고 상호신뢰를 구축하여 양국 및 양군 간 위협 인식 감소를 위해 노력할 필요가 있다. 양국 국방부 및 해군 간 구축된 소통 채널을 활용하고, 한중 해양협력 대화를 정례적으로 개최하여 양국 간 서해 불법 조업 방지, EEZ 협상 및 양군 간 우발적 충돌 방지를 위한 위기관리 메커니즘으로서 실질적으로 발전시킬 필요가 있다.

동시에, 중국군과의 군사적 위기 및 충돌 가능성에도 사전에 대비해야 한다. 한국 해군은 기동함대를 운용하여 중국군의 군사 활동을 견제하고, 필요시 한미동맹의 능력과 의지를 현시하며, 더 나아가 조기 원상회복 및 확전 방지를 추구하고 있다. 이러한 전략적·작전적 필요성에 기초하여 해·공군력의 확충과 해군 및 해경의 원활한 협조체계 구축 등이 필요하다.

셋째, 중국의 안보전략, 군사전략, 전쟁수행 개념, 군사력 현대화, 육군·해군·공군·로켓군·전략지원부대 등 각 군별 전략, 무기체계의 발전 등에 대해 지속적인 추적 및 연구가 필요하다. 중국 군사 분야 연구는 신뢰할 수 있는 자료 접근성의 제한과 관련 전문가의 부족, 사안의 민감성에 따른 보안상의 우려 등으로 인해 전문성을 축적하며 꾸준히 연구하기가 매우 어렵다. 그럼에도 불구하고, 중국 군사 연구의 정책적·학술적 필요성을 고려하여 중국군 정보를 다루는 기관과 관련 전문가 집단 간 교류 활성화, 현역 및 민간 연구자를 중국군 전문가로 양성하기 위한 제도적·정책적 지원, 중국군 실무를 경험한 무관 출신 예비역 전문가의 활용 등도 검토할 필요가 있다.

넷째, 범정부 차원의 중국 이슈 협의 및 대응 노력이 필요하다. 중국의 외교안보 사령탑인 왕이王毅 중앙외사판공실 주임은 한국 대통령실 국가안보실장의 카운터파트가 될 것이다. 왕이 주임은 한국에 대한 높은 이해도를 바탕으로 유인 및 압박을 병행하면서 외교, 군사, 경제 등 다양한 수단과 방법을 활용할 가능성이 높다. 대통령실 국가안보실, 외교부, 국방부, 국정원 등 주요 정부 부처는 중국 관련 이슈 발생 시, 관련 부처의 중국 담당 및 학계·연구기관 중국전문가와 수시로 협의 및 소통을 통해서 전문적이고 종합적인 고려와 판단하에 대응해야 한다. 범정부 차원에서 중국 이슈를 협의할 수 있는 조직 신설도 고려할 필요가 있다.

주

1 '블랙스완'은 도저히 일어나지 않을 것 같은 일이 실제로 일어나는 현상을 이르는 말로서, 경제 영역에서 전 세계의 경제가 예상하지 못한 사건으로 위기를 맞을 수 있다는 의미로 사용된다. '회색코뿔소'는 갑자기 발생하는 것이 아니라 계속적인 경고로 이미 알려져 있는 위험 요인들이 빠르게 나타나지만 위험 신호를 간과하고 있다가 큰 위험에 빠진다는 의미다.

2 '글로벌 발전 이니셔티브'는 시진핑 총서기가 2021년 9월 제76차 유엔 총회 연설에서 제안했는데, 감염병의 충격에 직면하여 글로벌 발전이 균형적이고 조화로우며 포용적이 될 수 있도록 함으로써 글로벌 발전 운명공동체를 구축하자고 주창했다. 발전 우선, 사람 중심, 보편적 포용, 혁신 드라이브, 인간과 자연의 조화로운 공존, 행동 지향의 여섯 가지 항목을 제시했다.

3 공동안보를 의미하는 것으로 해석된다.

4 이 부분은 국방대 박창희 교수의 자문(2021년 4월)을 받은 바 있다.

5 이 부분은 이영학(2017)을 보완하여 작성했다.

참고문헌

김태호. 2018. 〈군 개혁: 신시대 새로운 당-군 관계와 국방 비전〉. 조영남 책임편집. 《시진핑 사상
　　과 중국의 미래-중국공산당 제19차 전국대표대회 분석》. 지식공작소.

양정학. 2022. 〈중국공산당 20차 당대회 이후 중국의 외교안보 정책〉. 제주평화연구원 세미나
　　자료(11월 28일).

유동원. 2019. 〈중국의 국가안보전략 변화: 총체적 국가안보관을 중심으로〉. 《대한정치학회보》
　　27-3.

이두형. 2022. 《중국공군》. GDC 미디어.

이상국. 2020. 〈중국군은 4차 산업혁명 기술을 어떻게 보고 있나〉. 《국방논단》 1792.

이상국. 〈중공당 제20차 당대회의 주요 내용과 시사점: 안보·국방 영역을 중심으로〉. www.kida.
　　re.kr (검색일: 2022. 10. 27).

이영학. 2012. 〈중국공산당 대외전략의 변화, 특징 및 전망: 개혁개방이래 역대 당대회 정치 보고
　　에 대한 분석을 중심으로〉. 《현대중국연구》 14-1.

이영학. 2017. 〈중국의 군사안보: 시진핑 시기 중국군 개혁의 평가와 함의〉. 정주연 책임편집.
　　《중국의 부상과 국내정치적 취약성》. 사회평론아카데미.

이영학. 2018. 《차이나 핸드북》. 김영사.

조영남. 2022. 《중국의 통치체제 1: 공산당 영도 체제》. 21세기북스.

胡錦濤. 2012. 〈堅定不移沿着中國特色社會主義道路前進 爲全面建成小康社會而奮鬪: 在中國共産
　　黨第十八次全國代表大會上的報告〉(2012年 11月 8日).

解放軍報評論員. 2022. 〈如期實現建軍一百年奮鬪目標〉. 《解放軍報》. 11月 5日.

林鴻潮·劉輝. 2022. 〈國家安全體系和能力現代化的三重邏輯〉. 《新疆師範大學學報(哲學社會科學
　　版)》. 11月 28日.

王若愚. 2020. 〈首提建軍百年奮鬪目標, 我看到了4個關鍵詞〉. 觀察者網. 11月 2日.

習近平. 2014. 〈堅持總體國家安全觀 走中國特色國家安全道路〉. 4月 15日.

習近平. 2017. 〈決勝全面建成小康社會 奪取新時代中國特色社會主義偉大勝利: 在中國共産黨第
　　十九次全國代表大會上的報告〉(2017年 10月 18日).

〈習近平提出全球安全倡義〉. 2022. 新華社. 4月 21日.

習近平. 2022. 〈高擧中國特色社會主義偉大旗幟 爲全面建設社會主義現代化國家而團結奮鬪: 在中

國共産黨第二十次全國代表大會上的報告〉(2022年 10月 16日).

許其亮. 2022. 〈如期實現建軍一百年奮鬪目標〉, 《人民日報》. 11月 7日.

中共中央宣傳部·中央國家安全委員會辦公室. 2022. 《總體國家安全觀學習綱要》. 學習出版社·人民
　　出版社.

〈中共中央政治局研究決定中央國家安全委員會設置〉. 2014. 新華社. 1月 24日.

中華人民共和國 國務院新聞辦公室. 2009. 《2008年中國的國防》.

中華人民共和國 國務院新聞辦公室. 2019. 《新時代的中國國防》.

總體國家安全觀研究中心課題組. 2022. 〈黨的二十大精神指引國家安全新征程〉, 《國家安全研究》5.

Blanchette, Jude. 2022. The Edge of an Abyss: Xi Jinping's Overall National Security Outlook.
　　September. 1. www.prcleader.org (검색일: 2022. 9. 2.).

Fravel, M. Taylor. 2019. *Active Defense: China's Military Strategy since 1949*. Princeton Univ.
　　Press.

Lin, Bonny. 2022. China's 20th Party Congress Report: Doubling Down in the Face of External
　　Threats. Oct. 19. www.csis.org (검색일: 2022. 10. 22.).

Wuthnow, Joel. 2022. Xi's New Central Military Commission: A War Council for Taiwan.
　　December. 1. www.prcleader.org (검색일: 2022. 12. 2.).

제7장

제2의 사드 사태는 재연될까?

김애경

(명지전문대학교 중국어비즈니스과 교수)

I. 서론

이 글은 중국공산당 제20차 전국대표대회(공산당 20차 당대회) 이후 시진 핑 3기 정부의 한반도 정책을 전망해보려고 한다. 주지하듯이 당대회에서는 한반도 정책을 포함한 특정 국가와의 양국관계 및 외교 정책이 구체적으로 제시되지 않는다. 당대회에서는 시진핑 3기 정부 5년의 국정 전반적인 운영 방향과 대외관계의 추진 방향을 포괄적으로 제시할 뿐이다. 지난 10년을 포함해서 중국이 공표하는 한반도 정책 기조는 일관적이다. 즉 '한반도 평화와 안정 유지', '한반도 비핵화', 그리고 '한반도에 대한 영향력 확대'이다. 이 외에 '대화를 통한 문제해결' 및 '남북 간 자주적·평화적 통일지지' 등이 중국의 한반도 정책 기조로 포함될 수 있겠다. 물론 '한반도 평화와 안정유지' 및 '한반도 비핵화' 기조는 시기와 상황에 따라 그 우선순위가 미세하게 조정되기도 했다.

이러한 기조는 중국의 바람이기도 하다. 즉 중국이 남북한 양국과 우호적인 관계를 유지하면서, 대화를 통해 북핵문제를 해결하는 데 일정한 역할을 함으로써 한반도 이슈를 중국이 통제 가능한 수준으로 유지하고자 하는 바람이다. 이 때문에 중국은 연평도 사태 등 한반도에서 발생하는 갈등에서 객관적 중재자이기보다 기계적 중립자 역할을 자처하며, 남북한 양측에 갈등 확대 자제만을 요청했다. 또 연평도 사태 이후 실시한 한미 훈련에 대해 중국이 오히려 미국을 서해에 끌어들인다며 민감한 반응을 보였다. 북한의 핵실험과 미사일 도발에 대해서도 해결을 위한 적극적 역할보다는 대체로 북미 사이에서 중재 외교를 시도했다(최명해, 2018: 305). 이처럼 중국은 자국의 필요에 부합되는 방향으로 한반도 상황을 관리하는 데에 주력했다.

시진핑 1·2기 정부에서도 위에서 말한 한반도 정책 기조는 유지되었다.[1] 다만 '강대국' 지위에 오른 중국은 향상된 국제 지위에 부합하는 대외전략 변화를 추구했고, 아시아 지역에서의 미중 경쟁은 심화되었다. 이러한 변화는 중국의 주변 지역과 한반도 정책에도 반영되었다. 즉 중국은 주변 지역과 한반도에서의 전략적 균형을 유지하기 위해 이전과는 다르게 영향력을 행사하고 영향력을 확대하는 모습을 보였다. 중국이 한반도에서 영향력을 더욱 확대하고 관계를 주도하고자 하는 기조와 의지는 시진핑 3기 정부에서도 지속될 것이다. 이미 지난 10년 동안에도 관찰되듯이, 한중·북중관계가 이미 양국 간의 관계만이 아닌 체제적 차원의 구조의 요인, 중국의 전략 요인 및 한반도 정세 요인 등 다양한 요인과 상황에 따라 변화될 수 있다. 어느 때보다도 미국의 중국 견제조치들이 강화되고 전방위적으로 확산되면서 미중 양국은 협력보다 경쟁의 가능성이 커지고 있다. 미중의 전략 경쟁이 체제 차원에서 진영화의 가속화로 이어진다면, 북핵 해결을 위한 중국의 협력 또는 대북 압박을 기대하기는 어려울 수 있다.

　한반도를 둘러싼 복잡한 정세 속에서 시진핑 3기 정부의 한반도 정책은 어떤 모습일까? 제2의 사드 사태는 재연될까? 이 글은 이러한 문제의식을 기반으로 시진핑 1·2기 정부의 한중·북중관계 현황을 고찰하고, 중국의 한반도 정책에 영향을 미치는 요인에 대한 고찰을 통해 시진핑 3기 정부의 한반도 정책을 전망하고자 한다. 이 글의 구성은 다음과 같다. 2절에서는 먼저 시진핑 1·2기 정부의 전략 변화를 분석할 것이다. 이를 통해 시진핑 정부가 출범하던 2012년부터 외교 전략의 지향점이 이전 정부의 그것과 차별되는 특징을 살펴보고, 시진핑 1·2기 정부 시기 부침을 겪었던 한중·북중관계의 현황을 분석할 것이다. 3절에서는 시진핑 3기 정부의 한반도 정책 요인을 살펴본 후에 한반도 정책을 전망할 것이다. 4절은 결론 부분으로 이 글을 정리하며 한국에 대한 함의를 짧게 논의할 것이다.

II. 시진핑 1·2기 중국의 전략 변화와 한반도 정책

1. 중국의 전략 변화: 강대국 외교를 시작하다

경제적으로 중국이 G2 국가가 된 이후 시진핑 1기 정부가 출범했고, 시진핑 1·2기 정부 10년 동안 중국 스스로도 강대국이 되었다고 인식했다. 2010년 중국은 일본을 제치고 제2의 경제 대국으로 부상했고, 2012년 즈음은 중국이 G2 국가로서의 강대국 정체성을 강화하기 시작했다. 중국의 강대국 정체성 인식 강화는 강대국 외교로 표출되었고 강대국으로서의 이익 지키기로 이어졌다. 중국은 2008년 미국발 글로벌 금융위기를 겪으면서 상대적으로 높아진 국제적 위상만큼 강대국으로서의 역할과 영향력 확대를 본격화한 것이다.

중국은 이미 1990년대 후반부터 2000년대 초반까자의 시기에 '책임대국론'을 통해 중국의 강대국 정체성 인식을 드러냈다. 그러나 글로벌 금융위기 이후의 중국의 강대국 정체성은 그 함의가 재구성되었다. 즉 1990년대 후반부터 시작된 초기의 강대국 정체성을 통해 중국은 강대국으로서의 역할을 미국이 주도하는 질서에서 규범을 준수하며 그 질서를 평화적으로 유지하는 것에 무게중심을 뒀다면, 2008년 이후 더 나아가 시진핑 1기 정부 출범 이후의 강대국 정체성은 지역질서를 평화적으로 유지하면서 중국의 향상된 위상만큼의 발언권과 영향력을 확대하는 것으로 그 함의가 재구성되었다(김애경, 2015: 53-54).

그 구체적인 모습은 다음과 같다. 우선, 미국 주도의 기존 자유주의적 경제 질서에 대한 개혁을 요구하고 중국 중심의 질서 구축을 시도했다. 중국은 IMF 투표 지분 재분배를 요청해 투표 지분을 추가적으로 확보했다. 이는 중국이 미국 주도의 자유주의 경제 질서의 지배구조 개혁을 요구한 대표적인 사례이다. 이처럼 미국 중심의 질서에 개혁을 추진하는 동시에 중국 중심의 대안 질서 구축을 시도했다. 예컨대, 중국은 일대일로 구상Belt and Road Initiative을 제시하고 아시아·인프라 투자은행Asia Infra Investment Bank: AIIB, 신개발은행New Development Bank: NDB을 설립하는 등 중국 중심의 새로운 제도 구축에 적극적인 행보를 보였다. 이러한 조치들은 중국이 지역과 세계적 차원에서 국제질서에 대한 대안적 질서 구축을 시도한 좋은 예이다.

둘째, 중국은 자국의 이익이 침해되었다고 판단되었을 때 보복 조치를 취하며 갈등을 불사하는 공세적 모습을 보였다(Swaine, 2010; 2011; Swaine and Fravel, 2011; 김재철, 2012; 조영남, 2013; Kim and Kim, 2017: 2-3; 이민규, 2020: 24). 특히 후진타오 후반기 2010년 모호하게 제시되었던 '핵심이익'에 대해 시진핑은 2013년 1월 중국공산당 중앙 정치국 제3차 집단학습에서 '국가 주권, 안전, 발전'을 절대 희생시킬 수 없는 핵심이익이라고 규정했다. 중국은 자국의 핵심이익이 침해되었다고 판단되는 상황이 되면 주저 없이 제재외교를 통해 강경히 대응했다. 이는 경제발전을 위한 평화적 환경 조성을 우선시했던 이전과는 다른 모습이다. 시진핑 1·2기 정부에서는 제재외교를 통해서라도 중국의 이익을 관철하고자 했고, 국제사회에 중국의 강대국 위상을 인정하고 존중하기를 요구했다.

셋째, 중국식 비전 제시를 통해 중국의 평화적 부상을 위한 조건들을 제시하며 담론을 주도하고자 했다. 예컨대, 신형 대국관계, 신형 국제관계, 인류 운명공동체 및 중국 특색의 대국외교 등의 개념을 제시하며, 중국은 국제사회에 평화적 부상을 추구하는 국가라는 점을 강조했다(김애경, 2022a: 114). 그러나 이러한 개념들도 국제사회가 중국의 부상을 인정하고 부상한 지위만큼 중국을 존중해야 한다는 점을 강조하고 있는 것이다. 부상한 중국은 '패권을 추구하지 않겠다'는 주장을 지속하지만, 이러한 수사가 지역 국가 및 세계 각국이 중국의 강대국 위상을 존중하지 않아도 괜찮다는 의미는 아니다. 중국이 대외적으로 보여줬던 행동을 보면 신형 대국관계, 신형 국제관계, 인류 운명공동체 및 중국 특색의 대국 외교 등은 중국이 강대국이 되었음을 인정하고 존중했을 때 패권을 추구하지 않는다는 것이다. 중국의 입장에서 중국이 강대국이 되었음을 인정하고 존중한다는 것은 부상한 만큼의 중국의 이익을 인정받고 존중받는 것이다(김애경, 2019: 179-180).

중국의 이러한 일련의 모습들은 시진핑 정부가 중국은 충분히 강대국이 되었다고 판단하고, 강대국 정체성을 감추기보다 국제사회에 중국의 강대국 지위를 인정하고 존중해줄 것을 요구한 것이라고 판단된다. 중국은 그동안 견지했던 수동적이고 소극적인 도광양회韜光養晦 기조를 능동적이고 적극적인 주동작위主動作爲, 분발유위奮發有爲 기조로 변화시켰다.[2] 중국의 강대국 외교는 주변국 외교와 한반도 정책에도 반영되었다. 시진핑 1·2기 정부에서 강대국 외교가 어떻게 한중·북중 양자관계에 투영되었는지는 다음에서 살펴보고자 한다.

2. 한반도 정책: 상황의 안정적 관리를 넘어 영향력 확대를 본격화하다

시진핑 1·2기 정부에서는 한반도 상황의 안정적 관리에서 보다 적극적이고 공세적으로 영향력을 행사하고 확대하는 모습을 보였다. 여기에는 향상된 중국의 국제 지위와 이에 걸맞은 대외전략의 변화가 반영되었다. 특히 전 세계 각 지역과 영역에서 미중 경쟁의 심화 상황이 아시아, 한반도 지역에도 투영되면서, 중국은 한반도에서의 자국의 영향력을 확대해 자국의 이해관계가 침해되는 일이 없도록 하려는 의지를 드러냈다. 시진핑 정부에서는 어느 시기보다도 한중관계, 북중관계의 부침 정도가 매우 심했는데, 이는 중국이 한국과 북한이 자국의 이해관계에 맞지 않은 모습을 보일 때 영향력을 행사와 확대를 도모했기 때문이다.

1) 한중관계: 취약성을 드러내다

(1) 시진핑 1기 정부의 한중관계: '최상의 관계'부터 최악의 상황까지를 경험하다

시진핑 1·2기 정부 10년 동안 한중관계는 최상의 시기, 최악의 시기를 거쳐 현재는 관계 회복을 위한 조정기에 처해 있다. 〈표 7-1〉에서 볼 수 있듯이 한국의 정부 교체와 함께 5년마다 양국관계를 규정하는 수사는 격상되었다. 양국의 실질적 관계가 매번 관계를 규정하는 수사와 비례해서 발전했던 것은 아니다. 박근혜-시진핑 정부에서는 오히려 '전략적 협력 동반자 관계' 심화를 위한 실질적 협력 추진을 약속했다. 이 때문인지 시진핑 1기 정부와 박근혜 정부는 비슷한 시기에 출범하면서, 초기에는 '최상의 관계'로 묘사될 만큼 다양한 차원에서 교류 심화를 위해 노력했다. 예컨대, 박근혜 대통령은 당선인 시절 2013년 1월 미국보다 중국에 먼저 특사를 파견함으로써 중국과의 관계에 대해 각별히 신경 쓰고 있다는 점을 표현했다. 6월 박 대통령은 방중을 통해 양국관계의 내실화를 약속했고 이를 위한 다양한 제도적 협력의 틀을 마련하기로 협의했다. 무엇보다도 2015년 9월 중국 전승절 기념식에 박 대통령이 참석하면서 양국은 최고의 친밀도를 과시했다. 그뿐만 아니라 한국은 중국 주도로 창립된 아시아 인프라·투자은행AIIB에 가입하는 등 중국의 주변 지역 외교와 강대국 외교에 적극 호응했다.

시진핑 정부 역시 한국의 이러한 대중 친밀 행보에 화답했다. 2014년 7월 시진핑 주석은 북한보다 앞서 한국을 단독 방문했다. 왕이王毅 외교부장은 이를 '친척 방문의 여행探親之旅'과 같다며 양국 간 전략적 상호신뢰를 심화시켰다고 평가했다(新華網, 201年 7月 5日). 중국의 매체들도 시진핑 주석의 방한으로 양국관계를 격상시켰고, 중국이 진실한 호의를 보여줬다고 호평했다(高飛, 2014年 7月 3日; 人民網, 2014年 7月 7日).[3] 당시 시진핑 주석의 방한에 대해 미국의 한 매체도 '미국의 동맹을 약화시키기 위한 것'이라고 평가했다. 이렇게 한중 정상의 상호방문으로 양국관계는 급진전하는 양상을 나타냈다(Perlez, 2014). 여기에 양국은 한중 FTA를 발효시키고, 양국의 국방부 간 직통전화hot line를 개통시키면서 협력의 범위와 수위를 지속적으로 확대해갔다.

　　이와 같은 정부 차원의 관계 강화 기류는 민간 영역의 인적교류까지

〈표 7-1〉 한중관계 발전 추이

시기	관계규정	정상회담		교류	
		양국 정상	회담 횟수	교역(달러)	인적교류 (명)[4]
수교(1992) 및 문민정부 (1993-97)	선린우호관계	노태우-장쩌민	1회	63.5억(1992)	13만 (1992)
		김영삼-장쩌민	6회		
국민의 정부 (1998-2002)	21세기를 향한 협력동반자 관계	김대중-장쩌민	6회	412억(2002)	266만 (2002)
참여정부 (2003-07)	전면적 협력동반자 관계	노무현-후진타오	8회	1,1450억 (2007)	585만 (2007)
이명박 정부 (2008-12)	전략적 협력동반자 관계	이명박-후진타오	10회	2,151억 (2012)	691만 (2012)
박근혜 정부 (2013-16)	전략적 협력동반자 관계 심화	박근혜-시진핑	10회	2,114억 (2016)	1,283만 (2016)
					807만 (2016)
문재인 정부 (2017-22.5)	전략적 협력동반자 관계 내실화	문재인-시진핑	6회, 전화통화 4회	3,015억 (2021)	45.2만 (2021)
					602만 (2019)
					31.6만 (2021)

자료: 한국무역협회, 주중한국대사관, 한국관광공사, 중국외교부.

활성화시켰다. 〈표 7-1〉에서 볼 수 있듯이 양국 간 인적교류도 폭발적으로 증가했다. 이명박 정부 말 2012년 연인원 691만 명이었던 양국의 인적교류는 사드 배치 이전인 2015년에는 연인원 1043만 명까지 증가했다. 이와 같은 분위기는 한국의 중국에 대한 인식과도 상관관계가 있다. 퓨리서치 센터Pewresearch Center의 조사에 따르면, 2013년 50%였던 한국인들의 중국에 대한 부정 인식이 2015년에는 37%로 감소했다(Pewresearch Center, 2022). 양국 관계는 이렇게 정부와 민간 차원에서 모두 '밀월'관계를 유지했다.

그런데 2016년 북한의 제4차 핵실험을 계기로 '밀월', '최상의 관계'라는 칭호가 무색할 만큼 양국의 관계는 급전직하하며 경색되었다. 북한의 제4차 핵실험에 공동 대응을 요청하기 위한 한국의 국방부 간 직통전화에 중국은 대응하지 않았고, 양국 정상 간 소통도 이뤄지지 않으면서 양국의 '전략적 협력 동반자 관계' 심화의 한계를 드러냈다. 중국이 이러한 태도를 보인 것은 한국 보수정권이 견지한 북핵 및 북한문제 해결 방식에 중국이 공감하지 않았기 때문일 것이다. 여기에 한국정부의 사드 배치 검토발표부터 사드 배치를 위한 부지 선정, 일부 장비 반입까지의 일련의 기간 동안, 중국은 한국과의 관계 경색을 불사한 듯 자국의 속내를 여과 없이 드러냈고 보복 조치를 단행했다.[5] 게다가 한일 간 군사정보보호협정GSOMIA 체결까지 더해져, 중국이 우려하는 한·미·일 군사 안보협력이 가시화되면서 한중관계의 경색국면은 심화되었다.

앞서 언급했듯이, 시진핑 정부 출범 전후 중국은 강대국 외교를 전개했다. 중국은 지역과 세계적 차원에서 중국 주도의 질서 구축을 시도했으며, 중국의 이익에 부합되지 않는 상황에 대해서는 보복 조치를 취하며 자국의 이익을 보호하는 강경외교를 표출했다. 한국의 사드 배치와 지소미아 체결 등은 중국의 입장에서 동아시아 지역의 전략적 균형을 해치는 조치였다. 한반도 상황에 대해서도 안정적 관리가 어려울 수 있고, 결국 한반도에 대한 영향력 행사와 확대도 담보할 수 없는 상황으로 이어질 수 있다고 중국은 판단했을 것이다. 이런 제재는 중국이 한반도 상황을 관리하기 위해 영향력을 행사한 것이고, 더 나아가 영향력 확대를 위해 한국에 취한 경고인 셈이다.[6]

(2) 시진핑 2기 정부의 한중관계: 조정국면에 진입하다

주한 미군기지 내 사드 배치를 이유로 시진핑 정부의 보복 조치가 계속되는 상황에서 2017년 5월 문재인 정부가 출범했다. 그해 10월 시진핑 2기 정부가 출범하면서 한국의 문재인 정부와 중국의 시진핑 2기 정부의 한중관계가 시작되었다. 한국은 문재인 정부가 출범하면서 사드 배치 문제로 경색된 한중관계를 회복하고자 하는 의지가 강했다. 반면 중국은 시진핑 2기 정부 출범으로 강경한 외교기조가 지속되었다. 한중관계를 급전직하시킨 사드 배치에 대한 문재인 정부의 기본입장은 일반 환경영향평가 실시 이후 추가배치 여부를 결정한다는 것이었다. 그러나 2017년 7월 북한이 ICBM급 미사일을 발사하면서 문재인 정부도 사드 4기 추가배치를 결정했다.

북한의 미사일 발사로 북한발 위협이 증가했기 때문에 사드 추가배치를 결정했지만, 문재인 대통령은 "중국과의 관계 복원은 우리의 입장에서 대단히 중요하다"고 강조하며 중국과의 관계 개선을 위한 노력을 아끼지 않았다. 문재인 정부가 보인 중국과의 관계 회복의 의지, 사드 배치

에 대한 기본적인 입장 등을 보면서, 중국도 일정 정도 출구전략이 필요하다고 판단했을 것이다. 문재인 정부 출범 직후 대중 특사파견에 대해 '양국의 경색국면을 깨는 돌파구破冰突破口'라는 평가로 중국의 입장을 추론할 수 있다(《環球時報》, 2017年 5月 15日;《環球時報》, 2017年 5月 17日). 당시는 미국에서도 트럼프 정부 출범 이후 '인도·태평양전략'을 통해 대중 견제와 봉쇄를 본격화하던 시기였다. 때문에 중국 역시 이웃국가인 한국과 마냥 경색국면을 지속시키는 것은 외교적 부담이었을 것이다. 중국도 사드 국면의 출구가 필요했고 문재인 정부의 출범은 중국에게도 양국관계를 조정국면으로 전환시킬 수 있는 좋은 기회였다.

한중 양국은 정상 간 만남에서부터 관계 개선을 위한 가시적인 성과를 냈다. 양국 정상은 2017년 7월 주요 20개국(G20) 정상회의에서 첫 만남이 이뤄졌고, 두 정상은 상호소통의 필요성에 공감을 표했다. 이후 양국관계 개선의 신호들이 나타났다. 10월에는 양국이 한중 통화스와프 만기 연장에 합의했고, 중국에서는 한국 단체관광 상품이 등장했다. 중국은 사드 사태 이후 한한령限韓令 및 한국 단체관광 전면금지를 시행했었다. 또 2년여 동안 중지되었던 양국의 국방부 장관 간 회담, 외교부 장관 간 회담도 이뤄졌다. 강경화 외교부장관은 3NO(사드를 추가배치 하지 않고, 미국의 미사일 방어체계에 편입하지 않으며, 한·미·일 안보협력을 군사동맹으로 발전시키지 않을 것) 입장을 밝히고, 중국 외교부 화춘잉華春瑩 대변인은 정례브리핑을 통해 "중국은 한국의 이 세 가지 입장을 중시하고 한국이 실행에 옮겨서 한중관계가 조속히 회복되기를 희망한다"고 표명했다(中國外交部, 2017年 10月 30日).

10월 31일 양국은 '한중관계 개선 관련 양국 간 협의 결과'를 외교부

홈페이지를 통해 발표했다. "양측은 양국 군사당국 간 채널을 통해 중국 측이 우려하는 사드 관련 문제에 대해 소통해나갈 것을 합의"했으며 "한 중 간 교류협력 강화가 양측의 공동 이익에 부합된다는 데 공감하고 모든 분야의 교류협력을 정상적인 발전 궤도로 조속히 회복시켜나가기로 합의했다"는 것이 주된 내용이다(외교부 보도자료, 2017년 10월 31일). 이어 12월 문재인 대통은 중국에 국빈방문을 통해 경색된 양국관계의 국면을 전환시키는 계기를 마련했다.[7]

이후에도 양국의 우호관계 증진을 위해 양국의 고위급 인사의 상호방문은 이어졌다. 예컨대, 2018년 한정韓正 정치국 상무위원의 평창올림픽 개회식 참석, 류옌둥劉延東 부총리의 폐회식 참석, 2018년과 2020년 양제츠楊潔箎 국무위원의 방한, 2019년과 2020년, 2021년 왕이 외교부장의 방한, 2019년 강경화 외교부 장관의 방중, 2021년 정의용 외교부장관의 방중 등이다. 특히 2020년 왕이 외교부장의 방한으로 이뤄진 한중 외교부 장관 간 회담에서는 양국의 교류협력 확대를 위한 많은 합의가 있었다. 중국 외교부는 회담 당일 대변인 정례브리핑을 통해 양국 간 '10개 분야 합의十項共識'가 이뤄졌고 상호소통과 교류 강화, 상호신뢰 증진 및 협력추진을 통해 한중 양국의 전략적 협력 동반자 관계를 새로운 단계로 발전시키기로 동의했다고 발표했다(中國外交部, 2020年 11月 26日).[8]

이러한 정부 차원의 노력은 사드 이슈로 가장 영향을 받았던 양국의 인적교류에서 가시적인 성과를 보였다. 〈표 7-1〉에서 보듯이, 사드 이슈로 인해 중국이 한한령과 한국 단체관광 금지를 시행하면서 2016년 약 807만 명이었던 방한 중국인 수는 2017년 약 417만 명으로 급격히 감소했다. 문재인 정부 출범 이후 관계 회복을 위한 양국의 노력을 반영하듯이 방한 중국인 수는 2019년까지 점차 회복세를 보이며 약 602만 명까지 증가했다. 이후에는 코로나19 팬데믹의 영향으로 인적교류가 활발히 이루어지지 못하고 있는 실정이다. 그럼에도 불구하고 문재인 정부에서는 사드 사태로 인한 한중의 경색국면을 수습하고 중국과의 관계를 개선하기 위해 노력하는 모습을 보였다. 문재인 정부의 외교정책, 대북정책과 사드 정책에 대해 중국도 화답한 셈이다. 즉 문재인 정부에서는 미국과 국제사회의 중국 견제 조치에 적극적으로 호응하지는 않았으며, 한반도의 평화 정착을 위한 노력을 아끼지 않았고, 북한과의 관계개선에도 적극적이었다. 또 사드 추가배치도 없었다. 이러한 일련의 조치들은 중국의 입장에서도 자국의 이익에 크게 배치되지 않는다고 인식했을 것이다.

2) 북중관계: 그래도 미운 우리 자산이다

시진핑 1기 정부 초기 한국과 최상의 관계를 유지했던 것과는 상반되게 북한과는 매우 경색된 관계를 유지했다. 시진핑 1기 정부 출범 초기 반복되는 북한의 미사일 발사 및 핵실험은 중국의 지역전략 및 한반도 정책에 부담으로 작용했다. 특히 중화민족의 부흥을 위한 '중국몽' 실현을 위해서 중국에게 한반도 상황의 안정적 관리와 영향력 확대는 필수적이다. 때문에 중국은 남북한 모두와 우호적 관계를 유지하며, 남북한 모두가 중국의 안보 이익을 침해하지 않도록 한반도를 안정적으로 관리하고 더 나아가 한반도에서의 영향력을 확대하고자 했다. 그런데 북한은 시진핑 정부 출범 직후인 2012년 12월 미사일을 시험 발사하고, 2013년 2월과 3월 2차, 3차 핵실험을 감행했다. 시진핑 1기 정부가 출범 직후 북한의 도발은 한반도에서의 영향력 확대는커녕 한반도의 안정적 관리도 어렵게 만들었다.

어느 때보다 남북한 양국에 대한 자국의 영향력 행사 및 확대 의지가 강했던 시진핑 정부는 출범 초기부터 중국의 이해관계에 호응하지 않았던 북한에 강경하게 대응하면서 경색국면을 연출했다. 중국은 2013년 북한과의 고위급 정치교류를 1회로 축소했고, 2014년에는 정무적 교류 자체를 중단시켰다(中國外交部, 中國同朝鮮的關系; 최명해, 2018: 335).[9] 그뿐만 아니라 시진핑 주석은 전통적으로 중국 지고부가 북한을 먼저 방문했던 전례를 깨고 2014년 한국을 먼저 방문했다. 이는 북한에게 주는 강력한 경고였다. 비핵화와 한반도를 둘러싼 안보환경을 해치는 상황을 만들어 중국의 이해관계를 침해한다면 북한에 강경하게 대응할 것이라는 의지를 표명한 것이다.

그러나 2015년 동북아시아 정세 변화에 따라 북중 양국은 일시적으로 우호협력 관계를 회복해갔다(이상숙 2021: 21; 최명해, 2018). 그 신호탄으로 고위급 교류가 재개되었는데, 2015년 9월 중국의 전승절 기념식 참석차 북한의 정치국상무위원 최룡해의 중국 방문, 10월에는 중국공산당 정치국 상무위원인 류윈산劉雲山이 시진핑 주석의 친서를 들고 북한 공산당 창당 70주년 기념식 행사 참석을 위해 진행한 북한 방문이 그것이다. 친서에는 "중국공산당과 정부는 북중관계를 고도로 중시하고 있다"는 점을 강조하고 "새로운 형세하에서 북한과 밀접한 소통과 협력을 심화시켜 북중관계가 건강하고 안정적으로 발전해나갈 것을 희망한다"는 점이 명시되어 있었다. 중국의 전문가도 류윈산의 방문을 북중관계가 경색되었다는 외부의 분석이 스스로 무너졌다며 중국은 북한을 포기하지 않을 것이라고 평가했다(李敦球, 2015年 10月 14日).

북중관계의 회복은 2013년 이후 북한이 크게 도발하지 않았던 점과 중국을 둘러싼 안보환경의 변화로 인해 가능했다. 2015년 4월 미일 양국은 '2+2 외교·국방회담'을 통해 센카쿠열도尖角列島/댜오위다오釣魚島가 미일 동맹의 범위에 포함된다고 언급하며,〈신新미일 방위 협력지침〉에 합의했다. 대중 견제를 위한 이러한 미일의 협력이 중국의 경각심을 재차 불러일으켰다고 보인다. 북중 양국관계 회복이 순전히 미일의 안보협력 강화에서 촉발되었다고 볼 수 없지만, 중국은 자국을 둘러싼 안보환경이 녹록치 않음을 인식했다. 이 때문에 중국도 이에 대한 대응 차원에서 전통적 우호협력국인 북한과의 관계 개선을 추진했다.[10] 시진핑 정부 출범 초기 한반도의 안정을 해치며 중국에 전략적 부담으로 작용했던 북한이지만, 미일의 대중 견제강화라는 정세변화는 북한의 전략적 가치를 다시 부각시켰다.

2015년 말부터 다시 시작된 북한의 연이은 핵실험과 미사일 발사로 북중 양국관계는 재차 냉각되었다. 북한은 2015년 말부터 2017년 말까지 세 차례 핵실험과 20회가 넘는 미사일 발사를 감행했다. 때문에 중국은 민생과 관련된 제재품목까지 포함된 강력한 유엔의 대북제재안 추가 제재안(2270호, 2321호, 2371호, 2375호, 2397호 등)에 동의했다. 상기 제재안이 제대로 지켜진다면, 북한의 경제에 치명적일 수 있다고 평가되었지만, 중국은 이행공고를 발표했고 대북제재안 이행보고서를 제출해서 실제로 중국이 북한에 취한 여러 제재조치에 대해 상세히 소개했다(VOA Korea, 2017년 12월 8일; VOA Korea, 2018년 2월 2일; 연합뉴스, 2018년 2월 2일). 중국의 이러한 제재 이행조치는 과거와 비교해보면 매우 이례적인 것으로, 국제사회에 중국이 강대국으로서 책임을 다하는 모습을 과시하기 위한 것이었다고 판단된다. 다른 한편으로는 북한의 도발이 한국의 미 군기지 내 사드 배치로 이어지면서, 중국은 한반도와 동북아 지역에서의 전략적 균형이 무너졌다고 인식했다. 이러한 상황은 중국이 한반도에서의 영향력을 상실할 수도 있다고 판단했을 것이고, 결국 대북제재에 과거와는 상이한 태도를 보인 것이다.

〈표 7-2〉 북한의 대중국 수출입 현황(단위: 백만 달러)

연도	2012	2013	2014	2015	2016	2017	2018	2019	2020	2021
수입	3446	3633	3523	2946	3192	2328	2217	2574	491	261
수출	2485	2912	2841	2484	2634	1651	195	215	48	58
총액	5931	6546	6364	5430	5826	4979	2412	2797	539	319

자료: 2012-14년 통계는 KINU 연구총서 16-16. 2015년 이후 통계는 한국무역협회 북중 무역동향.

중국의 영향력 행사와 강대국 외교의 표출은 북중 교역에서도 나타났다. 〈표 7-2〉에서 알 수 있듯이, 2017-18년까지의 북중 교역은 안보리의 대북제재 및 추가제재안의 영향을 받은 것으로 파악된다. 북한의 대중 수입은 2017년 27.1%, 2018년 4.8% 감소했다. 반면 대중 수출은 2017년 37.3%, 2018년 88.2% 감소했다. 주지하듯이 북한 경제는 상당수준 중국으로부터 수입되는 설비와 원부자재에 의존하고 있어, 중국으로부터의 수입은 유지되어야 버틸 수 있다(최명해, 2018: 340). 그런데 북한의 대중 수출의 대폭 감소는 중국이 이전과는 다르게 유엔 안보리 제재안의 이행을 통해 비핵화 의지를 분명하게 표출한 것으로 보인다. 동시에 북한의 대중 수입이 상대적으로 덜 감소하고 있다는 점은 북한 경제가 파탄나지 않을 수 있는 최소한의 물품은 중국이 제공했다고 볼 수 있다.

　중국은 대북제재를 이행하면서 동시에 '대화와 협상을 통한 문제 해결'과 '6자회담 재개'도 지속적으로 제의했다. 중국은 대북제재라는 강경일변도 압박만으로는 북핵문제 해결이 어렵다고 주장해왔다. 때문에 중국의 왕이 외교부장은 2016년 2월과 2017년 3월 '왕이 이니셔티브'라고 할 수 있는 '비핵화와 평화체제 전환 동시 추진'의 '쌍궤병행雙軌並行'과 '한미 군사훈련과 북한의 핵실험 및 미사일 시험 발사 동시 중단'의 '쌍잠정雙暫停'의 한반도 비핵화를 위한 중재안을 제시했다(中國外交部, 2016年 2月 17日; 中國外交部, 2017年 3月 8日; 人民網, 2017年 4月 29日). 이처럼 중국은 한반도 비핵화와 한반도 상황의 안정적 관리를 위해 영향력을 유지하려는 모습을 보였다. 중국의 이와 같은 모습은 강대국으로서 지역의 안정과 평화를 위해 일정한 역할을 하려 한다고 해석할 수 있겠다. 그뿐만 아니라 중국의 이러한 제의는 한반도에서 긴장이 고조되는 상황이 중국의 이익을 직접적으로 침해할 수 있기 때문에, 북핵 이슈에서 영향력을 행사하고 확대해야 한다는 판단에서 비롯되었을 것이다.

　냉각국면을 유지하던 북중 양국은 시진핑 2기 정부에 들어서 고위급 교류를 재개시키면서 전통적 우호협력관계를 회복해갔다. 양국의 고위급 교류는 2018년 3월 북한 김정은 위원장의 비공식 중국 방문으로부터 시작해 2019년 10월까지 5차례 정상회담을 포함해서 10차례의 고위급 교류가 진행되었다. 김정은 위원장은 2018년 한 해에만 중국을 세 차례나 방문했다. 북중의 고위급 교류 재개 등 양국의 관계회복에는 문재인 정부 출범 이후 성사된 남북 정상회담, 2018년 6월 트럼프-김정은의 북미 회담이 성사되면서 중국이 한반도 문제에서 소외되며 영향력을 상실할 수 있다는 판단이 반영되었을 것이다.

시진핑 주석은 북한과의 관계에서 '세 가지 불변三個不會變'과 '세 가지 강화三個加强'를 주장하며 양국관계의 복원을 통해 적극적으로 북한을 관리하고 영향력 유지 및 확대를 시도했다. 2018년 6월 김정은 위원장이 중국을 방문했을 때 시진핑 주석은 '국제정세와 지역정세가 어떤 변화가 있더라도 북중관계의 공고한 발전 불변, 북한 인민에 대한 우의 불변, 사회주의 북한에 대한 지지 불변'이라는 '세 가지 불변'을 강조했다(《中國日報》, 2018年 6月 22日). 2019년 6월 시진핑 주석이 북한을 방문했을 때는 "양국의 전략적 소통과 교류 강화로 북중의 전통 우의에 새로운 함의 부여, 우호 교류와 실질적 협력 강화로 북중관계에 새로운 동력 부여, 소통과 교류 강화로 지역의 평화와 안정에 새로운 국면 조성"이라는 '세 가지 강화'를 강조했다(新華網, 2019年 6月 2日). 시진핑 주석은 양국의 협력을 전방위적으로 확대하고, 지역 차원의 안정과 번영을 위한 포괄적 협력으로 확대하고자 하는 의지를 표명한 것이다.

이렇게 북중관계가 회복된 데에는 북한과 중국의 이해관계와 일치하는 몇 가지 상황 때문이다. 김정은 위원장은 미국과의 협상에서 협상력을 높이기 위한 우군과 수단leverage이 필요했다. 한반도에서 영향력을 유지하고 확대하려는 중국도 북한과의 경색 관계가 지속되는 경우 북한과 한반도 이슈에서 자국이 제외돼서 영향력을 발휘할 수 없게 된다는 점을 우려했을 것이다. 2018년에는 북한의 미사일 시험발사가 중지되었고 남북 간 '9·19 군사합의' 체결 등 한반도에서는 평화무드가 조성되었다. 북한의 도발중지와 한반도에서의 평화와 안정이 유지되는 상황에서 시진핑 주석이 북한과의 경색국면을 지속시킬 이유는 없었다. 트럼프 정부가 출범하면서 미국의 대중 견제가 본격화되는 상황에서 중국에게 북한은 다시 전략적 자산으로 부상했다. 결국 김정은 위원장과 시진핑 주석의 이해관계 일치는 북중관계 복원으로 이어진 것이다.

더 나아가 시진핑 2기 정부에서는 북한과의 관계 복원을 통해 보다 적극적으로 북한을 관리하고 한반도 이슈에서 주도권을 쥐고 더 큰 영향력을 발휘하려는 의지를 보였다. 예컨대, 북한이 핵실험과 대륙간 탄도미사일의 시험발사를 진행하지 않고 있다는 점을 들어 중국은 러시아와 함께 2019년 12월과 2021년 10월에 유엔에 인도주의적 차원의 대북제재 완화를 요구하는 초안을 제출했다. 물론 중국이 제출한 대북제재 완화안은 미국과 유럽 국가들의 반대로 진전을 이루지 못했다. 2019년 12월의 제재 완화안은 중국의 해산물과 섬유 수출 금지를 해제하자는 내용이었으며, 2021년 10월 안에는 건설·난방·철도 관련 장비, 가전제품, 컴퓨터 등에 대한 금수 규정을 비롯해 대북 민수분야 제재를 완화하자는 방안이 포함되었다.

중국의 이러한 일련의 모습들은 '한반도 평화 프로세스' 과정에서 중국이 배제될 수 있다는 우려와 북한 끌어안기를 통해 대북 영향력을 유지하기 위한 조치일 것이다(BBC NEWS 코리아, 2021년 11월 3일). 2018년 이후의 한반도는 남북한 정상회담, 북미의 정상회담이 개최되었고, 더 나아가 종전선언 및 평화체제 구축의 가능성도 언급되는 상황이었다. 2020년 이후 북중 양국은 코로나19의 팬데믹 상황으로 인해 양국의 국경을 폐쇄했다. 그럼에도 양국은 친서외교를 통해 우호 협력 관계를 유지하고 있는 상태이다(신종호, 2021: 87-88).

III. 공산당 20차 당대회 이후 중국의 한반도 정책 전망

위에서 살펴본 것처럼 시진핑 1·2기 정부의 한반도 정책은 한반도에 대한 상황의 안정적 관리를 넘어 남북한 양국에 대한 영향력 확대를 추구했다고 판단된다. 그렇다면 공산당 20차 당대회 이후 시진핑 3기 정부의 한반도 정책은 어떠할까? 제2의 사드 사태는 재연될 것인가? 이 절에서는 지난 10년 동안의 한중·북중관계를 기반으로 시진핑 3기 정부에서 중국의 한반도 정책에 영향을 줄 수 있는 요인을 고찰하고, 향후 정책을 전망해보려고 한다.

1. 시진핑 3기 정부의 한반도 정책 요인: 강대강 국면이 지속되다

살펴보았듯이, 시진핑 1·2기 정부 시기 한국, 북한과의 관계가 이전과는 다르게 매우 큰 부침을 보였고, 이 과정에서 중국이 주도권을 가지고 영향력을 행사하려는 모습을 보였다. 이를 위해 중국은 자국의 이익이 침해되었다고 판단되면, 특히 현재적·잠재적 안보이익이 훼손될 수 있는 상황에서는 양국관계의 전면적 경색도 감수하며 상대국에 과감한 제재조치를 취했다. 시진핑 3기 정부의 한반도 정책도 큰 틀에서 남북한 양국에 대한 영향력을 확대하려는 기조는 유지될 것이다. 그런데 체제적 차원에서 미중의 경쟁, 한반도 정세 및 중국의 강대국 외교 등 한반도를 둘러싸고 강대강 국면의 추세는 중국의 한반도 정책에 영향을 미칠 것이다.

1) 미중 경쟁이 본격화되다

우선 미중 양국은 전략 경쟁을 본격화하겠다고 선언했다. G20 정상회의에서 만난 바이든과 시진핑은 "미국은 동맹국 및 파트너들과 노력을 일치시켜 경쟁을 계속할 것이지만, 경쟁이 분쟁으로 격화되지 않도록 관리해야 한다", "양국의 다름을 인정하자, 다름이 양국의 발전에 방해가 되지 않도록 하자. 경쟁이 제로섬이 되지 않도록 해야 한다"고 주고받으며, 미중 경쟁의 시대에 본격적으로 진입했음을 선포한 셈이다(The White House, November 14, 2022; 中國外交部, 2022年 11月 14日). 이에 앞서 미국은 공식적으로 중국을 "국제질서를 재구성하려는 의지, 또 경제, 외교, 군사 및 기술력에서 더욱더 미래 유일한 경쟁국이다"라고 규정했다(National Security Strategy, 2022, October 2022: 23). 중국도 미국의 이러한 견제에 시진핑 2기 정부에서 이미 지금의 시대를 '백 년 동안 겪지 못했던 대변화의 국면百年未有之大變局'이라고 묘사하며 체제적 차원의 변화를 표현해왔다.[11]

이러한 인식은 공산당 20차 당대회 〈정치 보고〉의 곳곳에 다양한 방식으로 반영되었다. 덩샤오핑 시기 이후 견지해오던 '평화와 발전'이라는 시대관은 "세계의 변화, 시대의 변화, 역사의 변화가 전대미문의 방식으로 변화하고 있다"는 서술로 대체되었다. 이 외에도 전략적 기회와 위험, 도전이 동시에 존재하는 시기에 접어들었다는 점을 강조하며, 국제정세의 불확실성과 예측 불가능한 위협이 계속되고 있음을 지적했다. 이처럼 당대회 보고에서 중국이 직면한 위협과 도전에 대한 극명한 경고stark warnings를 쏟아냈는데, 이 부분이 공산당 19차 당대회 〈정치 보고〉와의 차이점이다(Lin, Hart, Funaiole and Lu, October 19, 2022).

중국의 이러한 인식 변화는 미국의 중국 견제 본격화에 대한 우려가 반영되었을 것이다. 실제로 미국의 대중 견제는 오바마 정부 때부터 추진되던 '아시아로의 회귀Pivot to Asia' 또는 '재균형Rebalancing' 정책에서부터 시작되었다. 트럼프 정부가 들어서면서 미국의 대중 견제는 구체화되고 체계적으로 추진되었다. 트럼프 정부는 중국이 경제, 가치, 안보 등에서 미국에 도전하고 위협이 된다고 주장하며, '미국 우선주의America First'와 '힘을 통한 평화Peace through Strength'로 인도·태평양 지역에서 중국을 견제해야 한다고 주장했다(The White House, 2017; Indo-Pacific Strategy Report, June 1, 2019; The White House, 2020). '미국 우선주의' 정책은 중국과의 무역전쟁으로 표출되었고 '힘을 통한 평화 정책'은 쿼드Quad를 출범시켜 중국을 포위하려는 정책으로 구체화되었다.

바이든 정부에 들어서도 그 추이는 강화되고 있다. 미국의 중국 견제는 더욱 전방위적이며 노골적이다. 미국은 안보 차원에서 쿼드, 파이브 아이즈Five Eyes 외에도 인도·태평양 지역의 평화와 안정을 유지한다는 명분으로 안보 협력체이자 군사기술 동맹인 오커스AUKUS를 출범시켰다. 그뿐만 아니라 미국의 백악관 국가안보회의 인도태평양 조정관 커트 캠벨Kurt Campbell은 오커스 확대AUKUS PLUS 가능성도 제기하면서(USIP, 19 Nov., 2022) 중국을 압박했다. 안토니 블링컨Antony John Blinken 미 국무장관은 지난해 12월 동남아 3개국 순방에서 중국견제를 공식화했다. 그는 아시아에서 중국의 '공격적 행동'을 비판하고 미국의 동맹국 및 안보 협력국을 더욱 긴밀하게 통합할 것이라고 밝혔다.

경제적으로도 미국은 중국 견제를 위한 조치를 강화하고 있다. 미국은 세계경제질서에서 중국을 배제하기 위한 조치를 강구하고 있다. 예컨대 인도·태평양경제프레임워크IPEP와 '반도체 과학법CHIPS and Science Act, CHIPS' 등은 대표적인 중국 배제를 위한 조치이다. IPEF는 미국이 인도·태평양 국가들의 경제와 안보를 결합하기 위해 출범시켰다. 즉 경제 관계에서 그 비중을 중국으로부터 미국으로 이동시켜 세계 공급망에서 중국을 배제하려는 구상으로, 포스트-팬데믹 시기에 미국이 이끌어가려는 세계경제질서의 방향인 것이다(강선주, 2022). CHIPS'는 미국이 '미국의 안보에 위협이 되는 국가-중국'에서 반도체 시설 및 첨단기술 제품의 생산시설을 확장하거나 신축하지 못하도록 하는 안전장치를 마련함으로써 본격적으로 중국에 대한 반도체 수출을 제재하기 위한 조치다.

중국은 미국의 이러한 대중 견제를 우려하고 미국의 동맹국들이 이에 동참할 것을 우려한다. 그러나 미국의 대중 견제는 전방위적이고 다층적으로 진행되고 있어, 시진핑 3기 정부에서 미중 경쟁은 심화될 것이다. 미국은 자체적으로 국내법을 제정하고, 이를 통해 중국의 주변 국가와 연합하고 더 나아가 글로벌 차원으로 확대하는 방식으로 중국을 지속적으로 압박하는 상황이다. 미국의 이러한 조치들에 대해 중국도 다양한 방식으로 대응하고자 한다. 시진핑은 당대회 보고를 통해 2개의 글로벌 이니셔티브, 즉 글로벌 발전 이니셔티브全球發展倡議와 글로벌 안보 이니셔티브全球安全倡議를 재차 강조하며 '발전'과 '안보' 분야에서 중국이 국제사회에 중요한 공공재를 제공하겠다고 선언했다(《北京日報》, 2022年 11月 3日).[12] 미국의 중국 견제에 대한 중국식 대응인 것이다. 이러한 미중의 태세는 지역과 세계적 차원의 미중 경쟁은 여타 국가들의 줄세우기로 이어질 수 있다. 미국은 자국이 주도하는 중국 견제를 위한 편대, 즉

'칩4 동맹', '오커스 플러스'에 한국이 동참하기를 요청하지만, 중국은 한국의 동참에 대해 다양한 경로로 우려를 표명하고 있다.

2) 한반도 안보정세가 악화되다

한반도 안보정세가 불안정하며 악화되는 추세이다. 북한의 계속되는 미사일 시험발사는 한반도의 안보정세를 악화시키고 있다. 북핵문제가 해결되지 않고 평화체제를 구축하지 못하는 한 한반도는 언제든지 안보불안의 문제에 직면할 수 있다. 결국 한반도의 안보는 북핵문제를 해결하는 과정을 어떻게 관리하는지에 달려 있다. 한국의 보수정권과 진보정권의 북핵 해결의 접근법은 다르다. 북한과의 대화와 협상이 북핵문제 해결의 과정으로 간주하는지, 대화와 협상을 북핵문제 해결 이후 결과로 간주하는지에 차이가 있다. 물론 그동안 대화와 협상이 이루어지고 있는 과정에서도 북한은 핵실험 및 미사일 시험발사를 감행해서 한반도 안보불안을 야기했다. 그동안의 경험으로 보면, 북한에 비핵화를 전제로 하는 대화와 협상을 제의했던 시기에 한반도의 안보불안은 상대적으로 더욱 악화되었다.

2022년 5월 윤석열 정부가 출범했고 북한의 비핵화와 한미동맹 강화를 매우 중요한 국정과제로 제시했다.[13] 8·15 경축사를 통해 북한에 '담대한 구상'도 제의했다. '담대한 구상'은 "북한이 핵개발을 중단하고 실질적인 비핵화로 전환한다면 그 단계에 맞춰 북한의 경제와 민생을 획기적으로 개선할 수 있게 해준다"는 내용이다. 북한에 비핵화를 전제로 한 대화와 협상을 제의한 것이다. 이 제안은 북한과의 경제교류에 핵을 포기해야 한다는 전제를 제시했다는 점에서 실제로 '비핵개방 3000'과 크게 다르지 않다(북한경제연구협의회 대담, 2022년 8월 19일). 북한은 이 구상에 대해 이명박 정부의 '비핵개방 3000'의 복사판이라고 평가절하하며 매우 싸늘하게 반응했다. 북한은 오히려 핵무력 사용 정책의 법제화를 선언하며 핵포기 불가의 입장을 천명했다. 북한은 윤석열 정부 취임 이후 단 시간 내에 가장 많은 단거리 및 대륙간 탄도미사일 시험 발사하며 한반도 안보정세의 불안정을 야기하고 있다.

윤석열 정부는 또한 한미동맹 강화를 통한 외교정책 전개에 방점을 둘 것임을 천명했다. 외교·안보 차원에서 한미동맹을 양국의 전통안보 협력 차원을 넘어 경제안보 협력으로 확대해, 한반도 및 전통안보를 넘어 명실상부한 '글로벌 포괄적 전략동맹'으로 발전시키려는 의지인 것이다(차두현, 2022: 49-50). 이의 연장선에서 한·미·일 안보협력도 강화하고 있다. 예를 들면, 10월에는 동해 공해상에서 북한의 핵과 미사일 위협에 대응을 가정하는 한·미·일 연합훈련이 2주 동안 진행되었다. 11월 제17차 동아시아 정상회의에서는 한·미·일 3국 정상회의를 통해 안보 협력 강화를 다짐하고, 미국은 한국과 일본에 대한 '확장억제력 강화'를 약속했다. 그뿐만 아니라 첨단기술, 공급망, 에너지 등 경제안보 분야에서의 3국 협력 강화를 합의했다(대한민국 대통령실, 2022년 11월 13일; 대한민국 대통령실, 2022년 11월 14일; The White House, November 13, 2022). 이 외에도 윤석열 정부는 인도·태평양 전략을 발표하면서 확실하게 대미 일변도의 의지를 표명한 것으로 보인다.[14]

한반도 안보정세와 관련해서 이와 같은 일련의 상황 전개와 윤석열 정부의 지역전략은 중국의 입장에서 중국의 주변전략 및 한반도 정책 기조와 차이가 있다. 중국은 대화와 협상을 통한 북핵문제 해결을 강조해왔고, 한미동맹도 지역과 글로벌 차원으로 확대되어서 한국이 중국 견제 대오에 합류될 수 있는 상황을 경계해왔다. 그뿐만 아니라 한·미·일 안보협력이 강화되는 상황도 중국은 우려한다. 그런데 윤석열 정부는 명시적으로 미국의 인도-태평양 전략과 명칭이 같은 전략을 지역전략 추진을 피력하며 남중국해 이슈 등에서 미국과 동일한 목소리는 내고 있다. 미국의 대중 견제가 심화되고 있는 상황이기 때문에, 중국은 윤석열 정부가 제시한 '한미동맹을 기초로 해서 대주변국 정책 전개'라는 국정과제의 함의, 한국의 인도-태평양 전략의 함의 및 향후 행보에 따른 대응을 모색할 것으로 판단된다.

3) 중국의 강대국 외교는 지속될 것이다

시진핑 3기 정부에서도 주동작위, 분발유위로 대표되는 중국의 강대국 외교는 지속될 것이다. 당대회를 통해 중국은 자국이 직면한 위협과 도전에 대해 경계심을 드러냈다. 그러나 중국의 강대국 외교는 시진핑 정부 출범 전후 자국의 국제적 위상이 높아지면서 시작되었고, 자국의 높아진 국제적 위상만큼 국제질서에서의 비중 높이기, 자국 중심의 질서 수립하기, 타국으로부터의 자발적·강제적 존중 요구하기 등으로 표출되어왔다. 이러한 강대국 외교는 중국경제가 무너져 국제적 위상이 하락하지 않는 한 시진핑 3기 정부에서도 지속될 가능성이 매우 높다.

우선, 중국은 당대회 보고를 통해서도 강대국 외교 추진에 대한 의지를 표명했다. 보고에서는 중화문명의 전파력을 향상시켜 중국의 이미지를 제고시켜서 중국의 종합국력과 국제지위에 부합한 발언권을 구성해야 한다는 점을 강조했다. 이는 중국의 인식과 국제사회의 인식이 차이가 있다는 점을 표명한 것이다. 즉 국제사회에 비치는 중국의 이미지가 중국이 인식하는 이미지와는 다르고, 중국이 현재 국제사회에서 누리는 발언권과 지위가 중국의 종합국력과 국제지위에 부합하지 않다는 것이다. 중국은 자국과 국제사회의 인식 차이를 줄이기 위한 적극적인 외교를 추진하겠다고 선언한 셈이다.

주변국가에 대해서는 기존과 유사한 기조를 유지했다. 즉 친성혜용親誠惠容과 선린, 동반자 관계를 견지하는 방침을 추구해서 주변국가와 우호, 신뢰 및 이익의 융합을 심화시킬 것이라고 강조했다. 그런데 특정 국가를 겨냥한 진영화와 배타적 소집단에 대한 반대 입장을 명확히 하고 있다는 점은 주목할 필요가 있다. 중국은 향후 5년 동안 사회주의 현대화 국가 건설을 위해 기본적으로 주변국가와의 우호관계를 유지해야 할 필요가 있지만, 대중 견제를 위한 미국의 진영화와 배타적 소집단 조직에 주변국가가 연대하는 것에 경계심을 표명한 것이다.

시진핑 3기 정부에서도 강대국 외교기조가 지속될 가능성이 높은 두 번째 이유는 외교안보를 주도하는 최고지도자인 시진핑 총서기의 3연임이 확정되었다는 점이다. 최고지도부라고 할 수 있는 정치국 상무위원들과의 집단지도 체제는 유지될 가능성이 높지만, 정치국 상무위원들의 면면을 보면 외교적으로 시진핑과 의견을 불일치시킬 가능성이 없는 인사들로 평가된다(이정남, 2022: 2). 또 당과 군사 분야에서 권력집중화가 실현되면서 모든 주요 외교정책 결정을 엄격하게 통제할 것이고, 일사분란하게 진행될 가능성이 높아졌다고 평가된다(McCarthy and Gan, October 24, 2022; Kim and Rubenstein, October 25, 2022). 그뿐만 아니라 현 왕이 외교부장은 정치국 위원이 되었다. 그는 이전의 정치국원이면서 중앙외사공작위원회 판공실 주임이었던 양제츠가 담당했던 외교정책 업무를 수행할 것으로 보인다. 왕이는 시진핑 1·2기 정부의 외교부장으로 공격적·공세적 외교로 대표되는 전랑외교Wolf Warrior Diplomacy를 수행해 왔던 인물이다.

2. 시진핑 3기 정부의 한반도 정책 전망: 제2의 사드 사태는 가능하다

시진핑 3기 정부의 한반도 정책은 큰 틀에서 미중 양국 경쟁의 틀 속에서 작동할 것으로 판단된다. 앞서 언급했듯이, 현재 미국은 동맹 및 파트너십 강화, 공급망 재편성 등을 통해 중국을 전방위적으로 견제하고 있다. 이 과정에서 미국은 한국을 중요한 협력 파트너로 간주하고 있다. 윤석열 정부는 미국과의 동맹 강화를 천명하면서, 한국판 인·태 전략 추진을 주장하고 있어, 미국의 지역전략에 편승bandwagon하려는 뜻을 명확히 하고 있다. 중국의 입장에서 미국의 대중 견제 대오에 대한 한국의 편입은 매우 우려되는 상황이다. 따라서 미중 경쟁의 심화국면이 지속되는 상황에서 중국은 한국에 영향력을 확대하기 위해 필요에 따라 강온의 제재와 유화宥和 정책을 모두 사용할 것이다. 지난 10년 동안 경험했듯이, 중국은 자국의 이익을 침해할 수 있다고 판단되면 과감하게 경제제재 조치를 통해 영향력을 행사했다. 시간이 지날수록 한중 양국의 국력 격차와 비대칭성이 확대되고 있어 "한국이 중국으로부터 진정한 '대접'과 '존중'을 받기 어렵다"는 점은 자명한 사실이다(조영남, 2022, 26).

그럼에도 중국의 '한국 끌어당기기'는 지속될 것이다(China Perspective, 2022). 중국에 대한 미국의 견제가 치열해지는 상황에서, 중국도 주변국과 개발도상국 등 많은 국가들이 대중 견제 대오에 편입되지 않을 방안을 모색하고 실천할 것이기 때문이다. 최근 중국이 공개적으로 표명한 언사에서도 중국의 속내를 읽을 수 있다. 2021년 톈진에서 개최된 서훈 국가안보실장과 양제츠 국무위원 간담회에서의 양제츠 발언을 주목할 필요가 있다. 미국이 반도체 공급망 재편을 위해 조직한 '칩4' 예비회의에 참여의사를 밝힌 한국에게 양제츠는 한국의 '역할'을 기대한다며, 한국은 양자, 역내, 글로벌 차원에서 소통과 협력을 더욱 강화할 필요가 있다고 강조했다. 중국은 자국과 이웃하는 한국이 본격적으로 중국 견제 대오에 편입되는 것에 우회적으로 경계심을 표명한 것이다.

동시에 중국은 한국에 대한 압박도 주저하지 않을 것이다. 최근 중국의 한국에 대한 압박은 노골적이다. 중국은 사드문제에 대해 한국의 신정부는 정책의 지속성을 유지해야 함을 강조한다. 예를 들면, 지난 7월 중국 외교부 대변인은 "사드 3불은 약속이나 합의가 아닌 우리의 입장" 이라는 박진 외교부장관 청문회 발언을 평가해달라는 질문에, 중국 외교부 대변인은 "새로운 관리는 과거의 과실을 무시하면 안 된다. 이웃 국가의 안보와 관련한 중대하고 민감한 문제에 한국은 반드시 신중하게 행동하고 근본적인 해결방안을 모색해야 한다"는 점을 강조했다 (中國外交部, 2022年 7月 27日). 왕이 외교부장과 박진 외교부장관의 회담에서도 '다섯 가지 응당五個應談'을 제시하며 한국을 압박했다. 즉 안보적 차원의 정책적 연속성을 유지해야 하며, 경제적 차원에서 미국의 공급망 재편에 편승해서 대중 견제 대오에 참여해서는 안 된다는 점을 강조했다. 이뿐만 아니라 회담 다음 날 중국의 외교부 대변인은 사드 문제에 대한 질문에 한국정부는 정식으로 '3불不 1한限'을 선포宣示했다고 일방적으로 발표했다(中國外交部, 2022年 8月 10日).[15] 윤석열 정부의 사드기지 정상화 추진에 중국은 지속적인 경고성 발언으로 한국을 압박하고 있다.

미중 양국이 전방위적으로 경쟁하는 상황은 한반도에서 세력권 경쟁의 심화로 이어질 것이다. 이 때문에 중국이 사드 사태 때처럼 강경한 제재외교를 통한 한반도 국가 길들이기를 시도할 가능성도 있다. 한국이 사드를 추가배치 한다거나 오커스 플러스에 참가해서 명시적인 중국 견제 대오에 참여하는 상황이 온다면 중국은 경제보복 조치에 주저하지 않을 것이다. 제2의 사드 사태가 발생할 가능성은 매우 높다고 할 수 있다. 다만 지난 2016년 사드 사태에서 막무가내로 한국을 압박했던 조치 등 중국의 제재외교가 가져온 대중국 비호감도 상승, 양국관계의 원심력이 작용했던 경험을 복기하면서 한국에 상대적으로 신중하게 접근할 가능성도 배제할 수 없다(이희옥, 2022: 16).[16]

북한과 북핵 이슈에 대해 중국은 비핵화 기조를 유지하지만 한반도의 안정유지에 방점을 둘 것이다. 한·미·중 모두 북한의 비핵화와 한반도 안정유지를 위해서 협력이 필요하다고 생각한다. 다만 협력의 방식과 한반도 안정에 대한 인식의 차이가 존재한다. 미국이 말하는 한반도의 안정과 중국이 말하는 그것은 다른 상황일 수 있다. 즉 미국이 말하는 안정이란 한반도에서 미국의 전략적·외교적 절대 우위를 지속하는 현상유지를 의미하지만(정재호, 2011: 404), 중화민족의 부흥을 외치고 있는 중국에게는 중국의 전략적·외교적 우위를 지속할 수 있는 상황을 의미할 것이다. 한국은 정부에 따라 비핵화를 위한 협력의 방식, 한반도 안정의 상황 정의에 차이가 있어 사실 정책적 일관성이 없다고 해도 과언은 아니다.

비핵화 실현을 위한 윤석열 정부의 '담대한 구상'도 중국의 지지를 받기 어렵다. 대통령실에서 발표한 11월 15일의 짧은 한중 정상회담 결과에 따르면, 윤석열 대통령이 북한의 비핵화와 도발에 대해 중국이 적극적이고 건설적인 역할을 요구했고, 이에 시진핑 주석은 한반도 문제에 한중 양국이 공동이익을 가지며 한국이 남북관계를 적극적으로 개선해 나가기를 희망한다고 전했다. '담대한 구상'에 대해서도 시진핑 주석은 북한이 호응해 온다면 지지하고 협력할 것이라는 입장을 표명했다(한중 정상회담 결과, 2022년 11월 15일).[17]

이번 한중 정상회담은 2019년 이후 3년 만에 성사된 정상 간 회담이었지만, 북한의 도발과 비핵화를 포함해서 한반도를 둘러싼 경제 및 안보이슈에서 상호 인식의 차이를 확인하는 자리였다. 중국은 윤석열 정부의 북한정책에 원칙적인 반대 의사를 표명한 것이다. 중국은 이미 한미와 북한의 동시적 노력이 필요한 '쌍잠정, 쌍궤병행'의 중재안을 제시한 바 있다. '담대한 구상'은 북한의 선제적 조치를 조건으로 제시하고 있기 때문에 중국의 제안과는 다소 거리가 있는 제안이다. 미중 경쟁이 지속되고, 미국의 대중 견제가 심화된다면 중국에게 북한의 전략적 가치는 더욱 높아진다. 미국의 견제에 대응하기 위해 중국은 '북한 끌어안기'로 한반도에서의 미국과의 세력권 경쟁에 대응할 것이다.

남북한의 강대강 대치국면은 중국이 바라는 상황이 아니다. 공산당 20차 당대회를 통해 중국은 시진핑 정부 3기인 '향후 5년은 사회주의 현대화 국가의 전면적 건설을 시작하는 관건의 시기'로 규정하고 있기 때문에, 중국에게 한반도의 안정은 매우 필요하다. 남북한 양국의 강대강 대치국면에서는 중국이 기계적 중립을 유지하거나 북한 끌어안기를 통해 한반도 정세가 더욱 악화되는 것을 방지하는 데 방점을 뒀던 경험이 있다. 최근 북한의 도발이 지속되는 상황에 대한 평가요구에도 외교부 대변인은 "중국은 관련보도와 북한의 입장표명에 주목하고 있다. 당사국들은 한반도 평화와 안정 국면을 유지하고 정치적 해결방식을 견지해서 대화와 협상을 통해 서로의 관심사를 균형 있게 해결해 사태가 반복적으로 악화되지 않기를 바란다"는 원칙적인 논평으로 대신했다. 윤석열 정부의 대북 강경입장과 북한의 도발국면이 지속된다면, 중국은 한반도의 안정유지를 더욱 강조하며 북한과 전통적 우호협력관계를 강화해서 '북한 관리하기'와 '북한 감싸기'를 강화할 것이다.[18]

IV. 한반도에도 먹구름이 드리우다!

이상으로 시진핑 1·2기 정부의 한중·북중관계를 고찰하고, 이를 바탕으로 시진핑 3기 정부의 한반도 정책을 전망해보았다. 지난 10년간 시진핑 정부는 종합국력의 상승만큼 국제사회에서 중국의 역할과 영향력을 확대하는 강대국 외교를 추진했다. 이러한 강대국 외교는 중국의 한반도 정책에도 반영되어 어느 시기보다 영향력을 확대하고자 했다. 이러한 경향은 시진핑 3기 정부에서도 지속될 것이며, 다음 몇 가지 특징으로 나타날 것이다.

첫째, 중국은 한중·북중관계의 주도권을 가지려고 할 것이다. 지난 10년 동안에도 한중·북중관계는 어느 시기보다도 큰 부침을 보였고 중국이 그 부침관계를 주도했다. 이는 앞 절에서도 언급했듯이 시진핑 정부 출범 이후 중국은 높아진 강대국 위상만큼 강대국으로서의 역할과 영향력 확대를 본격화하면서, 한국과의 관계, 북한과의 관계에도 관철시켰다. 이 때문에 중국은 자국의 이익을 침해한다고 판단하는 상황에서는 강한 제재나 교류 중단 조치를 통해 양국관계의 경색국면도 불사하며 소위 '길들이기' 외교를 감행했다. 미중 경쟁이 더욱 심화되고 있는 상황에서, 향후 한반도에서의 양국의 세력권 경쟁으로 이어질 수 있을 것이고, 중국이 주도하는 외교는 지속될 것이다.

둘째, 안보 이슈가 부각되고 기타 이슈의 안보화 추세는 확대될 것이다. 공산당 20차 당대회에서도 안보분야에 대해 중국은 경각심을 높였다.[19] 지난 10년 동안 한중 양국 간 안보 이슈에서의 취약성이 경제와 문화 등 기타 영역으로 확대되며, 연계되는 특징이 나타났다(李熵, 2021). 물론 한중 수교 이후 양국 간에는 크고 작은 갈등은 계속되었다. 그러나 사드 사태처럼 하나의 이슈가 양국 교류의 전반에 영향을 주며 양국의 관계를 완전히 바꿔놓은 사례는 없다. 한중 양국은 수교 이후 '정경분리'의 원칙을 기반으로 관계를 유지해왔다. 즉 정치와 안보 분야에서 양국의 갈등 상황이 발생하더라도, 다른 분야와 연계시켜 양국의 관계가 전면적인 경색국면에 빠지지 않게 하려고 양국 모두 노력했었다.

북핵과 미사일 위협으로부터 다층적 방어체계를 갖추기 위한 한국의 사드 배치 결정에 중국은 크게 반발하며 경계를 늦추지 않고 있다. 중국은 한국의 사드 배치가 역내 전략균형을 훼손하며 중국의 안보이익을 침해한다고 주장하며, 보복조치를 감행했다. 사드 배치의 결정은 한미 양국의 공동 결정임에도 불구하고 중국은 한국에 강한 보복조치를 단행했다. 2023년 초가 되면 사드기지에 대한 환경영향평가도 완료될 것으로 알려졌으며, 윤석열 정부는 사드기지 정상화 추진을 선언한 상태이다.

사드문제는 여전히 한중관계에서 뜨거운 감자가 될 수 있다.

셋째, 미중 경쟁 구도의 영향이 심화될 것이다. 한국과의 관계를 급전직하시킨 사드문제에 대한 중국의 우려는 중국의 역내 전략적 안보이익을 훼손하고, 한국이 궁극적으로 미국의 미사일방어MD 체계로 편입으로 대중 견제편대에 합류할 수 있다는 점이다. 중국은 이러한 상황은 한반도와 동북아지역에서 전략균형을 무너뜨릴 수 있다고 인식한다. 따라서 미국의 중국 견제에 한국의 합류 여부에 중국은 매우 민감하게 반응한 것이다. 시진핑 정부가 경색 국면을 이어가던 북한과의 관계를 회복시켰던 것도 북핵문제와 한반도의 영구적 평화에 대한 논의에서도 북미, 또는 남·북·미가 주도하고 자국이 소외되는 가능성을 걱정했기 때문이다. 이처럼 지난 10년 동안 한중·북중관계는 모두 중국의 미국과의 관계에 종속되었고, 미중 양국은 공개적으로 상호 경쟁을 천명한 상태로 그 경향은 심화되고 있다.

미중 경쟁의 심화는 한반도에 대한 영향력 경쟁으로 반영되어, 중국의 '한국 끌어당기기'와 '북한 끌어안기'는 지속될 수 있다. 다만 중국은 한국에 우호적 관계 유지를 위한 최소 조건을 제시하며 한국에 압박도 지속할 것이다. 한국이 명시적으로 미국의 대중 견제 대오에 편입하는 상황이 온다면 중국은 제2의 사드 사태는 명약관화한 일일 것이다. 최근 남북한 간 강대강 대치의 한반도 정세는 중국의 한반도 정책기조와 배치된다. 이 때문에 시진핑 3기 정부는 한반도 비핵화 실현 기조를 유지하면서도 한반도의 안정유지에 방점을 둘 것으로 보인다.

한반도에서의 평화와 안정이 가장 필요한 당사국은 한반도에 위치한 남북한 양국이다. 그런데 역설적으로 현재 남북한 양국이 한반도의 안보 갈등을 확대escalation시키고 있다. 북한의 도발과 윤석열 정부의 확장 억제 강화를 위한 노력은 평행선을 달릴 뿐이다. 윤석열 정부의 '담대한 구상'은 중국이 지지하기 어렵다고 판단된다. 중국은 이미 북한과 한미가 동시에 노력해야 한다는 '쌍잠정, 쌍궤병행'의 중재안을 제시한 바 있다. 중국의 중재안은 북핵 원인에 대한 중국의 인식이 반영되었다. 즉 북한이 핵을 포기하기 위해서는 한미 양국도 대북 적대시 정책을 폐기해야 하고 연합군사 훈련도 중지해야 한다는 점이다. 즉 윤석열 정부의 비핵화를 위한 방안과는 전혀 상반되는 안으로 중국의 역할을 기대하기는 쉽지 않을 것이다.[20]

중국은 '자신의 실력을 감추고 힘을 기르던' 옛날의 중국이 아니다. 미국의 견제가 강화되는 상황에서 개최된 공산당 20차 당대회에서는 '중국식 현대화'를 주장하며 중국이 미국과의 전략경쟁을 위해 장기적인 포석을 준비했다고 보인다. 중국이 공세적 입장을 견지하며 기존질서에 도전하고, 새로운 질서 수립을 추구할 때 미국의 동맹국인 한국은 어려운 상황에 빠질 개연성이 높아진다(정재호, 2011: 389). 중국은 이미 강대국으로서 역할 수행을 다짐하며 기존 질서의 재구성과 새로운 질서 수립을 시도하며 미국과의 경쟁에 적극적이다.

한반도에도 먹구름이 드리우고 있다. 한국은 국제정세와 한반도 정세를 읽을 수 있는 밝은 눈과 지혜가 필요할 것이다. 미중 양국의 경쟁은 시작되었다. 우리는 바이든과 시진핑의 최근 만남에서 양국의 경쟁이 분쟁으로 확대되어서는 안 된다는 데에 인식을 함께 한 것도 주목해야 한다. 양국의 관계는 갈등과 경쟁, 협력이 공존한다는 점을 명심해야 한다. 양국의 갈등적 상호의존의 역사를 통해 미중 양국의 경쟁의 모습이 이익 극대화를 위한 카르텔일 수 있을 가능성에 대한 고언도 우리는 주목해야 할 것이다(박홍서, 2020).

한미동맹을 '글로벌 포괄적 전략동맹'으로 발전시키겠다는 윤석열 정부의 입장은 한국의 포괄적인 국익에 기반한 결정일까? 동맹국 미국의 이익과 한국의 이익은 동일할까? 2021년 한국의 대중 교역액은 약 3015억 달러로, 대중 의존도는 약 24%이다. 한국의 대중 무역흑자는 243억 달러로 한국의 전체 무역수지 293억 달러의 약 83%를 차지한다. 이렇게 한중 경제는 깊은 상호의존성을 보이고 있다. 중국의 시장 잠재력도 무시할 수 없다. 한국이 미중 경쟁에서 보다 신중한 접근이 필요한 이유이다. 윤석열 정부는 '글로벌 포괄적 전략동맹'을 중국과의 '전략적 협력 동반자 관계'와 어떻게 균형을 유지할 수 있을지에 대한 명철하고 민첩한 대안을 고민해야 할 것이다.

주

1 중국의 대한국 정책, 대북한 정책은 독립적으로 수립되고 운영되기보다는 상호 영향을 주며 연계성을 가진다. 그뿐만 아니라 한중·북중이라는 양자관계는 양국의 관계에만 국한되지 않으며 동북아 지역, 더 나아가 동아시아 지역에 대한 안보환경에 변화를 가져올 수 있다. 때문에 한반도의 두 개 국가에 대한 중국의 정책은 각각 그리고 또 함께 통합적인 고찰이 필요하므로 '한반도 정책'이라고 표현했다.

2 도광양회는 중국이 대외적으로 글로벌 거버넌스에 적응해서 최대한 자국의 이익만을 추구하자는 전략기조라면 분발유위는 글로벌 거버넌스 구축에 적극적 설계자 역할을 할 것이라는 선언이다(김애경, 2022b: 57-58).

3 시진핑 주석의 방한은 몽골 방문과 함께 '급소를 누르는 방식'의 외교라고 주장하며, 한국이 위치한 동북아지역은 정치적·안보적으로 도전이 많기 때문에, 한국 방문은 주변의 북한과 일본에 영향을 줄 수 있다고 평가했다(人民網, 2014年 8月 26日).

4 한국을 방문한 중국인 수는 433만 명(2013년), 613만 명(2014년), 598만 명(2015년), 807만 명(2016년), 417만 명(2017년), 479만 명(2018년), 602만 명(2019년), 67만 명(2020년), 17만 명(2021년)이다. 2013-21년까지 전체 방한 외국인 수중 방한 중국인 수의 비중은 35.5%, 43.1%, 45.2%, 46.8%, 31.3%, 31.2%, 34.4%, 27.2%, 17.6%이다(한국관광공사 사이트). COVID-19 펜데믹 상황으로 전 세계 관광객이 감소했던 2020-21년까지를 제외하면, 중국인의 한국방문은 사드 배치 사태 전후로 감소폭이 매우 뚜렷하다.

5 한 연구보고서에 따르면 사드 공표 3개월 이후부터 방한 중국인 관광객 수는 감소했고, 이러한 현상은 18개월간 지속되었다. 사드 배치를 기준으로 18개월 이전과 비교해보면 관광객 수는 65%, 관광수입은 31%가 감소했다(Kim and Lee, 2020).

6 중국의 사드 보복에서 보이는 네 가지 특징은 한국에 영향력 확대를 위한 경고조치였음을 알 수 있다. 네 가지 특징을 다음과 같다. "① 경제협력의 판 자체를 깰 정도의 전면적 보복은 아니다. ② 중국이 입을 피해가 상대적으로 적은 영역에 주로 보복했다. ③ 양국의 생산 네트워크가 촘촘히 짜인 영역보다는 정책에 의한 복원이 용이한 부분에 집중되었다. ④ 사드 배치는 한미 공동 결정인데 중국의 보복은 미국을 빼고 한국에만 집중되었다"(정재호, 2021).

7 중국 매체도 문 대통령의 중국 방문을 '파빙지려(破氷之旅)'에 비유하는 외신을 인용하며, 양국의 상호 신뢰 구축에 노력이 필요하다고 보도했다(參考消息, 2017年 12月 15日).

8 한국 외교부는 회담 결과를 중국처럼 '10항 협의'로 명칭화하지는 않았으며, 다양한 이슈에

대한 양국의 협력을 지속시켜나가는 데 의견을 같이했다는 보도자료를 발표했다(외교부 보도자료, 2020년 11월 26일).

9 후진타오 시기 북중 정치적 교류 2009년 12회, 2010년 30회, 2011년 7회, 2012년 8회이다 (최명해, 2018: 335).

10 2015년 5월 중러 양국이 진행한 '중러 동북아 안보대화' 역시 미일과 국제사회의 대중 견제에 대한 대응 차원에서 진행되었다고 볼 수 있다.

11 '백 년 동안 겪지 못했던 대변화의 국면'이라는 말은 2018년 6월 시진핑 주석이 중앙외사 공작회의에서 "중국은 근대 이후 가장 좋은 발전의 시기를 맞이하고 있고, 세계는 백 년 동안 경험하지 못하는 대변화 국면에 처해 있다"고 발언하면서, 학계에서도 활발하게 그 의미를 논의하고 해석하는 작업이 진행되었다. 관련 발언과 연구는 다음을 참조: 新華社, 2018.6.23.; 中國現代國際關系研究院課題組, 2020; 金燦榮, 2020.10.16; 王鵬權, 2020; 李濱, 2021; 劉小楓, 2021; 保建雲, 2020.

12 시진핑 주석은 전 세계 발전이니셔티브는 2021년 9월 유엔총회 발언을 통해 제시했고, 전 세계 안보이니셔티브는 2022년 4월 보아오아시아포럼 연차총회 개막식에서 제시한 바 있다.

13 윤석열 정부 인수위에서 발표한 110대 국정과제 중 외교·안보와 관련된 내용을 보면 ①북한 비핵화, ②한·미 동맹을 기초로 한 대주변국 정책 전개, ③신흥안보/경제안보 등 글로벌 이슈에서의 역할 및 기여 확대, ④자유민주주의, 시장경제, 인권 등의 가치에 충실한 정책 접근, ⑤명실상부한 미래형 군사력 건설 등이다.

14 인도·태평양 전략은 아베 수상이 2016년에 발표한 아시아 정책으로 "인도와 태평양을 연결한 지역 전체에서 경제성장을 도모"하기 위한 것이지만, "남중국해에서 군사적 거점화를 추진하는 중국을 견제하기 위한" 구상이기도 하다(남기정. 2021: 2). 대중 견제를 위한 틀 (frame)로 제시된 미국의 IPEF와 동일한 명칭을 사용하고 있기 때문에, 구체적인 실행방안을 통해 한국의 독자적인 전략방안을 마련할 필요가 있겠다.

15 '3불 1한'은 "사드를 추가배치 하지 않고, 미국의 미사일 방어체계(MD)에 편입되지 않으며, 한·미·일 안보협력을 군사동맹으로 발전시키지 않을 것"이라는 3NO에 "이미 배치된 사드의 운용을 제한한다"는 것이다.

16 중국이 경제보복 조치를 취한 이후 한국의 대중 비호감도는 급격히 높아졌다. 한국의 중국에 대한 비호감도는 2017년 61%, 2018년 60%, 2019년 63%, 2020년 75%, 2021년 77%, 2022년 80%이다(Pew Research Center, 2022).

17 한중 정상회담에 대한 양국의 결과발표의 내용이 다소 상이하다. 한국의 대통령실은 "보편적 가치와 규범에 기반하여 국제사회의 자유평화번영을 추구하는 것이 우리 정부의 외교목표"

라는 점을 소개하고, 한중의 긴밀한 소통과 협력을 제안했고, 북한 이슈에 대한 중국의 역할을 요구했다고 소개했다. 반면, 중국은 외교부 사이트를 통해 시진핑 주석이 "양국은 전략적 소통과 정치적 신뢰증진이 필요하다, 전 세계 산업망·공급망의 안전, 안정을 보장하고 경제 협력의 정치화와 범안보화에 반대해야 한다"고 강조했다는 내용을 소개하고 있다. 북한의 도발이나 핵문제에 대해서는 소개하고 있지 않다(한중 정상회담 결과, 2022년 11월 15일; 中國外交部, 2022年 11月 15日).

18 북중 양국은 2021년 이미 동맹을 갱신했다. 북중 동맹 60주년이었던 2021년 시진핑 주석과 김정은 위원장은 상호 친서를 통해 양국의 전략적 소통 강화, 상호협력 친선의 분위기를 강조했다(김보미, 2021. 7. 14.).

19 공산당 19차 당대회 보고에서는 '안보(安全)'라는 단어가 54회 언급이 되었고, 공산당 20차 당대회 보고에서는 91회 언급되었다(Lin, Hart, Funaiole and Lu. 2022).

20 북한의 ICBM 발사 문제를 논의하기 위한 11월 21일 유엔 안전보장이사회에서 중국의 주유 엔 대사 장쥔은 "당사국들이 긴장고조 행동을 피해야 하며, 미국이 현실적이고 실현 가능한 제안으로 진정성을 보여서 북한의 정당한 우려에 긍정적으로 대응해야 하며", 이사회의 심의가 장애물을 만들기보다는 긴장을 완화하고 외교적 노력의 여지를 남겨야 한다고 지적했다. 지난 5월에 개최된 대북 제재를 위한 안보리 회의에서는 중국과 러시아의 반대로 제재안이 부결되었다(UN Security Council Meetings S/PV.9197; UN Security Council Meetings S/PV.9048).

참고문헌

〈강경화 외교 "3No 원칙, 청와대 NCS서 논의" … 외통위서 밝혀〉.《매일경제》, 2017. 11. 6.

강선주. 2022. 〈미국의 인도-태평양 경제프레임워크: 국제정치경제적 함의와 전망〉.《주요국제
　　　문제분석》 17.

김보미. 2021. 〈북중동맹 체결 60주년: '전략적 소통' 강화〉.《이슈브리프》 274.

김애경. 2015. 〈중국은 북핵문제 해결을 위해 어떠한 역할을 해 왔는가?〉.《북중관계 다이제
　　　스트》. 서울: 다산출판사.

김애경. 2019. 〈한반도 안보정세와 한중비즈니스: 사드정국을 중심으로〉.《중국지식네트워크》
　　　15.

김애경. 2022a. 〈중국의 세계질서론과 동아시아전략〉.《질서의 충돌, 움직이는 패권》. 서울: 박영사.

김애경. 2022b. 〈중국의 국가행동 구성 요소〉.《중국은 왜, 어떻게 행동하는가?》. 서울: 국가안보
　　　전략연구원.

김재철. 2012. 〈중국의 공세적 외교정책〉.《한국과 국제정치》 28-4.

남기정. 2021. 〈일본의 아시아정책: '자유롭고 열린 인도태평양전략/구상'의 전개〉.《아시아 브
　　　리프》 1-22.

대한민국 대통령실. 2022. 〈제17차 동아시아 정상회의 결과〉. 2022. 11. 13.

대한민국 대통령실. 2022. 〈한미일 정상 회담 결과〉. 2022. 11. 14.

대한민국 대통령실. 2022. 〈한중 정상회담 결과〉. 2022. 11. 15.

박홍서. 2020.《미중 카르텔-갈등적 상호의존의 역사》. 서울: 후마니타스.

북한경제연구협의회. 2022. 〈'담대한 구상'과 북한의 반응〉.《KDI 북한경제리뷰》. 8월호.

서울대 아시아연구소 동북아시아센터. 2022. 〈특별대담: 한중수교 30년, 한국의 선택은?〉.
　　　《China Perspective》 2.

신종호. 2021. 〈시진핑 시기 북중관계와 한반도 평화〉.《성균차이나브리프》 64.

이민규. 2020.《국가핵심이익》. 서울: 서울연구원.

이정남. 2022. 〈중국 공산당 제20차 당대회 결과 분석: 권력구도 변화와 대외정책에 대한 함의〉.
　　　《정세와 정책》. 11월호. 세종연구소.

이희옥. 2022. 〈서문: 국제질서의 대분화와 한중관계의 재구성: 한·중 학계의 쟁점과 시각〉.《국제
　　　질서의 대분화와 한중관계의 재구성: 한·중 학계의 쟁점과 시각》. 서울: 도서출판 선인.

정재호. 2011.《중국의 부상과 한반도의 미래》. 서울: 서울대학출판부.

정재호. 2021.《생존의 기로: 21세기 미·중 관계와 한국》. 서울: 서울대학출판부.

조영남. 2013.〈중국은 왜 강경한가?: 2008년 세계 금융위기 이후의 중국 외교 평가〉.《국제·지역연구》. 22-2.

조영남. 2022.〈한·중 관계 30년의 분석과 평가〉.《국제·지역연구》 31-2.

〈중·러 '대북제재 완화' 결의안 제출…'한반도 관리 차원'〉.《BBC NEWS 코리아》. 2021년 11월 3일. www.bbc.com/korean/news-59145936.

차두현. 2022.〈새 정부의 외교안보 분야 중점 추진과제와 전망〉.《KDI 북한경제리뷰》 5월호.

최명해. 2018.〈한반도 정책〉.《시진핑 사상과 중국의 미래: 중국 공산당 제19차 전국대표대회 분석》. 서울: 지식공작소.

保建雲. 2020.〈新公共治理變革與世界秩序重塑 - 中國面臨的挑戰, 機遇及戰略選擇〉.《人民論壇》. 4月.

陳尚文. 2017.〈韓特使將帶總統親筆信訪華 韓媒：爲改善中韓關系尋突破口〉.《環球時報》. 2017年 5月 17日. world.huanqiu.com/article/9CaKrnK2P7b.

〈關於中朝關系, 習近平說了三個"不會變"〉.《中國日報》. 2018年 6月 22日. china.chinadaily.com. cn/2018-06/22/content_36435372.htm.

高飛. 2014.〈習近平主席訪韓 中韓關系升級〉.《人民網》. 2014年 7月 3日. opinion.people.com.cn/ n/2014/0703/c1003-25236206.html.

〈國際社會高度評價習近平訪韓：展現中國真誠善意〉.《人民網》. 2014年 7月 7日. politics.people. com.cn/n/2014/0707/c1001-25246281.html.

〈解讀：習近平"點穴式"外交有何特點〉.《人民網》. 2014年 8月 26日.

金燦榮. 2020.〈金燦榮：解讀'百年未有之大變局', 中國或是世界變局最大的自變量〉.《觀察者網》. 2020年 10月 16日. baijiahao.baidu.com/s?id=1680661694291329211&wfr=spider&for= pc (검색일: 2021. 6. 10.).

〈境外媒體稱文在寅訪華開啟"破冰之旅"：重建互信尚需努力〉.《參考消息》. 2017年 12月 15日. mil. news.sina.com.cn/2017-12-15/doc-ifyptfcn0574532.shtml (검색일: 2022. 9. 30.).

李濱. 2021.〈百年政治思潮與世界秩序變革〉.《中國人民大學學報》. 1期.

李敦球. 2015.〈劉雲山訪朝鮮讓謠言不攻自破, 中國不會棄朝〉.《中國青年報》. 2015年 10月 14日. www.chinanews.com.cn/gn/2015/10-14/7568703.shtml.

李軍, 王偉. 2017.〈文在寅敲定前總理作訪華特使, 被認爲在尋找破冰突破口〉.《環球時報》. 2017年 5月 15日. m.huanqiu.com/article/9CaKrnK2LvO.

〈曆久彌堅金不換", 習近平著文贊中朝關系〉.《新華網》. 2019年 6月 20日. www.xinhuanet.com/

politics/xxjxs/2019-06/20/c_1124646674.htm.

李旻. 2021. 〈中韓關係: 還需要克服什麼困難〉.《世界知識》. 第3期.

〈"兩個全球倡議"是對時代主題的鄭重回答〉.《北京日報》. 2022年 11月 3日. www.news.cn/politics/
　　20221103/5baf4c4aaccf4a7191900cfed1327c80/c.html(검색일: 2022. 11. 10.)

劉小楓. 2021. 〈現代國際秩序的政治史學含義〉.《江漢論壇》. 3期.

王毅. 2017. 〈堅持實現無核化目標 維護半島和平與穩定〉.《人民網》. 2017年 4月 29日. world.
　　people.com.cn/n1/2017/0429/c1002-29244611.html (검색일: 2022. 7. 20.).

〈王毅介紹習近平訪韓:這是一次走親戚串門式訪問〉.《新華網》. 2014年 7月 5日. news.sina.com.cn/
　　c/2014-07-05/220530474690.shtml.

王鵬權. 2020. 〈中美對外經濟行爲特征及其比較〉.《當代世界社會主義問題》. 2期.

〈習近平出席中央外事工作會議並發表重要講話〉.《新華社》. 2018年 6月 23日. www.81.cn/jmywyl/
　　2018-06/23/content_8069112.htm (검색일: 2021. 6. 3.).

習近平. 2022. 〈高舉中國特色社會主義偉大旗幟爲全面建設社會主義現代化國家而團結奮鬪-在中
　　國共產黨第二十次全國代表大會上的報告〉. 2022年 10月 26日.

中國外交部. 2016. 〈王毅: 實現半島無核化與半島停和機制轉換並行推進〉. 2016年 2月 17日.

中國外交部. 2017. 〈王毅談半島局勢:"雙暫停"倡議是對症下藥良方〉. 2017年 3月 8日.

中國外交部. 2017. 〈2017年10月30日外交部發言人華春瑩主持例行記者會〉. 2017年 10月 30日.

中國外交部. 〈2020年11月26日外交部發言人趙立堅主持例行記者會〉. 2020年 11月 26日.

中國外交部. 2022. 〈2022年7月27日外交部發言人趙立堅主持例行記者會〉. 2022年 7月 27日.

中國外交部. 2022. 〈2022年8月10日外交部發言人汪文斌主持〉. 2022年 8月 10日.

中國外交部. 2022. 〈王毅: 堅持五個"應當", 推動中韓戰略合作夥伴〉. 2022年 8月 9日.

中國外交部. 2022. 〈習近平同美國總統拜登在巴厘島舉行會晤〉. 2022年 11月 14日.

中國外交部. 2022. 〈習近平會見韓國總統尹錫悅〉. 2022年 11月 15日.

中國現代國際關系研究院課題組. 2020. 〈世界"百年未有之大變局"全面展開〉.《現代國際關係》. 1期.

Kim, Aekyung and Jiyoung Kim. 2017. "China's aggressive 'periphery diplomacy' and South
　　Korean Perspectives." November 13, 2017. *The Pacific Review*.

Kim, Hyejin, Jungmin Lee. 2020. "The Economic Costs of Diplomatic Conflict." *Working Paper
　　2020-25*. Economic Research Institute, Bank of Korea, 11.

Kim, Patricia M. and David M. Rubenstein. 2022. ": What does Xi Jinping's power move mean
　　for China?." *Brookings*. October 25, 2022,

Lin, Bonny, Brian Hart, Matthew P. Funaiole, Samantha Lu. 2022. "China's 20th Party Congress

Report: Doubling Down in the Face of External Threats." *CSIS*. October 19, 2022.

McCarthy, Simone and Nectar Gan. 2022. "China's Xi is more powerful than ever. What does it mean for the world?." *CNN*. October 24, 2022. edition.cnn.com/2022/10/24/china/china-party-congress-consequences-world-intl-hnk/index.html (검색일: 2022. 11. 16.).

Perlez, Jane. 2014. "Chinese President's Visit to South Korea Is Seen as Way to Weaken U.S. Alliances." *New York Times*, July 2, 2014, www.nytimes.com/2014/07/03/world/asia/chinas-president-to-visit-south-korea.html (검색일: 2014. 7. 3.).

Pew Research Center. 2022. "Negative Views of China Tied to Critical Views of Its Policies on Human Rights." www.pewresearch.org/global/2022/06/29/negative-views-of-china-tied-to-critical-views-of-its-policies-on-human-rights (검색일: 2022. 8. 22.).

Swaine, Michael D. 2010. "Perceptions of an Assertive China." *China Leadership Monitor*, 32.

Swaine, Michael D. 2011. "China's Assertive Behavior-Part One: On 'Core Interests'." *China Leadership Monitor*. 34.

Swaine, Michael D. and M. Taylor Fravel. 2011. "China's Assertive Behavior-Part Two: The Maritime Periphery." *China Leadership Monitor*. 35.

The White House. 2022. *Phnom Penh Statement on US — Japan — Republic of Korea Trilateral Partnership for the Indo-Pacific*. November 13, 2022.

The White House. 2022. Readout of President Joe Biden's Meeting with President Xi Jinping of the People's Republic of China. November 14, 2022.

The White House. 2022. Remarks by President Biden and President Xi Jinping of the People's Republic of China Before Bilateral Meeting. November 14, 2022.

UN Security Council Meetings S/PV.9197. 2022. Briefing Security Council on New Missile Launch by Democratic People's Republic of Korea, Senior Official Calls for Unified Response, Resumed Dialogue. November 21, 2022.

UN Security Council Meetings S/PV.9048. 2022. Security Council Fails to Adopt Resolution Tightening Sanctions Regime in Democratic People's Republic of Korea, as Two Members Wield Veto. May 26, 2022.

제8장

양안관계는 전쟁의 길로 갈 것인가?

장영희

(성균관대학교 성균중국연구소 연구교수)

미중 전략경쟁 시대에 접어들면서 미국과 중국 사이에 긴 지정학적 중간국들은 더 많은 안보 위험에 노출되어 있다. 대만해협도 그중 하나로 대륙세력과 해양세력의 힘이 팽팽하게 맞서는 갈등의 균열선이자 군사적 충돌의 가능성이 가장 높은 곳으로 꼽히고 있다(CFR, *Preventive Priorities Survey*, 2023; 장영희, 2022a). 미국이 중국에 대해 압도적 힘의 우위를 점하고 있었을 때는 현상유지status quo라는 타협점을 통해 양안의 안정과 평화가 유지되었다(Scobell and Stephenson, 2022). 그런데 중국의 국력이 급격히 상승하고 미중관계가 갈등 국면에 처하면서 대만해협에서 현상유지가 어려워지고 현상변경의 의지가 관계성에 투영되기 시작했다.

대만해협이라는 공간에는 두 개의 삼각관계가 자리하고 있다(蘇起, 2019). 미국, 중국, 대만 사이의 큰 삼각관계가 상호작용을 하고 있고, 중국공산당, 국민당, 민진당 사이의 작은 삼각관계가 미시적으로 큰 삼각관계의 영향을 받으며 상호작용을 일으키고 있다. 지난 70여 년간 두 개의 삼각관계 사이에 복잡다단한 변화가 있었다. 작은 삼각관계에 긴장이 생겼을 때는 큰 삼각관계가 안전핀 역할을 하기도 하고, 큰 삼각관계에 생성된 긴장을 작은 삼각관계가 안정을 견인하기도 했다. 그런데 현재의 정세는 큰 삼각관계와 작은 삼각관계에 동시적 긴장이 발생하면서 긴장 완화의 실마리를 찾기 어렵게 되었다(장영희, 2022a).

2021년 3월 미국 인도태평양사령부 사령관 필립 데이비슨은 중국이 향후 6년 내에 대만을 침공할 수 있다고 의회에 보고했다. 5월에는 《이코노미스트》가 커버스토리로 대만을 다루면서 '지구상에서 가장 위험한 지역'이라고 분석하기도 했다. 미중이 오랫동안 '하나의 중국'을 서로의 레드라인으로 삼으며 지켜왔던 '전략적 모호성'이 와해되면서 대만해협의 평화가 흔들리게 되었다는 내용이었다. 그리고 6월에는 스탠퍼드 대학의 인민해방군 전문가 오리아나 매스트로가 《포린 어페어스Foreign Affairs》에 기고한 논문을 통해 "중국이 대만 문제의 평화적 해결을 포기하고 무력통일을 고려하는 불안한 신호를 보이고 있다"고 경고했다. 10월에는 대만 국방부 장관인 추궈정邱國正이 대만 의회에서 2025년까지 중국이 전면적인 대만 침공 준비를 완료할 것이라고 밝혔다(Gallagher, 2022; 장영희, 2022a).

위와 같은 군사안보적 위기가 예고되고 있는 것은 중국의 국력이 강해지면서 대만해협에서의 세력균형이 흔들리기 시작했기 때문이다. 시진핑 정부의 중국은 현상변경의 의지를 강하게 표명하기 시작했고, 미국도 대만을 지렛대로 삼아 시진핑 정부를 흔들려는 의도를 숨기지 않게 되었다. 미국이 대만을 중국 견제의 카드로 사용하려는 것의 이면에는, 중국이 국내정치적으로 민족주의를 강화하면서 대만 문제를 레드라인으로 설정하고 체제 정당성 확보의 일환으로 활용하려는 것을 흔들려는 의도도 읽힌다(장영희, 2022b).

전략경쟁의 소용돌이 속에서 누가 대만해협의 평화와 안정을 깨는 행위자이고 현상 변경의 추동자인지 규정하고 지목하는 것은 생각처럼 쉽지 않다. 현재의 안보 불안에 대해 어느 일방에게만 책임을 전가하고 비난하는 것은 양안관계의 복잡성을 너무 단순하고 순진하게 생각하는 것일 수도 있다. 따라서 미래 양안관계의 현황과 향방을 정밀하게 진단하기 위해서는 여러 행위자의 내면적 문제에서 시작하여 구조적 요인에 이르기까지 복합적으로 살펴볼 필요가 있다. 이 글은 이러한 문제의식을 기반으로 미중 전략경쟁이 격화되고 구조화되는 상황에서 양안관계에 영향을 미치는 여러 요인들에 대해 분석하고 시진핑 3기에 양안관계의 향방이 어떻게 될 것인지를 전망하고자 한다.

I. 대만해협의 안보 위기, 어디서 시작되었는가?

1. 미국: 패권 유지의 바로미터가 된 대만

미중 전략경쟁 시대에 접어들면서 중국과의 지정학적 경쟁 차원에서 대만은 미국에게 매우 중요해졌다. 중국이 대만해협을 장악하게 될 경우 남중국해 분쟁에서 전략적 우위를 점할 수 있을 뿐만 아니라 태평양 진출의 교두보를 확보하게 된다(Rahman, 2001: 75). 그래서 영국의 역사학자 니얼 퍼거슨Niall Ferguson은 대만해협을 미중 패권 경쟁의 성패를 좌우할 공간이라고 규정했다. 그는 미국이 만약 대만을 잃게 된다면 미국 패권의 쇠락이 공식화될 것이라고 대담하게 전망했다(Ferguson, 2021; 장영희,

2022a: 15).

그러나 무엇보다 반도체 산업과 공급망 등 지경학적 차원에서 대만의 전략적 가치가 높아졌다. 미국이 반도체를 중국의 기술 굴기와 도전을 견제할 게임체인저로 선택하면서 대만의 반도체 산업은 미국과 중국이 모두 눈독을 들이는 핵심 자원이 되었고, 미국이 대만을 쉽게 포기할 수 없게 만들고 있다(Allen, 2022).

또한 미국이 가치와 정체성의 정치를 강조하면서 대만은 미국에게 매우 중요한 의미를 갖게 되었다. 민주주의와 인권 등 서구적 보편 가치를 내재화하고 있는 대만은 미국적 세계관 유지에 중요한 정당성을 부여한다. 미국의 행정부가 지정학과 지경학의 고려 속에서 대만의 전략적 가치에 주목한다면, 미 의회는 가치와 규범의 측면에서 정서적으로 대만 사회가 성취한 민주주의를 중시하고 있다(장영희, 2022a: 19). 2022년 9월 미국 상원 외교위원회가 압도적인 표차로 〈대만정책법Taiwan policy act of 2022〉을 통과시킨 배경에는 이러한 점이 배경으로 작용했다고 봐야 한다. 당시 통과된 법안에서는 향후 5년 동안 65억 달러를 무상으로 제공하여 대만 방어를 강화하고, 미국정부 관리가 대만을 중화인민공화국의 일부로 인정하는 것을 금지하는 조항을 담고 있었으며, 대만에 '주요 비나토 동맹국'의 지위를 부여하겠다는 내용도 포함되어 있었다. 2022년 12월 하원에서 논의된 〈대만 역량강화법Taiwan Enhanced Resilience Act〉은 위의 〈대만정책법〉의 수정본인데, 매년 20억 달러씩 5년 동안 100억 달러의 군사 지원을 승인했을 뿐만 아니라 대만의 국제조직 가입을 지원하기로 했다. 상원 외교위원회가 통과시킨 〈대만정책법〉의 내용 중에서 대만 대표부 명칭 변경, 중국 지도자에 대한 은행 제재, 비나토 동맹국 지위 지정, 군사훈련 프로그램, 무기 우선 구매 보장 등은 수정되었다 (Foreign Relations Committee, December 2022).

　미국의 현실주의 전략가들 사이에서는 '대만 포기론'의 시각도 공유되고 있었다. 대만해협에서 중국과의 군사적 충돌이 미국에 유리하지 않다는 현실주의적 시각과 대만을 포기하는 것이 미국의 패권 유지에 영향을 미치지 못할 것이라는 생각이 반영된 시각이었다(Priebe, et al., 2021). 민주당은 공화당보다 실용주의적 측면이 강하기 때문에 대만 문제를 다루는 데 있어서 조금 더 유연한 성향을 보여왔지만, 전략경쟁의 심화와 반중여론이 고양된 흐름 속에서 바이든 행정부가 '대만 포기론'을 고려할 여지는 크지 않게 되었다(장영희, 2022a: 17).

　또 다른 문제는 미국이 대만 문제를 다룰 때 국내정치적 고려가 중요한 요인으로 작용하고 있고 이로 인해 대만해협의 위기가 더욱 촉발되고 있다는 점이다. 2022년 8월 초 펠로시 의장의 대만 방문으로 촉발된 제4차 대만해협 위기도 이런 맥락에서 초래되었다. 펠로시의 아시아 지역 순방과 대만 방문은 소위 민주주의와 인권을 위해 싸워온 그의 정치 인생을 마감하면서 자신의 레거시를 남기고자 하는 졸업 여행의 성격을 갖고 있었다. 그리고 민주당 소속의 정치인으로서 미국 중간선거에서 미국 내 반중 정서에 올라타 유리한 선거 분위기를 조성하려는 의도도 담겨 있었다. 조금 더 큰 차원에서는 대만해협 유사시 미국의 대만 지원을 신뢰하는 대만인의 비율이 낮아진 상황에서 미국을 의심하는 대만사회의 여론 동향을 차단하고 대만에 대한 미국의 의지를 보여주고자 하는 시도이기도 했다. 이러한 차원에서 보면 미국의 대만 정책이 다분히 당파적이고 국내정치적 고려와 이익 속에서 움직이고 있음을 알 수 있다

(장영희, 2022b).

바이든 행정부의 백악관 국가안보회의 인도태평양 조정관인 커트 캠벨은 "미국은 대만과의 강력한 비공식 관계의 발전을 지지하지만 대만 독립을 지지하지는 않는다"고 말했다(*South China Morning Post*, May 12, 2022). 미국 행정부의 공식적인 입장으로 봐야 한다. 캠벨은 미국이 대만 문제에 있어서 '전략적 명확성'으로 전환하지 않아야 한다는 입장을 갖고 있다. 워싱턴의 격앙된 분위기와 달리 미국의 중국 전문가들을 대상으로 실시한 최근 CSIS 여론조사에 따르면 미국이 전략적 모호성을 중단하고 전략적 명확성으로 전환할 경우 중국의 대만 침공을 억제할 수 있다고 응답한 비율은 3%에 불과했다(Lin, et al., 2022).

대만 문제에서 미국과 중국이 '하나의 중국'을 서로의 레드라인으로 삼으며 유지해온 '전략적 모호성'은 트럼프 행정부 시기에 균열이 일어났다. 바이든 행정부 출범 이후에도 대만 문제에서 '전략적 모호성' 전략을 거두고 '전략적 명확성' 전략으로 전환해야 한다는 논쟁이 미국 조야에서 벌어졌다. '전략적 모호성'은 중국이 군사적 위협을 통해 비평화적 통일을 추진하는 것을 저지하는 동시에, 대만이 공식적이고 법적인 독립으로 나아가려는 움직임도 저지하려는 이중적 저지의 의도를 담고 있었다. 그런데 시진핑 정부의 중국이 현상 변경의 의지를 표출되면서 전략적 모호성은 과거의 효과를 거두기 어려운 면을 갖게 되었다. 미국의 '전략적 모호성'이 오히려 중국과 대만이 최악의 시나리오를 계획할 수밖에 없도록 만드는 측면을 갖게 되었다. 또한 2016년 민진당의 집권 이후 중국과 대만 당국 간에 대화의 채널이 상실되면서 대만이 미국 편승 전략을 취하고 있는 상황은 양안관계를 미중 양자관계의 문제로 치환시켜버렸다(장영희, 2022b).

　요컨대 양안관계 해결의 키를 미국이 쥐고 있고 미국이 양안관계에 깊숙하게 개입되어 있는 상황이다. 따라서 향후 양안관계 해결의 실마리는 중국과 대만의 관계에서 찾기보다는 미국과 중국의 관계에서 구해질 수 있을 것이다.

2. 대만: 정체성의 정치가 작동하는 여론 지형과 민진당 정권의 미국 편승

현재의 양안관계가 교착상태에 빠지게 된 것은 2016년에 대만에서 민진당이 집권하면서부터이다. 본토주의와 탈중국화를 추구하는 정당인 민진당이 집권한 이후 중국과 대만 사이에 긴장 국면이 조성되었는데, 시진핑 정부는 2019년부터 민진당과는 대화와 협상을 하지 않겠다는 입장을 공식화했다. 중국 입장에서는 미중 간의 전략경쟁 구도, 민진당의 집권과 탈중국화 추세, 대만사회의 인구통계학적 변화와 대만 정체성의 강화 등의 흐름으로 인해 평화적 통일 과정에 희망을 걸 수 없는 상황이 되었다. 민진당 집권 이후 교착상태에 빠진 양안관계는 2019년 홍콩 시위와 2020년 코로나 팬데믹이 촉매작용을 하면서 관계 개선이 더욱 어려워지는 국면에 접어들게 되었다(장영희, 2022a). 현재 대만의 차이잉원 정부는 명시적으로 '대만 독립'을 내세우지는 못하지만, 현재의 상태를 사실상의 독립 상태로 간주하고 현상유지를 양안관계의 기조로 삼고 있다.

　대만 국립정치대학 선거연구센터에서 매년 실시하는 대만인들의 정체성에 대한 2022년 여론조사 결과를 보면, 대만인의 60.8%가 자신의 정체성을 '대만인Only Taiwanese'으로 인식하고 있고, 32.9%가 중도적 입장

인 '대만인이자 중국인Both Taiwanese and Chinese'으로 인식하고 있으며, 2.7%
의 대만인들만이 자신을 '중국인Only Chinese'으로 인식하는 것으로 나왔
다(國立政治大學選擧硏究中心, 2022. 12.). 이 조사 결과는 지난 20여 년간 대
만인의 정체성에 근본적인 변화가 일어났으며, 대만인들의 '본토주의
의식'이 강화되고 있음을 보여준다. 주목할 점은 정부 차원에서 중국에
우호적인 입장을 취하고 중국과의 교류와 협력이 큰 폭으로 증가했던
마잉주 집권기(2008-16년) 동안에도 '대만인 정체성'이 강화되어왔다는
점을 고려하면 대만사회의 '대만인 정체성'은 이미 돌이킬 수 없이 고착
화되었다고 볼 수 있다(장영희, 2022a).

하지만 대만인 정체성의 증가가 대만사회의 독립 의지를 강화하는 상
황은 아니라는 점도 주목할 점이다. 같은 여론조사에서 대만사회의 '통
일/독립에 대한 입장'을 살펴보면, 지난 15년간 독립 지향적 대만인(바로
독립을 추구+독립을 지향)의 비율은 20%대에 머물러 있다. 반면 현상 유지
를 원하는 대만인(현상을 유지하다 나중에 결정+영원히 현상 유지를 원하는 비율)
은 2001년 이후 줄곧 주류 여론(50-60% 구간)을 이루고 있다(國立政治大學
選擧硏究中心, 2022. 12.). '대만정체성'을 가진 집단일지라도 독립보다 현상
유지를 선호하는 것은, 독립을 명시적으로 지향할 경우 중국의 군사적
위협에 직면할 수 있다는 우려가 변수로 작용한 것이다.

대만사회의 이러한 반중 여론 강화와 대만정체성 고착화는 대외적
으로 차이잉원 정부의 미국 편승 전략을 지탱하는 토대가 되었다. 트럼
프 행정부 시기(2017년 1월-2021년 1월)에 미중관계가 전략적 갈등 상황
에 처하면서 대만정부는 미국에 편승하는 적극적 친미 정책을 추진해왔
다. 2016년 집권한 민진당의 차이잉원 정부는 대만사회의 보편화된 반

중 여론을 기반으로 대만의 '탈중국화'를 목표로 삼았다. 그러나 중국의 경제적·외교적 압박 속에서 저조한 국정수행 지지율을 기록하다 2018년 말 지방선거에 크게 패하는 등 연임에 실패할 상황에 처했다. 정권을 내줄 위기 상황이던 2019년 여름, 홍콩에서 대규모 반중 시위가 6개월 넘게 이어지고 중국이 이를 강경 진압하면서 대만사회에서는 일국양제에 대한 불신이 고조되었다. 결과적으로 차이잉원은 거센 반중 여론을 업고 2020년 재선에 성공한 것이다. 연임에 성공한 차이잉원 정부는 더욱 과감한 친미 행보를 이어갔다. 시민사회의 거센 반발을 무릅쓰고 성장촉진제가 함유된 미국산 돼지고기와 30개월령 이상 미국산 쇠고기의 수입을 허가하는 행정명령을 통과시켰고 트럼프 집권기에만 총 11차례의 무기 구매를 추진했다(장영희, 2021). 이러한 추세는 바이든 행정부 출범 이후에도 계속되었다.

홍미로운 사실은 독립 문제가 대만 내에서는 그렇게 중요한 문제가 아니라는 점이다. 현재의 상태가 이미 독립된 상태로 인식하는 대만인들이 다수이고 '법리적' 독립이 몰고 올 국제정치적 파장과 중국으로부터의 군사적 위협을 원하지 않기 때문이다. 최근 천수이볜 전 총통과의 인터뷰에서 민진당의 원로인 추이롄邱義仁이 "미국이 대만 독립을 지지하지 않기 때문에 대만 독립은 대만인이 결정할 수 있는 것이 아니다"라고 발언한 것은 대만과 미국 관계의 불편한 진실을 드러낸 것이며, 2024년 대선에서의 재집권을 위해서 민진당의 강경 노선이 변할 수 있음을 보여준다(장영희, 2022b).

3. 중국: 군사적 긴장 유지와 회색지대 전술로 귀결되는 중국 매파의 전략

시진핑 주석은 공산당 20차 당대회 〈정치 보고〉에서 '안전'과 '안보'라는 용어를 총 89회(19차 당대회에서는 55회) 사용했다. 또한 그가 선호하는 '투쟁'이라는 단어도 총 17회 사용되었다. 안보가 그와 시진핑 3기에서 최대의 관심사라는 것을 알 수 있고, 중국경제가 둔화되면서 시진핑이 체제 정당성의 근거를 경제성장에서 안보로 전환하려는 것임을 보여주고 있다(장영희, 2022c).

시진핑의 '투쟁론'은 덩샤오핑의 노선인 '도광양회' 노선에서 탈피해야 한다는 입장을 분명히 한 것이고, 이는 최근 몇 년간 공세적 외교를 전개해온 중국이 갈등에 직면했을 때 피하거나 굽히지 않고 결연하게 투쟁하겠다는 입장을 반영한 것이다. 국제사회에서 '전랑외교'를 추진하고 남중국해의 인공섬 및 암초를 군사화하며 대만해협에서 '회색지대 충돌'을 활용하는 것은 시진핑 시기 들어서 이미 중국의 조건반사처럼 되었다. 시진핑의 '투쟁론'이 중국 외교안보 행태에 직접적으로 영향을 미치고 있음을 보여주고 있으며, 중국이 대외 및 양안정책에서 현상을 변경하기 위해 공세적 전략을 선택했음을 보여준다(장영희, 2023).

군 출신으로 중국 매파의 목소리를 견인하는 《무제한 전쟁超限戰, Unrestricted War》의 저자 차오량喬良은 "대만 문제는 국운과 관련된 것으로 경솔하게 급진적으로 다뤄서는 안 된다"는 제하의 글에서 대만 문제와 관련하여 미국의 전략과 대만의 정치 지형을 고려할 때 "평화적 통일은 기대할 수 없고 무력통일만이 방법이다"라고 주장했다. 그러나 중국이 군사적으로 아직 충분한 능력과 조건을 갖추고 있지 못하기 때문에 무리하게 서둘러서는 안 되며, 중화민족의 부흥이라는 대업을 망치지 않는 것이 더 중요하다고 강조했다(장영희, 2023).

　이러한 전략적 고려 외에도 최고지도자로서 시진핑 개인의 정치적 우선순위가 전략적 선택에 더 큰 영향을 미칠 것이다. 이미 3연임을 통해 권력을 공고화한 시진핑으로서는 대만에 대한 무력사용으로 더 이상의 정치적 이익을 증가시킬 수는 없다. 무력통일의 시도를 통해 시진핑의 권력이 더욱 강화되기보다는, 만일의 경우 전쟁의 불확실성에 빠지거나 착오가 일어날 경우 중앙군위 주석인 시진핑이 책임을 져야 하고 나아가 일당체제에도 위기를 가져올 수 있기 때문이다. 이처럼 승리해야만 하고 패배가 용납되지 않는 게임은 리스크가 너무 크기 때문에 최고지도자가 쉽사리 선택하기 어려운 측면이 있다. 그뿐만 아니라 현재 중국의 경제 상황이나 재정 및 외환보유액은 전쟁을 감당할 수 있는 상황으로 보기 어렵다.

　따라서 시진핑의 '투쟁론'과 차오량의 '신중한 무력통일론'을 종합해 보면, 현재 중국의 매파들이 생각하는 것은 전쟁과 평화 사이의 '회색지대 전술'을 활용하고 비전통적 무력과 전통적 무력을 혼합적으로 운용하는 것이다(장영희, 2023). 이를 통해 대만 여론에 영향을 미치고 통일에 우호적인 여론 환경까지는 아니더라도, 적어도 독립 세력의 의지를 꺾어버리려는 것이다.

II. 공산당 20차 당대회를 통해 드러난 시진핑 3기의 대만 정책

공산당 20차 당대회 〈정치 보고〉에 드러난 공산당의 대만정책 관련 핵심 과제는 '대만 독립과 외부세력 간섭에 대한 반대'이다(王信賢, 2022; 장영희, 2022c). 외부세력이 암시하는 것은 미국인데, 공산당 입장에서 현재의 대만 문제는 미국에 의한 문제이자 미중관계에서 비롯된 것임을 분명히 한 것이다.

지난 10년간 시진핑 정부하에서 공산당은 ▲ 대만 독립의 반대, ▲ 정치적 통합의 촉진, ▲ 사회경제적 융합의 촉진, ▲ 외부 세력의 간섭에 대한 반대 등을 대만정책의 뼈대로 삼아왔다.(박병광, 2022). 특히 지난 10년간 사회경제적 통합의 촉진이 정치적 통합으로 이어지는 것에 큰 관심을 두어왔다. 시진핑 1기(2012-17년)와 대만의 마잉주 정부 2기(2012-16년)가 겹쳐 양안 상호 간 교류의 기회가 많이 주어지고 협력의 추진에 많은 노력을 기울였다. 하지만, 양안 간의 사회경제적 통합과 정치적 통합의 동력은 점점 약해지고 구심력보다 원심력이 더 커지는 상황을 맞이했다.

미중 전략경쟁이 장기화되고 구조화되는 추세 속에서 2022년 8월 펠로시 하원의장이 대만을 방문하고 상원 외교위원회가 〈대만정책법〉을 통과시켰다. 이처럼 미국의 개입 수준이 높아지면서 중국은 대만독립세력에 대한 반대와 외부 세력의 간섭에 대한 반대를 가장 큰 문제로 인식하고 미국과 대만의 유착을 경계하게 되었다. 지난 8월 국무원 대만판공실이 발표한 세 번째 〈대만 백서〉에서도 "통일에 저항하는 대만 독립 분리세력은 성공하지 못할 것"이고 "중국의 완전한 통일을 방해하는 외부 세력은 필연적으로 실패하게 될 것"이라고 강조했다.

시진핑은 "조국의 완전한 통일은 반드시 실현되어야 하며 틀림없이 실현될 수 있다"고 강조했다. 시진핑은 구두 연설에서 이 부분을 특별히 강조했으며 중화민족의 부흥을 위해서는 대만과의 통일이 선결과제임을 시사했다. 시진핑은 집권 2기(2017-22년)에 일찌감치 자신의 3연임을 준비하며 장기집권 정당화의 일환으로 대만 통일을 내세웠다. 그리고 대만과의 통일이 양안관계 해결 이상의 의미를 갖는 것으로 재정의했다. 대만과의 통일이 중국 국가발전 전략의 큰 틀에서 두 번째 백 년의 목표를 달성하는 것이고, 중국몽(중화민족의 위대한 부흥)을 이루기 위한 필수 과정인 것으로 상정했다. 그뿐만 아니라 대만 문제가 미중 경쟁에서 가장 핵심적 의제가 되었고 중국의 주권, 안보, 발전 등과 직결되는 핵심이익이라고 규정했다.

향후 5년간 공산당은 2021년 '3차 역사결의', 즉 〈중국공산당 중앙위원회의 100년 투쟁의 중대한 성과와 역사적 경험에 관한 결의〉에서 처음 제시한 "신시대 대만 문제 해결을 위한 당의 총체 방략"에 근거하여 대만 문제를 다룰 것이다. 총체 방략은 대만 문제 해결의 최상위 방침으로 정치적 입장, 실천 방안, 행동 강령 및 정책 등을 총괄 정리하고 있다. 총체방략은 '평화통일과 일국양제'를 기조로 삼고 '하나의 중국 원칙과 92 컨센서스'를 지속적으로 견지할 것임을 표명했다. 또한 시진핑이 2019년 1월 2일 연설에서 강조한 민주적 협상을 통한 '일국양제 대만방안'의 모색을 실천 방안으로 삼겠다고 밝혔다.

1. 공산당 20차 당대회 〈정치 보고〉에 쓰인 레토릭: 지속과 변화

시진핑 총서기는 공산당 20차 당대회 〈정치 보고〉에서 "대만 문제를 해결하고 조국의 완전한 통일을 이루는 것은 당의 변함없는 역사적 임무이며, 중화민족의 위대한 부흥을 실현하기 위한 필연적 요구사항(조건)"이라고 선언했다. 그리고 '평화통일과 일국양제' 방침이 양안 통일을 실현하는 가장 좋은 방법이며, 양안 동포와 중화민족에게 가장 이익이 되는 것이라는 점을 재확인했다(習近平, 2022). 중국은 하나의 중국 원칙과 '92 컨센서스'를 견지할 것이며 이를 바탕으로 대만의 각 정당, 각계각층 인사들과 양안관계와 국가 통일에 대한 광범위하고 심도 있는 협상을 추진할 것이라고 선언했다. 또한 양안관계의 평화적 발전과 조국의 평화적 통일 과정을 함께 추진하자고 촉구했다. 그뿐만 아니라 중국은 광범위하게 대만 동포들과의 단결을 견지하고 대만의 애국 통일 세력을 지지할 것이며 함께 역사의 대세를 따르고 민족의 대의를 지키며 독립 세력에 반대하며 통일을 촉진하는 입장을 견지할 것이라고 천명했다.

공산당 20차 당대회 〈정치 보고〉에서 대만 관련 표현들에는 아래와 같은 몇 가지 변화가 발견된다(장영희, 2022c).

우선 '92 컨센서스'에 대한 언급이 줄었다. 시진핑의 구두 보고에서는 '92 컨센서스'가 언급되지 않았고 전문에서만 한 차례 언급되었다. 지금까지 양안 간 교류 협상의 가장 중요한 토대로 알려져 있었던 '92 컨센서스'의 중요도가 떨어졌음을 보여준다. 그동안 '92 컨센서스' 해석에 있어서 중국이 '하나의 중국만 존재한다'는 명확성에 방점을 두어왔다면, 대만은 "하나의 중국이 가리키는 것이 중화인민공화국의 중국인지, 중화민국의 중국인지에 대해서는 각자의 입장과 해석에 맡긴다'는 모호성에 방점을 두어왔다. 그런데 현재 대만사회의 여론 지형에서 '92 컨센서스'에 대한 지지가 동요하고 국민당에서조차 '92 컨센서스'의 폐기가 제기되면서 중국 입장에서도 '92 컨센서스'를 강조하는 것이 실효성을 갖기 어려운 상황이 되었음을 보여준다.

둘째, '평화통일 및 일국양제'에 대한 언급에서 공산당 20차 당대회에서는 '평화통일 및 일국양제' 방침의 견지를 천명했다면, 공산당 20차 당대회에서는 '평화통일 및 일국양제'를 통일 실현을 위한 가장 좋은 방식으로 낮춰 표현했다. 비평화적 통일 등 모든 가능성이 열려 있다는 것을 암시하고자 한 것으로 보인다. 셋째, 통일의 의미에서 공산당 20차 당대회에서는 중화민족의 근본 이익이라고 규정하며 공동의 이익 관점에서 대만을 설득하고자 했다. 반면에 공산당 20차 당대회에서는 중화민족의 위대한 부흥의 실현을 위한 필연적 요소로 규정하며 중국의 입장과 필요를 강조하는 자기중심적인 태도를 보였다.

넷째, 무력 사용에 대한 입장에서 공산당 20차 당대회에서는 분명한 언급이 없었는데, 공산당 20차 당대회에서는 "무력을 포기하는 것을 절대 약속할 수 없다"는 언급을 통해 비평화적 수단 사용의 여지를 남겨놓았다. 이를 통해 대만인들에게 안보에 대한 위기의식과 경각심을 높임으로써 양안관계에서 원심력이 커지는 것을 차단하고자 했다. 다섯째, 통일의 장애요인과 관련하여 공산당 20차 당대회에서는 대만 독립 분자의 분열 행위를 경고하는 것에 그쳤다면, 공산당 20차 당대회에서는 외부세력의 간섭과 극소수 대만독립 분자를 구분하여 경고했다. 대만 문제가 미국 요인에 의해 좌우되고 있음을 감안한 것이다.

시진핑은 집권 초기 대만정책에 있어서 후진타오 노선을 그대로 계승했는데, 2016년 민진당 차이잉원 집권을 분수령으로 대만정책에 조금씩 변화가 생겼다. 시진핑 시대 대만정책의 변화는 다음과 같다.

첫째, 통일 의식을 강화하기 시작했다. 2021년의 '3차 역사결의'는 "조국의 완전한 통일을 실현하는 것은 중화민족의 위대한 부흥을 실현하기 위한 필연적인 요구"라고 언급했다. 중화민족이 위대한 부흥을 하면 통일이 자연스럽게 이뤄질 것이라는 기존의 주장과 달리, 현재 시진핑은 "중화민족이 위대한 부흥을 이루기 위해서는 반드시 통일을 이뤄야 한다"는 것을 강조하고 있다.

둘째, 통일을 위한 협상을 강조하기 시작했다. 2019년 〈대만 동포에게 고하는 글〉 발표 40주년 기념식 연설에서 시진핑은 '일국양제' 실현을 위한 '대만 방안'을 모색하겠다고 강조하고 대만 각계에 정치협상 추진을 위한 대화와 소통을 촉구했다. 즉 양안관계의 평화적 발전을 위한 제도적 설계를 위해 민주적 협상을 진행하자고 제안했다.

셋째, 통일 방안의 구체적 계획이다. 펠로시 의장의 대만 방문 이후 지난 8월 10일 발표한 〈대만 문제와 신시대 통일사업〉이라는 백서에서는 통일 이후 대만의 지위에 대해 다루고 있다. 여기서 중요한 점은 "국가 주권의 안전과 발전 이익을 확보하는 전제하에서 고도의 자치를 실시한다"는 것이다. 과거 공산당은 통일 후 '일국양제'를 실시할 때 대만에 사람과 군대를 파견하지 않을 것이라고 주장했지만, 지금은 전제 조건이 생겼고 군대를 파견하지 않겠다는 언급도 거두어들였다. 대만의 고도 자치를 약속하겠다는 입장에 큰 변화가 생긴 것이다.

공산당 19차 당대회와 공산당 20차 당대회 사이에 일어난 구조적 변화는 2018년부터 본격화된 미중 전략경쟁이다(邱莉燕, 2022). 미국은 중국이 지정학적으로 미국의 최대 도전이라는 것을 더 이상 숨기지 않고 전면적으로 중국을 견제하고 봉쇄하려는 입장을 취하고 있다. 미중 사이에 무역 전쟁과 기술 전쟁이 지속되면서 미국과 중국 모두 대만 문제로 상대를 압박하고 있다. 양안관계의 미래가 미국과 중국이 어떻게 상호작용하느냐에 따라 결정되는 사안이 되어버린 것이다(장영희, 2022c).

2. 시진핑 3기의 목표: 대만과의 통일협상 개시

공산당의 대만정책은 오랫동안 일관된 입장을 취해왔다. 장쩌민 시대부터 변함없이 '하나의 중국' 원칙을 견지하고 대만 독립에 반대해왔다. 그 과정에서 '평화적 통일과 일국양제'의 원칙을 견지해왔는데, 이는 덩샤오핑 시대부터 수립된 방침이다. 평화적 통일을 위해 장기적으로 양안 민간교류를 적극적으로 추진하고 이를 통일을 촉진하는 가장 중요한 토대로 간주해왔다. 시진핑 집권 1기의 양안정책은 양안 간 경제사회적 융합을 촉진하고 양안의 융합적 발전을 추구하는 데 방점을 두었다. 그러나 민진당의 집권과 함께 여의치 않게 되었다.

시진핑은 집권 1기와 2기를 지나면서 대만사회를 평화적으로 통일하는 것에 많은 시간과 인내가 필요하다는 것과 양안관계에 중국으로부터 벗어나려는 강한 원심력이 작동하고 있다는 것을 인식하게 되었다. 대만은 선거제도와 민주주의 문화를 규범으로 삼고 있어서 언제나 탈중국화를 추구하는 정당이 집권할 수 있고 정체성의 정치가 시간이 갈수록 심화되고 있다. 무엇보다도 대만사회에 공산당에 대한 불신이 팽배하고 '일국양제'를 거부하는 여론이 주류 인식으로 자리 잡고 있다. 게다가 미국이 중국과의 전략경쟁 상황에서 대만 문제를 레버리지로 사용하는 최악의 상황에 빠져 있다.

따라서 시진핑 3기에 대만 정책의 핵심 목표는, 대만과 미국을 동시에 압박하면서 대만을 고립무원 상태에 빠지게 함으로써 대만을 협상 테이블에 앉히고 중국이 원하는 조건을 받아들이도록 하는 것이다. 그러므로 시진핑 3기 대만정책의 최우선 순위는 대만에 대한 미국의 지원을 어떻게 차단할 것인가에 있다.

시진핑은 공산당 20차 당대회 보고에서 "대만 문제의 해결은 중국인 스스로의 일이며 중국인이 결정해야 할 일"이라는 표현을 통해 외부 세력의 개입에 대한 불만을 표현했다. 또한 "무력을 포기하는 것을 절대 약속할 수 없다"고 했지만 동시에 "최대한의 성의와 노력으로 평화적 통일의 비전을 쟁취하겠다"는 표현도 썼다. 모순적으로 보이는 이 두 표현의 함의를 정확히 이해하기 위해서는 두 말의 우선순위와 경중을 가릴 필요가 있다. 즉 공산당은 당분간 평화적 방식을 주 기조로 삼을 것이며, 평화적 통일의 가능성이 완전히 소진되었을 때를 대비하여 군사력 사용을 위한 만반의 준비를 할 것이라고 분석할 수 있다(장영희, 2022c).

　역대 공산당의 최고지도자들이 '무력통일'을 자신의 정책으로 내세운 적은 없다. 정당성과 명분의 확보가 걸려 있는 문제이기 때문이다. 〈정치보고〉에 사용된 위의 두 표현이 겨냥하는 것이 대만인 모두가 아니라 외부 세력의 간섭과 대만 독립 분자 및 분열 활동에 제한되어 있다는 것에도 주목해야 한다(장영희, 2022c). 공산당이 통일전선 전술의 차원에서 대만인들에 대해 차별 대우와 표적 공격의 방식을 취하고 있음을 보여준다.

　중국과 대만은 과거부터 현상 유지status quo를 가장 중요한 목표로 간주해왔는데, 지금은 현상유지에 대해 서로 다른 정의를 하기 시작했다. 중국 국무원 대만판공실 대변인은 "대만 독립의 분열적 도모를 분쇄할 것"이라고 말했다. 공산당은 대만 독립을 어떻게 규정하고 있을까? 공산당 20차 당대회 보고에서는 "어떤 사람도, 어떤 조직도, 어떤 정당도, 어떤 시기에도, 어떤 형태로든, 중국 영토의 어떠한 부분도 중국으로부터 분리되는 것을 절대 허용하지 않을 것"이라고 언급했다. 이는 과거 '법리적 독립'에 대한 반대에서 '은밀하고 점진적인 독립'에 대한 반대로 확대된 것이다. 그뿐만 아니라 '하나의 중국'에 대한 정의를 더욱 축소 해석하고 있다. 2005년 〈반국가분열법〉에서 "세상에는 하나의 중국만 있으며 중국 대륙과 대만은 모두 하나의 중국에 속한다"라고 정의했다면 이번에 나온 〈대만 백서〉에서는 "세계에는 하나의 중국만 있으며 대만은 중국의 일부"라고 말하고 있다. 2005년에는 양쪽의 평등한 지위를 전제했다면 지금은 대만을 부속적인 지위로 격하시킨 것으로 해석할 수 있다.

3. 지도자 요인: 대만 문제에 대한 시진핑의 자부심과 진정성의 문제

중국 여론에서 대중들의 절대 다수가 대만 통일을 염원하고 있고 무력 통일을 지지하는 비율이 높다는 것은 주지의 사실이다. 시진핑은 중국 지도자 중 대만과 대만인의 생각에 대해 누구보다 잘 아는 지도자로 꼽힌다. 중국 '인민망'의 2015년 11월 6일 자 보도에서 대만 국가안보국 국장을 역임한 차이더성蔡得勝은 시진핑에 대해 "지방 지도자 시절의 경력과 대만 기업인들과의 접촉의 경험이 풍부하여 대만에 대해 심도 있는 이해를 하고 있으며 역대 대만을 가장 잘 아는 중국의 지도자"라고 평했다(장영희, 2022c). 시진핑이 17년간 대만과 가장 가까운 지역인 푸젠성에 근무하며 많은 대만 기업인들과 교류하며 대만 문제에 대한 이해를 높여온 것은 잘 알려진 사실이다. 직접 친분을 쌓았던 대만 정재계 인사들도 많다.

이뿐만 아니라 지난 10년간 총서기로서 '중공중앙 대만공작영도소조' 조장을 맡아 당의 대만 정책 수립과 집행을 직접 지휘해왔다. 시진핑은 지방 지도자 시절부터 대만 관련 업무를 매우 중시했고 최고지도자가 된 후에도 대만해협의 정세를 직접 살피는 것으로 알려지고 있다. 양안 문제의 해결을 자신의 역사적 소명이자 정치적 유산으로 인식하고 있는 것이다. 이러한 개인적 경험 속에서 그는 대만 문제의 해결을 자신의 역사적 레거시로 삼고자 하는 의욕을 높여왔다.

그러나 시진핑이 통일 문제에 있어서 얼마나 진정성을 갖고 있는지는 또 다른 문제이다. 시진핑이 국제무대에서 보여준 행동, 특히 캐나다 트뤼도 총리와의 대화 이후 트뤼도 총리가 시진핑 주석과의 대화 내용을 언론에 공개한 것(*The Guardian*, 17 Nov. 2022)에 대해 항의하는 장면은 시진핑이 이상주의자라기보다는 현실주의자이며 이상과 가치를 현실에 적용하는 과정에서 현실주의적 선택을 하는 인물임을 보여준다. 따라서 시진핑이 자신의 역사적 유산이자 이상으로 내세우고 있는 통일에 대해 다른 지도자들보다 큰 비중을 두고 있는 것은 분명하지만, 접근 방식은 다분히 현실을 감안하여 접근할 것임을 알 수 있다.

III. 외부 사건들이 양안관계에 미치는 영향

1. 우크라이나 사태의 시사점과 대만 여론

푸틴의 우크라이나 침공은 북대서양조약기구NATO 회원국들의 단합을 불러왔는데, 중국은 이러한 현상을 예의주시하는 모습을 보였다. 중국은 미국과 유럽 및 인도태평양 지역 동맹국들이 러시아를 대규모로 제재하는 것을 보고 경계심을 가졌을 것이다. 특히 1000개 이상의 외국계 기업들이 러시아에서 사업을 중단하거나 축소하는 것을 지켜봤다. 중국군은 실전 경험이 부족하기 때문에 이 분쟁을 철저하게 연구하며 토론하고 있을 것이다. 우크라이나에서 여전히 전투가 진행 중이고 분쟁의 결과가 불확실한 상황이기 때문에 중국이 어떤 교훈을 얻었을 것인지에 대해 평가하는 것은 이른 감이 있다. 그러나 우크라이나 전쟁의 경과를 바탕으로 중국이 러시아와 우크라이나의 작전에 대해 많은 검토를 했을 것이라고 추정할 수 있다(장영희, 2022b). 대만에 대한 침공 결정을 위해 최소의 비용으로 성공 가능성을 높일 방법에 대해 많은 분석과 토론이 이뤄지고 있을 것이다.

군사적 관점에서 봤을 때 러시아의 우크라이나 침공은 대만해협의 상황과 비교할 지점이 있다(장영희, 2022b). 우선 러시아가 우크라이나에 비해 재래식 무기에 있어서 군사적 우위를 점하고 있는데, 중국도 대만에 비해 재래식 무기에 있어서 군사적 우위를 점하고 있다. 그러나 예상과 달리 러시아의 압도적 군사적 우위는 실제 전투에서 빠른 승리로 이어지지 않았다. 오히려 우크라이나의 능숙한 비대칭 전력에 의해 상쇄되었다. 중국이 대만을 점령하려면 대규모 병력을 신속하게 동원할 수 있는 능력을 갖춰야 함을 보여주었다.

두 번째 비교점은 러시아와 중국은 모두 핵보유국인데, 우크라이나와 대만은 아니라는 점이다. 세 번째 비교점은 어떤 나라도 우크라이나를 방어할 조약상의 의무가 없는데, 대만도 조약상의 동맹국이 없다는 점이다. 다만 대만의 경우에는 1979년 제정된 〈대만관계법Taiwan Relations Act〉에 따라 미국이 대만에 방어용 무기를 판매하도록 되어 있고 "대만인들의 안전, 또는 대만의 사회 및 경제 체제를 위태롭게 할 무력이나 기타 형태의 강압에 저항할 수 있는 미국의 능력을 유지해야 할" 정책적 공약을 갖고 있다는 차이점이 있다. 또 다른 차이점은 중국의 경우 대만 해협의 분쟁에 대해 미국의 개입 가능성을 전제해야 하지만 러시아는 우크라이나 침공을 계획할 때 미국의 직접 개입 가능성을 염두에 둘 필요가 없었다.

게다가 우크라이나에 대한 러시아의 침공과 대만에 대한 중국의 가능한 조치 사이에는 상당한 차이가 있다. 2022년 2월 우크라이나를 전면 침공하기 전에 러시아는 이미 크림반도와 도네츠크공화국 일부를 포함하여 우크라이나의 약 7%를 점령하고 있었고 수만 명의 러시아군이 크림반도에 주둔하고 있었다. 이와는 대조적으로 중국은 대만의 영토 일부를 점령하고 있지 않다.

두 지역 간의 지리적 차이도 두드러진다. 러시아는 우크라이나와의 국경이 대부분 평평한 지형으로 이뤄져 있어서 탱크가 국경선을 넘어 진입하는 것이 수월하다. 반면에 중국군이 대만을 장악하고 통제하기 위해서는 대만해협를 건너 수십만 명의 병력을 수송해야 한다. 중국군이 성공적으로 상륙작전을 수행할 능력을 갖고 있는지에 대해서는 군사 전문가들 사이에서 뜨거운 논쟁의 대상이다.

러시아의 우크라이나 침공이 정체 상태에 빠진 요인 중 하나는 우크라이나의 방공 시스템을 완전히 파괴하지 못한 데 있었다. 대만의 입장에서는 중국이 미사일과 사이버 공격을 할 것으로 충분히 예상되기 때문에 사전에 적극적으로 대비할 수 있다. 중국은 항공권의 우위를 점하기 어려운 데다 대만이 첨단 지대함·공대함 미사일을 보유하고 있어 해상 우위도 부족하다. 무엇보다 상륙부대를 수송할 수 있는 함정이 많지 않기 때문에 민간 선박을 징발하더라도 최초 수송 가능 병력은 10-15만

명 정도로 추정된다. 병력 수송뿐 아니라 무기·탄약·연료·식량·의약품 등의 보급품을 우선 상륙시켜 제공해야 하는 부대와 부상자와 전사자를 계속 수송해야 하기 때문에 상륙작전을 하려면 상당한 피해를 각오해야 할 것이다.

병참은 대만해협에서의 전쟁에 결정적인 요인이 될 것이다. 대만은 섬이기 때문에 비교적 쉽게 봉쇄될 수 있다. 중국군의 항공 및 해상 능력이 상당하기 때문에 대만에 대한 보급을 차단하고 단계적으로 리스크를 높이는 봉쇄 조치가 가능하다. 중국군은 또한 대만 북부 및 남부의 주요 항구인 지룽과 가오슝에서 대만의 수출이 이뤄지지 않게 봉쇄할 수 있다. 우크라이나에서 러시아의 작전과 유사한데, 푸틴은 오데사Odesa와 오차키프Ochakiv 항구를 봉쇄하여 우크라이나의 곡물 수출을 막았다(장영희, 2022b).

러시아의 우크라이나 침공은 양안관계 매우 큰 함의를 갖는 사건이다. 러시아의 우크라이나 침공 이후 미국이 대만을 지켜줄 것이라는 대만 대중들의 믿음은 하락했고, 미국 회의론이 높아졌다. 2022년 4월 대만민의기금회台灣民意基金會의 여론조사에서 미국이 군대를 파견하여 대만을 방어할 것이라고 믿는 대만인들은 36%에서 머물렀다. 중국이 대만을 침공할 때 미국의 파병을 신뢰하느냐는 질문에 대만인들의 8.5%만 매우 신뢰한다고 대답했고, 27.8%가 대략 신뢰한다고 답했다. 29%가 별로 신뢰하지 않는다, 24.8%가 전혀 신뢰하지 않는다고 답했다. 54% 정도가 비관적으로 보고 있는 것이다(台灣民意基金會, 2022. 4.). 2020년 9월 이후 대만인들의 미국의 방어 의지에 대한 신뢰도가 매우 극적으로 하락하고 있음을 보여준다.

2022년 6월 21일 대만민의기금회가 조사한 결과를 보면, 중국이 대만을 무력으로 침공할 경우 대만은 우크라이나처럼 100일 이상 버티지 못할 것이라고 생각하는 대만인의 비율이 51%로 나왔다. 100일 이상 버틸 수 있다는 응답자는 30%대에 그쳤다. 반면에 중국이 침공할 경우 미국이 파병할 것이라고 믿는 대만인의 비율은 40.4%였다(台灣民意基金會, 2022.6.). 대만인들이 안보를 지킬 자신들의 능력과 미국의 지원에 대해 생각보다 높은 비율을 유지하지 못하고 있음을 보여준다.

2024년 1월 대만 대선까지 1년여가 남았는데, 현재 국민당은 아직 약세에 있다. 그러나 중국이 군사적 압박을 통해 대만의 안보 위기를 높이고 있기 때문에 대만 여론이 안보 불안감에 의해 심리적으로 위축된 투표를 할 여지는 남아 있다. 그러나 이와 동시에 반중정서도 동시에 상승할 것이다. 청년세대의 반중 정서가 대만사회에 만연해 있지만, 다른 한편으로 전쟁을 우려하고 피하려는 의식도 존재한다. 선거 기간 정체성과 안보 우려 사이에서 대만의 여론이 요동치게 될 것으로 보인다.

2. 펠로시의 대만 방문과 미국의 전략적 모호성 2.0

2022년 8월 펠로시의 대만 방문 이후 중국군은 군사훈련을 벌였다. 이번 긴장 국면은 앞으로 '제4차 대만해협 위기'로 불릴 것인데, 앞으로도 중국은 대규모 훈련을 통해 군사적 압박을 지속할 수 있다. 5차, 6차 위기가 발생할 수 있고 위험성이 지속적으로 높아질 수 있다. 그리고 7차, 8차 군사훈련이 더 있을 수 있고 그러한 군사훈련의 상황에서 갑자기 반격을 가하고 실제적인 군사 침공을 단행할 수 있는 것이다.

미국 펠로시 하원의장의 대만 방문에 따른 4차 대만해협 위기 상황에서 대만을 포위하는 형태로 진행된 중국군의 군사훈련은 단순히 불쾌감을 드러내는 무력시위의 성격을 넘어 대만에 대한 무력통일을 준비하는 군사 작전 시나리오 점검의 성격도 엿보였다. 중국군의 대만 봉쇄 훈련의 위치를 보면 대만의 남서부(남중국해)와 대만의 동부(서태평양)에서 진입하는 미군을 차단하고 대만의 북동부에서 한반도와 일본에서 전개되는 미군 군사 자산을 차단할 목적이 있는 것으로 분석된다. 또한 대만 주위에서의 군사훈련 후 실탄 사격을 하며 군사훈련을 이어갔는데, 이는 유사시 주한미군과 주일미군의 대만 지원을 차단하기 위한 훈련으로 해석된다. 중국도 대만 봉쇄 작전에서 주일미군과 주한미군을 크게 의식하고 있음이 드러난 것이다.

대만해협의 군사적 균형이 기울어지고 중국의 군사행동이 급격히 증가함에 따라 미국 조야에서 기존의 '전략적 모호성' 정책 유지의 실효성에 의문을 제기하면서 '전략적 명확성으로의 전환'을 두고 논쟁이 벌어졌다. 지난 30여 년간 미국은 대만해협에 대한 '전략적 모호성'을 통해 중국의 비평화적 통일 추구와 대만의 법리적 독립 선언을 동시에 억지하는 '이중 억지Dual deterrence'를 추구해왔다. 그러나 2000년대 후반부터 양안 간 군사적 격차가 중국 쪽으로 기울어졌고, 2016년 차이잉원 총통 집권 이후, 중국의 군사적 압박이 증가하기 시작했다. 이후 대만 유사시 미국의 참전 가능성 및 군사적 우위에 대한 의구심과 함께 전쟁발발의 가능성 차단을 위해 미국의 '전략적 모호성'이 제대로 작동할 수 있는지에 대한 근본적인 의문이 제기된 것이다. 바이든 행정부가 대만 유사시 개입을 시사하고, 대만의 국제무대 참여에 대한 지지를 표명하며 '전략적 명확성'으로의 전환 가능성이 제기되나, 미국은 대만의 국제무대 참여를 지지하는 동시에 대만독립에 대해서는 반대 입장임을 분명히 했다. 새로운 변화가 미국에게 실익이 없기 때문에 기존의 전략적 모호성은 미세조정이 있겠지만 그대로 유지될 것이라고 전망한다. 다만 지난 9월 의회 상원 외교위원회에서 통과시킨 대만정책법안을 바이든 행정부가 어떻게 처리할 것이냐가 중요한 변수로 남아 있다.

중국의 군사능력 강화로 대만해협의 힘의 균형이 무너졌고, 대만의 미국 편승전략도 분명해졌기 때문에 기존의 '전략적 모호성'에 변화가 필요한 것은 분명한 것으로 평가된다. 미 일각에서는 ▲ 중국에게 미국의 군사개입 의지를 명확히 알리고, ▲ 대만 스스로 방어에 대한 자신감과 의지를 가질 수 있는 '전략적 명확성'으로 전환해야 한다는 주장이 제기되었다. 다만 대만 유사시 미국의 개입 의지에 대한 바이든 대통령의 천명과 동시에 국무부가 하나의 중국정책 불변 입장을 발표하는 방식으로 중국의 군사적 도발을 억제하고 중국이 오판하지 않도록 하는 '전략적 모호성 2.0'을 활용하는 측면이 있다. 대만 유사시 미군 투입에 대해 찬성 여론이 증가하는 추이를 감안하면, 오는 11월 중간 선거를 앞둔 바이든 행정부가 중국에 대한 강경한 입장을 유지할 가능성이 크다.

시카고 의원회Chicago Council on Global Affairs의 2022년 보고서에서는 미국인의 다수가 대만 유사시 미국의 지원에 찬성하고 있으나, 미군 파병에 대해서는 신중한 태도를 보이고 있음을 알려준다. 우선 미국인의 76%가 중국의 대만 침공 시 외교 및 경제적 제재를 지지한다. 둘째, 대만정부에 대한 미국의 군사적 추가 지원에 65%가 찬성하고 있다. 셋째, 중국의 대만 봉쇄에 대해 미 해군을 보내는 것에 62%가 찬성한다. 넷째, 40%가 대만 유사시 대만에 미군을 파병하는 것을 지지한다. 이상의 조사 결과를 감안하면, 바이든 행정부도 대만을 적극 지원하는 모습을 보여야겠지만, 실제 전쟁 상황에서 군대를 파병하는 것에 대해서는 복잡한 고려들이 있음을 보여준다.

바이든 행정부가 추구하는 지향점은 대만해협에서 전쟁이 일어나지 않게 하는 데 있다. 시진핑 정부가 체제 정당성 확보와 집권 연장의 레버리지로 활용하기 위해 대만 해협에서의 군사적 긴장감을 높이고 있는데, 이를 억지하기 위해 바이든 행정부는 (참전으로 인한 국가이익의 훼손과 세계대전으로의 확전 가능성을 우려하면서도) 대만 유사시 참전의 의지를 시사하며 '전략적 모호성 2.0'을 통해 중국이 오인하지 않도록 하고 전쟁의 불확실성을 높이는 데 주안점을 두고 있다. 이는 과거의 전략적 모호성과는 차이가 있지만, 대만의 독립을 지지할 의지는 결여된 것이기 때문에 전략적 명확성으로의 전환이라고 평가하기는 어렵다. 바이든 행정부는 또한 중국의 대만 침공 가능성을 지속적으로 경고하고 이해상관국과의 양자 정상회담과 다자 정상회담에서 양안 문제의 평화적 해결을 촉구하는 '대만 문제의 국제화internationalization'를 통해 도덕적 우위를 선점하는 데 초점을 두고 있다(장영희, 2022c).

IV. 결론: 미래 양안관계의 전망

1. 대만 해협에서 무력 충돌이 일어난다면 어떤 양상이 될까?

대만해협에서 무력 충돌이 일어난다면 그 양상은 중국군의 속전속결 침공, 대만해협의 해상 봉쇄 및 주변 도서 점령, 회색지대 전술을 통한 심리전, 우발적 충돌 등으로 예상할 수 있다(장영희, 2022b).

첫 번째로, 중국이 실질적으로 대만 통일을 목표로 한다면 그 방법은 참수 작전 등을 포함한 속전속결 전략이 될 것이다. 미군이 개입하기 전에 신속하게 대만의 항복을 받아내야 하기 때문이다. 그러나 대만에 대한 중국의 속전속결 침공의 가능성은 당분간 매우 낮다. 대만해협의 지리적 제한 때문에 중국군은 대규모 상륙작전에서 불리한 위치에 있다. 중국이 비록 지난 20여 년간 군사력을 수십 배 키워왔고, 대만해협 부근에서 중국의 전력이 미국보다 우세하며, 미국이 샌디에고나 알래스카 등에 주둔하고 있는 주력군을 대만해협에 증파하는 데 2-3주의 시간이 걸린다고 하더라도, 현재 중국군은 항공 및 해상 분야에서 병력 수송 능력과 보급선에 약점을 갖고 있다. 두 번째로 대만에 경제적 압박을 가하기 위해 해상봉쇄나 진먼다오, 타이핑다오 등에 대한 침공도 예상할 수 있다. 그러나 대만 주변 도서에 대한 침공과 대만 봉쇄는 우선순위가 낮다. 대만 주변 도서를 공격의 표적으로 삼는 것은 미군의 직접 개입을 피할 가능성은 있지만, 미국과 일본 등 국제사회가 침묵할 리 없다. 오히려 대만 침공에 대한 대비태세를 강화하게 만드는 역효과만 낳고 국제사회의 비난을 감수해야 한다. 이러한 여론 공세는 중국경제에 커다란 악재로 작용할 것이기 때문이다. 작은 성과를 위해 큰 대가를 치르게 되는 자충수가 될 수 있는 것이다.

세 번째로 중국군이 대만 방공식별구역ADIZ에 일상적으로 침투하면서 대만군이 많은 인력과 비용을 지불하게 해 심리적으로 피폐한 상태를 만드는 '회색지대 전술'을 활용하는 것이다. 이는 대만의 국내정치와 여론에 영향을 미치려는 의도도 담겨 있다. 사이버전과 정보전을 통해 심리전을 펼칠 가능성도 매우 높고 이미 진행되고 있다고 평가된다. 사이버 공격으로 중요시설을 마비시키고 가짜뉴스를 퍼뜨려 대만사회를 교란하는 것이다.

네 번째로 우발적인 충돌 가능성도 있다. 일부 군사전문가들 사이에서는 우발적 충돌로 인해 대만해협이 걷잡을 수 없는 분쟁 국면에 돌입할지도 모른다는 우려를 하기도 하는데, 우발적 충돌의 경우에는 확전 가능성이 낮다. 미중 양국이 우발적 상황이 정면 대결로 확전되는 것을 원하지 않을 것이기 때문이다.

이상의 시나리오들을 검토해볼 때, 중국은 대만에 대해 회색지대 충돌을 활용하면서 인지전과 심리전을 펼칠 가능성이 가장 높다고 할 수 있다. 랜드 연구소의 정의에 따르면 회색지대 전술이란 "평화와 전쟁 사이의 작전 공간에서 위협적 조치로 현상status quo을 바꾸는 것을 의미하며 군사적 대응을 촉발할 수 있는 문턱을 넘지 않는 작전 공간을 활용하여 군사와 비군사적 경계선을 모호하게 하는 행동"을 의미한다. 러시아의 회색지대 전술을 예로 들면, 허위 정보를 활용하여 민주주의 국가들의 정치 제도를 흔드는 방식, 에너지 자원에 대한 과도한 의존을 활용하여 양보를 얻어내는 방식, 경제적 관계(경제적 상호의존성의 무기화)를 통해 리스크를 우려하는 국가들을 조종하는 방식 등을 포함한다. 또한 국경 근처에서의 훈련을 통해 군사적 위협을 가하는 방식도 회색지대 전술에 포함된다.

회색지대 전술은 주로 비군사적 수단과 대응으로 이뤄져 있다. 그러나 군사적 대응이 가능한 네 가지 옵션(군사·외교·정보·경제) 중의 하나이기도 하다. 따라서 회색지대 전술은 대규모 전쟁major war이라는 군사적 충돌의 문턱을 넘지 않는 선에서 그 수단과 범위에 특별한 제한을 두지 않는 것이다. 이는 공격한 당사자에게 상당한 행동의 자유를 부여하면서 비용과 대가의 리스크를 감소시킬 수 있다는 장점이 있다. 중국은 이러한 장점을 활용하는 것 외에 경제적 강압과 정치적 압박을 사용하여 회색지대 전술의 영역을 확대하고 있다(장영희, 2023).

2. 중앙군사위원회 인사로 보는 군사안보적 고려

공산당 20차 당대회에서 이뤄진 정치국 상무위원 및 중앙군사위원회(중앙군위)의 인사 배치는 공산당의 미래 국방 태세와 군사 전략을 관찰하는 중요한 근거가 된다. 특히 최고 계급인 상장上將 인사를 통해 당군 관계와 중국군의 작전 추세를 엿볼 수 있다. 이번 중앙군위 인사를 통해 시진핑 주석이 주목하는 충돌 이슈는 대만해협과 인도 국경이라는 것을 추정할 수 있다.

이번 중앙군위 인사에서는 시진핑 주석의 연임 외에 중앙군위 부주석, 연합참모장(합참의장에 해당) 및 국방부장 3명만 교체되었다. 장여우샤張又侠는 서열 2위의 중앙군위 부주석에서 서열 1위의 상무부주석으로 승진했다. 연령 요인을 고려하면 2명의 부주석인 쉬치량許其亮(퇴임), 장여우샤, 연합참모장 리쭤청李作成(퇴임), 국방부장 웨이펑허魏鳳和(퇴임) 등이 퇴임해야 했다. 중앙군위 위원 중 먀오화苗華 및 장성민張升民만이 유임되었는데 두 명 모두 정치 공작을 담당해왔기 때문에 쉬차이허우徐才厚(사망)처럼 정치 공작 담당 출신이 중앙군위 부주석을 맡을 가능성은 낮았다. 따라서 군 지휘관 출신에게 중앙군위 부주석 자리가 부여된 것이다.

전례로 볼 때, 중앙군사위원회 부주석은 최소한 중앙군위 위원을 지낸 인사 중에서 선발되었고 지난濟南 군구 사령관이었던 판창룽範長龍 (퇴임)을 제외하고는 전구戰區 사령관에서 중앙군위 부주석으로 승진한 경우는 드문 사례이다. 따라서 이번에 허웨이둥何衛東이 동부전구 사령 관에서 중앙군위 부주석으로 승진한 것은 이례적인 일이라고 할 수 있 다. 그러나 허웨이둥은 동부전구 사령관 사임 후 잠시 중앙군위 연합지 휘부로 옮겨 근무한 바 있다. 허웨이둥에게 중앙군위 경험을 쌓게 하고, 후에 펠로시 하원의장의 대만 방문 이후 대만해협에서 동부전구의 군사 훈련을 이끌도록 했음을 알 수 있다. 한편 허웨이둥의 경험 부족을 보완 하기 위해 장여우샤를 남겨두어 리더십 계승과 보좌 기능을 맡긴 것이 다(장영희, 2023).

군 장성을 심사하고 발탁하기 위해 중앙군위는 8개의 시찰조를 파견 하여 전군 25개 군사위원회 기관 부서와 대단위를 시찰했다고 한다. 인 사 평가의 기준점은 마르크스-레닌주의에 대한 이론적 소양을 갖추고 있는지와 관련한 '당성'에 대한 심사와 시진핑을 핵심으로 하는 당 중앙 과 높은 수준의 일치를 유지하는 '충성도'를 심사한 것으로 알려졌다. 중 앙위원 선발에 합당한 전문성은 최우선 고려사항이 아님을 알 수 있다. 두 명의 중앙군위 부주석이 모두 육군 출신이어서 해군, 공군, 로켓군, 전략지원부대의 합동작전에 전문성을 갖고 있는지도 의문이다.

일각에서는 펠로시 미 하원의장의 대만 방문 직후 대만해협 훈련을 지휘했던 동부전구 사령관 허웨이둥의 경험을 근거로 그의 승진이 시진 핑의 대만 문제 해결 의지를 보여주는 것이라고 분석하고 있다. 그러나 사실 허웨이둥은 동부전구 사령관으로 승진하기 전 서부전구의 육군 사 령관을 역임했고, 2017년 중국과 인도의 국경 충돌 사건을 계기로 중장으로 승진했다. 그가 중-인 국경 충돌로 좋은 평가를 받았음을 알 수 있다. 2019년 2년여 만에 65세 정년퇴임을 앞두고 장성으로 승진한 것도 특례에 해당한다. 특히 그는 65세의 나이에 동부전구 사령관직을 사임한 뒤 임시로 중앙군사위원회 합동사령부에 이름을 올리고, 공산당 20차 당대회에서 중앙군위 부주석이 되었다. 즉 시진핑이 허웨이둥을 일찌감치 점찍어 승진을 계획하고 준비시켰음을 알 수 있다. 2022년 9월 북부전구 사령관 리차오밍李橋銘이 육군 사령관으로 승진했고, 서부전구 공군 사령관 왕창王強이 이어서 장성으로 승진했다. 이 두 사람의 승진은 시진핑이 대만해협에서 분쟁 발발 가능성이 가장 높은 동부전구와 중-인 국경 분쟁이 발생할 가능성이 높은 서부전구를 중시하고 있음을 알 수 있다.

전쟁 발발의 여부를 관찰하기 위해서는 충돌의 원인과 도화선이 될 문제에 대해 살펴야 한다. 그러나 시진핑이 국경이나 지역의 정세를 안정시킬 필요가 있을 경우에는 작은 충돌이 큰 전쟁으로 확전되지 않도록 할 신뢰할 수 있는 지휘관이 필요하기도 하다. 시진핑 입장에서는 중국군이 전쟁 준비에 매진하도록 독려해야 하며, 시기가 성숙했을 때 기습적인 공세를 취함으로써 무력으로 역내 충돌 문제를 해결할 수 있어야 한다. 그는 3기의 임기가 끝나기 전 대만과 인도 국경 문제에 있어서 일정 정도의 실적을 거둘 필요가 있다. 이곳에서 문제가 발생하면 4연임에 걸림돌로 작용할 수 있기 때문이다. 그러나 중국군의 작전 능력이 미군과 동맹국의 개입에 맞설 수 있을 정도로 충분히 준비되었다고 여겨지지 않을 경우 군사 행동을 서두르지는 않을 것이다. 따라서 시진핑 3기는 살라미 전술을 통해 점진적으로 정치적 수단을 활용하고 군사적 억지력에 유리한 환경을 조성하거나 군사력으로 상대가 정치적 조건을 받아들이도록 강요하고자 할 것이다.

예컨대 공산당은 중인中印 국경선을 따라 전략촌을 건설하고 한족을 이주시켜 민병으로서의 역할을 하도록 했다. 목적은 중인 국경의 실제 통제선을 파괴하고, 국경을 넘어 인도군을 제압하는 합리화의 구실을 만들고자 하는 것이다. 이러한 행위는 중국 해·공군이 대만해협 중간선을 넘거나 대만 방공식별구역에 진입하려는 목적과 마찬가지로 경계선을 모호하게 만들어 상대방의 방위력을 지치게 하고, 작전 환경에 익숙해져 미래의 기습 공격에 대비하려는 의도가 담겨 있다(장영희, 2023).

3. 2024년 대만 대선의 전망

2022년 11월 지방선거 이후 민진당의 지지율이 떨어지고 있다. 이를 보여주듯, 여론조사에서는 국민당의 잠재 후보자가 민진당의 잠재 후보자를 앞서고 있는 상황이다. 민진당의 유력 후보인 현 부총통 라이칭더賴淸德의 인기와 신망이 높지만 중국으로부터의 안보 불안이 커지면서 국민당이 대선에서 정권교체를 이룰 가능성이 점점 높아지고 있다. 그러나 민진당의 후보자로 꼽히는 라이칭더가 선거에 승리하기 위해 기존의 노선을 변경하여 대만의 안보를 보장하기 위해 중국과의 협상을 대선 공약으로 제기할 가능성도 배제할 수는 없다. 2023년은 2024년 1월의 대선을 앞두고 치열한 선거전이 펼쳐지는 해가 될 것이다.

중국의 입장에서는 2024년 1월에 있을 대만 대선 결과가 중요하겠지만, 그 결과를 보고 중국이 바로 어떤 행동에 들어가지는 않을 것이다. 대만의 신임 총통이 취할 입장과 태도를 지켜볼 필요가 있기 때문이다. 새로 들어선 대만 당국과의 협상 가능성에 희망이 보이지 않으면, 2024년

11월 미국 대선을 지켜보고 이후 미국의 태도와 정책을 관찰하고자 할 것이다. 양안관계의 안정을 유지하는 힘이 미국과의 관계에 있기 때문이다(장영희, 2023). 중국 입장에서 군사행동은 불확실성과 부담이 매우 크고 최대한 자신에게 유리한 시점을 선택하고자 할 것이다. 그래서 2024년 말까지는 전면적인 군사행동을 하지 않고 회색지대 전술 등을 통해 심리전을 펼치며 상황을 지켜볼 것이고, 2025년부터 구체적인 행동을 취할 가능성이 높다.

미국, 중국, 대만 모두 각각 국내 여론 및 정치 일정에 대한 고려 때문에 양안관계가 양면 게임two-level game의 딜레마에 속에 빠져 있다. 대만과의 통일로 중국의 꿈을 이루겠다는 공산당의 비전과 의지가 분명해지고 이에 대응하는 미국의 안보 공약이 맞물리면서 서로 물러설 수 없는 치킨 게임을 벌이고 있는데, 중국과 미국 모두 국내정치적으로 지도자의 체면과 선거 요인에 큰 영향을 받고 있다.

전쟁의 대가와 불확실성 때문에 누구도 전쟁을 원하지 않지만, 시진핑은 국내적으로 결단력 없는 모습을 보일 수는 없는 상황이다. 국내정치적으로 정권의 정당성을 훼손할 수 있을 뿐만 아니라 양안관계에서 발생하는 원심력을 차단할 수 없게 된다. 그러나 현재 중국군의 연합작전 및 상륙작전 능력의 부족, 전쟁의 비용과 대가의 불확실성, 우크라이나 전쟁의 교훈, 그리고 대만에 대한 중국의 여러 압박 수단이 아직 남아 있는 상황에서 중국이 조급하게 대만을 침공할 가능성은 낮다. 따라서 현재 시점에서 중국은 한편으로는 평화적 통일을 중심에 두고 대만을 압박하여 협상 테이블에 앉히기 위해 노력할 것이며, 다른 한편으로는 무력 통일 능력의 확보를 준비해갈 것이다.

참고문헌

강준영. 2022. 〈중국-대만, 양안 무력 충돌 위기의 함의: 미국의 대만 지원 및 갈등 시나리오를 중심으로〉. 《한중사회과학연구》 20-1.

문흥호. 2021. 〈미중 경쟁과 대만 문제: 한국의 시각〉. 《동아시아연구원 EAI 스페셜리포트》 2021. 6. 22.

박병광. 2022. 〈대만 문제를 둘러싼 군사적 충돌 가능성과 우리의 대응방향〉. 《INSS 전략보고》 187. 2022. 11.

배영자. 2021. 〈미중 기술패권 갈등과 대만의 전략: 반도체 부문을 중심으로〉. 《동아시아연구원 EAI 스페셜리포트》 2021. 6. 29.

왕신셴(王信賢). 2021. 〈미중 경쟁 시대 대만의 안보전략과 도전 요인〉. 《동아시아연구원 EAI 스페셜리포트》 2021. 6. 17.

장영희. 2021. 〈미중 패권 경쟁 시대의 양안관계 현황〉. 《성균차이나브리프》 9-2. 성균중국연구소. 2021년 4월.

장영희. 2022a. 〈바이든 시기 양안관계의 지속과 변화〉. 《아태지역연구 시리즈》. 국립외교원 외교안보연구소. 2022. 7.

장영희. 2022b. 〈타이완 패러독스, 세계평화를 위협하다〉. 《다양성+Asia》. 서울대 아시아연구소. 2022년 12월.

장영희. 2022c. 〈중국 제20차 당대회와 중국공산당의 대만정책 변화〉. 《중국공산당 제20차 당대회 의의, 평가 및 전망》 《IFES Brief》. 경남대 극동문제연구소. 2022년 11월.

장영희. 2023. 〈회색지대 전술의 시각에서 보는 대만해협 정세〉. 《성균차이나브리프》 11-1.

國立政治大學選擧研究中心. 2022. "臺灣民衆臺灣人/中國人認同趨勢分佈(1992年06月-2022年12月)." esc.nccu.edu.tw/PageDoc/Detail?fid=7804&id=6960 (검색일: 2022. 12. 30.).

邱莉燕. 2022. 〈五大重點牽動台海未來〉. 〈遠見雜誌〉 2022年10月26日. www.gvm.com.tw/article/95655 (검색일: 2022. 12. 5.).

蘇起. 2019. 《台灣的三角習題：從美中台到紅藍綠，台灣前途的再思考》. 新北: 聯經出版.

台灣民意基金會. 2022. "最新民調：五成一不信中共隨時出兵台灣 五成四不信美軍護台" 〈台灣調査網〉 2022.4.26日. polls.com.tw/14909/?p=14909 (검색일: 2022. 12. 5.).

王信賢. 2022. 〈中共'二十大'政策觀察〉. 《大陸與兩岸情勢簡報》 大陸委員會. 2022. 10.

習近平. 2022. 〈高舉中國特色社會主義偉大旗幟爲全面建設社會主義現代化國家而團結奮鬥——在中國共產黨第二十次全國代表大會上的報告〉. 2022.10.25. www.gov.cn/xinwen/2022-10/25/content_5721685.htm (검색일: 2022. 12. 5.).

中國國務院台灣辦公室. 2022. 《台灣問題與新時代中國統一事業》. www.mod.gov.cn/big5/topnews/2022-08/10/content_4917828.htm (검색일: 2022. 12. 5.).

Allen, Gregory C. 2022. "Choking Off China's Access to the Future of AI." *CSIS Report* 2022. 10. www.csis.org/analysis/choking-chinas-access-future-ai (검색일: 2023. 1. 3.).

Council on Foreign Relations, Preventive Priorities Survey 2023: www.cfr.org/report/conflicts-watch-2023 (검색일: 2022. 12. 14.).

Coffin, Jocelyn. 2017. "Rhetoric and Reality: Taiwan's Democratization and its Effects on US-Taiwan Relations," *American Journal of Chinese Studies* 24-1.

Ferguson, Niall. 2021. "A Taiwan Crisis May Mark the End of the American Empire," *Bloomberg Opinion*. 21 March, 2021. www.bloomberg.com/opinion/articles/2021-03-21/niall-ferguson-a-taiwan-crisis-may-end-the-american-empire〉. (검색일: 2022. 11. 3.).

Foreign Relations Committee. 2022. "SFRC Chairman Menendez Secures Passage of Taiwan Legislation in Annual Defense Bill." December 21, 2022. www.foreign.senate.gov/press/dem/release/sfrc-chairman-menendez-secures-passage-of-taiwan-legislation-in-annual-defense-bill (검색일: 2023. 1. 3.).

Gallagher, Mike. 2022. "Taiwan Can't Wait: What America Must Do To Prevent a Successful Chinese Invasion." *Foreign Affairs*. 2022. 2: www.foreignaffairs.com/articles/china/2022-02-01/taiwan-cant-wait (검색일: 2022. 11. 3.).

Horton, Chris. 2019. "Taiwan's Status Is A Geopolitical Absurdity." *The Atlantic*. July 8, 2019.

Leyland Cecco. 2022. "Xi angrily rebukes Trudeau over 'leaks' to media about Canada-China relations." *The Guardian*. 17 Nov. www.theguardian.com/world/2022/nov/16/xi-trudeau-canada-china-g20 (검색일: 2022. 12. 14.).

Lin, Bonny, et al., 2022. "Surveying the Experts: China's Approach to Taiwan." *CSIS China Power Project*. September 12, 2022. Updated October 3. chinapower.csis.org/survey-experts-china-approach-to-taiwan/ (검색일: 2022. 12. 14.).

Priebe, Miranda, et al., 2021. *Implementing Restraint: Changes in US Regional Security Policies to Operationalize a Realist Grand Strategy of Restraint*. RAND CORPORATION.

Rahman, Chris. 2021. "Defending Taiwan, and Why It Matters." *Naval War College Review* 54-

4:69-94.

Rigger, Shelley. 2013. *Why Taiwan matters: Small island, global powerhouse*. Rowman & Littlefield.

Scobell, Andrew and Stephenson, Alex. 2022. "The United States and China: Who Changed the 'Status Quo' over Taiwan?" *Analysis and Commentary(USIP)*. 2022. 6. www.usip.org/publications/2022/06/united-states-and-china-who-changed-status-quo-over-taiwan. (검색일: 2022. 11. 3.).

"US says it is still against Taiwan independence despite fact sheet change." *South China Morning Post*. May, 12, 2022. www.scmp.com/news/china/diplomacy/article/3177430/china-us-relations-washington-says-it-still-against-taiwan (검색일: 2023. 1. 3.).

필진 소개

이희옥

성균관대학교 정치외교학과 교수, 성균중국연구소 소장.

주요 연구 분야는 중국의 정치변동과 동북아시아 국제관계이며, 주요 논저로《중국의 새로운 사회주의 탐색》,《중국의 국가 대전략 연구》,《중국의 새로운 민주주의 탐색》 등이 있다.

조영남

서울대학교 국제대학원 교수.

거시적 관점에서 중국 정치의 주요 주제를 연구하고 있으며, 주요 논저로《중국의 통치 체제》(전2권),《중국의 엘리트 정치》,《덩샤오핑 시대의 중국》(전3권) 등이 있다.

이현태

인천대학교 중국학과 교수.

주요 연구 분야는 중국 경제와 한중 경제관계이며, 주요 논문으로 〈한중 수교 30년, 대중 무역의 성과와 과제〉, 〈포스트 코로나시대 중국의 글로벌 가치사슬 변화 전망과 시사점〉 등이 있다.

최필수

세종대학교 국제학부 교수.

중국 경제와 한중관계에 관심을 가지고 연구하고 있으며, 주요 논저로 〈소강사회 중국의 수혜자와 피해자〉, 〈한중 상호 직접투자 30년 회고와 평가〉 등이 있다.

윤종석

서울시립대학교 중국어문화학과 교수.

주요 연구 분야는 중국의 사회변동과 (동)아시아 비교연구이며, 주요 논저로《팬데믹, 도시의 대응》(공저),《민간중국》(공저),《아이폰을 위해 죽다》(공역) 등이 있다.

서정경

서울대학교 아시아연구소 선임연구원.

주요 연구 분야는 중국 외교, 국제질서, 국제관계의 사회적 맥락이며, 주요 논저로 〈신국제질서를 추구하는 중국식 현실주의에 대한 비판적 고찰〉, 〈미중 민족주의의 특성과 양국관계〉 등이 있다.

이영학

한국국방연구원 연구위원.

주요 연구 분야는 중국의 외교안보 정책이며, 주요 논저로 〈미중 경쟁이 북핵 문제에 미치는 영향 및 시사점〉, 〈중국의 군사안보: 시진핑 시기 중국군 개혁의 평가와 함의〉, 〈중국 시진핑 지도부의 신북핵 정책 동향 및 시사점〉 등이 있다.

김애경

명지전문대학교 중국어비즈니스과 교수.

주요 연구 분야는 중국 외교전략과 한중관계이며, 주요 논저로 〈마오쩌둥 시기 중국의 주권정책〉, 〈한반도 안보정세와 한중 비즈니스: 사드정국을 중심으로〉 등이 있다.

장영희

성균관대학교 성균중국연구소 연구교수.

주요 연구 분야는 중국 정치외교, 양안관계 및 대만 정치, 동아시아 국제관계이며, 주요 논저로 〈바이든 시기 양안관계의 지속과 변화〉, 〈미중 전략경쟁 시대 양안 안보 딜레마의 동학〉 등이 있다.

중국식 현대화와 시진핑 리더십

중국공산당 제20차 전국대표대회 분석

1판 1쇄 2023년 3월 15일

엮은이 | 이희옥, 조영남
지은이 | 이희옥, 조영남, 이현태, 최필수, 윤종석, 서정경, 이영학, 김애경, 장영희

펴낸이 | 류종필
책임편집 | 김현대
편집 | 이정우, 이은진, 권준
마케팅 | 이건호
경영지원 | 김유리
표지 디자인 | 석운디자인
본문 디자인 | 박애영

펴낸곳 | (주) 도서출판 책과함께
　　　　주소 (04022) 서울시 마포구 동교로 70 소와소빌딩 2층
　　　　전화 (02) 335-1982
　　　　팩스 (02) 335-1316
　　　　전자우편 prpub@daum.net
　　　　블로그 blog.naver.com/prpub
　　　　등록 2003년 4월 3일 제2003-000392호

ISBN 979-11-92913-09-4　93300

* 이 책은 아모레퍼시픽재단의 지원을 받아 저술·출판되었습니다.